Brian Weiss
Muchas vidas, muchos maestros

El viaje del alma después de la muerte.
Recuerda, renace y revive a través
de tus muchas vidas pasadas

Incluye los best sellers
Muchas vidas, muchos maestros
y
Muchos cuerpos, una misma alma

US $27.95 / 36.95 $ CAN
ISBN 978-8-410-38164-3

Papel certificado por el Forest Stewardship Council®

Título original: *Same Soul, Many Bodies*

Primera edición en B de Bolsillo: septiembre de 2005
Segunda edición: septiembre de 2018
Decimocuarta reimpresión: enero de 2025

© 2004, Weiss Family Limited Partnership 1, LLP
© 2005, Penguin Random House Grupo Editorial, S. A. U.
Travessera de Gràcia, 47-49. 08021 Barcelona
© Carlos Mayor, por la traducción
Diseño de cubierta: Penguin Random House Grupo Editorial / Andreu Barberan
Diseño de colección: Duró Studio
Imagen de la cubierta: © Unsplash

Penguin Random House Grupo Editorial apoya la protección de la propiedad intelectual. La propiedad intelectual estimula la creatividad, defiende la diversidad en el ámbito de las ideas y el conocimiento, promueve la libre expresión y favorece una cultura viva. Gracias por comprar una edición autorizada de este libro y por respetar las leyes de propiedad intelectual al no reproducir ni distribuir ninguna parte de esta obra por ningún medio sin permiso. Al hacerlo está respaldando a los autores y permitiendo que PRHGE continúe publicando libros para todos los lectores. De conformidad con lo dispuesto en el artículo 67.3 del Real Decreto Ley 24/2021, de 2 de noviembre, PRHGE se reserva expresamente los derechos de reproducción y de uso de esta obra y de todos sus elementos mediante medios de lectura mecánica y otros medios adecuados a tal fin. Diríjase a CEDRO (Centro Español de Derechos Reprográficos, http://www.cedro.org) si necesita reproducir algún fragmento de esta obra.

Printed in Spain – Impreso en España

ISBN: 978-84-9070-681-7
Depósito legal: B-10.887-2018

Impreso en Novoprint
Sant Andreu de la Barca (Barcelona)

BB 0 6 8 1 D

Muchos cuerpos, una misma alma

BRIAN WEISS

Traducción de Carlos Mayor

Una única alma existe en muchos cuerpos.

Plotino

ÍNDICE

Nota del autor 11
Prólogo 13

1. La inmortalidad 21
2. George: el control de la ira 37
3. Victoria, Evelyn y Michelle: la salud 57
4. Samantha y Max: la empatía 87
5. Hugh y Chitra: la compasión 111
6. Paul: la paciencia y la comprensión 137
7. Amy, Joyce, Roberta y Anne: la no violencia . 155
8. Bruce: las relaciones personales 177
9. Patrick: la seguridad 195
10. John: el libre albedrío y el destino 215
11. La contemplación y la meditación 235
12. David: la espiritualidad 253
13. Jennifer y Cristina: el amor 273
14. Gary: el futuro 297

Agradecimientos 317

NOTA DEL AUTOR

En este libro no he reproducido de forma literal las sesiones mantenidas con mis pacientes, como hacía anteriormente, ya que varios de ellos han sido reconocidos debido a que sólo cambié sus nombres. En esta ocasión me he tomado la libertad de alterar ocupaciones y profesiones, datos geográficos (ciudades, calles, etcétera) u otra información que pudiera servir para identificarles. También he modificado ligeramente el diálogo entre médico y paciente por motivos de confidencialidad. No obstante, lo que he escrito es totalmente fiel a las conversaciones mantenidas.

Sin duda, el lector podrá detectar algunos anacronismos en el diálogo, como sucedió con determinados críticos en mis anteriores libros. Para ellos, por ejemplo, la fecha de antes de Cristo que Catherine menciona en *Muchas vidas, muchos maestros* deja la historia sin efecto; sin embargo, para los escépticos, esta «prueba de inverosimilitud» era un detalle que no les dejaba ver el bosque. Se explica fácilmente: todos los recuerdos de mis pacientes han pasado por el filtro de las mentes del siglo XX; son conscientes del presente, aunque sus recuerdos procedan del pasado o, en el caso de este libro, del futuro.

PRÓLOGO

En los últimos tiempos, he visitado repetidamente un lugar al que antes había ido en contadas ocasiones: el futuro.

Cuando Catherine acudió a mí como paciente psiquiátrica hace veinticuatro años, recordó con asombrosa precisión las vidas anteriores que había llevado en épocas tan distantes entre sí como el segundo milenio antes de Cristo y mediados del siglo XX, y con ello cambió mi vida para siempre. Yo era psiquiatra, un científico formado en Yale y Columbia; entonces me topé con una mujer que me hablaba con todo lujo de detalles de experiencias vividas siglos atrás que no podía haber conocido en esta vida y, ayudado por otros expertos, logré darles validez. En mi «ciencia» no había nada que pudiera explicarlo. Lo único que sabía era que ella me contaba lo que realmente había visto y sentido.

A medida que avanzaba la terapia, Catherine iba recordando lecciones de los sabios (guías o espíritus incorpóreos poseedores de una gran erudición que la rodeaban cuando estaba ausente de su cuerpo), enseñanzas que desde entonces han sido trascendentales en mi pensamiento y han gobernado mi conducta. Catherine podía adentrarse tanto en el pasado y había tenido experiencias tan trascendentes que, al escucharla, me sentía envuelto en una especie de magia, en cierto misterio. Me hablaba de reinos de cuya existencia yo jamás había tenido noticia. Me llenaba de júbilo, de asombro... y de miedo. ¿Quién iba a creerme? Para empezar, ¿me lo creía yo mismo? ¿Acaso estaba loco? Parecía un chiquillo dueño de un secreto cuya revelación iba a cambiar para siempre la concepción de la vida y, pese a ello, imaginaba que nadie me creería. Tardé cuatro años en reunir el valor necesario para escribir sobre los viajes de Catherine y sobre los míos propios en *Muchas vidas, muchos maestros*. Temía que fuera a suponer mi expulsión del colectivo psiquiátrico, pero, al mismo tiempo, estaba cada vez más convencido de que lo que escribía era cierto.

En los años transcurridos desde entonces, mi certeza se ha visto reforzada y muchos otros, pacientes y terapeutas, han reconocido que mis descubrimientos son válidos. A estas alturas ya he ayudado a más de cuatro mil pacientes haciéndoles retroceder mediante hipnosis a sus vidas pasadas, por lo que mi sensación inicial de sorpresa ante la existencia de la reencarnación (por no decir, la fascinación que me produjo el descubrimiento) ha ido desapareciendo. Pero ahora algo vuelve a sorprenderme y, por ello, me siento muy motivado: ahora puedo transportar a mis pacientes al futuro y, además, verlo con ellos.

De hecho, una vez intenté llevar a Catherine al futuro, pero no me habló del suyo, sino del mío, y vio mi muerte con claridad (lo cual fue, como mínimo, inquietante).

—Cuando concluya tu labor terminará tu vida —me aseguró—, pero para eso falta mucho tiempo. Mucho.

Luego pasó a otro nivel y ya no descubrí nada más.

Meses después, le pregunté si podíamos volver a adentrarnos en el futuro. En aquella ocasión, yo hablaba directamente con los sabios, además de con el subconsciente de Catherine, y fueron ellos los que respondieron:

—No está permitido.

Quizá ver el futuro la habría asustado demasiado. O quizá no era buen momento. Yo era joven y, probablemente, no habría reaccionado con tanta competencia como ahora ante los extraordinarios peligros que plantean las progresiones.

Para empezar, la progresión hacia el futuro resulta más difícil para el terapeuta que el retroceso al pasado, ya que el futuro aún no ha sucedido. ¿Y si lo que experimenta el paciente es fantasía, y no realidad? ¿Cómo comprobarlo? No podemos. Cuando regresamos a vidas anteriores sabemos que los hechos ya han sucedido y que, en muchos casos, pueden demostrarse, pero supongamos que una mujer en edad fértil ve que el mundo será destruido dentro de veinte años. «No pienso traer a un hijo a este mundo —se dice—. Moriría demasiado pronto.» ¿Quién puede asegurar que su visión es real? ¿Y que su decisión ha sido lógica? Tendría que ser una persona muy madura para comprender que lo que había visto podría ser una distorsión, una fantasía, una metáfora, un simbolismo, el futuro verdadero o quizás una mezcla de todas esas cosas. ¿Y qué sucedería si una persona viera su muerte dentro de dos años, pongamos que por culpa de un conductor ebrio? ¿Se alarmaría? ¿Dejaría de conducir? ¿Provocaría esa visión ataques de ansiedad? «No —me dije entonces—. Vamos a dejarlo.» Empezaron a preocuparme los vaticinios que acarreaban su propio cumplimiento y la inestabilidad de las personas. El riesgo de que alguien actuara movido por ideas erróneas era demasiado grande.

Sin embargo, en los veinticuatro años transcurridos desde lo de Catherine, algunos de mis pacientes se han adentrado en el futuro de forma espontánea, a menudo hacia el final de su terapia. Si confiaba en que fueran capaces de comprender que lo que presenciaban podría ser una fantasía, les animaba a continuar.

—Se trata de crecer y experimentar —les decía—, buscar una ayuda para tomar decisiones correctas y sensatas en el presente; pero vamos a evitar cualquier recuerdo (¡sí, recuerdos del futuro!), cualquier visión, cualquier conexión que tenga que ver con escenas de muerte o de enfermedades graves. Esto es sólo para aprender.

Y eso era precisamente lo que hacían sus mentes. El valor terapéutico era considerable. Comprobé que esos pacientes tomaban decisiones más sensatas y elegían mejor. Podían analizar una bifurcación en un futuro cercano y decirse: «¿Qué sucederá si tomo este camino? ¿Sería mejor tomar el otro?» Y, a veces, sus futuros se hacían realidad.

Algunas de las personas que recurren a mí describen acontecimientos precognitivos (es decir, saben qué va a suceder antes de que suceda). Quienes investigan las experiencias de muerte cercana escriben sobre ello; es un concepto que se remonta a tiempos prebíblicos. Pensemos en Casandra, que podía predecir el futuro con exactitud, pero a la que nadie creía.

La experiencia de una de mis pacientes demuestra la fuerza y los peligros de la precognición. Empezó a soñar con el futuro y, a menudo, lo que soñaba acababa cumpliéndose. En el sueño que la hizo acudir a mi consulta, su hijo sufría un terrible accidente de tráfico. Era «real», me decía. Lo había visto con claridad y la aterraba la idea de que su hijo pudiera morir así. No obstante, el hombre del sueño tenía el pelo cano, y su hijo era un joven moreno de veinticinco años.

—Mire —le contesté, presa de una repentina inspiración, mientras pensaba en Catherine, convencido de que mi consejo era acertado—, sé que muchos de sus sueños se han hecho realidad, pero no por ello tiene que cumplirse éste. Hay espíritus que pueden intervenir (llámelos ángeles, guardianes, guías, Dios; son energías más elevadas, conciencias superiores que nos rodean). En términos religiosos, esto se denomina «gracia», la intervención de un ser divino. Rece, envíe luz, haga lo que pueda a su manera.

Tomó mis palabras al pie de la letra y rezó, meditó, pidió un deseo, revisualizó. Pero, aun así, el accidente sobrevino.

Sin embargo, no fue mortal. No había por qué haberse alarmado. Sí, su hijo sufrió heridas en la cabeza, pero enseguida se hizo patente que no había lesiones graves. No obstante, el accidente le resultó traumático desde el punto de vista emocional, ya que, cuando los médicos retiraron los vendajes del cráneo, comprobaron que se le había encanecido el pelo.

Hasta hace unos meses, en las contadas ocasiones en que hacía progresar a mis pacientes hacia el futuro, procuraba no salir de sus propias vidas. Sólo hacía progresiones cuando creía que el paciente tenía la fortaleza psicológica necesaria para soportarlas y, muchas veces, me quedaban tantas dudas como a ellos sobre el sentido de las escenas que evocaban.

Sin embargo, la primavera pasada algo cambió mientras daba una serie de talleres a bordo de un crucero. En esas sesiones suelo hipnotizar en grupo a los asistentes para transportarlos a una vida anterior y después de vuelta al presente. Algunos retroceden en el tiempo, otros se duermen y otros se quedan como estaban, sin llegar a ser hipnotizados. En aquella ocasión, uno de los presentes (Walter, un hombre adinerado, un genio del *software*) hizo una progresión por sí mismo. Y no se quedó en su propia vida, ¡sino que avanzó un milenio!

Walter traspasó unas nubes oscuras y se encontró en un mundo nuevo. Había algunas zonas (por ejemplo, Oriente Próximo o el norte de África) «prohibidas», tal vez debido a la radiación o a una epidemia, pero el resto del mundo era precioso. Lo habitaban muchas menos personas, quizá por una catástrofe nuclear, o por una plaga, o porque había descendido la tasa de fertilidad. Walter se quedó en el campo, así que no pudo decir nada de las ciudades, pero la gente estaba a gusto, contenta, incluso feliz; decía que no tenía palabras para describir su estado con precisión. Lo que había provocado el descenso de población había sucedido hacía mucho tiempo, y lo que él vio resultaba idílico. No estaba seguro de la fecha, pero sí de que habían pasado más de mil años desde la actualidad.

La experiencia le ayudó emocionalmente. Era lo bastante rico para soñar con la idea de cambiar el mundo, pero, en aquel momento, comprendió que eso no está en la mano de ningún hombre. «Hay demasiados políticos —decía—, que no están abiertos a conceptos como el amor al prójimo o la responsabilidad planetaria.» Lo que de verdad importaba era el propósito de trabajar por un mundo mejor, además de los actos benéficos que él pudiera hacer en persona. Cuando regresó a esta vida, se sentía algo triste, posiblemente porque ya no estaba en aquel futuro paradisíaco, o tal vez le apenaba la calamidad que se cernía sobre nosotros y, hasta cierto punto, intuía que era algo inevitable, como nos sucede a casi todos.

Una vez despierto, describió las escenas gráficas e impactantes que había visto, las sensaciones y los sentimientos que había experimentado, uno de los motivos por los que no creo que todo sea producto de su imaginación. Sin embargo, su entusiasmo no se acercaba ni mucho menos al que sentía yo: por fin era consciente de las repercusiones. Había descubierto que pasado, presente y futuro forman un todo, y que lo que suceda en el futuro puede influir en el pasado, del mismo modo que el pasado repercute en el futuro. Aquella noche escribí lo siguiente: «Podemos adentrarnos en el futuro si lo hacemos con prudencia. El futuro, sea cercano, sea lejano, puede servirnos de guía; puede retroalimentar el presente para instigarnos ahora a elegir mejor y decidir mejor. Podemos cambiar lo que hacemos hoy en función de lo que nos diga el mañana. Y eso altera nuestros futuros, que toman una dirección más positiva.»

¡Piensen en lo que ello implica! Del mismo modo que hemos tenido un número limitado de vidas pasadas, tendremos una cantidad finita de vidas futuras. Conocer lo que ya ha sucedido y lo que va a suceder puede permitirnos determinar el futuro del mundo y también nuestros propios futuros. Esto enlaza con el antiguo concepto de karma: se cosecha lo que se siembra. Si plantamos mejores semillas, si mejoramos los cultivos, si hacemos mejores acciones, nos veremos recompensados en las recolecciones futuras.

Desde entonces, he progresado a muchas otras personas. Algunas han avanzado en sus propias vidas, otras en el futuro del planeta. La ciencia ficción, el cumplimiento de los deseos y la imaginación: todos ellos son explicaciones factibles para lo que han visto mis pacientes, aunque también cabe la posibilidad de que en verdad hayan estado allí. Quizá la gran lección que puedo extraer de esta vida es qué nos reserva el futuro y cómo podemos influir todos en él. Dicha información (al menos la que poseo en este momento) influirá en mis próximas vidas, y en las de ustedes, al realizar nuestro viaje rumbo a la inmortalidad.

La flexibilidad del futuro y nuestra presencia en él son los conceptos que se tratan en este libro. La compasión, la empatía, la no violencia, la paciencia y la espiritualidad son lecciones vitales que todos debemos aprender. En esta obra voy a mostrarles, con los ejemplos de algunos de mis pacientes más destacables, por qué son tan importantes, y también voy a añadir algunos ejercicios sencillos para empezar a enseñarles cómo interiorizarlas a lo largo de su existencia. Puede que algunos de ustedes lleguen a experimentar regresiones, pero no se desanimen si no es así, ya que, si aprenden estas lecciones, esta vida y las que lleven en el futuro serán más felices, más fáciles y más ricas desde el punto de vista emocional, y se sentirán más realizados. Es más, si todos nosotros logramos interiorizar esas enseñanzas, el futuro en sí será mejor para la humanidad como colectivo, ya que, seamos o no conscientes de ello, todos luchamos para alcanzar el objetivo final, que es el Amor con mayúscula.

1

LA INMORTALIDAD

Todos somos inmortales.

No me refiero simplemente a que, antes de morir, transmitimos nuestros genes, nuestras convicciones, nuestras peculiaridades y nuestras costumbres a nuestros hijos, y ellos, a su vez, a los suyos; aunque, desde luego, esto es así. Tampoco me refiero a que nuestros logros (la obra de arte, el invento para la confección de zapatos, la idea revolucionaria, la receta para hacer tarta de arándanos) nos sobreviven, aunque, desde luego, esto también es así. Lo que quiero decir es que la parte más importante del ser humano, el alma, vive eternamente.

Sigmund Freud afirmó que la mente funcionaba en distintos niveles. Entre ellos, está lo que él denominó el inconsciente, del que, como su propio nombre indica, no somos conscientes, y que almacena toda nuestra experiencia y nos empuja a actuar como actuamos, a pensar como pensamos, a responder como respondemos y a sentir como sentimos. Freud comprobó que sólo si accedemos al inconsciente podemos descubrir quiénes somos para, con ello, alcanzar la curación. Hay quien ha escrito que eso es precisamente el alma, el inconsciente de Freud. Y en mi trabajo de regresión, y últimamente de progresión, de pacientes a sus vidas pasadas y futuras para que puedan curarse con más facilidad, esto es también lo que veo: el funcionamiento del alma inmortal.

Creo que todos poseemos un alma que existe después de la muerte del cuerpo físico y que regresa una y otra vez a otros cuerpos en un intento progresivo de alcanzar un plano superior. (Una de las preguntas que surgen con frecuencia es: «¿De dónde salen las almas, si ahora hay mucha más gente que cuando se creó el mundo?» Una respuesta sería que hay numerosas dimensiones en las que viven las almas, que no sólo existen en la Tierra; si la población del planeta se reduce en el futuro, las almas pasarán a otras esferas.) Esto no puede demostrarse de forma empírica; el alma no tiene ADN o, al menos, no tiene un ADN físico como el que describieron Crick y Watson. Sin embargo, los casos de los que se tiene conocimiento son abrumadores y, para mí, sin lugar a dudas, concluyentes. Lo he visto casi todos los días desde que Catherine me llevó con ella hasta momentos del pasado tan dispares como la Arabia del año 1863 antes de Cristo o la España de 1756.

Por ejemplo, tenemos a Elizabeth y a Pedro (*Lazos de amor*), que se habían amado en vidas anteriores y se reencontraron en la presente; a Linda (*A través del tiempo*), guillotinada en Escocia, casada en Italia siglos después con el que ha sido su abuelo en esta vida, y anciana más tarde en Holanda, rodeada por su extensa y querida familia; a Dan, y a Laura y a Hope (*Los mensajes de los sabios*), y a unos cuatro mil más (sobre algunos he escrito, sobre muchos, no) cuyas almas han recorrido vidas pasadas y han llevado consigo su parte inmortal hasta el presente.

(Algunos de esos pacientes recordaban idiomas que

habían hablado en vidas anteriores y que en ésta jamás habían aprendido o estudiado, un fenómeno conocido como xenoglosia que supone una «prueba» importante de que lo que relataban era cierto.)

Cuando mis pacientes se veían en otras vidas, los traumas que les habían conducido hasta mí quedaban mitigados y, en algunos casos, llegaban a desaparecer. Ése es, pues, uno de los propósitos fundamentales del alma: progresar hacia la curación.

Si fuera yo el único que hubiera visto esos casos, el lector tendría razón al creer que sufro alucinaciones o que he perdido el juicio; pero no: hace miles de años que los budistas y los hindúes acumulan casos sobre vidas pasadas, la reencarnación se mencionaba en el Nuevo Testamento hasta tiempos de Constantino, cuando los romanos la censuraron, y hasta es posible que el propio Jesús creyera en ella, ya que preguntó a los apóstoles si reconocían en san Juan Bautista al profeta Elías, que había vivido novecientos años antes, resucitado. De hecho, se trata de un principio esencial del misticismo judío; en algunas sectas se enseñaba de forma habitual hasta principios del siglo XIX.

Cientos de terapeutas han grabado miles de sesiones sobre vidas pasadas, y muchas de las experiencias de sus pacientes se han comprobado. Yo mismo he verificado detalles y hechos concretos de los recuerdos de vidas anteriores de Catherine y otros pacientes, información precisa que resulta imposible atribuir a la «falsa memoria» o a la fantasía. Ya no dudo de que la reencarnación es real. Nuestras almas han vivido antes y volverán a vivir. Ésa es nuestra inmortalidad.

Justo antes de morir, el alma, esa parte del ser que es consciente cuando abandona el cuerpo, se detiene durante un instante, flotando en el aire. En ese estado, puede diferenciar el color, escuchar voces, identificar objetos y repasar la vida que acaba de dejar atrás. Ese fenómeno se conoce como «experiencia extracorporal» y se ha documentado en miles de ocasiones; son especialmente conocidos los casos de Elizabeth Kubler-Ross y Raymond Moody. Todos lo experimentamos al morir, pero son pocos los que han regresado a la vida presente para contarlo.

Uno de esos casos me lo relató (y yo lo mencioné brevemente en *Lazos de amor*) no la propia paciente, sino su cardiólogo del Centro Médico Monte Sinaí de Miami, un científico, un hombre muy académico y con los pies en el suelo. La enferma, una anciana diabética, estaba ingresada para hacerse unas pruebas cuando sufrió un paro cardíaco (sencillamente, el corazón dejó de latir) y entró en coma. Los médicos no eran nada optimistas, pero aun así se esforzaron denodadamente por revivirla y llamaron a su cardiólogo para que les ayudara. El especialista entró corriendo en la UCI y se le cayó un bolígrafo de oro de aspecto bastante inusual, que fue rodando por toda la habitación hasta detenerse bajo una ventana. Durante una corta pausa en el proceso de reanimación lo recogió.

Según contó la mujer, mientras el equipo médico intentaba salvarla, salió flotando de su cuerpo y contempló toda la escena desde un punto situado sobre el carrito de las medicinas, cerca de la ventana. Naturalmente, lo observaba todo con detenimiento, porque veía que los médicos intentaban salvarle la vida. Estaba deseando llamarles, decirles que se encontraba bien y que no tenían que trabajar con tanta desesperación, pero sabía que no la oirían; cuando intentó darle un golpecito en el hombro a su cardiólogo para reconfortarlo, lo atravesó con la mano y no sintió nada. Veía todo lo que sucedía en torno a su cuerpo, oía todo lo que decían los médicos y, sin embargo, por mucho que lo intentara, no conseguía que la escucharan.

Los esfuerzos de los doctores surtieron efecto. La mujer regresó a la vida.

—He seguido todo el proceso —le dijo a su cardiólogo, que se quedó atónito.

—No puede ser. Estaba inconsciente. ¡Estaba en coma!

—El bolígrafo que se le ha caído es muy bonito —replicó ella—. Debe de ser muy caro.

—¿Lo ha visto?

—Acabo de decírselo —respondió, y pasó a describir el bolígrafo, la ropa de los médicos y las enfermeras, la sucesión de gente que había entrado y salido de la UCI y lo que había hecho cada uno, cosas que no podría haber sabido alguien que no hubiera estado presente.

El cardiólogo seguía impresionado pasados unos días, cuando me lo contó. Me confirmó que todo lo que había dicho la anciana había sucedido realmente y que sus descripciones habían sido del todo exactas. Sin embargo, no cabía duda de que había estado inconsciente; es más, ¡hacía más de cinco años que había perdido la vista! La que veía era su alma, no su cuerpo.

Desde entonces, ese mismo cardiólogo me ha hablado de varios pacientes que, antes de morir, habían visto a personas conocidas y fallecidas hacía mucho tiempo que los esperaban para acompañarlos al otro lado. Se trataba de enfermos que no tomaban ningún tipo de medicación y que, por lo tanto, estaban lúcidos. Uno contó que su abuela esperaba sentada tranquilamente en una silla de la habitación del hospital a que llegara la hora de su nieto.

Otra recibió la visita de su hijo, que había muerto de niño. El cardiólogo observó que, entre sus pacientes, la muerte se afrontaba con calma, con serenidad. Aprendió a decirles: «Me interesa mucho lo que usted sienta y experimente. Por muy extraño que le parezca, no se preocupe, puede hablar conmigo.» Cuando se lo contaban, perdían el miedo a la muerte.

Lo más habitual es que las personas que pasan por una reanimación afirmen haber visto luz, por lo general dorada y a lo lejos, como si estuviera al final de un túnel. Nancy Snyderman, una doctora que trabaja como periodista especializada en temas médicos para la cadena televisiva ABC, me permitió hacerle una regresión como demostración y describió su vida como granjera en las grandes llanuras de Estados Unidos en el siglo XIX. Al final de su larga existencia, quedó flotando por encima de su cuerpo, observándolo a distancia. Luego tuvo la sensación de que la llamaba una luz, en su caso azul, y de que cada vez se alejaba más de su cuerpo para acercarse a una nueva vida, una vida que aún no estaba clara. Se trata de una típica experiencia de muerte cercana, casi un relato de manual, aunque con una salvedad: Nancy relataba la experiencia de alguien (ella misma en otra vida) que llevaba más de cien años muerto.

¿Adónde se dirige el alma tras abandonar el cuerpo? No estoy seguro; puede que no exista la palabra adecuada para designar ese lugar. Yo digo que es otra dimensión, un estado de conciencia superior. Está claro que el alma existe fuera del cuerpo físico y que establece conexiones no sólo con las demás vidas de la persona que acaba de abandonar, sino con todas las demás almas. Morimos físicamente, pero esa parte de nuestro ser es indestructible e inmortal. El alma es eterna. Probablemente, en el fondo, exista sólo un alma, una energía. Mucha gente lo llama Dios; otros, amor. Pero tampoco es el nombre lo que importa.

Yo entiendo el alma como una entidad energética que se fusiona con la energía universal y que después vuelve a separarse, intacta, al regresar a una nueva vida. Antes de fundirse con el alma única, contempla desde lo alto el cuerpo que acaba de abandonar y hace lo que yo denomino una evaluación vital, un repaso de la vida que acaba de abandonar. La evaluación se realiza con espíritu de bondad afectuosa y cariño. No se trata de castigar, sino de aprender.

El alma registra las experiencias. Siente el aprecio y la gratitud de todas aquellas personas a las que uno ha ayudado en la vida, y de todos aquellos seres a los que ha amado, con más intensidad ahora que ha abandonado el cuerpo. Del mismo modo, siente el dolor, la rabia y la desesperación de todos aquellos a los que ha hecho daño o traicionado, también de manera acentuada. Así, el alma aprende a no hacer cosas perjudiciales y a ser compasiva.

Una vez terminada la evaluación, el alma parece alejarse más del cuerpo y a menudo encuentra la hermosa luz, como hizo la antepasada de Nancy Snyderman, aunque puede que no suceda de inmediato; pero no importa, la luz siempre está ahí. A veces hay otras almas (llamémoslas sabios, maestros o guías) que son muy experimentadas y que la ayudan en su viaje hasta el alma única. En un nivel determinado, se funde con la luz, pero sin perder la conciencia, para poder seguir aprendiendo al otro lado (al final del viaje inmortal, la fusión será completa), y ese proceso va acompañado de una indescriptible sensación de felicidad y del conocimiento de que sigue individualizada, con lecciones que aprender, tanto en la Tierra como al otro lado. Al final (el tiempo transcurrido varía), el alma decide regresar a otro cuerpo y, cuando se reencarna, pierde la sensación de estar fusionada. Hay quien cree que la separación de esa gloria, de esa dicha que surge de la fusión de luz y energía, produce un hondo pesar, y puede que así sea.

En la Tierra, en el presente, somos individuos, pero la individualización es una ilusión característica de este plano, de esta dimensión, de este planeta. Sí, estamos aquí, somos reales, tangibles, igual que el sillón en el que quizás esté sentado usted mientras lee, pero los científicos saben que un sillón lo componen sólo átomos, moléculas, energía: es un sillón y, al mismo tiempo, energía. Nosotros somos humanos, finitos y, al mismo tiempo, inmortales.

A mi entender, en el nivel superior todas las almas están interconectadas. Creemos que somos entidades individuales, separadas; pero eso es sólo una ilusión, una falsa ilusión que, aunque en la Tierra puede tener sentido, nos impide ver la realidad: estamos conectados con todas las demás almas y, en una esfera distinta, todos somos uno. En este mundo, nuestros cuerpos son densos y pesan según parámetros físicos; sufren dolencias y enfermedades. Pero estoy convencido de que, en reinos superiores, no existen los padecimientos físicos. En esferas aún superiores, no hay nada físico, sólo la conciencia pura. Y más allá (y más, y más allá), en niveles que no podemos llegar a concebir y donde todas las almas conforman una única, ni siquiera existe el tiempo. Esto quiere decir que las vidas pasadas, presentes y futuras podrían discurrir de forma simultánea.

Soy médico y psiquiatra, y curar a la gente es la pasión de mi vida. Creo que a cada uno de nosotros el instinto nos empuja hacia la curación y el crecimiento espirituales, hacia la comprensión y la compasión; en resumen, hacia la evolución. Soy de la opinión de que, espiritualmente, avanzamos, no retrocedemos. El inconsciente (o subconsciente, o mente superconsciente o, también, alma) lleva incorporado un mecanismo que lo conduce por un sendero positivo de evolución espiritual. En otras palabras, evoluciona siempre, en todo momento, hacia la salud. En un nivel superior, el tiempo se mide en función de las lecciones aprendidas, aunque en la Tierra transcurra según los parámetros que ya conocemos. Vivimos dentro del tiempo y, a la vez, fuera de él. Nuestras vidas pasadas y futuras convergen en el presente y, si pueden inducirnos a la curación ahora, de modo que la existencia actual sea más sana y más plena desde el punto de vista espiritual, progresaremos. La retroalimentación es continua, porque su objetivo es ayudarnos a mejorar nuestras vidas futuras, incluso mientras vivimos la presente.

Tengo la impresión de que somos muchos los que dedicamos demasiado tiempo a los niveles de comprensión superiores. ¿Cómo serán? Resulta fascinante considerar la pregunta, pero ahora nuestro objetivo es curarnos cuando todavía habitamos este mundo físico. Veo que hay mucha gente, sobre todo la aficionada a la New Age, que no acaba de conectar con este mundo, con el aquí y el ahora. La progresión en los campos de la contemplación y la meditación es importante, pero quienes se pasan la vida aislados deberían darse cuenta de que somos una especie que vive en sociedad. Y quienes no disfrutan de las delicias de lo físico, de los placeres de los sentidos, no aprenden plenamente la lección que les ofrece esta vida.

Como ya he dicho, hasta hace poco sólo había practicado regresiones con mis pacientes para que vieran y comprendieran sus vidas pasadas. Ahora he empezado a hacer con ellos progresiones hacia el futuro. No obstante, aunque sólo estudiemos nuestras vidas anteriores, podremos descubrir cómo hemos evolucionado en ellas. Cada vida es una experiencia de aprendizaje y, si extraemos enseñanzas de las existencias pasadas, podremos modificar el presente a nuestro libre albedrío, un libre albedrío consciente, claro, el libre albedrío del alma.

El alma elige a nuestros padres, ya que nuestro impulso es continuar el aprendizaje para avanzar en el proceso de curación. Por esa misma razón, decidimos qué hacer en la vida presente. No optamos por unos padres maltratadores, porque nadie quiere que le peguen, y, sin embargo, hay padres que se convierten (mediante el ejercicio del libre albedrío) en maltratadores, aunque en una próxima vida, o tal vez en esta misma, aprenderán a ser compasivos y pondrán fin a esa conducta.

Yo elegí regresar como hijo de Alvin y Dorothy Weiss, y ser psiquiatra. En mi vida anterior fui miembro de la resistencia checa y me asesinaron en 1942 o 1943. Quizá la forma en que morí me empujó a realizar mi presente estudio de la inmortalidad; quizá mi deseo de investigar y enseñar proceda de otra vida como sacerdote en la antigua Babilonia. Sea como fuere, elegí volver como Brian Weiss para aprovechar al máximo mi aprendizaje personal y compartirlo con los demás dedicándome a la curación. Opté por mis padres porque, con ellos, sabía que sería fácil aprender. Mi padre reverenciaba el mundo académico y quería que fuera médico. También le gustaba la religión y me instruyó en el judaísmo, aunque sin obligarme a nada. Así pues, me convertí en rabino laico, en psiquiatra. Mi madre era cariñosa y nada crítica. De ella heredé una seguridad en mí mismo que, con el paso de los años, me permitió arriesgar mi carrera profesional y mi estabilidad económica al publicar *Muchas vidas, muchos maestros*. Ninguno de mis progenitores era espiritual, en el sentido que la New Age da a la palabra, y ninguno de los dos creía en la reencarnación. Según parece, los elegí porque me ofrecían el apoyo y la libertad necesarios para adentrarme en el camino de la vida que acabé eligiendo. ¿Participó alguien más en mi decisión? Eso me pregunto yo. Espíritus, guías, ángeles: ¿son todos ellos partes del alma única? No lo sé.

Es cierto que un alma determinada eligió volver como Saddam Hussein, y otra como Ossama Bin Laden. Mi opinión es que su objetivo era el mismo que el nuestro: aprovechar al máximo sus oportunidades de aprendizaje. En un principio, no decidieron regresar para hacer sufrir a nadie, para provocar violencia, para hacer saltar a otras personas por los aires y convertirse en terroristas, sino para resistirse a esos impulsos, seguramente porque habían sucumbido a ellos en vidas anteriores. Volvieron para someterse a una especie de examen en esta escuela en la que vivimos... y suspendieron con todas las de la ley.

Todo son especulaciones, desde luego, pero me parece que sus almas se reencarnaron en ellos con la idea de encontrar alternativas a la violencia, a los prejuicios y al odio. (Por ese mismo motivo regresa el alma del padre maltratador.) Acumularon riquezas y poder, y tuvieron que elegir entre la violencia y la compasión, entre el prejuicio y el aprendizaje, entre el odio y el amor. Esta vez, ya sabemos por qué se decantaron. Tendrán que regresar de nuevo, atenerse a las consecuencias de sus actos y de nuevo vérselas con esas decisiones, hasta que sean capaces de avanzar.

Los alumnos me preguntan por qué iba a elegir nadie reencarnarse para vivir en una zona infestada de ratas en Bogotá o en Harlem. Los monjes budistas que he conocido, el séquito del Dalai Lama, se ríen ante esa pregunta, porque consideran que la vida es una representación teatral. El hombre de los suburbios interpreta un papel, sin más, y en la próxima vida ese actor reaparecerá como un príncipe. Yo creo que elegimos volver a un cuchitril lleno de ratas porque tenemos que entender qué significa ser pobre; en otras vidas, ya seremos millonarios. Tenemos que ser ricos, pobres, hombres, mujeres, sanos, enfermos, grandes, pequeños, fuertes y débiles. Si en una vida tengo dinero y hay otro ser que vive como yo viví una vez, en los suburbios de Bogotá, sentiré deseos de ayudarle, porque supondrá un paso adelante en mi realización personal.

Hay dos elementos fundamentales que debemos tener en cuenta. Para empezar, no podemos aprenderlo todo en una sola existencia, pero no importa, porque disponemos de vidas infinitas que aún están por llegar. En segundo lugar, cada vez que regresamos, lo hacemos para curarnos.

Nuestras vidas son una serie de peldaños en la escala evolutiva. ¿Dónde nos encontramos, pues, cuando estamos completamente curados y superamos el último escalón? Seguramente en el nivel espiritual superior, que unos llaman «cielo» y otros «nirvana».

Para mí, nuestro planeta se creó como laboratorio de emociones, sensaciones, sentimientos y relaciones. Aquí podemos estar enamorados y sentir un placer y una alegría inmensos; podemos oler las flores, tocar la piel de un bebé, contemplar el esplendor de un paisaje, escuchar la música del viento. De eso se trataba. ¡Menuda aula!

En los años venideros, la prueba de fuego será determinar si queremos respetar esa escuela o destruirla, algo que la tecnología moderna ya nos permite. No estoy seguro de que nuestro libre albedrío sea capaz de tomar esa decisión; puede que sea nuestro destino. Si una mente superior y única decide que nuestro planeta merece ser preservado, no será destruido. En caso contrario, si acabamos con la Tierra, no por ello dejarán de existir nuestras almas; ya encontrarían otra escuela, aunque quizá no tan hermosa como ésta ni tan física.

Todas nuestras almas tienen la misma edad, son eternas, pero algunas avanzan más deprisa que las demás. Saddam Hussein podría estar en tercero de primaria, mientras que el Dalai Lama ya habría empezado un curso de posgrado. Al final, todos acabaremos nuestros estudios en el alma única. La rapidez de nuestro progreso dependerá del libre albedrío.

Ese libre albedrío al que me refiero aquí no es lo mismo que la capacidad de nuestra alma de elegir a nuestros padres y nuestras circunstancias; se trata, más bien, de la voluntad humana, que en la Tierra controlamos nosotros mismos. Lo distingo del destino, que a menudo nos une a otro ser en lo bueno y en lo malo. Es el libre albedrío el que nos permite decidir qué comemos, qué coche tenemos, qué ropa llevamos, adónde vamos de vacaciones. El libre albedrío nos faculta también para seleccionar a nuestras parejas, aunque probablemente sea el destino el que haga que nos atraigan, y viceversa. Conocí a Carole, mi esposa, en los montes Catskill, en el estado de Nueva York, donde trabajaba de ayudante de camarero en un hotel en el que ella se alojó. El destino. El curso de nuestra relación (al igual que el de cientos de millones) dependió en cambio de nuestra voluntad, de nuestro libre albedrío. Los que elegimos salir juntos y casarnos fuimos nosotros.

Del mismo modo, podemos decidir aumentar nuestra capacidad de amar o de ser compasivos; podemos optar por llevar a cabo los pequeños actos de bondad que nos aportan una satisfacción interna; podemos escoger la generosidad frente al egoísmo, el respeto frente al prejuicio. En todos los aspectos de nuestras vidas, podemos tomar la decisión basada en el amor y, al hacerlo, nuestras almas evolucionarán.

El doctor John E. Mack, ganador del premio Pulitzer y catedrático de Psiquiatría de la Facultad de Medicina de Harvard, señala lo siguiente: «En la actualidad, somos testigos de la confluencia de la ciencia, la psicología y la espiritualidad, tras siglos de fragmentación ideológica y disciplinaria. Tanto la física moderna como la psicología en profundidad están revelándonos un universo en el que [...] todo lo que percibimos a nuestro alrededor está conectado mediante resonancias, físicas y no físicas, que pueden lograr que la justicia, la verdad y el amor universales sean algo más que una simple fantasía utópica.

»El quid de esa posibilidad es lo que en el mundo laico occidental ha dado en llamarse estados de conciencia "no comunes", algo que las grandes tradiciones religiosas del mundo denominan de formas muy diversas, como sentimiento religioso primario, unidad mística, conexión con la esencia del ser o amor universal. [...] El quid de esos estados de conciencia o ser es una posible expansión del yo fuera de sus límites habituales.»

Yo diría «alma» en lugar de «yo», y añadiría que esos límites rebasan el universo mensurable.

He tardado veinticuatro años en dar con la pura verdad que conforma la esencia del presente libro: somos inmortales, somos eternos, nuestras almas jamás morirán. Así pues, deberíamos empezar a comportarnos como si supiéramos que la inmortalidad es una bendición que nos ha sido concedida. O, para ser más claros: deberíamos prepararnos para la inmortalidad aquí y ahora, hoy y mañana, y todos los días que nos quedan por vivir. Si nos preparamos, nuestras almas ascenderán por la escala evolutiva, se acercarán más a la curación, al estado superior. En caso contrario, reciclaremos nuestra vida actual (es decir, nos quedaremos estancados) y pospondremos para una existencia futura el aprendizaje de la lección que podríamos haber superado en ésta.

¿Cómo nos preparamos? ¿Cómo actuamos los inmortales? En esta vida, nos preparamos aprendiendo a relacionarnos mejor con los demás; a ser más afectuosos, más compasivos; a estar más sanos física, emocional y espiritualmente; a ayudar a los demás; a disfrutar de este mundo y, sin embargo, fomentar su evolución, promover su curación. Al prepararnos para la inmortalidad, disiparemos los miedos actuales, nos sentiremos más a gusto con nosotros mismos, creceremos espiritualmente. Y, al mismo tiempo, sanaremos nuestras vidas futuras.

Ahora, gracias a las progresiones que mis pacientes han experimentado y que me han narrado, podemos ver los resultados de nuestra conducta actual y, de ese modo, adaptarla al futuro. Y es que acelerar el proceso de curación, de evolución, es lo más terapéutico que podemos hacer, lo mejor, no sólo por nuestras propias almas, sino por todos los habitantes del mundo. Eso es lo que he aprendido de mis pacientes.

2

GEORGE: EL CONTROL DE LA IRA

El control de la ira es una de las técnicas que podemos aprender ahora para evitar repeticiones de la violencia en nuestras vidas venideras. El siguiente caso clínico es el de un hombre al que traté antes de empezar a hacer progresiones con algunos de mis pacientes. Si hubiera podido descubrir lo que le reservaban los años que tenía por delante, quizá su terapia se habría desarrollado con mayor rapidez.

George Skulnick hacía todo lo que estaba en su mano para autodestruirse. Pese a sus antecedentes de infarto de miocardio e hipertensión, tenía sobrepeso, fumaba como un carretero, trabajaba en exceso, cancelaba vacaciones a última hora y se medicaba de manera irresponsable, ya que a veces se olvidaba de tomarse las pastillas que le había recetado la cardióloga y luego, para compensar, se tomaba demasiadas de golpe. Ya había sufrido un infarto de gravedad, y era muy posible que le aguardara otro.

Su cardióloga, Barbara Tracy, le recomendó que fuera a verme para poner en práctica técnicas de control del estrés.

—George es duro de pelar —me advirtió—. Prepárate para sus arrebatos.

Y así fue como aterrizó en mi consulta con su esposa, una señora de unos cuarenta y cinco años de edad que iba demasiado arreglada para una mañana de Miami y que clavó en mí lo que me pareció una mirada de súplica.

—Betty se queda en la salita de espera —anunció George—. Por si la necesita.

—Si no le importa —le pedí con delicadeza, volviéndome hacia ella.

—En absoluto —contestó.

Me miró por última vez (sí, suplicaba), salió de la habitación y cerró la puerta.

George era un hombretón bajito y corpulento que parecía fuerte y tenía unos brazos enormes, una barriga exagerada y unas piernas cuya flaqueza sorprendía. Su cara rechoncha tenía un aspecto rubicundo; se le habían reventado los capilares en torno a la nariz, lo que denotaba un abuso del alcohol. Calculé que tendría unos sesenta años, aunque resultó que eran solamente cincuenta y dos.

—Usted es el médico de las reencarnaciones —afirmó. Lo aseguraba, no lo preguntaba.

—Pues sí.

—Yo no me creo esas chorradas.

Si lo que quería era ponerme nervioso, no lo consiguió.

—Como la mayoría de la gente.

—La doctora Tracy dice que practica una cosa que se llama terapia de regresión.

—Sí. Suele provocar que el paciente vuelva a vidas anteriores.

—Eso es una gilipo... —Se detuvo antes de terminar la palabra y levantó una mano—. A ver, entiéndame, yo estoy dispuesto a todo si sirve para que no tenga otro ataque.

Resulta que, en cierta ocasión, George le había contado a Barbara una experiencia de muerte cercana. Durante el infarto de miocardio había sentido que salía de su cuerpo, se elevaba y se dirigía hacia una nube de luz azul. Mientras flotaba, le sobrevino una idea: todo iba a tener un final feliz. Saberlo le sirvió de bálsamo, y quiso decírselo a su familia. Desde su punto de observación privilegiado veía a su mujer y a sus dos hijos, todos ellos muy nerviosos, y le entraron ganas de tranquilizarles, pero no pudo. Se volvió para ver su propio cuerpo unos instantes y cuando les miró de nuevo se dio cuenta de que no le prestaban atención; era como si hubieran pasado varios años desde su muerte. Aquella experiencia le convenció para acudir a mí.

—¿Por qué no decidimos qué hacemos cuando sepa más cosas sobre usted? —propuse—. La doctora Tracy me ha contado que tiene una empresa.

—Construcciones Skulnick. Estamos especializados en fábricas, almacenes, edificios de oficinas. Seguro que ha visto nuestros carteles, están por todo Miami.

Efectivamente, los había visto.

—Me provoca muchos quebraderos de cabeza —prosiguió—. La presión es constante. Si no superviso todas las obras yo mismo, siempre hay alguien que mete la pata.

—¿Y entonces qué pasa?

Sus ojos se iluminaron.

—Que me cabreo.

La ira era, según me había adelantado Barbara, lo más peligroso para George, un cuchillo que apuntaba directamente a su corazón.

—Hábleme de la rabia —le pedí.

—Es que pierdo el control. Me da por chillar. Me pongo rojo como un tomate y noto que el corazón me va a mil, como si fuera a estallar. —Se le aceleró la respiración sólo de contarlo—. Me entran ganas de emprenderla a golpes con alguien, de matar a alguien. Me pongo como loco.

—¿Y qué sucede cuando está con su mujer, con su familia?

—Pues igual, o peor incluso. A veces alguien del trabajo me pone de mala leche, me tomo un par de copas de camino a casa y, cuando llego, voy buscando pelea. ¿Que la cena no está lista? ¡Toma! ¿Que no has hecho los deberes? ¡Pumba! —Bajó la cabeza para mirarse las palmas de las manos—. Me tienen un miedo tremendo. No les pego ni nada, claro. Pero puede que un día...

—Muy bien. A lo mejor podemos averiguar de dónde sale esa rabia.

George levantó la cabeza.

—De mi padre, supongo. También le daba por chillar. Y además bebía.

—Ésa podría ser la explicación —repuse—, pero puede que haya algo más.

—¿Algo que me sucedió en otra vida?

Me encogí de hombros.

—Tal vez.

—¿Y cree que una regresión me ayudaría?

—Creo que es importante para usted, sí, aunque también puedo ayudarle con la psicoterapia tradicional, si lo prefiere. Como ya ha pasado por una experiencia de la muerte cercana, tengo la impresión de que no le costaría experimentar una regresión, y, si le resulta desagradable, o doloroso, o demasiado intenso, me daré cuenta enseguida y nos detendremos.

Permaneció un momento en silencio antes de preguntar:
—Utiliza hipnosis, ¿verdad?
—Sí.
—Si estoy hipnotizado, ¿cómo va a saber si quiero parar?
—Usted me lo dirá.
—¿Desde otra vida?
—Exacto.
Me di cuenta de que pensaba: «Sí, claro», pero lo que contestó fue:
—Vale. Vamos a probarlo.

En *A través del tiempo* escribí lo siguiente:
«La hipnosis es la técnica principal que utilizo para ayudar a los pacientes a acceder a recuerdos de vidas anteriores. [...] Uno de los objetivos de la hipnosis es, además de la meditación, acceder al subconsciente. [...] En la mente subconsciente, los procesos mentales se producen sin que los percibamos de manera consciente. Experimentamos momentos de intuición, sabiduría y creatividad cuando esos procesos se transmiten a la parte consciente de la mente.

»El subconsciente no está limitado por las fronteras de la lógica, el espacio y el tiempo que solemos imponer, sino que puede recordarlo todo, cosas de cualquier época. [...] Puede trascender lo común para entrar en contacto con una sabiduría que escapa a nuestras aptitudes cotidianas. La hipnosis permite llegar hasta la sabiduría del subconsciente mediante la concentración con el fin de conseguir la curación. Estamos en estado de hipnosis siempre que la relación habitual entre la mente consciente y la subconsciente se reconfigura de modo que el subconsciente desempeñe un papel más dominante. [...]

»Cuando alguien está hipnotizado, no duerme. La mente consciente se percata siempre de lo que experimenta el sujeto mientras está sometido a hipnosis. A pesar del contacto profundo con el subconsciente, la mente puede hacer comentarios, criticar y censurar. El sujeto controla siempre lo que dice. Por supuesto la hipnosis no es un suero de la verdad. Uno no entra en una máquina del tiempo y de repente se encuentra transportado a otra época y otro lugar sin ser consciente del presente. [...]

»Puede parecer que, para alcanzar esos niveles profundos de hipnosis, sea necesaria una gran destreza, pero todos y cada uno de nosotros los experimentamos con facilidad todos los días en el momento en que nos encontramos entre la vigilia y el sueño, lo cual se conoce como estado hipnagógico. [...]

»Escuchar la voz de otra persona que sirve de guía ayuda a mejorar la concentración y permite que el paciente alcance un nivel de hipnosis y relajación más profundo. El proceso no supone peligro alguno. Ninguna de las personas a las que he hipnotizado se ha quedado "atrapada" en ese estado. El sujeto puede abandonarlo siempre que lo desee. Además, nadie ha violado jamás sus principios morales y éticos. Nadie se ha comportado involuntariamente como una gallina o un pato. Nadie puede controlar al paciente, que es quien lleva las riendas en todo momento.

»En la hipnosis, la mente está siempre despierta y observa lo que sucede. Por eso alguien que está profundamente hipnotizado y metido de lleno en una secuencia de recuerdos de la infancia o de una vida anterior puede responder a las preguntas del terapeuta, hablar el idioma de su existencia actual, conocer los lugares geográficos que ve e incluso saber que está en un año determinado, que normalmente se ve proyectado en el interior de los párpados o simplemente aparece como concepto. La mente hipnotizada, que siempre retiene la conciencia y el conocimiento del presente, es la que sitúa los recuerdos de la infancia o de una vida anterior en contexto. Si aparece el año 1900 y el paciente se encuentra construyendo una pirámide en el antiguo Egipto, sabrá que se trata de la era anterior al nacimiento de Cristo, aunque no vea las palabras "antes de Cristo".

»También por eso, cuando un paciente hipnotizado descubre que es un campesino que lucha en una guerra en la Europa medieval, por ejemplo, puede distinguir a personas de esa vida pasada a las que conozca en la actual. Por eso puede hablar inglés contemporáneo, comparar las armas rudimentarias de esa época con las que pueda haber visto o utilizado en esta vida, aportar fechas, etcétera.

»Su mente actual está despierta, observa y comenta. Siempre puede comparar los detalles y los hechos con los de su vida actual. Es el espectador y el crítico de la película y, por lo general, también el protagonista. Y todo ese tiempo puede permanecer en un estado relajado, hipnótico.

»La hipnosis lleva al sujeto hasta un estado con gran potencial curativo, ya que le permite acceder a la mente subconsciente. Si hablamos de forma metafórica, sitúa al paciente en un bosque mágico en el que crece el árbol de la curación. Y, si bien la hipnosis es la que le abre la entrada a ese país balsámico, el proceso de regresión es el árbol en sí, el árbol del que crece el fruto sagrado que debe comer para sanar.

»La terapia de regresión es el acto mental consistente en retroceder a una época anterior, sea cual sea, con el fin de recuperar recuerdos que puedan estar influyendo todavía de forma negativa en la vida actual del paciente y que, probablemente, sean el origen de los síntomas que presenta. La hipnosis faculta a la mente para que haga cortocircuito con las barreras conscientes y alcance esa información, y eso incluye aquellas barreras que impiden a los pacientes acceder de forma consciente a sus vidas pasadas.»

Decidimos que acompañaría a George hasta ese bosque y que mantendría mi papel de terapeuta, de modo que no influiría en él ni le sugeriría cuáles eran los frutos que podría hallar en el árbol; para ello, mantendría un tono de voz calmado y tranquilizador que garantizara su comodidad y su relajación, y le haría sólo preguntas destinadas a permitirle describir sin esfuerzo y con más detalle lo que viera; tampoco mostraría sorpresa, no haría juicios morales ni ofrecería interpretaciones, sino que le daría instrucciones en momentos determinados. En pocas palabras, le haría de guía.

George se sentó en un sofá pequeño y cómodo y yo me quedé ante él, en mi sillón.

—Relájese —le pedí—. Cierre los ojos...

Y así empezamos. Ninguno de los dos sabía qué iba a encontrar George.

—Soy posadero —anunció—. En Alemania. Estoy tumbado en una cama del piso de arriba, en nuestra habitación. Estamos en la Edad Media. Soy viejo, tengo más de setenta años y estoy muy débil, aunque hasta hace poco era fuerte. Me veo claramente. Tengo un aspecto descuidado, con la ropa sucia. Estoy enfermo. Mis brazos, antes robustos, ahora son flacos. Los músculos de la espalda, con los que antes podía levantar rocas, se han atrofiado. Apenas tengo fuerza para sentarme. —Me miró desde una distancia de siete siglos e inclinó la cabeza—. Tengo mal corazón.

Su familia le rodeaba. Empezó a hablar de ellos:

—Me he portado mal con todos. He tratado con crueldad a mi mujer y a mis hijos. Los he tenido abandonados, me he dado a la bebida y he mantenido aventuras con otras mujeres. Pero dependían de mí, no podían irse por mucho que los maltratara. Montaba en cólera y me ponía violento. Me tenían miedo.

Hacía poco, había sufrido un ataque, probablemente un infarto, y ahora quien dependía de ellos era él; no obstante, a pesar de los malos tratos y del abandono a los que les había sometido, lo cuidaban con pasión, y hasta con cariño. Su esposa actual era su hijo en la vida pasada, y su hija, su mujer. (Esas variaciones son corrientes. Las personas que son importantes para nosotros en la vida presente también lo han sido en las anteriores, están siempre a nuestro lado.)

Su familia lo atendía infatigablemente y sin quejarse, ya que las secuelas le impedían hacer nada por sí mismo. Con el tiempo, su cuerpo, destrozado por años de alcoholismo, acabó cediendo, y su alma empezó a flotar por encima de sus familiares y a observarlos desde lo alto, sintiéndose culpable por haberlos tratado de forma tan atroz.

Es en ese momento de la muerte del cuerpo cuando la persona realiza una evaluación vital, y George aseguró que el sentimiento que predominaba era la culpa: se arrepentía de haber desperdiciado su vida.

—Libérese de esa culpa —le pedí—. Ya no cumple ninguna función. Su familia se encuentra bien y la culpa sólo le sirve de lastre.

Juntos repasamos su vida como posadero. ¿Qué lecciones podía extraer de ella? Seguía hipnotizado, seguía en la fonda, seguía reviviendo los momentos de su muerte. Expresaba las ideas con frases entrecortadas, pero los sentimientos que había tras ellas eran claros y puros.

—El peligro y la violencia son una gran estupidez —sentenció—. Los cuerpos son frágiles y caducos. Hay seguridad en el amor y la compasión. Todas las familias necesitan cuidado y sustento. Yo tenía que haberles sustentado del mismo modo que ellos me sustentaron a mí. No hay fuerza mayor que la del amor.

Me contó todo aquello con la pasión de la revelación. Cuando terminó parecía agotado, así que decidí hacerle regresar poco a poco al presente para comentar lo que él había visto y descubierto en el pasado. Se fue aturdido (la primera regresión siempre es impactante), con la promesa de regresar a la semana siguiente.

Cuando se marchó, hice una anotación: «Veo aquí plantadas unas semillas de lo que será el futuro de su vida actual. Otro infarto. Más malos tratos. Un patrón similar. Va a aprender una lección.»

Me quedé esperando con impaciencia el regreso de George.

En la siguiente regresión resultó ser un soldado de diecisiete años que luchaba por su país, Francia, en la Primera Guerra Mundial. Había perdido el brazo izquierdo en una explosión y, al revivir ese momento, se agarró ese brazo con la otra mano y se quejó de que le dolía, pero las molestias desaparecieron, ya que, según descubrió enseguida, había fallecido a consecuencia de las heridas. Una vez más, en el instante de esa muerte flotó por encima del cuerpo y se vio transportado a otro momento de la misma vida. Ya no era soldado, sino observador, desligado de los hechos que describía. Era un niño, de no más de diez años, que llevaba una vida dura pero tranquila en una granja, con unos padres que lo querían y una hermana pequeña que lo idolatraba. En la granja había bastantes animales: caballos, vacas y gallinas. Aquella vida anterior a la guerra no había sido muy rica en experiencias.

Me planteé si el dolor del brazo izquierdo estaba relacionado con el infarto que había sufrido en la Edad Media y con el de la vida actual, pero no tenía manera de comprobarlo. A veces, resulta sencillo descubrir una conexión entre las vidas pasadas y la presente, pero en aquel caso no fue así.

No me dio tiempo de pensarlo demasiado, porque, de repente, se puso muy nervioso. Había conectado su vida francesa con otra. (Se trata de algo poco habitual; por lo general una regresión permite volver a una sola vida previa, si bien el paciente suele repasar distintas épocas y distintos hechos dentro de esa misma existencia.) Era un guerrero, mongol o quizá tártaro, y vivía en Rusia o en la propia Mongolia, no estaba seguro, hace unos novecientos años. Era tremendamente fuerte y un excelente jinete, y recorría las estepas matando a sus enemigos y acumulando grandes riquezas. Los hombres que asesinaba solían ser jóvenes inocentes, muchos de ellos simples granjeros que habían sido llamados a filas contra su voluntad, como el muchacho francés que acabaría siendo él mismo con el tiempo. Mató a cientos de personas durante su vida y murió ya viejo, sin sentir en ningún momento los remordimientos que le asaltarían doscientos años después, cuando se convirtiera en el posadero alemán. Los demás sufrieron, pero él no. Y no aprendió ninguna lección; ya llegarían en vidas posteriores. En la evaluación vital que hizo siendo posadero fue, al parecer, cuando se arrepintió por primera vez.

La experiencia mongola le demostró algo que yo había empezado a entender poco tiempo antes: el descubrimiento de las consecuencias de los propios actos no es necesariamente algo inmediato. Tuvo que pasar por otras vidas violentas (no sé decir cuántas, ya que evidentemente sólo puedo contar las que él me relató) antes de llegar a darse cuenta de lo que había provocado.

Quizá lo habían matado en la Primera Guerra Mundial como castigo por la vida violenta que había llevado como guerrero. Quizás el arrepentimiento del posadero no había bastado. Quizá, si hubiera cambiado antes de sus actos violentos, no habría vuelto para que lo mataran en Francia y habría tenido una larga vida en la granja. Comentamos todo eso cuando le hice salir del estado de hipnosis. Creo que lo que quiso decirme fue que si no hubiera sido tan violento en sus vidas anteriores no lo sería en el presente. Había pasado de asesino sin escrúpulos a posadero maltratador, después a soldado francés muerto antes de poder vivir plenamente y, por fin, a empresario próspero, todavía cargado de ira y con graves problemas cardíacos y de hipertensión.

Aquel día hice dos anotaciones: «El valor de la empatía. Tuvo que sentir lo que había provocado» y «El corazón conecta todas esas existencias». ¿Cuál sería el próximo paso?

En la siguiente ocasión, resultó ser un japonés gay de poco más de treinta años que había vivido a finales del siglo XIX. Me contó que se había enamorado de un chico mucho más joven que él. Tenía la impresión de que no había otra manera de conseguir el amor del muchacho que no fuera seducirlo, así que decidió hacerlo. Llevó a su amado a una habitación y empezó a servirle licor sin parar. En parte contra la voluntad del más joven, aquella noche sellaron su amor.

El chico se quedó avergonzado y humillado. En su cultura, los actos homosexuales eran deshonrosos, algo prohibido, y se sentía especialmente ultrajado por haber permitido que lo penetraran.

Su reacción fue la ira. Se presentó a su siguiente cita con un cuchillo o una espada que hundió en el pecho de George, demasiado débil y demasiado enjuto para resistirse. Mi paciente murió de forma instantánea.

En su evaluación vital estuvieron presentes temas como el odio, la ira, la rabia impulsiva y el alcohol. George se dio cuenta de que tendría que haber sido más paciente. No debería haber seducido al joven, sino que podría haber esperado la llegada de un compañero dispuesto a mantener relaciones sexuales con él. No juzgaba su homosexualidad; su pecado había sido interferir en el libre albedrío de otra persona al manipularla.

Una conexión más sutil giraba en torno al peso. Pese a toda su fuerza, George estaba obeso, lo que aumentaba los riesgos de sufrir un infarto. A veces, la gente gana peso y lo mantiene como protección contra algo. Suele pasar en el caso de mujeres que han sufrido abusos o violaciones; de forma simbólica, intentan evitar que se repita el hecho violento. Y eso nos lleva a George, un violador que había sido a su vez víctima de la violencia. Su obesidad parecía provenir de esa vida, no de ésta. Una vez lo comprendió, le resultó más fácil ponerse a régimen.

Anoté lo siguiente: «¿Su vida anterior le marcó (quizá debido a la herida de arma blanca) con una vulnerabilidad cardíaca en el futuro?» No podía estar seguro, pero solemos regresar a este mundo con lesiones o debilidades que afectan a las partes del cuerpo donde se produjeron heridas mortales o daños en una vida anterior. En este caso, la relación parecía probable.

Llegados a ese punto, George ya era capaz de sumergirse en un estado muy profundo. Parecía que sus experiencias lo turbaban y, al mismo tiempo, lo inspiraban.

En 1981, cuando mi paciente Catherine estaba en un estado hipnótico profundo, recordando las importantes lecciones de sus vidas anteriores, me transmitió mensajes de unos seres a los que llamó «los sabios», almas más evolucionadas cuyos conocimientos me llevaron, cuando ella me los hizo llegar, a entender de otra manera lo que es la curación. Así pues, decidí preguntarle a George, que estaba ya en un estado profundo:

—¿Hay algo más? ¿Hay algún otro mensaje para ti, alguna otra información o revelación que puedas extraer de ese nivel?

Anoté al dictado lo que me contestó.

—La vida terrestre es un don. Es una escuela en la que aprender cómo se manifiesta el amor en las dimensiones físicas en las que existen los cuerpos y las emociones. Pero la escuela tiene muchos patios distintos y hay que utilizarlos. La vida física está hecha para disfrutarla. Ése es uno de los motivos por los que habéis recibido los sentidos. Sed buenas personas. Divertíos y disfrutad. Aprovechad los placeres sencillos, pero abundantes, de la vida sin hacer daño a los demás, ni a las cosas, como la naturaleza.

Cuando se marchó, apunté: «Al despertarse, George era consciente de que esos mensajes eran muy importantes para él, porque en su vida actual no se divertía nunca, y las cosas sencillas son una de las grandes razones por las que nos encontramos aquí. También tenemos patios de los que disfrutar. No todo tiene que ser trabajar, no todo tiene que ser serio. "Sed buenas personas" quería decir que fuéramos compasivos y cariñosos en todos los niveles.»

Cuando volvió para la siguiente sesión, George me habló de un sueño milagroso. Las dudas que había podido tener sobre la terapia de regresión se habían disipado. Estaba emocionado, radiante. Los mensajes que había recibido habían adoptado la forma de una persona, un ser espiritual impregnado de la luz azul que había visto en su experiencia de la muerte cercana. Esa persona le había dicho que tenía que quererse más y que los habitantes de la Tierra tenían que cuidar los unos de los otros y no hacerse daño. Había recibido instrucciones, según me contó, pero no podía ofrecer demasiados detalles. Se trataba de instrucciones dirigidas a él, lo sabía, pero que concernían a la humanidad en todos los sentidos. Tenía que comunicarse mejor, explicar lo que pensaba y lo que hacía, en lugar de arremeter sin más contra quienes lo rodeaban. «Ten más cuidado», le había dicho el espíritu. «No hagas daño a los demás.»

George me contó que había una jerarquía de espíritus y que el que le había visitado a él no era necesariamente del más alto nivel.

—Hay otros lugares y otras dimensiones aún superiores que no pertenecen a este planeta. Pero tenemos que aprender las lecciones de los sabios, ya que lo más importante es progresar —me dijo, y, aunque no se trataba de mensajes tan contundentes ni de tan largo alcance como los que me había transmitido Catherine, me conmovieron. Una vez más, era el paciente quien indicaba el camino al médico.

En la siguiente regresión de George se hicieron evidentes distintas conexiones. Esta vez recordó que había sido una esclava del sur de Estados Unidos a principios del siglo XVIII. Estaba casada con un hombre especialmente cruel. El esposo de aquella mujer negra de hacía doscientos años era también el padre de George en el presente. En la anterior vida, su marido le pegaba tan despiadadamente que le había roto las piernas y la había dejado inválida.

En esta existencia, en cambio, el padre de George le había dado mucha fuerza y le había apoyado, sobre todo durante su infancia, que había estado marcada por una artritis localizada en las rodillas. Sin embargo, era una figura autoritaria y aterradora, dada a ataques de ira como los que más adelante repetiría su hijo, que pronto descubrió que para conseguir cualquier cosa lejos de la influencia del padre tenía que «valerse por sí mismo», con lo que se establece un paralelismo evidente con la existencia vivida como esclava.

La independencia y la fuerza habían marcado la vida de George antes del infarto, y siguió aferrándose a ellas, quizá con demasiada determinación, incluso después de recibir el alta. La lección que tenía que aprender en esta vida era la del equilibrio; por un lado, debía mantener la autoridad y, por el otro, saber escuchar y aceptar sugerencias además de dar órdenes.

Experimentó una breve regresión a una vida anterior

de la que apenas vislumbró alguna escena. Era un hombre de la Edad de Piedra vestido con pieles de animales y con las manos y los pies cubiertos de vello. Murió muy joven, de hambre. Ésa era otra explicación para el sobrepeso que sufría en esta vida, ya que las víctimas de la inanición, por ejemplo los fallecidos en el holocausto nazi, suelen ser obesos tras reencarnarse, pues necesitan los kilos como garantía de que jamás volverán a pasar hambre.

Ordené de forma cronológica las vidas anteriores: hombre de la Edad de Piedra, guerrero mongol, posadero en la Edad Media, esclava paralítica, gay japonés asesinado y francés muerto en el campo de batalla. Evidentemente, tenía que haber alguna otra, pero no accedió a ellas durante nuestras sesiones y tal vez nunca tendrá oportunidad de hacerlo. El espíritu azul le dijo que vemos las vidas pasadas que tienen relevancia en ésta.

—El aprendizaje prosigue al otro lado —me contó George, convertido ya en todo un «experto», y su optimismo me alegró—. Vamos perfeccionando técnicas y desarrollando nuestras aptitudes. Es un proceso que no tiene fin.

En todas las vidas que recordó había temas recurrentes (la violencia y la ira, el dolor físico, los malos tratos, la constante amenaza de la muerte) que tenían su paralelismo en la actual.

Cuando consideró todas esas existencias previas en conjunto, cayó en la cuenta de que su estilo de vida iba a acabar con él: bebía demasiado, tenía que controlar la tensión arterial, podía sufrir otro infarto y, debido a los ataques de ira, corría el riesgo de sufrir un derrame cerebral.

Todo eso requirió casi dos años de intensa terapia (tras los cuales hubo sesiones periódicas), pero, a medida que

George asumía esas nuevas percepciones con otros instrumentos terapéuticos que le ofrecía, como discos compactos de relajación, yo tenía el placer de comprobar cómo empezaba a cambiar. Aprendió a relajarse más gracias a la meditación formal (algo que le había recomendado antes, pero que se negaba a hacer). Observó que se comunicaba mejor con los empleados de la oficina; aseguraba que se le daba mejor escuchar y aceptar los contratiempos sin ponerse «hecho un basilisco». Incluso cuando acababa siendo presa de la ira, los ataques eran más breves y menos violentos. Conseguía relajarse de vez en cuando; a la hora del almuerzo se ponía uno de mis compactos en el despacho y le pedía a su secretaria que no le interrumpieran. Recuperó la afición al golf y a la pesca y empezó a ir a ver partidos de béisbol de los Florida Marlins.

Físicamente, George también experimentó una mejoría. Le bajó la tensión, el corazón empezó a funcionar con mayor normalidad, se puso a hacer ejercicio, bebía menos y comía alimentos más sanos. Todo eso lo hizo de común acuerdo con su esposa, a la que yo a veces pedía que acudiera a nuestras sesiones, donde confirmaba el progreso de su marido con una gratitud tan sincera como la de él. Pasó lo mismo con sus hijos; George se estaba convirtiendo en padre, amigo y guía, y ya no era un dictador.

Un cambio dio pie a otro y, al poco tiempo, se dio una progresión de cambios, lo que denominamos «bucle sinérgico». Un éxito daba lugar a otro.

—He vislumbrado el otro lado —me contó—. Me he visto en una vida futura. Era maestro de muchos niños que me apreciaban. Era una vida feliz. Estaba muy satisfecho. Las técnicas que aprendí allí he podido aplicarlas en esta vida física. Y he visto otro mundo, apenas se distinguía. Había estructuras cristalinas y luces y gente, no sé, como rayos de luz.

Me quedé atónito. Como ya he dicho, eso sucedió antes de empezar a llevar a pacientes hacia el futuro de forma intencionada. En aquel momento, me pareció que su visión debía de haber sido una metáfora, un símbolo de lo que deseaba su alma en el presente, o puede que simplemente un sueño inducido por el trabajo que habíamos hecho con su pasado. Y, sin embargo, quizá lo que vio fue literalmente cierto.

Al finalizar la sesión, escribí: «Ha conseguido curar su corazón espiritual además del físico.» Su cardióloga, Barbara Tracy, me confirmó la parte física y yo, por mi parte, sabía que George había recuperado la esperanza. De repente, la vida tenía sentido. La espiritualidad se convirtió en parte de su carácter psicológico. La familia era importante. Los amigos también. Y los compañeros de trabajo. Y el placer.

Ya estaba preparado para el siguiente paso de su evolución. Cuando el cuerpo de George muera y su alma esté lista para regresar, estoy convencido de que su nueva vida tendrá un nivel superior; será casi con toda seguridad más tranquila que las que ha vivido antes. Si no hubiera revisado y comprendido las lecciones de sus vidas anteriores, habría tardado más en alcanzar esa etapa, quizá tendría que haber pasado varias vidas más en un estado de rabia y violencia antes de descubrir por sí mismo las verdades que le enseñaron sus regresiones. Su terapia finalizó y ya no acude a la consulta. Si lo desea, no me importaría hacerle una progresión, no por motivos terapéuticos, sino para que viéramos cómo serán sus nuevas vidas no violentas.

La existencia actual de George cambió cuando renunció a la ira y a la violencia, sus mayores problemas. Las vidas presentes y pasadas de otros pacientes demuestran que el cambio es posible en una docena de aspectos distintos de la existencia y, por extrapolación, en cientos más. No es habitual que una persona aprenda más de una lección en una misma vida, aunque suele prestarse una atención residual a varias. Para este libro he separado las lecciones en grupos diferenciados, si bien tienden a solaparse y la evolución en una puede fomentar el avance en otras. Las historias que aparecen a continuación son ejemplos extraordinarios de cómo determinadas personas han evolucionado hacia nuevas vidas que les han llevado a planos superiores y que, con el tiempo, les transportarán hasta el nivel supremo.

3

VICTORIA, EVELYN Y MICHELLE: LA SALUD

Como médico y como psiquiatra, mi misión es curar enfermedades físicas y emocionales, a veces por separado, pero, por lo general, de forma simultánea, ya que la mente afecta a la salud del cuerpo y el cuerpo a la de la mente. Conozco el concepto de «salud espiritual», pero para mí el alma siempre está sana. Es más, es perfecta. Cuando la gente habla de curación del alma, no sé a qué se refiere: si sentimos que necesita curación es por lo alejados que estamos de ella.

La mala salud tiende a convertirnos en narcisistas, y el narcisismo nos aparta de la compasión, de la empatía, del control de la ira, de la paciencia, todos ellos elementos que, cuando se dominan, permiten ascender en la escala evolutiva que lleva a la inmortalidad. Muchas veces, cuando estamos enfermos solamente somos capaces de pensar en la enfermedad, lo que limita las oportunidades de progreso. Así pues, en este capítulo voy a hablar de las enfermedades físicas, de los estados mentales patológicos (fobias, miedos, depresiones, ansiedades) y de cómo paliarlos. ¿Influyen en ellos las vidas pasadas? Desde luego.

¿Tienen también su efecto las futuras? Cada vez estoy más convencido (a medida que va habiendo más indicios) de que sí.

A continuación, voy a presentarles a dos personas excepcionales, Victoria y Evelyn. La primera sufría un cáncer que convertía en un infierno todos y cada uno de sus días, la segunda era víctima de una ansiedad tan profunda que una vida que en apariencia era plena se había convertido, en el fondo, en algo prácticamente incontrolable. Curé a Victoria trasladándola a sus vidas anteriores; ayudé a Evelyn mostrándole el futuro.

A estas alturas, estoy acostumbrado a regresiones impresionantes y revelaciones asombrosas, pero en el caso de Victoria me embargó la sensación de que había sucedido un milagro, algo que casi nunca había experimentado desde que Catherine y yo nos conocimos hace veinticuatro años.

Victoria se dedica a la medicina, vive en Manhattan y es miembro destacado de la Academia de las Artes y las Ciencias de Estados Unidos. Entramos en contacto cuando me abordó al inicio de un taller de cinco días celebrado en el Instituto Omega, un centro dedicado a la curación y el aprendizaje que tiene su sede en Rhinebeck (Nueva York), y me contó que hacía dieciséis años que sufría tremendos dolores de espalda debidos a un cáncer que diversas operaciones y una serie de tratamientos de quimioterapia y radiación no habían logrado curar. Acudía a Sloan Kettering, uno de los mejores centros oncológicos de Estados Unidos, y me entregó un historial médico de bastantes centímetros de grosor. El dolor era implacable; lo describió como el bombardeo incesante de un absceso formado en una muela. Por la noche tenía que tomar grandes dosis de un medicamento similar a la morfina debido a la severidad del tormento, pero durante el día soportaba la agonía para poder trabajar con la cabeza despejada. Aunque no era vieja (tenía unos cincuenta y cinco años), se le había quedado el pelo cano del dolor. No le gustaba cómo quedaba y se lo teñía de negro.

Victoria aseguraba que había dejado de tomar la medicación unos días antes del taller para poder concentrarse en mis exposiciones, pero cuando me vio me preguntó:

—¿Cómo voy a aguantar cinco días sin la medicación? Van a tener que llevarme a casa en ambulancia.

—Haga lo que pueda —contesté—, y si tiene que marcharse lo comprenderé.

Se quedó a todas las sesiones y al final se me acercó y me contó cómo le había ido. Me pareció tan importante que le pedí que se lo contase a todo el grupo. Durante la semana había experimentado varias regresiones, todas a la misma vida anterior, que había tenido lugar cerca de Jerusalén en época de Jesucristo. Era un campesino pobre, un hombre corpulento de brazos y hombros fuertes, pero sensible en lo espiritual y cariñoso con los pájaros y los animales en general. Vivía en una casa de madera situada junto a un camino con su mujer y su hija, sin molestar a nadie. Victoria reconoció a su hija, que también lo era en esta vida. Un día, el campesino se encontró una paloma con un ala rota y se arrodilló para recogerla. Un soldado romano que desfilaba con un cuerpo de elite de la guardia de palacio se molestó al toparse con este hombre que le impedía el paso, le golpeó salvajemente en la espalda y le rompió varias vértebras. Algunos de sus compañeros incendiaron la cabaña y mataron a su mujer y a su hija. El resentimiento y el odio que el campesino profesaba a los romanos ardían con fuerza en su corazón. A partir de aquel momento decidió no confiar en nadie. Jamás se recuperó de las lesiones de la espalda.

Desesperado, destrozado física y emocionalmente, se trasladó a un cobertizo situado dentro de la muralla de Jerusalén, más cerca del gran templo, y sobrevivió a base de las verduras que lograba cultivar. No podía trabajar y se desplazaba con la ayuda de un robusto bastón y de su único animal, un burro. La gente creía que chocheaba, pero sencillamente estaba viejo y destrozado. Llegó a sus oídos la noticia de que había un rabino que estaba haciéndose famoso por sus curaciones, y recorrió una gran distancia para escuchar uno de los sermones (resultó ser el de la montaña), no con la esperanza de recibir curación o consuelo, sino movido por la curiosidad. Los seguidores del rabino se quedaron horrorizados al ver a aquel campesino y lo echaron de allí. Se escondió tras un arbusto y consiguió mirar a los ojos de Yeshi.*

—Fue como mirar el interior de dos pozos sin fondo llenos de una compasión infinita —me contó Victoria.

Yeshua le dijo al campesino:

—No te alejes.

Y él obedeció durante el resto del día.

El encuentro no sirvió para curarle, pero sí para darle esperanza. Regresó a su cobertizo, inspirado por el sermón del rabino, que le pareció «grandilocuente y verídico».

Cuando el rabino estaba a punto de volver a Jerusalén, el campesino cayó presa de la ansiedad. Sabía que

---

* Victoria le llamaba «Yeshi», diminutivo de «Yeshua», el nombre del rabino en arameo. «Jesús», el nombre por el que le conocemos, es griego. Victoria jamás había escuchado el nombre «Yeshi», hasta que lo descubrió durante la regresión.

Yeshua se encontraba en una situación peligrosa, porque había escuchado rumores sobre lo que los odiados romanos tenían previsto hacer con él, y salió en su busca para avisarle, pero ya era demasiado tarde. Cuando por fin volvieron a comunicarse, Yeshua arrastraba pesadamente un madero enorme de camino hacia su crucifixión. El campesino advirtió que estaba muy deshidratado. Sorprendido ante su propio valor, quiso acercarse a él con un trapo empapado en agua para mojarle la boca, pero Yeshua ya había pasado. El campesino quedó desolado, pero entonces Yeshua se dio la vuelta y lo miró, de nuevo con ojos llenos de una compasión infinita, pese al tremendo esfuerzo físico, la deshidratación y la fatiga.

Aunque Yeshua no habló, el campesino comprendió sus palabras, que se le quedaron grabadas en la mente de manera telepática:

—No te preocupes. Tenía que ser así.

Y, dicho eso, continuó su camino. El campesino le siguió hasta el Calvario, hasta la crucifixión.

El siguiente recuerdo de Victoria fue de sí misma en la piel del campesino, solo bajo una lluvia torrencial, sollozando tras la muerte de Yeshua en la cruz. Desde el asesinato de su familia, solamente había sido capaz de confiar en el rabino, y le costaba aceptar que también hubiera fallecido. De repente, sintió en la coronilla lo que Victoria describió como una «electricidad» que descendió por la columna vertebral, y se dio cuenta de que tenía la espalda recta, de que ya no estaba jorobado ni lisiado. Volvía a ser fuerte.

—¡Mirad! —exclamó Victoria en el presente—. ¡Mirad!

Y se puso a bailar, moviendo las caderas de un lado a otro, sin el menor rastro de dolor. Cuando el campesino se enderezó no hubo testigos; dos mil años después, todos los asistentes al taller vieron a Victoria danzar. Había quien lloraba. A mí se me llenaron los ojos de lágrimas. A veces, cuando vuelvo a leer mis notas al repasar un caso, olvido esa sensación de estar ante algo mágico, algo misterioso y sobrecogedor, que me provocan las regresiones, pero en aquella ocasión recuerdo que fue palpable. Aquello no podía ser fruto de una sugestión hipnótica. Las graves lesiones vertebrales y la pérdida cartilaginosa que sufría estaban bien documentadas en las resonancias magnéticas y otras pruebas cuyos resultados se incluían en el historial que me había entregado.

«¿Cómo va a aceptar esta profesional de la medicina, esta mujer de ciencia, lo que acaba de suceder?», recuerdo que pensé, pero aquélla era una pregunta intelectual que quizá se respondería con el tiempo. Por el momento, mientras la observaba, lo único que sentía era la felicidad que transmitía Victoria.

Algo más maravilloso estaba por llegar.
En *Lazos de amor*, mencioné brevemente el recuerdo de una vida pasada que yo mismo había tenido. Me vi como un joven de una familia muy adinerada en la Alejandría de hace unos dos mil años. Me encantaba viajar y había recorrido los desiertos del norte de Egipto y del sur de Judea, a menudo adentrándome en las cuevas donde vivían por aquel entonces los esenios y otras sectas. De hecho, mi familia contribuía a su bienestar. Durante un viaje, conocí a un individuo algo más joven que yo que resultó ser muy despierto, y acampamos y viajamos juntos durante aproximadamente un mes. Él se empapaba de las enseñanzas de aquellas comunidades espirituales ju-

días mucho más deprisa que yo. Aunque nos hicimos buenos amigos, al final nuestros caminos se separaron y yo me fui a visitar una sinagoga cerca de las grandes pirámides.

Entonces no conté el resto de la historia porque era demasiado personal y porque no quería que nadie pensara que escribía movido por la autocomplacencia: «El doctor Weiss en época de Jesucristo.» Enseguida quedará claro por qué lo hago ahora, ya que la protagonista de la historia es, en realidad, Victoria, y no yo.

Volví a ver a mi compañero en Jerusalén, ciudad a la que viajaba a menudo, ya que mi familia realizaba allí gran parte de sus actividades comerciales. Me vi en la histórica ciudad como erudito, no como negociante, aunque seguía siendo rico. Por aquel entonces, lucía una barba entrecana impecablemente recortada y vestía una extravagante toga que era, digamos, un equivalente de la túnica de colores de José. La veo ahora con la misma claridad de entonces.

En aquella época había un rabino itinerante que lograba congregar a grandes grupos de personas y que, por tanto, representaba una amenaza para Poncio Pilato, que lo había condenado a muerte. Me perdí entre la muchedumbre que se había arremolinado para ver a aquel hombre de camino a su ejecución y, cuando lo miré a los ojos, me di cuenta de que había reencontrado a mi amigo, aunque era demasiado tarde para intentar siquiera salvarlo. Tuve que limitarme a verlo pasar, si bien más adelante pude ayudar económicamente a algunos de sus seguidores y a su familia.

En eso estaba pensando mientras Victoria, muy centrada en el presente y aún llena de júbilo, seguía hablando, de modo que apenas le prestaba atención cuando afirmó:

—Lo vi a usted.

—¿Dónde? —quise saber.

—En Jerusalén. Cuando Jesús se dirigía a la cruz. Era un hombre poderoso.

Sentí un escalofrío por la espalda como si alguien hubiera encendido una mecha.

—¿Y cómo sabe que era yo?

—Por la expresión de sus ojos. Es la misma que veo en ellos ahora.

—¿Qué llevaba puesto?

—Una túnica. Era de color arena, con ribetes burdeos, muy elegante. No formaba parte de las autoridades, no era uno de los hombres de Pilato, pero me di cuenta de que tenía dinero por la túnica y porque llevaba la barba, que era entrecana, muy bien recortada, a diferencia de la mayoría de la gente. ¡Sí, sí que era usted, Brian! No me cabe la menor duda.

A los dos se nos puso la carne de gallina y nos miramos maravillados.

Un psiquiatra diría: «Bueno, eso es una proyección. Usted era el ponente, un sanador, y ella había visto desaparecer su dolor, así que, lógicamente, creía haberle visto en la regresión.» Sí, es cierto, pero describió la túnica, mi barba, mi aspecto, la escena, la situación, todo, tal y como lo había visto yo hacía muchos años en mi propia regresión. Sólo se lo había contado a tres personas y no había forma posible de que Victoria hubiera sabido de antemano qué aspecto tenía ni qué ropa llevaba.

Se trata de una situación absolutamente extraordinaria que, a día de hoy, aún me resulta inexplicable. Es algo que va más allá de la salud y de la curación, que se adentra en el terreno de lo trascendental. «Tenía que ser así», le dijo Jesús, el sanador. Tengo la impresión de que son palabras importantes, pero no estoy seguro de cómo interpretarlas.

Victoria me llamó aquella misma noche, después de que terminara el taller, aún muy impresionada. Los dos, ambos científicos, éramos conscientes de que su visión de Jesús había sido validada. Habíamos superado la óptica científica para llegar hasta dos puntos en los que el destino había querido que nos encontráramos para que ella pudiera sanar, por algún motivo que ninguno de los dos lograba comprender. Si me vio en Jerusalén no fue por accidente ni por fantasía; aquello sucedió porque dos mil años más tarde yo sería el instrumento de su curación.

Le pedí que se mantuviera en contacto y aún hablamos de forma habitual. Sigue moviéndose sin dolor y puede girar las caderas con normalidad. Cuando volvió a casa, su peluquero se sorprendió de lo bien que había aguantado el tinte hasta que se dio cuenta de que volvía a tener el pelo negro, su color natural. Según ella, su internista se quedó «atónita» al verla andar y bailar sin dolor. Y en el mes de octubre la llamó su farmacéutico, preocupado porque no había renovado la receta de calmantes.

—Ya no los necesito. —Fue su respuesta, y aún asombrada por todo lo que le había sucedido, se echó a llorar—. Me encuentro bien.

Evelyn se dedicaba a las fusiones y las adquisiciones; es decir, que su trabajo consistía en ayudar a dos empresas a unirse o a una de ellas a comprar la otra. Cuando las compañías eran grandes, solía haber ofertas por cientos de millones de dólares, y los honorarios que cobraba la empresa para la que trabajaba Evelyn tenían por lo general siete cifras. Ella recibía un sueldo considerable que, muchas veces, quedaba doblado o triplicado al sumarle las bonificaciones de final de año, con las que le recompensaban haber aumentado la facturación. Cuando acudió a verme, su ropa reflejaba el nivel de su éxito: traje chaqueta y bolso de Chanel, pañuelo de Hermès, zapatos de Gucci, reloj Rolex y collar de diamantes.

Tendría unos treinta y cinco años, era delgada y físicamente atractiva, con el pelo negro y muy corto, casi el estereotipo de una ejecutiva joven. Sin embargo, cuando la miré a los ojos (cosa que no resultaba fácil, ya que los apartaba en cuanto se percataba de que la observaba) detecté tristeza; la luz procedía de los diamantes que rodeaban su cuello, no de su expresión.

—Necesito ayuda —me pidió en el momento en que nos saludamos.

Se sentó y empezó a retorcer unas manos nerviosas en el regazo. Enseguida me di cuenta de que tenía tendencia a hablar con oraciones afirmativas sencillas enunciadas en voz tan alta que quedaba poco natural.

—Soy infeliz.

Se hizo un silencio.

—Prosiga —le rogué.

—«Últimamente he perdido todo mi alborozo.»

Una cita de *Hamlet*. A veces los pacientes utilizan palabras prestadas para no tener que recurrir a las suyas propias; es un mecanismo de defensa, una forma de ocultar los sentimientos. Esperé a que prosiguiera.

Tardó un rato.

—Antes me encantaba el trabajo. Ahora no lo soporto. Antes quería a mi marido. Ahora estamos divorciados. Cuando tengo que verle, apenas logro mirarle a la cara.

—¿Cuándo se inició ese cambio? —pregunté.

—Cuando empezaron los atentados suicidas en Israel.

Aquella respuesta absolutamente inesperada me dejó aturdido. A veces, los cambios de humor que suponen el paso de la felicidad a la depresión tienen su origen en el fallecimiento de uno de los padres (el de Evelyn, según supe después, había muerto siendo ella una niña), la pérdida del trabajo (desde luego, ése no era su problema) o las secuelas de una larga enfermedad (ella disfrutaba de excelente salud física). Los atentados suicidas, a no ser que uno fuera atacado directamente, eran, por decir algo, un detonante poco habitual.

Se echó a llorar.

—Pobres judíos. Pobres judíos. —Tomó aire y las lágrimas cesaron—. ¡Los árabes son unos cabrones!

Me pareció algo anómalo que una palabrota saliera de su boca; aquello daba una idea de la rabia que había detrás.

—¿Usted es judía, pues? —pregunté.

—De los pies a la cabeza.

—¿Y sus padres? ¿Eran tan fervorosos como usted?

—No. No eran muy religiosos. Yo tampoco, la verdad. Y no les preocupaba Israel. Para mí, es el único país que tiene importancia. Los árabes están empeñados en destruirlo.

—¿Y su esposo?

—Bueno, dice que es judío, pero Israel también le trae sin cuidado. Es una de las razones por las que le odio. —Se quedó mirándome con hostilidad, quizá porque mantuve la calma pese a la vehemencia de su pasión—. Mire, he perdido el apetito. No me apetece la comida, ni el sexo, ni el amor, ni el trabajo. Me siento frustrada e insatisfecha. No consigo dormir. Ahora necesito psicoterapia. Usted tiene buena reputación. Ayúdeme.

—¿Para descubrir de dónde proceden la rabia y la ansiedad?

—Quiero recuperar la felicidad —sentenció, bajando la cabeza—. Voy al cine. Voy de compras. Me voy a la cama. Y pienso en lo mucho que odio a los árabes. Odio a la ONU. Ya sé que han hecho cosas buenas, pero están dominados por antisemitas. Todos los votos van en contra de Israel. Soy consciente de que exagero. Sé que deberían importarme otras cosas, pero es que esos cabrones de los árabes... ¿Cómo pueden matar a bebés judíos? ¿Cómo va a importarme nada más?

Probamos la psicoterapia convencional, explorando su infancia en esta vida, pero las causas de la rabia y la ansiedad que sufría no parecían estar ahí. Aceptó intentar una regresión.

—Vuelva al momento y al sitio en el que surgió por primera vez la ira —requerí en cuanto entró en un estado hipnótico profundo. No quise orientarla más. Ella misma elegiría el tiempo y el lugar.

—Estoy en la Segunda Guerra Mundial —anunció con una voz grave y masculina, muy erecta y con gesto de incredulidad—. Soy oficial nazi, miembro de las SS. Tengo un buen trabajo. Me dedico a supervisar la carga de judíos en los vagones de ganado que les llevan a Dachau, donde van a morir. Si alguno intenta huir, le pego un tiro. No me gusta hacerlo. No es que me importe matar a una de esas alimañas, sino que no me gusta nada perder una bala. Son caras. Nos han ordenado ahorrar munición siempre que sea posible.

Aquella despiadada letanía se contradecía con el horror mal disimulado de su voz y el ligero temblor que había hecho presa en su cuerpo. Como oficial alemán, puede que no sintiera nada por la gente que mataba; como Evelyn, al recordarlo, sufría un tormento.

He descubierto que la forma más segura de acabar reencarnado como miembro de un grupo concreto de personas (ya sea una religión, una raza, una nacionalidad o una cultura) es haberlo odiado en una vida anterior, haber demostrado prejuicios o violencia contra él. No me sorprendió que Evelyn hubiera sido nazi. Su vehemente postura proisraelí en esta vida era una compensación por el antisemitismo de entonces que ella había acabado convirtiendo en una sobrecompensación. El odio que había sentido por los judíos se había transformado en una animadversión igual de intensa hacia los árabes. No era de extrañar que se sintiera ansiosa, frustrada y deprimida. No había avanzado demasiado en su travesía hacia la salud.

Después pasó a otra parte de su vida como alemán. El ejército aliado había entrado en Polonia y ella había muerto en el frente durante una encarnizada batalla. En su evaluación vital, tras morir en aquella existencia, sintió remordimientos y una culpa tremenda, pero necesitaba volver para confirmar que había aprendido la lección y para resarcir a todos los que había perjudicado como oficial de las SS.

Todos somos almas, todos formamos parte del alma única, todos somos iguales, seamos alemanes o judíos, cristianos o árabes, pero, al parecer, Evelyn no había aprendido esa lección. Su odio no había desaparecido.

—Vamos a hacer un experimento —propuse tras devolverla al presente—. ¿Se anima?

Aceptó encantada.

Se puso cómoda; sus manos contuvieron su juego ansioso. Me miró con expectación.

—Creo que somos capaces de influir en nuestras vidas futuras a través de nuestras acciones en ésta —empecé—. En este mismo instante, usted está repercutiendo en su vida futura con la rabia que siente hacia los árabes, del mismo modo que su antiguo odio por los judíos influyó en su existencia actual. Ahora, lo que quiero es que realice una progresión hasta la que probablemente será su próxima vida si sigue el mismo rumbo de la actualidad, si sigue siendo la Evelyn de hoy, si la persona que vino a pedirme ayuda no cambia.

La llevé hasta un estado hipnótico profundo y la guié hasta una vida futura que tuviera conexiones con la vida del oficial alemán y con su vida actual, marcada por sus ideas antiárabes. Tenía los ojos cerrados, pero era evidente que veían con total nitidez.

—Soy una chica musulmana. Soy árabe. Una adolescente. Estoy en una chabola hecha de hojalata, como las de los beduinos. Vivo aquí desde siempre.

—¿Dónde está esa chabola? —pregunté.

Frunció el entrecejo.

—En los territorios palestinos o en Jordania. No se ve con claridad. Las fronteras han cambiado.

—¿Cuándo ha sucedido eso?

—Cambian constantemente. Pero todo lo demás sigue igual. La guerra contra los judíos no ha terminado. Siempre que hay un período de paz, los radicales lo estropean. Y por eso somos pobres. Siempre seremos pobres. —Su voz cobró un tono áspero—. Es culpa de los judíos, que son ricos y no nos ayudan. Somos las víctimas del conflicto.

Le pedí que avanzara en esa vida árabe, pero murió poco después «de una enfermedad» y no fue capaz de añadir nada más. En cambio, pudo vislumbrar la vida posterior a ésa. Era un hombre cristiano y vivía en el África oriental. Estaba muy molesto por el aumento de la población hindú en la región. («Es increíble —pensé entonces—. Los prejuicios nunca mueren.») En su evaluación vital, reconoció que siempre había habido y siempre iba a haber alguien a quien odiar, pero al menos en aquel momento se produjo, por fin, una epifanía.

—El amor y la compasión son los antídotos contra el odio y la rabia —aseguró con una voz cargada de asombro—. La violencia sólo sirve para perpetuar el sufrimiento.

Cuando la hice regresar al presente, hablamos de lo que había aprendido. Sabía que tenía que modificar su aprensión hacia otros pueblos y otras culturas. Tenía que cambiar el odio por la comprensión. Esos conceptos son fáciles de entender mentalmente, pero no de asimilar como forma de conducta.

—Ha necesitado dos vidas posibles para interiorizarlo —señalé—, pero, ¿y si pudiera acelerar el cambio ahora que ha captado el concepto en el presente? ¿Cómo serían entonces sus vidas futuras?

En nuestra siguiente sesión, Evelyn hizo una progresión hasta una vida próxima que tenía relación con la del oficial alemán y con su rabia actual.

—Esta vez vamos a probar algo distinto —le planteé—. Tiene que desligarse de todos los prejuicios de su existencia actual. Tiene que ver a todas las almas y a todas las personas como iguales, como seres conectados entre sí por la energía espiritual del amor.

La invadió una gran calma. Por lo visto, su futuro había cambiado completamente. No encontró vidas en Palestina ni en el África oriental, sino lo siguiente:

—Soy la directora de un hotel de Hawai. También es balneario. Llevo un hotel y un balneario preciosos. Hay flores por todas partes. Los clientes proceden de todo el mundo, de países y culturas distintos. Vienen para encontrar una energía regenerativa. No resulta difícil, porque el balneario está muy bien administrado y el emplazamiento es espléndido. —Se sonrió ante la visión—. Tengo mucha suerte, puedo disfrutar de las instalaciones todo el año.

Por descontado, imaginarse como director de un balneario fantástico en un lugar precioso rodeado del aroma del hibisco es una fantasía muy agradable. Lo que vio Evelyn en ese viaje al futuro podría haber sido perfectamente una ilusión, o una proyección, o una visualización de sus deseos. Cuando retrotraigo a alguien, a veces resulta complicado distinguir entre recuerdo real y metáfora, entre imaginación y símbolo. No obstante, en las vidas pasadas visualizadas se dispone de un indicio de autenticidad cuando una persona habla un idioma que nunca ha aprendido en ésta (fenómeno que se conoce como xenoglosia), lo cual indica que está ofreciendo detalles históricos fieles. Otro indicio es que el recuerdo provoque una emoción intensa. En las progresiones, en cambio, las emociones intensas son muy habituales, por lo que la validación resulta mucho más difícil. Trabajo sobre la base de que, aunque una progresión no pueda comprobarse, no deja de ser una eficaz herramienta de curación. Sí, es posible que se den metáforas y fantasías, pero lo importante es que el paciente sane. Con las regresiones y las progresiones, los síntomas desaparecen, las enfermedades remiten, la ansiedad, la depresión y el miedo quedan mitigados.

Nadie ha encontrado aún una forma de confirmar que el futuro imaginado vaya a suceder realmente. Los pocos que han seguido mi estela en este campo de investigación se encuentran de forma inevitable con esa ambigüedad. Es cierto que, si un paciente realiza una progresión hacia un momento futuro de su vida actual, lo que vea puede confirmarse cuando se cumpla, pero incluso en esos casos cabe la posibilidad de que, al haber vislumbrado el paciente su futuro, decida encaminar su vida en esa dirección concreta; el mero hecho de que una visión sea producto de la fantasía no impide que el sujeto pueda hacerla realidad.

Los pacientes se sientan ante mí con los ojos cuidadosamente cerrados. Todo lo que se les pasa por la cabeza, ya sea una metáfora, un símbolo, una fantasía o un recuerdo real, contribuye al proceso de curación. Ésa es la base del psicoanálisis y también del trabajo que realizo, aunque el espectro de mi actividad es más amplio, ya que abarca el pasado remoto y el futuro. Desde mi perspectiva de sanador, el hecho de que las visiones de Evelyn sobre lo sucedido en el pasado y lo que está por venir sean reales o no carece de importancia. Es probable que su vida como oficial alemán fuera cierta, ya que su recuerdo fue acompañado de intensas emociones. Y sé a ciencia cierta que sus visiones de existencias futuras tuvieron una fuerte influencia en su vida, ya que le transmitieron algo: si no cambias, vas a repetir este ciclo destructivo de agresor y víctima, pero, si das un golpe de timón, puedes romperlo. Sus distintas visiones del futuro le enseñaron que podía determinar su porvenir mediante el ejercicio del libre albedrío. Y que el momento de empezar a ponerlo en práctica era el presente inmediato.

Evelyn decidió no esperar a su próxima vida para experimentar la curación y para ofrecérsela a los demás. A los pocos meses de nuestra última sesión, dejó su trabajo en la empresa y abrió una casa de turismo rural en el estado de Vermont. Suele practicar yoga y meditación. Tanto en apariencia como en su interior, profundamente se ha librado de la rabia y los prejuicios que la atenazaban. Las progresiones le permitieron alcanzar la felicidad que buscaba cuando recurrió a mí. Y yo descubrí en ella un modelo de la fuerza de la progresión y una mayor seguridad para utilizarla como instrumento terapéutico.

Es probable que Victoria y Evelyn no pudieran haber emprendido sus respectivos periplos sin un terapeuta que las guiara. Aunque resulta difícil practicar la regresión y la progresión a solas, en mis talleres enseño ejercicios de curación que pueden hacerse en casa aunque no esté presente un terapeuta. También he preparado algunos discos compactos de regresión que pueden utilizarse para facilitar el proceso. Pueden emplearse para aliviar problemas físicos o emocionales, pero para que resulten eficaces hay que estar sumido en un estado de relajación profundo.

Muchos terapeutas explican técnicas de relajación en multitud de libros; utilice la que más le convenga, lo importante es que funcione. En formato resumido, mi método es el siguiente: encuentre un lugar en el que no vayan a interrumpirle (su dormitorio o su estudio, por ejemplo, cuando esté a solas). Cierre los ojos sin hacer fuerza. Concéntrese primero en la respiración, imaginándose que cada vez que espira expulsa todas las tensiones de su cuerpo y cada vez que inspira absorbe una hermosa energía. Después fije la atención en las distintas partes del cuerpo. Relaje los músculos de la cara, de la mandíbula, del cuello y de los hombros. Pase luego a la espalda, al abdomen, a las piernas. La respiración tiene que ser constante, calmada: inspire energía y espire tensión. A continuación, tras haber relajado todos los músculos, visualice una luz hermosa por encima de la cabeza, una luz curativa que fluye hacia el interior de su cuerpo desde la coronilla y hasta las puntas de los dedos de los pies, que va calentándose y aumentando su potencia curativa al ir descendiendo. Cuando yo dirijo el ejercicio, llegado este punto cuento del diez al uno, pero si está solo no tiene por qué hacerlo.

Un diálogo con la enfermedad[*]

Elija un síntoma (y sólo uno), mental o físico, que le gustaría comprender y, de ese modo, anular. Puede ser la artritis de las articulaciones, el vértigo, la timidez al conocer a alguien. Fíjese en los primeros pensamientos o sensaciones o impresiones que aparezcan. Hágalo de forma espontánea, sin darle vueltas: tiene que ser lo primero que se le ocurra, por muy ridículo o insignificante que le parezca. Conéctese con la parte del cuerpo o de la mente donde se localice el síntoma. Primero intente empeorarlo y experimentarlo todo lo plenamente que pueda, y observe cómo lo ha conseguido. A continuación, intercambie los papeles: usted es el síntoma y él es usted. El objetivo es ser lo más consciente posible de ese síntoma, ya que es

---

[*] He adaptado este ejercicio a partir de otros parecidos utilizados por Elizabeth Stratton y de las técnicas empleadas en la terapia gestáltica.

él quien sabe dónde está situado y cómo afecta a la mente o al cuerpo. Luego haga que el yo que está fuera del síntoma le haga una serie de preguntas:

- ¿Cómo has afectado a mi vida?
- ¿Qué pretendes hacer con mi cuerpo/mi mente ahora que te has metido dentro?
- ¿Cómo has afectado a mi forma de vida?
- ¿Cómo has afectado a mis relaciones personales?
- ¿Me ayudas a expresar algo que sin ti no puedo expresar, algún mensaje o alguna información?
- ¿Me proteges de alguien o de algo?

Esta última es la pregunta del millón, ya que la gente suele utilizar las enfermedades para evitar afrontar los problemas que subyacen tras ellas; suponen una forma de negación. Pongamos, por ejemplo, que experimente una molestia aguda en el cuello. El ejercicio le permitirá localizar con exactitud quién o qué es ese dolor: su jefe, su suegra o quizás una forma de erguir la cabeza para no tener que mirar directamente a los ojos a alguien.

En los talleres hago esas preguntas personalmente, de modo que la enfermedad tiene libertad para concentrarse en su anfitrión. Si hace usted el ejercicio a solas en casa, grabe las preguntas con anterioridad en una cinta, dejando entre una y otra intervalos de tiempo lo bastante largos como para responderse de forma consciente y razonada. También puede pedirle a alguien que le ayude.

Este ejercicio, al igual que los demás que propongo, no es una panacea; no hará desaparecer un cáncer ni tampoco a una suegra. Sin embargo, muchas veces, sirve para aliviar los síntomas y, en ocasiones, se produce un «milagro» y se consigue una cura. No sabemos hasta dónde llega la conexión entre mente y cuerpo (en los casos de personalidad múltiple, una erupción cutánea o la fiebre desaparecen cuando el individuo pasa de una a otra identidad, o puede que una sea alcohólica y la otra tenga intolerancia al alcohol), pero tenemos constancia de que existe, y estos ejercicios pretenden potenciar al máximo la fuerza que se crea.

Una visualización regeneradora

También en este caso he adaptado el ejercicio a partir de otros procedentes de diversas fuentes. En los talleres, guío a los participantes como sucedía en la técnica anterior, pero puede hacerse sin problemas en casa con la ayuda de una grabadora, o con un familiar o un amigo. Tras unas cuantas repeticiones, no le costará recordar los pasos que hay que seguir; se trata de un ejercicio sencillo, aunque, muchas veces, demuestra un enorme potencial.

Con los ojos cerrados y en estado de relajación, trasládese a una antigua isla de curación. Es preciosa y ya sólo el clima le sirve de bálsamo. No existe lugar más relajante en todo el mundo. Incrustados en el lecho marino, a poca distancia de la playa, hay unos cristales de cuarzo muy grandes y potentes que transmiten una fuerte energía curativa al agua. Zambúllase y aléjese de la orilla, pero sólo hasta donde se sienta cómodo; el mar está tranquilo y caliente. Notará un cosquilleo en la piel. Se trata de la energía sobrealimentada de los cristales, que usted va absorbiendo a través del agua a medida que se produce el contacto con el cuerpo. Dirija esa energía a la parte que necesite curación, que no tiene por qué ser un punto concreto; quizá todo su ser pide a gritos recuperar la salud. Quédese un buen rato en el agua, relajado, dejando que la energía actúe sobre usted y produzca sus efectos benéficos.

A continuación, visualice unos cuantos delfines, dóciles y cariñosos, que se acercan nadando hacia usted, atraídos por su calma y su belleza interior. Ya sabe que esas criaturas tienen un don para realizar diagnósticos y curar; ellos añaden su energía a la de los cristales de cuarzo. Llegado este punto, nada usted igual de bien que ellos, ya que el agua está sobrecargada de energía. Juntos, los delfines y usted juegan en el agua, se tocan, se sumergen y salen a la superficie a respirar el aire saludable. Sus nuevos amigos lo han dejado tan embelesado que ha olvidado el motivo del baño (la curación), pero su cuerpo sigue absorbiendo la energía curativa que procede de los cristales y también de los delfines.

Cuando crea que ha llegado el momento, salga del agua y regrese a la playa. Le reconfortará saber que puede volver todas las veces que quiera. Caminar descalzo por la arena es muy agradable. El agua es tan especial que se seca al instante. Se encuentra satisfecho, feliz, a gusto, y se sienta en silencio durante un rato a experimentar la agradable sensación del sol sobre la piel y la caricia de la brisa. Entonces decide salir de la visualización, de ese sueño apacible, sabiendo que puede volver en cualquier momento y que la mejoría proseguirá incluso después de despertar.

Visualización de una regresión

Con los ojos cerrados y en estado de relajación, imagínese a un ser espiritual, alguien muy sabio. El espíritu puede ser un pariente o un amigo muy querido que hayan fallecido, o también un desconocido en el que, no obstante, confía y a quien ama desde el instante en que se establece contacto entre los dos. El factor esencial es que se trata de alguien que le quiere de forma incondicional. Usted se siente totalmente seguro.

Siga a su espíritu-guía hasta un precioso templo de curación y recuerdos muy antiguo. Está situado en una colina rodeada de nubes blancas y, para llegar hasta la entrada, hay que salvar unos bellos escalones de mármol. Una vez en lo alto, las grandes puertas se abren de par en par y usted entra tras el espíritu y se encuentra con fuentes, bancos de mármol y paredes con relieves de escenas de la más frondosa naturaleza. Hay otras personas en la sala, viajeros como usted, cada uno con su espíritu-guía; todo el mundo está tranquilo y maravillado.

El espíritu le conduce hasta una sala privada, de diseño tan elaborado como el de la primera, pero sin más muebles que un sofá colocado justo en el centro. Se tumba en él y se da cuenta de que jamás ha estado tan cómodo. Sobre el sofá hay unos cristales de cuarzo de distintos tamaños, formas y colores suspendidos en el aire. Siguiendo las instrucciones que le da usted, el ser espiritual los coloca de forma que una luz del color perfecto (verde, amarillo, azul, dorado) se dirige como un rayo láser hasta la parte del cuerpo físico o emocional (la mente) que más necesite curarse. La luz cambia entonces; los cristales la han dividido en los colores del arco iris y usted los absorbe todos porque sabe que le ayudarán en su mejoría. El espíritu le indica que mire una de las paredes de la habitación y usted se sorprende al comprobar que está en blanco, como si fuera una pantalla de cine.

En las sesiones en grupo, cuento lentamente del diez al uno y les digo a los asistentes que van a aparecer imágenes de sus vidas anteriores. Usted, en casa, tendrá que detenerse antes de que cobren forma las imágenes. No tiene que adentrarse en esa vida anterior (o vidas, ya que puede haber más de una), sólo imaginársela. Puede que tome la forma de una serie de fotografías o que sea una película. A lo mejor se repite una única escena. Da igual; vea lo que vea, le servirá.

Mientras mira la pantalla, su cuerpo no deja de absorber la energía regeneradora que emiten los cristales. La curación está llevándose a cabo, no sólo en esta vida, sino en el pasado, donde puede haberse originado la herida. Si ve una relación directa entre las raíces de una vida pasada y los síntomas de la actual, la mejoría será más pronunciada, pero si, como suele suceder, no la detecta, no se preocupe, ya que la curación sigue teniendo fuerza. El espíritu, el templo, los cristales, la luz y usted se esfuerzan al unísono para alcanzar la salud: todos tienen poder curativo.

Parejas de curación: la psicometría

En los talleres y los seminarios divido a los asistentes por parejas, integradas preferiblemente por desconocidos. Cada uno debe elegir un objeto de su propiedad que pueda entregar a su compañero, algo pequeño, como un llavero, una pulsera, unas gafas, un collar o un anillo. Así pues, los dos miembros de la pareja intercambian objetos, y después les guío para que alcancen el estado de relajación común a todos los ejercicios.

—Van a recibir una impresión del propietario del objeto que tienen en las manos —les advierto—. Puede que les resulte extraño. Es posible incluso que les parezca que esa impresión no tiene nada que ver con el hombre o la mujer que tienen delante, pero no se preocupen; por muy ridículo, raro o inusitado que sea lo que reciban, consérvenlo y compártanlo con su pareja. Piensen que lo que a ustedes les parezca extraño para ellos puede tener un profundo significado.

Se trata de algo más que un simple juego de salón (aunque puede resultar muy entretenido). Tiene un componente de diagnóstico: aproximadamente un tercio de los asistentes a un taller que impartí en Ciudad de México captaron un síntoma físico de su compañero, y los participantes pueden incluso descubrir episodios de la infancia de sus parejas que revisten importancia pero habían quedado, muchas veces, relegados al olvido. Por ejemplo, en una clase que di en la Universidad Internacional de Florida (Miami), un joven que no había visto nunca a su compañera de ejercicio describió con total precisión la fiesta que había celebrado al cumplir los diez años, en la que su hermana mayor la había humillado. Otro de los presentes era un muchacho al que un atracador del que intentaba huir le había pegado un tiro en el antebrazo izquierdo. Llevaba una camisa de manga larga abrochada hasta las muñecas, de modo que su compañera no pudo haber visto la cicatriz. Sin embargo, cuando le entregó las llaves del coche, la joven sintió un dolor agudo en el antebrazo izquierdo. Otras personas describieron vidas pasadas de sus parejas y, muchos, las casas en las que había transcurrido su infancia.

Al finalizar el taller de México, pedí a cinco asistentes que tomaran el micrófono para contar al grupo qué les había sucedido, ¡y cuatro de ellos habían tenido experiencias de médium! Habían recibido mensajes de seres queridos ya fallecidos a través de sus parejas; sus compañeros de ejercicio, a los que nunca antes habían visto, reconocieron en todos los casos a los espíritus. Algunos pudieron describir el aspecto de la persona fallecida. Uno habló de una niña de seis años que caminaba de espaldas, lo que para él quería decir que había muerto. La criatura decía: «No te preocupes. Me encuentro bien. No debes sufrir tanto. Te quiero.» Su pareja se echó a llorar. Se trataba de una mujer que había perdido a su hija, de seis años, apenas unos meses antes.

Este ejercicio puede hacerse en casa, aunque resulta más eficaz si los dos participantes saben poco el uno del otro o acaban de conocerse. Mientras uno de los dos cura en cierta medida a su pareja transmitiéndole un mensaje o captando un síntoma físico o emocional (ansiedad, depresión, tristeza), se establece rápidamente una extraordinaria conexión y se produce en ambos un fuerte efecto de retroalimentación.

Curación a larga distancia

Con los ojos cerrados, y en estado de relajación, visualice a seres queridos que puedan tener problemas físicos o emocionales. Si les envía una luz curativa, una energía curativa, sus oraciones (no es necesario creer en ninguna religión formal) y su amor, puede llegar a influir en su recuperación, por muy descabellada que le parezca la idea. La investigación científica respalda mi afirmación. El libro *Reinventing Medicine*, del doctor Larry Dossey, señala toda una serie de estudios que indican que, de entre los enfermos cardíacos sometidos a análisis clínicos, los que recibían oraciones desde la distancia conseguían mejores resultados que los que únicamente contaban con el tratamiento médico; y, del mismo modo, un estudio de doble ciego realizado con enfermos de sida en fase avanzada concluyó que, aun sin saber que alguien rezaba por ellos, si recibían oraciones sufrían menos patologías oportunistas y de menor gravedad.

La técnica que yo utilizo consiste en elegir a una persona de entre los, digamos, ochenta asistentes a un taller y situarla en el centro de un círculo formado por el resto del grupo. Entonces, les pido que proyecten energía curativa hacia ella en silencio, pero con toda su fuerza espiritual.

Ya he comentado que los ejercicios de curación proporcionan mejores resultados cuando se concentran en una dolencia concreta. En el caso de Victoria, fue el cáncer en la espalda; en el de Evelyn, la ansiedad que la consumía noche y día. Casi todo el mundo tiene un órgano o una parte del cuerpo que parece ser el primer afectado cuando el individuo sufre estrés o una enfermedad incipiente. Puede ser la garganta o el sistema respiratorio y, en otra persona, la espalda, la piel, el corazón, etcétera.

En Michelle, otra mujer excepcional, esa zona era la de las rodillas. Todo había empezado, según recordaba, cuando siendo niña había ido a nadar cerca de su casa y se había hecho daño en la rodilla izquierda al golpearse contra una roca sumergida. De adulta, cuando sufría estrés, muchas veces notaba dolores punzantes e intermitentes en ambas rodillas, pero, sobre todo, en la izquierda. La ansiedad, me contó, la dejaba «con las rodillas flojas». De vez en cuando, padecía hinchazones y edemas, sobre todo tras una lesión deportiva que había requerido cirugía menor en esa misma rodilla; más adelante, fue necesaria una intervención artroscópica. Cuando la conocí, los

TAC que le habían practicado y las radiografías mostraban pérdida cartilaginosa. No podía extender la pierna izquierda por completo debido a la lesión y había empezado a cojear ligeramente. Era consciente, sin embargo, de que parte del daño era emocional, no sólo físico, y por eso acudió a mí.

En su primera regresión, volvió por un momento a la región central de Estados Unidos en el siglo XIX. Se llamaba Emma, vivía en el campo y, a los cuarenta años, la había atropellado un carromato. El accidente le había destrozado la rodilla y la espinilla izquierdas y también había dañado gravemente la rodilla derecha. Una infección posterior la había dejado inválida de forma permanente. Michelle vislumbró entonces otra vida, en el Japón medieval, en la que había sido un soldado al que una flecha había atravesado la misma rodilla. Aquellas dos regresiones explicaban sus actuales problemas físicos, pero no le servían para llegar hasta el origen de la lección kármica, así que seguimos adelante.

Enseguida llegamos al Norte de África en época prerromana. Michelle volvía a ser un hombre, en esta ocasión el guardián de una cárcel especialmente brutal, y le producía extraordinario placer destrozar las piernas de los presos para impedirles la huida. Unas veces, llegaba a sesgarles el jarrete con una espada o un cuchillo; otras, les aplastaba las rodillas con un martillo o una piedra. Rompía fémures, clavaba puntas en rodillas, seccionaba tendones de Aquiles. Muchos de sus prisioneros murieron de infecciones en las heridas, pero él se deleitaba con su sufrimiento. A sus superiores les producía cierto placer mandarle presos. Lo recompensaban ampliamente por su violencia y vivía rodeado de un lujo considerable para la miseria del entorno.

A Michelle, esa regresión la llenó de inquietud y fue necesaria otra sesión antes de que alcanzara una integración y una comprensión completas. Sin embargo, al final cayó en la cuenta de que todos hemos pasado por vidas sanguinarias y de que ni ella ni nadie debería sentir vergüenza por lo hecho hace varios milenios. Nuestro viaje es ascendente. Todos hemos evolucionado pasando por vidas de violencia y crueldad. Dice el Antiguo Testamento que los pecados del padre afligen a los hijos hasta pasadas cuatro o cinco generaciones, que nos afecta de forma negativa lo que hicieron nuestros progenitores; cuando, en realidad, nuestros padres somos nosotros, del mismo modo que después seremos nuestros hijos. Los pecados de nuestros propios pasados nos harán sufrir en nuestro presente hasta que seamos capaces de comprenderlos y nos ganemos la absolución. Los pecados de la vida actual ensombrecerán nuestros futuros. No obstante, si actuamos con sensatez en el pasado, nuestro presente será más liviano y, del mismo modo, si hoy nos comportamos de manera humanitaria, acercamos nuestro yo futuro al alma única.

Michelle descubrió por qué le dolían tanto las rodillas y las piernas en esta vida. Había pagado un precio muy alto por su conducta del pasado, aunque por fin se había dado cuenta de que podía liberarse. La llevé hasta un estado de trance profundo y regresó otra vez a esa vida en el Norte de África, pero, en esta ocasión, en lugar de ser quien infligía dolor era quien lo sentía, y pidió perdón y misericordia. No podía cambiar los hechos y los detalles de esa vida, pero sí alterar sus reacciones ante aquellos acontecimientos en el plano espiritual. Ese proceso de reinterpretación se denomina reencuadre; no modifica los hechos, pero sí nuestra reacción ante ellos. Michelle envió pensamientos de luz y curación a los presos, o más bien a su yo superior, a su alma. Y logró perdonarse.

—He aprendido a romper el ciclo —anunció entre lágrimas de gratitud— gracias al amor y a la compasión.

Empezó a mejorar. La inflamación de las rodillas remitió. Pronto recuperó la movilidad total de las piernas; las radiografías indicaban que ambas rodillas estaban totalmente curadas. Sus estados de «flojera de rodillas» cuando sufría estrés desaparecieron. Quedó libre para explorar y comprender otras lecciones de compasión y empatía más complejas. Comenzó a apoyar a las dos organizaciones que defienden la abolición de las minas antipersona (que suelen provocar lesiones en las piernas y amputaciones traumáticas) y a varias que abogan por la desaparición de la crueldad contra los animales. Ha recibido la gracia divina.

Michelle no quiso adentrarse en su futuro, pero yo «sé» cómo será. En esta vida, proseguirá con su labor humanitaria y, con cada acción, progresará hacia un estado mejor en su próxima existencia y en las sucesivas. En esas vidas, no sufrirá dolencias en las piernas, ya que ha expiado sus pecados norafricanos. No sé cuáles serán sus profesiones ni a quién conocerá o a quién amará, pero estoy convencido de que actuará con caridad y compasión.

4

SAMANTHA Y MAX: LA EMPATÍA

Pocos días antes de empezar a escribir este capítulo, el tío de mi esposa, Carole, agonizaba en un hospital de Miami debido a un cáncer. Estaban muy unidos y aquella época fue difícil para ella. Yo también tenía buena relación con él, aunque en absoluto tan estrecha como la de Carole, de modo que, cuando acudía a su habitación en el hospital, me centraba menos en él y más en mi mujer y en los hijos del enfermo, reunidos a su alrededor (su esposa había fallecido muchos años antes). Sentía su tristeza, su dolor, su sufrimiento. Había un ingrediente de empatía por mi parte y me daba cuenta de ello, una emoción que se intensifica a medida que envejecemos, ya que el grado de empatía aumenta si hemos pasado por situaciones parecidas en nuestras propias vidas. Yo había perdido a un hijo y a un padre y, por lo tanto, conocía el dolor que supone hacer frente a la muerte de un ser querido. No me costaba experimentar las emociones de las personas presentes en aquella habitación (sabía cómo era su sufrimiento) y me sentía estrechamente vinculado a todos ellos, aunque, a los primos de mi mujer, los había visto en contadas ocasiones. Pude tenderles la mano y aceptaron mis palabras de consuelo sabiendo que eran sinceras. También ellos sentían empatía hacia mí.

Por esa época, en Irán, un terremoto costó la vida a cuarenta mil personas y dejó a cientos de miles heridas, desalojadas y desplazadas. La televisión retransmitió escenas espantosas en las que la gente escarbaba entre los escombros para sacar a heridos y muertos. Las contemplé horrorizado. En ese caso, se activó otro tipo de empatía, más general y seguramente menos dolorosa que las emociones que sentí en la habitación del tío de Carole. Si no hubiera habido imágenes de las repercusiones del terremoto, no habría sentido casi nada; la individualidad de la tragedia, junto con la inmediatez de las imágenes, fue lo que provocó un dolor tan intenso.

La empatía que sentía iba dirigida tanto al personal de salvamento como a las víctimas y, sin darme cuenta, me puse a pensar en lo complejo que es nuestro mundo. Sufrimos enfermedades, terremotos, tifones, inundaciones, todos los desastres de la naturaleza y, sin embargo, avivamos el fuego con la guerra, la violencia y el asesinato. Al igual que muchos otros países, Estados Unidos se comprometió de inmediato a enviar ayuda (alimentos, medicinas, recursos humanos), pero también se nos aseguró que Irán seguía formando parte del llamado Eje del Mal. Había que odiar a sus dirigentes. Si nos amenazaban, podíamos declararles la guerra.

¡Vaya locura!

La empatía es la capacidad de meterse en la piel de otra persona, de sentir lo que ella siente, de ponerse en su lugar, de ver a través de sus ojos. Si somos capaces de sentir empatía podemos establecer vínculos afectivos con quienes sufren, alegrarnos por el amor de los demás, sentir placer al ver triunfar a otro, comprender la ira de un amigo y el dolor de un desconocido. Se trata de un rasgo que, si se domina y se utiliza correctamente, puede acercarnos al futuro. Quienes carecen de empatía no pueden evolucionar espiritualmente.

El gran principio subyacente de la empatía es que todos estamos interconectados. Empecé a comprenderlo durante los peores momentos de la guerra fría, cuando vi una película sobre un soldado ruso. Se suponía que tenía que odiarlo, pero, al verlo realizar su ritual diario (se afeitaba, desayunaba, salía al campo para el entrenamiento) recuerdo que pensé: «Este soldado me lleva pocos años. Puede que tenga una mujer y unos hijos que lo quieren. Quizá lo obligan a luchar por ideas políticas que, en realidad, son las de sus líderes, y contrarias a las suyas. Me han contado que es el enemigo, pero, si lo mirase a los ojos, ¿no me vería reflejado? ¿No me están pidiendo que me odie a mí mismo?»

Ese soldado ruso de ayer, igual que el militar árabe de hoy, es la misma persona que usted, porque tiene alma igual que usted y todas las almas son una sola. En nuestras vidas pasadas hemos cambiado de raza, de sexo, de circunstancias económicas, de condiciones de vida y de religión, y seguiremos cambiando en el futuro. Así pues, si odiamos, o combatimos o matamos lo que hacemos es odiarnos, combatirnos y matarnos a nosotros mismos.

La empatía nos enseña esa lección; es uno de los sentimientos cuyo aprendizaje ha motivado nuestra presencia en la Tierra, un aspecto clave en nuestra preparación para la inmortalidad. Es una asignatura difícil, ya que tenemos que experimentarla no sólo en la mente, sino también en el cuerpo físico; y en mente y cuerpo tenemos dolor, emociones siniestras, relaciones complicadas, enemistades y sufrimiento por lo que hemos perdido y, por lo tanto, tendemos a olvidar a los demás y a concentrarnos en nosotros mismos. Pero también experimentamos amor, belleza, música, flores, atardeceres, aire y ganas de compartirlos. No podemos transformar lo negativo en positivo sin empatía, y no podremos comprender de verdad la empatía si no la experimentamos en nuestra vida actual, en nuestro pasado y en nuestro futuro.

Samantha la experimentó y, gracias a ella, sufrió un cambio radical de por vida, o quizá debería decir «de por vidas».

Era una muchacha frágil que debía de pesar unos cuarenta y cinco kilos. Se había sentado en mi consulta una mañana de febrero con los hombros encorvados y las manos firmemente entrelazadas sobre el vientre, como si quisiera contener un dolor. Su atuendo era sencillo: vaqueros, suéter, zapatillas deportivas con calcetines cortos y nada de joyas, ni siquiera un reloj. Podía estar a punto de empezar el instituto, recuerdo que pensé, aunque sabía, por las preguntas introductorias que le había formulado y a las que había contestado sin mucho afán, que, en realidad, tenía diecinueve años y estaba en primero de universidad. Sus padres la habían enviado a verme porque padecía ansiedad aguda y una leve depresión.

—No duermo —me explicó con una voz tan apagada que tuve que aguzar el oído para entenderla.

Se notaba, porque tenía los ojos llorosos e inyectados en sangre.

—¿Sabes por qué? —le pregunté.

—Me da miedo suspender.

—¿El qué? ¿Todo?
—No, sólo mates y química.
—¿Por qué no eliges otras asignaturas?

Hice una mueca. Aquélla era una pregunta estúpida. Estaba claro que no le había quedado otro remedio. El tono malhumorado de su respuesta me lo confirmó:

—Son obligatorias en mi itinerario.
—¿Quieres hacer Medicina?

Tendría que haberme dado cuenta, ya que las matemáticas y la química también habían centrado mis primeros años de universidad.

—Pues sí. Y en el examen de ingreso arrasé en mates.
—O sea, que quieres ser médica.

Parecía un comentario trivial, pero lo que buscaba era un punto de entrada, algo que provocara a aquella jovencita apocada que tenía delante. Por fin, levantó la cabeza y me miró a los ojos.

—Más que nada en el mundo. Tengo claro que lo voy a ser.
—Pero no puedes estudiar Medicina si no apruebas las matemáticas y la química.

Asintió. Seguía manteniendo la vista alta. Había logrado identificar su problema, y eso le daba cierta esperanza.

—Dime. ¿Te costaban esas dos asignaturas en el instituto?
—Un poco. —Se detuvo—. Bueno, no; mucho. Aunque, viendo el examen de ingreso, nadie lo diría.

Se me ocurrió que quizás había sufrido demasiada presión familiar.

—¿Tus padres quieren que seas médica?
—Quieren que me dedique a lo que me apetezca. Se han portado muy bien. Me apoyan, me cuidan, me quie-

ren... No creo que haya padres mejores. Si hasta me han puesto una profesora particular para que me ayude. Lo que pasa es que no me sirve de mucho. Me pongo a mirar los números y las fórmulas y me quedo en blanco.

Samantha hablaba con tanto fervor, con tanta pasión, que me di cuenta, al fin, de que estaba ante una joven extraordinaria. La presión no parecía ser familiar, sino interna. Me convencí de que su sensación de derrota no estaba tan arraigada que resultara imposible de superar.

—Y ahora tienes la impresión de que les decepcionas.

—Pues sí. Y me quedo hecha polvo. También estoy defraudando a mi hermano. Se llama Sean, tiene once años y el corazón no le funciona muy bien. Tiene que andarse con cuidado. Aunque, en realidad, la que se siente más decepcionada soy yo. Doctor Weiss, es que me meto en un aula para hacer un examen, aunque sea tipo test y supersencillo, y me pongo a temblar y a sudar, me entra el pánico y me vienen ganas de salir por piernas. Una vez lo hice. Salí corriendo del aula, me fui a la residencia de estudiantes, a mi habitación, me tiré en la cama y me puse a llorar.

—¿Y qué pasó?

—No, nada. Les dije que me encontraba mal y me dejaron repetir el examen. También me dejan volver a hacer los parciales, porque el mes pasado los suspendí. Y volveré a catear, claro. Y otra vez, y otra, y otra...

Perdió el control y se echó a llorar con una angustia acumulada tras meses de desesperación. Dejé que se desahogara (habría sido inútil intentar detenerla) y cuando, por fin, cesaron las lágrimas me sorprendió ver que conseguía esbozar una sonrisa tenue y encantadora.

—Estoy fatal —se rió—. Mi vida es un desastre total y absoluto. Póngame bien.

Yo sabía que la solución pasaba por encontrar el motivo del bloqueo; quizás estaba en otra vida. Pensé en hacerle una regresión para descubrirlo, pero, antes de empezar, quise tener más información.

—¿Y qué notas sacas en las demás asignaturas?

—Todo sobresalientes. No soy corta.

No, no me lo había parecido.

—Bueno, pues pongamos, es un suponer, que no consigues aprobar ni matemáticas ni química y que tienes que elegir otro itinerario, otra carrera. ¿Sería de verdad un desastre tan grande?

—Sería imposible —contestó muy tranquila.

—O no. Eres joven, tienes mil caminos abiertos ante ti.

—¿Es que no lo entiende? —preguntó—. No hay otro camino.

No, no lo comprendía.

—¿Y por qué?

—Pues porque he visto mi futuro. Lo he visto en sueños.

Me sentí electrizado.

—¿Lo has visto?

Si estaba igual de entusiasmada que yo, no lo demostraba.

—Sí, pero no entiendo cómo va a suceder, si no soy capaz de aprobar los exámenes.

—¿Cómo sabes que el sueño es de verdad tu futuro, lo que va a sucederte?

—Porque ya he tenido otros sueños sobre el futuro y siempre se han cumplido. —La tristeza se apoderó de su voz—. Pero esta vez no podrá ser. Hay algo que lo impide.

Iba demasiado deprisa.

—Retrocede un momento —pedí—. Dame un ejemplo de un sueño que se haya hecho realidad.

—El de mi amiga Diana. Soñé que tenía un accidente de tráfico y se hacía daño. Dos semanas después sucedió, tal como yo lo había visto. Otro coche se estampó contra el suyo en un cruce. —Se estremeció—. Fue muy fuerte.

Me contó otros sueños precognitivos: un accidente de montañismo, o el regreso a casa de su padre tras un viaje de trabajo antes de lo previsto.

Muchas personas tienen ese tipo de sueños, visiones de hechos que están por suceder; ya me había topado antes con ellas en varias ocasiones. Sin embargo, en el caso de Samantha muchos de sus sueños de futuro tenían más ligazón, más intensidad, eran más elaborados. No sólo veía un incidente concreto, sino una vida posterior muy detallada:

—Estoy estudiando Medicina. Voy a una universidad muy buena y hay muchísimos alumnos. Estamos en la ceremonia de entrega de títulos. Es el mes de junio. Nos han sentado en el escenario y el decano va entregando los diplomas. Hay muchísimo público, mujeres con vestidos de volantes y estampados floreados, así que tal vez se trate de una universidad del Sur. Las banderas ondean movidas por una cálida brisa. Mis padres están en primera fila y me sonríen; están tan orgullosos de mí como yo misma. El decano lee mi nombre. Anuncia que he obtenido una matrícula de honor. Me acerco al atril tras el que está situado y me entrega el diploma, enrollado y atado con un lacito. El público empieza a aplaudir, no sólo mis padres, sino todos los asistentes. Mis compañeros también aplauden y estoy tan contenta que me da la sensación de que voy a estallar de alegría. Vuelvo a mi sitio, desato el lazo y abro el diploma. Es lo más hermoso que he visto en mi vida. Mi nombre está escrito en rojo, como un anuncio de neón, y...

Volvió a echarse a llorar y a dejar caer enormes lagrimones, como si hubiera abierto un grifo.

—Pero no va a suceder —prosiguió—. Quizá debería pedir una excedencia y dejar la universidad antes de suspender el curso, para que no conste en el expediente. Quizá debería casarme con un médico.

—A lo mejor no hace falta recurrir a eso. A lo mejor podemos descubrir de dónde procede ese bloqueo.

Mis palabras no la animaron demasiado. Volvía a agachar la cabeza y se aferraba las manos ante el vientre.

—¿Algún otro sueño? —pregunté.

—Han pasado unos cuantos años. Ahora ya soy médica y voy por el pasillo de un hospital, de una habitación a otra. Los pacientes son niños. ¡Soy pediatra! Es lo que siempre he querido, porque me encantan los niños. Y está claro que les caigo bien, porque absolutamente todos, incluso los más pequeños y enfermos, los que tienen tubos metidos en la nariz y en el brazo, se alegran de verme. Estoy muy feliz porque tengo los conocimientos necesarios para ayudarles. Un niñito me coge de la mano y me siento junto a su cama hasta que se duerme.

Los sueños podían ser cualquier cosa: fantasías, visiones precognitivas, sueños del futuro, metáforas que no tuvieran nada que ver con la medicina. Pero, desde luego, para Samantha eran reales, y se entristeció aún más cuando me contó el segundo, porque tenía la impresión de que la barrera entre su futuro y su presente (la insalvable montaña de las matemáticas y la química) se alzaba ante ella, y no veía forma alguna de superarla.

Programamos varias sesiones más que tendrían lugar

de inmediato, ya que debía decidir pronto si seguía estudiando, algo imposible si no lograba superar los exámenes. Sé que, en teoría, los médicos tenemos que ser objetivos, pero yo sentía una afinidad especial con Samantha. Me recordaba a mi hija, Amy, que también tenía sus sueños y su futuro dorado.

Samantha regresó al cabo de dos días. En cuanto entró en un trance hipnótico profundo, le indiqué que siguiera por el sendero de su futuro ideal. Inevitablemente, reaparecieron las imágenes de la ceremonia de entrega de títulos de Medicina y de la pediatra orgullosa, esta vez aún con más detalle, desde los ribetes verdes de la toga académica hasta el olor a antiséptico de los pasillos del hospital.

—Es que mi futuro es éste —insistió con seguridad cuando le pedí que explorara alternativas en su vida actual.

Nada podía disuadirla, ni siquiera las matemáticas y la química. La sesión no alivió su frustración, pero, al menos, la animó a no dejar la universidad y a proseguir con la terapia. De alguna manera, había esperanza, y seguía estando convencida de que sus sueños iban a hacerse realidad. El apremio y el miedo seguían ahí, pero ahora Samantha se había armado de paciencia y, desde luego, demostraba una clara intención de progresar.

—Voy a conseguirlo —repetía una y otra vez.

Si ella estaba convencida, yo también.

En la siguiente sesión, la dirigí hacia una vida pasada desde un nivel profundo de relajación.

—Veo a un hombre —advirtió Samantha—. No soy yo, pero, al mismo tiempo, sí que lo soy. Es arquitecto y su trabajo consiste en levantar edificios para el ágora, para los reyes. Domina las relaciones espaciales, los diseños geométricos. Pero estos edificios son especiales. Éste es el encargo más importante que ha recibido en toda su vida. Se trata de diseños complicados y se preocupa, porque le da miedo no hacerlo bien, porque los cálculos son difíciles y no logra hallar las respuestas. Ay, me da mucha pena. ¡Me doy mucha pena! Tiene talento para la música y, por la noche, toca la flauta para aliviar la tensión, pero hoy la música no le sirve de nada. Se esfuerza todo lo que puede, se deja la piel, pero no consigue las respuestas. Pobre hombre. Si no logra...

Se detuvo a media frase con gesto de perplejidad. Permaneció con los ojos cerrados.

—Un momento. Ya no estoy en Grecia, sino en Roma. Han pasado varios cientos de años. Hay otro hombre. Un ingeniero de caminos. Y es lo mismo: soy yo, pero no soy yo. Levanta edificios, puentes, caminos, acueductos... Conoce la composición y las posibilidades de los materiales que utiliza, sabe cómo garantizar que lo que construye dure eternamente. Además, es un matemático excelente. Se le considera el mejor. Bueno, es que lo es. Me alegro muchísimo por él, me entran ganas de llorar.

En las primeras regresiones, no es extraño que una vida «interrumpa» a otra, por lo que no me sorprendió el repentino salto de Samantha de la época griega a la romana.

Por sí solas, las dos vidas pasadas no eran excepcionales. No había habido grandes revelaciones espirituales, ni tragedias, ni traumas, ni catástrofes que pudieran ayudarnos a comprender su bloqueo actual. Y, sin embargo, aquella regresión doble era de una importancia inmensa, ya que Samantha había llegado a conectar de forma emocional y visceral con el arquitecto griego en apuros y con el ingeniero romano. Había sentido empatía por ellos. Comprendía perfectamente la frustración del arquitecto y sentía el triunfo del ingeniero porque había experimentado los mismos sentimientos en sus sueños premonitorios. En realidad, establecía lazos de empatía consigo misma. Sabía que el arquitecto y el ingeniero eran ella, y eso le bastó para superar su síntoma actual. En cierto modo, ya poseía excelentes conocimientos matemáticos y una gran capacidad para resolver problemas: los había adquirido en el pasado.

No tardé en darme cuenta de que había conservado la nueva percepción de sí misma tras la experiencia de regresión. Hablaba y se comportaba de forma mucho más segura. El concepto que tenía de sí se había transformado. Me dije que el bloqueo desaparecería enseguida y, de hecho, ese cambio de conciencia se manifestó casi de inmediato cuando Samantha comprendió como por ciencia infusa los conceptos matemáticos y químicos que tanto le habían costado.

Con la ayuda constante de su tutor, sus notas de Matemáticas y Ciencias empezaron a mejorar ya en la siguiente ronda de exámenes, y eso le dio aún más confianza. Seguí tratándola durante casi un año y, por fin, terminé la terapia con la convicción de que conseguiría la promesa de sus sueños. Fue a verme cuando estaba terminando el último año de universidad previo a la entrada en una facultad de especialización.

—¡Lo he conseguido! —exclamó.

Ya sabía a qué se refería, pero dejé que se explicara:

—¿El qué?

—¡Me han aceptado en la Facultad de Medicina!

—¡Me alegro mucho! —exclamé, muy satisfecho—. ¿En cuál?

Le brillaron los ojos y me dedicó una sonrisa pícara.

—¿Sabe qué, doctor Weiss? Mis sueños premonitorios no siempre son infalibles. La universidad no está en el Sur, sino que voy a ir a Cornell, en el estado de Nueva York.

Samantha, médica en ciernes, demostró empatía por sí misma en el pasado y así pudo avanzar hacia su futuro. Max, un médico con experiencia, sintió empatía por otros seres del pasado, y con ello logró ver su futuro y transformar su presente.

La primera vez que le vi, me pareció simplemente insoportable (sí, hasta los médicos hacemos juicios precipitados cuando conocemos a alguien), y no era yo el único al que le caía fatal. Muchos de sus pacientes (trabajaba en un hospital cercano) y de sus compañeros coincidían conmigo. De hecho, había sido una colega suya, Betsy Prager, una psicóloga, la que le había recomendado que lo tratara yo (mejor mi consulta que la de ella, había pensado). Me aseguró que la dirección del hospital casi le había ordenado que hiciera psicoterapia.

Llegó como una tormenta de verano, con vientos fuertes y muy acalorado, y empezó a pasearse impacientemente ante mi mesa en estado de ansiedad aguda.

—No debería estar aquí —proclamó—. No me hace ninguna falta. Los capullos que dirigen el hospital dicen que tengo que moderarme. Pues yo creo que a ellos tendrían que despedirles. No me dejan hacer mi trabajo.

Era alto, tenía treinta y ocho años, el rostro enrojecido y papada, cabello castaño escaso y despeinado, y los ojos encendidos. Vestía pantalones de pinzas marrones y camisa hawaiana, y parecía más un camarero que un médico.

—¡Joder! —prosiguió—. Es por esa enfermera de noche. Típico de una tía. Es que uno de mis pacientes, un tío majísimo, todo un caballero, un héroe, con una familia fantástica, que tiene meningitis, la llamó porque estaba vomitando, y la tía ni caso, colgada del teléfono. Le pegué cuatro gritos para que colgara y fue y me dijo que su hijo está enfermo. ¡Y una mierda! Cuando por fin colgó le solté una buena para que se enterara y la amenacé con darle de hostias.

—¿Cuándo fue eso?

—La semana pasada. La muy puta ha presentado una queja. Supongo que por eso le habrá llamado la doctora Prager.

—¿A qué hora la amenazó? —le pregunté con tranquilidad.

—Hacia las doce de la noche. Quizá más tarde.

—¿Qué hacía en el hospital tan tarde?

—Pues trabajar. Cuidar de mis pacientes.

—La doctora Prager dice que hace usted más horas que un reloj y que siempre está cansado. Me ha contado que se encarga de tareas que podrían hacer perfectamente los residentes.

—Ya, si pensaran con la cabeza y no con el culo. —Apoyó las manos en mi mesa y se inclinó hacia delante con seguridad en sí mismo—. Ya sabe usted cómo son estas cosas. No puede uno confiar en ellos. Les digo lo que tienen que hacer, hasta el detalle más nimio, y siempre acaban metiendo la pata. Si les dejas con un paciente, despídete de él.

Cuando yo trabajaba en el Monte Sinaí, casi todos los residentes y los internos eran competentes y estaban entregados a su trabajo. En cuanto llegaba a conocerles, confiaba en ellos, aunque en función de los límites de su preparación. ¿Podía ser tan distinto el hospital de Max?

—Trabajando a ese ritmo, ¿no acaba agotado?

—A veces —reconoció y por fin se sentó. Me parece que se alegraba de encontrar una silla, porque noté que se relajaba bastante, si bien siguió dando patadas contra el suelo. De repente, volvió a montar en cólera—. Pues claro que me canso. Es lógico, ¿no? Si supiera hasta dónde llega la incompetencia que veo cada día, se quedaría pasmado. Se equivocan en las dosis, en los diagnósticos, en las dietas. Descortesías, impertinencias, porquerías por los suelos, gráficos incorrectos...

Fue perdiendo gas como un motor al apagarse.

—Y eso pone en peligro a sus pacientes... —aventuré.

El motor recuperó fuerza.

—¡Pues claro que les pone en peligro! A veces... —Se inclinó de nuevo hacia mí y su voz se convirtió en un susurro—. ¡A veces se mueren!

Sí, algunos pacientes mueren. Quizás el enfermo de meningitis fuera a morir, pero muy pocos fallecimientos pueden achacarse a un mal tratamiento recibido en el hospital o a un caso de negligencia médica: el cáncer mata, los virus matan, los accidentes de tráfico matan.

—Pero eso es inevitable —afirmé.

—Con mis pacientes, no.

Lo dijo de forma tan categórica, con tanta arrogancia, que di un respingo.

—Bueno, seguro que en algunos casos... —insistí—. Los enfermos de cáncer, los ancianos, las víctimas de embolias.

Entonces sucedió algo extraño: se le llenaron los ojos de lágrimas.

—Es cierto. Y cada vez que sucede me entran ganas de suicidarme. Adoro a mis pacientes, a todos y cada uno de ellos, y, cuando muere uno, muero yo con él. Me quedo destrozado.

—No debería... —empecé, pero desistí de intentar contradecirle o consolarle, ya que resultaba inútil.

—¿Y sabe con quién me enfado más? —sollozó—. Conmigo mismo.

Seguimos más o menos así durante el resto de la sesión. Max resultó tener un comportamiento obsesivo/compulsivo respecto a todos y cada uno de los detalles de los cuidados médicos de sus pacientes, aunque no en otros aspectos de su vida. Me dio la impresión de que los enfermos debían de agradecer tanta atención médica al principio, aunque luego a algunos les molestaba, ya que seguramente detectaban la ansiedad que iba asociada a esa conducta obsesiva. Además, se implicaba demasiado desde el punto de vista emocional. También en ese caso, los enfermos debían de agradecer la vinculación afectiva al principio, antes de empezar a ponerse nerviosos por tener a alguien revoloteando siempre a su alrededor.

Max sufría con sus pacientes; la ansiedad que le producían degeneraba en desesperación y remordimientos si no lograban recuperarse. Cada revés era culpa suya; cada muerte, imperdonable. A medida que fuimos conociéndonos, me contó que se recetaba antidepresivos cuando el dolor emocional se hacía insoportable. En un momento dado empezó a sufrir dolores en el pecho y, aterrado, fue corriendo a ver a un cardiólogo que no le encontró nada, aunque le hizo toda una serie de pruebas. Aun así, los dolores persistieron y a menudo resultaban debilitantes. Incapaz de delegar responsabilidad en sus compañeros de trabajo, y menos por teléfono, siguió yendo al hospital aún con mayor frecuencia de la necesaria, «sólo para ver que todo iba bien», según me dijo. Esto quería decir que le quedaba poco tiempo para su familia e incluso las horas que pasaba con ellos acababan contaminadas por sus cambios de humor y sus repentinos arrebatos de mal genio. Con el tiempo, empezó a darme lástima.

—Mi objetivo es que todos mis pacientes mejoren —afirmaba cansinamente y, por lo tanto, cuando unos cuantos mejoraban de verdad tampoco quedaba satisfecho. La alegría del enfermo no se veía reflejada en Max.

Como médico, no era que se sintiera omnipotente ni mucho menos y que, por ello, esperase que todos sus pacientes reaccionaran a la perfección, sino que cada vez que uno empeoraba se sentía más inseguro, menos digno de dedicarse a su profesión. Su bravuconería, sus ataques verbales y su rabia eran simples tapaderas para un hecho subyacente: tenía miedo.

Los síntomas físicos y psicológicos eran graves, e incluso su vida corría peligro. Tras un prudente tira y afloja en el que los dos intentamos sondearnos mutuamente, quedó bastante claro que las causas de su aflicción no residían ni en el presente ni en su infancia. Le expliqué qué era la terapia de regresión y le conté que lo importante no era que lo visto resultara cierto o se interpretara como una metáfora, un símbolo o una fantasía, sino que se lograra la curación, y que muchos de mis pacientes mejoraban.

—¿Le gustaría probarlo? —propuse.

—¡Ni hablar! ¡No quiero descubrir que he sido un sádico asesino!

Era poco probable, pero decidí no discutir.

—Entonces, ¿le interesaría avanzar hacia el futuro?
Se animó de inmediato.
—Sí, claro. Seguro que es mejor que el presente.

A menudo, a los pacientes lógicos, los que utilizan predominantemente el hemisferio izquierdo del cerebro (los abogados y los médicos, por ejemplo) les resulta más fácil la progresión que la regresión. Se dicen que, al fin y al cabo, todo es fantasía, aunque en mi consulta suele fluir mucho más que fantasía.

El cuerpo de Max se relajó enseguida y entró en un estado profundo, un agradecido descanso para alguien con su ritmo de vida. No tardó mucho en presentársele una imagen nítida. Se vio como profesor de muchos sanadores. Era un médico del futuro cercano y estaba rodeado de sus alumnos en una especie de anfiteatro celestial.

—El trabajo es gratificante —me contó—. Muchos son mejores médicos que yo, pero yo soy capaz de traspasar el cuerpo y llegar a las emociones. Les enseño cómo separar la conciencia del cuerpo, para que sea posible comprender los mecanismos de la curación espiritual. Es que la conciencia funciona por etapas. Primero, flota por encima del cuerpo físico, repasando su vida emocional y preparándose para ascender. Luego, abandona también el cuerpo emocional y va haciéndose cada vez más ligera. Cuando llega a ese estado, la denomino «cuerpo mental». Por último, se separa de este reino y es libre para ajustar su vibración natural a las esferas, para poder llegar hasta estados aún superiores.

Se volvió hacia mí con gesto grave. Me lo estaba enseñando a mí al mismo tiempo que a sus alumnos del futuro, aunque en ese estado de hipnosis no era consciente de mi presencia.

—Cuando comprendemos cómo interactúan las cuatro etapas y cómo afectan las unas a las otras —prosiguió—, podemos descubrir, analizar y aplicar indicios de curación psicológica y corporal en el plano físico. Ése es mi campo de investigación, y va a cambiar la medicina para siempre. He titulado el curso «La curación multidimensional de todo cuerpo energético».

Su descripción fue tan clara, reconocí tantas cosas y comprobé que había tantos detalles que refrendaban las visiones de otros pacientes que me estremecí. Su campo de investigación era el mismo que el mío. «Va a cambiar la medicina para siempre», había dicho, precisamente eso es lo que opino yo, aunque, por lo general, suelo guardármelo para mí. En nuestras sesiones anteriores había descubierto que Max no había leído nunca ningún libro de New Age ni ningún texto espiritual (consideraba que todo ese terreno carecía de valor alguno), de modo que no podía haber extraído las ideas de lecturas anteriores. Era metodista y había recibido la formación religiosa habitual, que no abordaba ni remotamente los temas y los conceptos que iba a enseñar en el futuro. No creía en la metafísica; es probable que jamás hubiera utilizado expresiones como «curación espiritual» o «cuerpo mental» en la vida.

—¿A qué coño venía todo eso? —preguntó cuando le hice regresar al presente. Parecía más divertido que sobrecogido por la experiencia.

—¿Quién sabe? —repliqué, y me limité a explicarle que el patrón de médico, maestro y sanador no resultaba sorprendente, dada su profesión actual y que, aunque yo no era ningún experto, sus comentarios parecían mostrar similitudes con ciertos conceptos metafísicos que había oído a lo largo de los años.

Aunque sólo le dije eso, mentalmente fui mucho más allá. Me parecía que lo que había experimentado Max no había sido ninguna fantasía, sino una serie de elementos con los que su conciencia construía un arquetipo de lo que le gustaría ser en su próxima vida. Lo que vio tenía una estrecha relación con las experiencias de la muerte cercana narradas por otras personas, pero él fue más lejos, hasta un lugar en el que podía hablar de la conciencia humana y verla ascender hacia el alma única.

—Ahora me gustaría retroceder —anunció Max en su siguiente sesión, aún animado por el viaje realizado.

—¿A vidas anteriores?

—Pues sí. El futuro fue estupendo. Muy malo no puede ser el pasado. Además, siento curiosidad.

Le recordé que iba a controlar el proceso y que, en cualquier momento, podía detener o ajustar la experiencia, incluso pasar a otra vida distinta, si así lo deseaba.

También esa segunda vez entró en estado de trance con facilidad. Lo guié hacia el pasado. Me sorprendió, dado su desagradable machismo, descubrir que era una mujer.

—Soy joven y guapa. Estoy casada con un buen hombre. Estamos en... a ver... el siglo XII. ¿O es el XIII? Vivo en una pequeña comunidad de Europa, de la Europa Oriental. He sufrido muchas enfermedades a lo largo de mi vida y quizá por eso me he hecho curandera, aunque prefiero estar rodeada de mis animales y mis plantas. Cuando estaba embarazada tuve la escarlatina y perdí el hijo que esperaba. No puedo tener más. Tanto mi marido como yo nos quedamos muy afectados.

»Siempre que alguien se pone enfermo me llama, porque sabe que si le impongo las manos, o si lo trato con mis hierbas y mis plantas, se pone mejor. A veces, parece un milagro. Hay gente que me acepta y que nos trata bien a mi marido y a mí, pero la mayoría, yo diría que me tiene miedo. Creen que soy una bruja y que tengo poderes sobrenaturales. Creen que soy un bicho raro, o que estoy chalada. Pero no es verdad. Lo que pasa es que prefiero estar con los animales y con las plantas que con ellos.

»Hay un hombre que vive en una aldea cercana y que siempre me grita que me vaya. Se dedica a advertir a los niños de por aquí que no se acerquen a mí. Pero ahora me necesita y viene a buscarme. Su mujer ha dado a luz a una niña muerta, como pasó con la mía, y ahora delira y tiene la frente ardiendo. Voy corriendo con él hasta su casa. Su mujer está muy enferma. Le cuesta respirar y tiene mucha fiebre. Le coloco las manos en el abdomen, sobre el útero, y noto cómo surge de mis manos una energía ya conocida, una ráfaga curativa que se transmite hasta la enferma. Con las plantas y las hierbas le alivio la fiebre. ¡Pero no basta! ¡No basta!

Max se puso muy nervioso en mi consulta. Respiraba aceleradamente y en su gesto se apreciaba angustia. No corría ningún peligro en estado de trance (nadie lo corre nunca), pero era evidente que sentía empatía hacia aquella joven, que era él mismo, mientras recordaba aquellos hechos del pasado remoto.

—Tenía razón —prosiguió, aún en trance—. Es demasiado tarde. La infección ha acabado con las defensas de la pobre madre, que muere cuando mi energía aún está entrando en ella. Nadie podría haberla salvado. Es la peor derrota de mi vida.

Su desasosiego se intensificó.

—El marido está furioso. Durante todo este tiempo no ha dejado de beber (yo apenas me había fijado en él) y ahora está deshecho, enajenado por haber perdido a su mujer cuando el bebé apenas acababa de morir. «¡La has matado tú, demonio! ¡Eres una bruja!», grita, y, antes de que pueda defenderme, levanta un puñal y me lo hunde en el pecho. Me pilla por sorpresa. No puedo creerlo. Siento un dolor agudo en el pecho. ¡Es como si el puñal me hubiera llegado al corazón!

Max se dobló por la mitad de dolor, pero luego se relajó con la misma rapidez.

—Ahora estoy flotando y, al mirar hacia abajo veo mi propio cuerpo, tirado en el suelo de la cabaña de ese hombre. Se respira calma. En el cielo hay una luz dorada que llega hasta mí. Es una luz curativa.

Lo hice regresar al presente. Max había experimentado mucho en una única sesión. No estaba muy contento, pero tampoco disgustado. Se quedó pensativo y serio, reflexionaba sobre aquella vida de hacía siglos. Sabía que era la suya, que él era la curandera. Analizamos lo que sentía en aquel instante y lo que había sentido durante la regresión, el dolor físico, la ansiedad, la empatía que le había inspirado entonces la madre moribunda y la que le inspiraba ahora la joven curandera. La experiencia había sido mucho más emotiva que la del investigador de la conciencia del futuro. Sin embargo, no quise dejar de comentarle que el investigador era el que le había dado la clave para abrir la puerta de esa vida pasada. Ahora iba a poder utilizarla, en especial la empatía por la madre y la curandera, para que lo guiara en el presente.

Durante las semanas siguientes, tanto la familia de Max como sus colegas del hospital, sus pacientes y yo apreciamos los cambios que experimentó. El dolor del pecho desapareció en cuanto descubrió su causa fundamental. Comprendió que, aunque le habían matado por no haber logrado sanar a la paciente en su vida anterior, del mismo modo que él sentía ganas de suicidarse en ésta cuando fracasaba, ni en aquel momento ni en el actual eran culpa suya las muertes de sus pacientes. Se dio cuenta de que solamente podía hacer todo lo que estuviera en su mano, nada más; podía utilizar todos sus conocimientos y su experiencia médica, pero no siempre controlar los resultados. La mayoría de los pacientes saldría adelante, pero algunos no, por toda una serie de razones que escapaban a su capacidad. La ansiedad con la que se tomaba los casos actuales fue disminuyendo cada vez más y, finalmente, desapareció. También se desvanecieron los ataques de rabia. Dejó de tener una concepción tan poco realista sobre su actuación profesional o la del personal del hospital. Hizo amigos en el trabajo y estrechó sus vínculos familiares. También dejó atrás la culpa, los remordimientos y la depresión que le habían amargado la vida antes de viajar al pasado y al futuro.

Max se ha mantenido en contacto conmigo. Me cuenta que, desde que terminó el tratamiento, sus diagnósticos y su capacidad terapéutica están «más afinados». Durante nuestra última conversación reconoció que, cuando no miran los demás médicos, impone las manos sobre la zona del paciente que requiere curación (la espalda, la columna, el vientre) y siente el chorro de energía que recuerda de hace siglos.

La capacidad de sentir empatía con versiones de uno mismo existentes en el pasado o en el futuro liberó tanto a Samantha como a Max de la tiranía de esos miedos que los atenazaban en la actualidad. Para ellos (y para todos nosotros), la empatía es la clave para llegar al perdón. Si sentimos una profunda identificación emocional con versiones más jóvenes de nosotros mismos, e incluso con manifestaciones de nuestro yo en vidas anteriores, podemos apreciar las circunstancias que han provocado nuestros síntomas y juicios negativos actuales. Si comprendemos nuestros impulsos negativos y descubrimos dónde se originaron, podemos deshacernos de ellos. Y, al hacerlo, aumenta nuestra autoestima y tenemos un concepto más favorable de nosotros mismos.

Del mismo modo, la empatía es la clave para comprender y perdonar a los demás. Gracias a ella, podemos comprender sus miedos, sus opiniones y sus necesidades, que, muchas veces, resultan ser idénticos a los nuestros. Podemos comprender a los demás aunque no compartamos del todo sus ideas. Sabremos, en un nivel emocional profundo, de qué parte del alma proceden. Odiarles es odiarnos a nosotros mismos; amarles es amarnos. El único camino fruto de la cordura es dejar atrás el odio.

La empatía cura al individuo y, al mismo tiempo, cura al mundo. Es hermana de la compasión e hija del amor incondicional.

5

HUGH Y CHITRA: LA COMPASIÓN

Empatía y compasión suelen utilizarse como sinónimos, pero, en realidad, se trata de dos elementos distintos de la psique humana. Sí, es cierto que, cuando comprendemos los sentimientos de otro como los propios y somos capaces de ponernos en su lugar, casi con toda seguridad sentiremos compasión hacia esa persona, pero también podemos ser compasivos sin empatía; podemos sentir compasión por alguien (o incluso por un insecto o un animal), aunque no reconozcamos sus sentimientos en nosotros mismos.

En la tradición budista, se enseña a ser compasivo con los animales o los insectos, porque todas las criaturas vivas tienen alma, y hasta es posible que hayan sido personas en vidas anteriores y que vuelvan a serlo en el futuro. (En mi trabajo, no me he encontrado con esa situación, pero eso no quiere decir que el concepto no sea cierto; sencillamente, puede ocurrir que los seres humanos no recordemos existencias anteriores vividas como otras especies.) Por lo tanto, un escarabajo o un oso pueden despertar en nosotros compasión sin que lleguemos a establecer lazos de empatía con él, a identificarnos con él, sin que nos pongamos en el lugar de ese insecto o ese animal.

La compasión surge del corazón y se pone de manifiesto con demostraciones de bondad y benevolencia para con todas las criaturas de la creación. Jesucristo fue sumamente compasivo; a decir de todos, Ghandi también. Cuando decimos que sentimos algo «de corazón» estamos demostrando compasión. Los «actos de bondad aleatorios» de los que habla tanta gente (dejar pasar a alguien en la cola del supermercado, ceder el asiento en el metro a una embarazada, dar comida a los pobres) son ejemplos de conducta compasiva, pero sólo si surgen de un impulso de bondad genuino, y no de la obligación de hacer las cosas de una manera determinada o del deseo de ganar puntos en el cielo.

La compasión es más instintiva y la empatía, en cambio, más intelectual: tienen orígenes diferentes. Si hace usted los ejercicios de diálogo con la enfermedad propuestos en el capítulo tres e intercambia su papel con el de, digamos, un padre maltratador, no tiene que sentir compasión por él. Se dará cuenta, por ejemplo, de lo siguiente: «Mi abuelo le hizo a mi padre lo mismo que lo que él me está haciendo a mí. Lo que ha hecho papá ha sido reunir todas las crueldades recibidas (de su padre, de su cultura, de sus iguales) y transmitírmelas sin haberlas asimilado. Siento empatía por lo que sintió porque comprendo esos sentimientos y, gracias a lo que he aprendido, voy a ser capaz de romper la transmisión de la conducta negativa.»

Se trata de una conclusión intelectual. Sin embargo, lo ideal es que, incluso en un caso extremo como el de un padre maltratador, a medida que usted se identifique con su padre pueda empezar a sentir compasión por él. Tal vez resulte difícil, ya que es posible que siga demostrándole la misma crueldad de antes, pero lo cierto es que se trata de un ser humano herido, lo mismo que usted, y ese descubrimiento puede permitirle ofrecer una respuesta procedente del corazón, además de la surgida de la mente. Si logra reaccionar, si puede ver más allá de sus heridas, se dará cuenta de que, cuando se funden la empatía y la compasión, ambas le llevan hacia el destino final de todas las lecciones que se aprenden en el camino hacia la inmortalidad: el amor espiritual, el amor incondicional, el amor puro y eterno.

—Me han dicho que usted es famoso porque, para tratar a los pacientes, les hace regresar a sus vidas anteriores. ¿Es cierto?

El que me telefoneaba se llamaba Hugh, y si yo era «famoso» en mi campo, también él lo era en el suyo. Era un vidente cuyo programa de televisión, emitido en Miami, atraía a muchos miles de personas que, en su inmensa mayoría, buscaban ponerse en contacto con sus seres queridos ya fallecidos. Yo no tengo el don de la videncia más que en la medida en que lo sentimos todos en algún momento (esa «corazonada» que nos empuja a tomar la decisión empresarial adecuada; la «certeza» que nos hace tomar un camino y no otro en la vida), pero sé de su existencia y admiro a gente como John Edward y James van Praagh, que parecen poseerlo y lo utilizan para sanar. Además, hace mucho que aprendí a no despreciar aquello que no comprendo.

—He tenido cierto éxito en la regresión de algunos pacientes —reconocí—. ¿Me llama en relación con alguna psicoterapia?

—Sí, la mía —contestó antes de soltar una risita nerviosa y estridente—. Por muy vidente que sea, no consigo aplicar mis conocimientos a mí mismo para curarme.

Pidió hora para la semana siguiente y esperé su visita con impaciencia. Ya había tratado a otros videntes con anterioridad y todos, sin excepción, me habían resultado igual de interesantes. Su inmensa sensibilidad y su receptividad ante el concepto de las vidas anteriores los convertía en candidatos de excepción para la terapia de regresión.

Hugh resultó ser un hombre menudo, bajito y delgado, con un aspecto mucho menos imponente que la única vez que había visto su programa, tal es el poder de la televisión. Tenía el cutis enrojecido debido al uso habitual de maquillaje y la ropa que llevaba (pantalones de pinzas caqui y camiseta negra) le iba algo grande. Era evidente que estaba nervioso, porque su mirada revoloteaba por la consulta como una luciérnaga y, muchas veces, tenía que carraspear antes de lograr sacar una frase de la garganta, aunque, en cuanto se soltó, resultó elocuente.

—¿Qué problema tiene? —quise saber.

—Estoy agotado, hecho polvo. No es nada físico (aunque es verdad que no hago suficiente ejercicio), sino mental. Tengo la impresión de que todos los habitantes del planeta me persiguen, esperando que los ponga en contacto con la gente que han perdido, y es tal su necesidad, son tan insistentes, tan dignos, tienen una sed tan legítima que cuando los rechazo me embarga un sentimiento de culpa enorme que pesa una tonelada. Y no logro quitármela de encima.

La gente que se encontraba en las tiendas, y hasta por la calle, le pedía una visita, o información, o mensajes del más allá, pero las cosas no eran tan sencillas: no podía llamar por teléfono a un familiar de alguien, saltar al más allá, transmitir un mensaje al momento. Su labor requería energía, fuerza y tiempo para trabajar como trabajaba él, y todo eso dejaba su huella. Me identifiqué con él, sentí empatía. Hasta cierto punto, he sufrido el mismo tipo de ataque bienintencionado; también a mí me han abordado en restaurantes o en las pausas de los talleres. Sin embargo, la gente sabe que la regresión es un proceso que lleva su tiempo, y comprenden sin amargura que no tengo capacidad para atenderlos a todos. En el caso de Hugh, en cambio, al parecer la gente se comportaba como si creyera que podía transmitirles mensajes mientras comía. Quería ayudarles. ¡Cuántas ganas tenía de poder ponerlos a todos en contacto con el más allá! La realidad le hacía sentirse indigno, y cada vez que rechazaba una petición aumentaba su ansiedad.

Me contó que era tanto clarividente como clariaudiente, es decir, que tenía el don de ver cosas antes de que sucedieran o a una distancia que escapaba a la capacidad del ojo humano, y también el de escuchar mensajes que le eran transmitidos solamente a él. Como en la mayoría de los videntes, esas dotes se habían manifestado a muy temprana edad. Muchos niños, por ejemplo, tienen amigos imaginarios; en muchos casos, el motivo es sencillamente que se sienten solos y ansían un compañero de juegos, pero, en otros, los amigos no son en absoluto inventados. En *A través del tiempo*, hablé de una joven cuya madre no alcanzaba a comprender por qué no demostraba ningún pesar por la muerte de su abuela.

—¿Por qué tendría que estar triste? —preguntaba la muchacha—. Acabo de hablar con ella. Está sentada en una silla de mi habitación.

La historia se comprobó cuando contó que su abuela

le había transmitido secretos sobre la infancia de su madre que no podría haber descubierto por su cuenta.

Otros niños que han visto accidentes o han escuchado mensajes que han resultado ciertos han hecho que aumentara el conjunto de datos que demuestran la existencia de fenómenos parapsicológicos.

Por lo general, los poderes de videncia de los niños desaparecen antes de los seis años. En ocasiones, sin embargo, no sólo persisten, sino que cobran fuerza. Eso fue lo que le sucedió a Hugh.

—Cuando era pequeño —me contó—, los demás niños creían que era un bicho raro. «Qué tontería», me contestaban cuando les contaba que había visto a un muerto que me hablaba o intentaba advertirles sobre un mensaje que había recibido y, a veces, sus familias les prohibían jugar conmigo. Me hacían creer que estaba loco, pero no por eso dejaba de tener las visiones o de recibir los mensajes, así que lo que hice fue guardármelos para mí solo, esconderlos de los demás. Entonces era diferente. —Hizo una pausa y carraspeó—. Aunque ahora también lo soy.

La baja autoestima que experimentó siendo niño prosiguió con la llegada de la madurez, y durante varias sesiones trabajamos ese problema y otros relacionados con él, pero yo ya sabía que íbamos a tener que profundizar más, que con tratar la incomprensión de su infancia no bastaría. Le propuse una regresión.

—Para eso vengo a verle —contestó con una sonrisa.

Hugh entró sin problemas en estado de trance (había practicado, en cierto modo, desde niño).

—Veo vehículos voladores —empezó—. No son exactamente aviones, sino más bien coches que vuelan, empujados por energía pura. Planean por encima de edificios de líneas elegantes que se levantan hacia el cielo y están hechos de cristal. Dentro hay hombres que trabajan en tecnologías avanzadas y yo soy uno de ellos, uno de los mejores científicos del complejo, uno de los más importantes. El objetivo es hacerlo todo más potente para alterar todas las formas materiales, toda la materia de la Tierra, y controlarla, controlar la conducta de los demás, controlar la naturaleza. Pero no por el bien común. Lo que pretendemos los científicos es dominar el mundo.

—Muy interesante —comenté—. Ha ido hacia el futuro.

Inicié la terapia de Hugh en la época en que empezaba a inducir progresiones en mis pacientes y, al parecer, él había avanzado varios milenios sin necesidad siquiera de que lo animara.

Su respuesta me sorprendió.

—Pero si no es el futuro. No. Esto es la Atlántida.

¡La Atlántida! El continente legendario descrito por decenas de escritores, el más famoso de ellos Edgar Cayce; un lugar que existió hace treinta o cuarenta mil años y que luego desapareció. Sus habitantes gobernaron su parte del mundo porque eran los únicos que poseían los secretos de toda la materia y todos los seres vivos. Hugh no había progresado hacia el futuro; había regresado a un mundo que se desvaneció mucho antes del nacimiento de la historia.

—Mi trabajo consiste en cambiar mi nivel de conciencia y aprender técnicas de manipulación de energía para transformar la materia —explicó. Respiraba de forma acelerada y estaba visiblemente inquieto por su papel en aquella extraña sociedad.

—¿Transformar la materia mediante energía psíquica? —pregunté, en busca de una aclaración.

—Sí. Mediante la energía de la mente. —Titubeó un instante—. O tal vez utilizamos cristales. Energía a partir de cristales. No estoy seguro. No es la energía de la corriente eléctrica, es algo más avanzado.

—Y usted es un importante científico.

—Exacto. He estudiado en este campo. —Se entristeció—. Quiero obtener poder para mí mismo. Eso supone reprimir mi lado espiritual, pero es el precio que tengo que pagar. Quizá podría alterar mi nivel de conciencia para llegar a una vibración aún mayor. Así podría avanzar espiritualmente, acercarme a un lugar más allá de la materia, más allá del tiempo. Pero no me molesto con esas cosas. Mis colegas y yo... Lo que hacemos está mal. Pretendemos controlar las civilizaciones que nos rodean, y lo estamos consiguiendo. Estamos cumpliendo nuestro objetivo.

Su evaluación vital me resultaba previsible. Se arrepentía de sus actos, se daba cuenta de que había tomado el mal camino. Si hubiera utilizado su mente elevada, su energía mental, movido por el bien y la compasión, no por el ansia de poder y de engrandecimiento personal, habría llevado una vida mejor y más feliz. Había malgastado sus conocimientos, sus aptitudes, su vida.

Cuando se marchó, hice dos anotaciones:

«El hecho de que Hugh viviera una existencia anterior en la Atlántida no demuestra la existencia de ese continente perdido en modo alguno, ni supone que yo crea en ella. Se trata únicamente de su experiencia, y puede que sí estuviera viendo el futuro, y no el pasado. Quizá sea una fantasía o quizá sea cierto. Lo importante es que se arrepiente de no haber aprovechado sus poderes parapsicológicos en causas más elevadas. De eso mismo parece lamentarse en la actualidad.»

«Al parecer, en aquella época existía un nivel tecnológico superior al que poseemos hoy. Tal vez mucha gente de esa época se está reencarnando en nuestros días, porque la tecnología está avanzando nuevamente hasta el nivel que existía en esa época remota. Tenemos que comprobar si hemos aprendido la lección; se trata del conflicto entre la utilización de nuestros poderes avanzados con fines compasivos o egoístas. La última vez casi destruimos el planeta. ¿Por qué opción vamos a decantarnos ahora?»

En su siguiente sesión de regresión, Hugh se encontró en la Europa (no estaba seguro del país) de la Edad Media.

—Soy un hombre corpulento de espaldas anchas y fuertes. Voy vestido con una túnica sencilla y llevo el pelo alborotado. Me dirijo a una asamblea de vecinos del lugar; mi mirada es penetrante, frenética, de una tremenda intensidad. Les digo que no tienen que ir a la iglesia ni escuchar a los curas para encontrar a Dios: «Dios está en vuestro interior. Dentro de cada uno de nosotros. No necesitáis a esos hipócritas para que os enseñen el camino que lleva al Señor. Todo el mundo tiene acceso a la sabiduría divina. Voy a mostraros el camino, de forma muy sencilla, y seréis independientes de la iglesia y de sus arrogantes sacerdotes. Ellos perderán el control y vosotros recuperaréis las riendas de vuestras vidas.»

Al poco tiempo, Hugh fue apresado por las autoridades eclesiásticas y torturado para que abjurase de sus ideas, pero se negó, por muy cruel que fuera su castigo. Al final, según me contó horrorizado, acabó siendo literalmente desmembrado en un potro de tortura que los curas habían colocado en la plaza del pueblo, en parte porque estaban enfurecidos, pero también porque querían utilizarle de ejemplo para advertir a sus paisanos de que no debían pensar de forma peligrosa.

En un breve repaso de esa vida, Hugh realizó una serie de conexiones con su anterior existencia atlántida que yo resumí en una anotación posteriormente:

«La sobrecompensación hacia motivaciones espirituales en lugar de egoístas como reacción a su vida atlántida, junto con el conocimiento de las posibilidades de los niveles de conciencia superiores, llevaron a Hugh a excederse en sus afirmaciones públicas y a no prestar suficiente atención al poder de la Iglesia católica en aquellos días y a su ferviente matanza de herejes o de cualquiera que atacara su poder, aunque fuera a escala modesta.»

Hugh también estableció vínculos con su vida actual:

—Mis poderes se desarrollaron en la Atlántida —me contó—. Allí fue donde adquirí mis habilidades de clarividencia, clariaudiencia y telepatía.

—¿Y los mensajes?

—Eso es otra cosa —replicó de inmediato—. Los mensajes proceden de los espíritus.

—¿De los espíritus? ¿Qué quiere decir?

—De los espíritus, de seres incorpóreos. No puedo ser más claro. —Carraspeó—. Me hacen llegar el conocimiento. Me transmiten la verdad.

Era un tema conocido (otros pacientes me hablaban también de espíritus), pero, en aquel caso, detecté una diferencia. Cuando se fue, anoté lo siguiente:

«Al exteriorizar los orígenes de su conocimiento, Hugh intentaba evitar, de forma mágica, que se repitiera la destrucción física de su cuerpo en la Edad Media. En otras palabras, decía: "Éste no soy yo. Me limito a recibir la información de otros, aunque sean espíritus." Era una especie de red de seguridad: tener poderes de videncia resulta peligroso. Sin embargo, en cierto modo, los espíritus le han impedido acceder a niveles aún superiores de su conciencia multidimensional.»

Quizá, pensé, podía llegar a esos niveles superiores si lograba progresar hacia el futuro con mi ayuda. Era un gran vidente; ¿tendría aún más poderes parapsicológicos, sería más preciso que otros, si lograba acceder a lo que estaba por llegar? No era algo esencial para su tratamiento (ya había detectado la fuente de su ansiedad y había logrado aceptar sus poderes de videncia), pero yo sentía curiosidad sobre sus posibles descubrimientos.

¿Estaría dispuesto a progresar hacia el futuro y a llevarme con él? Resultó que lo deseaba intensamente.

Es posible que Hugh llegara a un nivel demasiado profundo. Me dio la impresión de que experimentaba dos viajes de forma simultánea, uno hacia el futuro y el otro hacia niveles cada vez más y más altos de conciencia que le llevaba hasta mundos y dimensiones situados por encima y más allá de éste.

—El siguiente nivel, el que está justo después del nuestro, no es tan denso como el que conocemos —me reveló con una voz cargada de sobrecogimiento—. No es fácil llegar hasta allí. El camino está lleno de peligros, pero cuando llegamos somos más mentales, menos físicos. Todo el mundo es telépata. Hay una vibración superior. Nuestros cuerpos son más ligeros. El movimiento resulta más fluido.

En cierto modo, se parecía a la Atlántida que había descrito en su primera regresión, pero eso no era todo.

—Voy subiendo más y más. En los distintos niveles hay cambios en la calidad de la luz. No soy capaz de describirlo. Hay más luz, pero es más tenue; no tiene color o los tiene todos. El camino lleva a dimensiones situadas más allá de la luz y más lejos de los límites del pensamiento. Este nivel es incomprensible para la mente humana. Y sigo avanzando. No hay final. Sobrepaso el infinito y, si es posible, progreso aún más.

Los dos teníamos la sensación de que se trataba de lugares positivos de gran calma y belleza, aunque la palabra «belleza» esté demasiado vista. La actitud de Hugh revelaba más que sus palabras. Lo que percibió superaba los límites de su vocabulario, y el sereno esplendor de su rostro, que había perdido su amargura, era el vehículo de su elocuencia.

Lo que describió no era su futuro personal, sino el futuro en general. (Más adelante, cuando empecé a hacer progresiones de grupo en mis talleres o seminarios, me di cuenta de que era lo más habitual, como explicaré en el último capítulo.)

—El viaje es como el despegue de un avión en plena tormenta eléctrica —prosiguió—. Todo está cada vez más y más oscuro a medida que nos acercamos al nivel de las nubes. Hay muchas turbulencias, hay miedo y ansiedad, pero entonces traspasamos la capa nebulosa y salimos al otro lado, donde hay un cielo resplandeciente, con muchos tonos de azul iluminados por un sol dorado e incandescente. Se tardan muchos años, muchos siglos, en atravesar las nubes, que se van ensombreciendo con el paso del tiempo; son nubes de tragedias y calamidades que asediarán a nuestra civilización, pero al final, tras ochocientos o mil años, puede que más, las nubes se desvanecen, las turbulencias desaparecen y sólo queda una sensación de paz, sobrecogimiento y seguridad.

Se inclinó hacia delante y me hizo una confidencia sin salir del estado de hipnosis:

—La gente del otro lado de la tormenta tiene aptitudes mentales, aptitudes parapsicológicas que superan con creces las mías. Son telépatas. —Su voz era apenas un susurro—. Pueden llegar a todo el conocimiento. Son mentalmente omnipotentes.

Tal vez se refería al concepto que Carl Jung denominó «inconsciente colectivo», o a lo que las religiones orientales llaman «registro akásico», un archivo en el que se conserva toda acción, hasta el más absoluto detalle, y todo pensamiento, por muy trivial que sea, de toda la humanidad desde el inicio de los tiempos. Según me pareció entender, los videntes podían acceder a él para descubrir los pensamientos y los sueños de los demás. Eso fue lo que Hugh aseguró que les había dicho a los vecinos del pueblo medieval. Y, en su visión de futuro, había dominado el saber que buscaban los atlántidos. Podían convertir la materia en energía y la energía en materia, y transformar unas partículas elementales en otras canalizando la energía de la conciencia. En la época de la Atlántida, ese poder se utilizó para hacer el mal. En la Edad Media, aunque Hugh no lo mencionó, los alquimistas intentaron transformar minerales corrientes en oro. En el futuro, tal y como lo vio él, todo el mundo era alquimista y utilizaba sus poderes para hacer el bien. La gente había atravesado las nubes y había llegado hasta el cielo azul y la luz dorada.

En mi opinión, el recorrido de Hugh es una metáfora del cambio de lo físico a lo espiritual, algo que él parecía haber logrado en el futuro lejano. Es posible que todos nosotros, los que quedemos tras las «tragedias y calamidades», también lo consigamos. Lo que descubrió en el futuro fue lo siguiente: en la época que divisó, el cuerpo físico podía cambiar, la gente podía entrar y salir de su cuerpo a voluntad y era posible tener experiencias extracorpóreas siempre que uno lo deseara; así pues, ni siquiera la muerte era lo que parecía. Ya no había enfermedades; las patologías físicas y mentales habían desaparecido, porque la gente había aprendido a resolver los trastornos energéticos que provocan las enfermedades en las dimensiones físicas.

Acabé comprendiendo por qué sus progresiones tomaban un doble camino; en ambas había un momento de tormento y luego un paraíso. Con el tiempo, el futuro fue trazando una curva cada vez más elevada y se convirtió en algo más sublime, hasta enlazar con la progresión de niveles de conciencia superiores: las dimensiones (o mundos) superiores que había visto Hugh en su otro viaje hacia delante. En otras palabras, incluso cuando avanzaba en dos direcciones distintas se dirigía al mismo destino. En el primer viaje, fue directamente a niveles de conciencia más elevados. En el segundo, se adentró en vidas futuras aquí, en este planeta. Ambos futuros acabarían alcanzando las dimensiones superiores. Y ambos se encontrarían en algún punto del camino. Nuestros futuros, venía a decir, son como ramales de un mismo ferrocarril, que siempre llevan hasta la vía principal. Da igual qué camino sigamos, todos tenemos el mismo destino, y ese lugar es una gloria que está más allá de cualquier palabra y de cualquier ejercicio de comprensión humana.

En esta vida, Hugh ya no se siente diferente, pues sabe que todos poseemos sus dotes, aunque en casi todo el mundo están latentes. Tiene mejor concepto de sí mismo y se siente privilegiado por haber podido vislumbrar mundos superiores. Su trabajo le resulta mucho más claro y, al parecer, ahora recibe información de niveles más elevados. Ya no se ve obligado a atribuir sus conocimientos a espíritus externos por el miedo arrastrado desde la Edad Media; sabe que sus poderes residen en su interior. Es más feliz, y ésa es la mejor forma de sopesar su progreso. La claridad de sus sesiones de videncia refleja una claridad en su intención de ayudar a los demás, en su determinación de transformar la desesperación en esperanza, en su vida. Se ha convertido en el alquimista que pretendía ser hace milenios.

He incluido su historia en el capítulo dedicado a la compasión no porque a Hugh le hiciera falta aprenderla en su camino hacia la inmortalidad, sino porque la experimentaba en exceso. Sentía pena y amor por todos los que se le acercaban y, por ello, entregaba demasiado de sí mismo. Sin la compasión, nadie puede ascender a planos superiores en las vidas venideras, pero, como todas las virtudes tratadas en este libro, forma parte de un todo. Hay que aprender a sentir compasión por los demás, pero también por uno mismo.

Chitra, una mujer de treinta y cinco años, también ofrecía compasión de forma desinteresada. Era bióloga especializada en investigación molecular y se pasaba el día en el laboratorio y las noches con su madre enferma, que le exigía muchas atenciones y con la que llevaba viviendo diez años. No tenía tiempo para actividades sociales ni de ningún otro tipo.

Era la menor de una familia de origen indio que había emigrado a Estados Unidos cuando ella era una niña. Según la tradición hindú en la que la habían educado, se esperaba de ella que se entregara al cuidado de su madre. No se les pedía lo mismo a su hermano ni a la mujer de éste, y tampoco a la hermana mayor, también casada y con hijos. Chitra había estado casada con un hombre mucho mayor (un matrimonio concertado por ambas familias) que había fallecido y la había dejado sin hijos, de modo que le había correspondido el cuidado de la madre.

Cuando acudió a mi consulta, se quejó de que la falta de independencia y la sobreprotección de su madre la asfixiaban; de hecho, respiraba de forma fatigosa y le costaba articular las palabras. El hindi era su idioma materno, pero hablaba inglés con soltura, lo mismo que su madre. Solamente vestía saris (excepto en el trabajo, según me contó, donde llevaba vaqueros y jerséis bajo la bata blanca del laboratorio) y resultaba una mezcla curiosa y para mí encantadora de dos culturas, aunque dudo que a ella eso le hiciera mucha gracia. La vieja era precisamente lo que le impedía disfrutar de la nueva.

Muchos hindúes creen en la reencarnación, aunque para ellos se trata de una convicción intelectual, de un componente de su religión. Su uso como instrumento terapéutico es prácticamente desconocido. No logré descubrir si Chitra creía en la existencia de vidas anteriores cuando fue a verme, ya que cuando saqué el tema se mostró reticente; en cambio, aceptó de buen grado someterse a una regresión y entró en estado de trance profundo de forma casi inmediata.

Sus impresiones eran confusas y titubeaba.

—Estoy en la India... Soy prostituta, pero no exactamente... Viajo con el ejército, que lucha contra mis enemigos... No sé en qué año estamos... No hace mucho... Me dicen que los soldados me necesitan... Son importantísimos... Forman el ejército, son mi gente... Hay que cuidarlos... Les doy de comer... Satisfago sus necesidades sexuales... No soporto mis obligaciones... Me veo morir... Aún soy muy joven... Sí, me muero... Me muero al dar a luz.

Eso fue todo. En la evaluación vital, se dio cuenta de que no quería pasar más tiempo en un lugar así. Ayudar a los soldados a luchar contra los enemigos de la India no era un propósito nada noble, sino un convencionalismo instituido por los hombres, egoístas y crueles y, como mujer, no tenía escapatoria. Estaba condenada.

La segunda regresión fue igualmente breve.

—Soy una mujer... Vestimenta para un sacrificio... Tengo que morir para que la cosecha sea buena... Quizá mi muerte proteja a mi pueblo de los enemigos... de los desastres naturales... Me dicen que ser sacrificada es un gran honor... Y que mi familia se verá recompensada en la otra vida... Hay una espada sobre mi cabeza... Cae.

En ambos casos, le costaba respirar, y las dos veces la hice regresar enseguida al presente. Chitra tenía que aprender de esas vidas, pero no ahondar en ellas. Fue directa a los traumas y, cuando hablamos de ellos, se dio cuenta de que la violencia es la antítesis de los conceptos espirituales. Las promesas de futuras recompensas eran mentiras interesadas de los generales o los líderes religiosos, cuyo poder se basaba en la ignorancia, el engaño y el miedo.

Descubrimos el vínculo que unía ambas vidas y su significación en la situación actual de Chitra: en las dos regresiones la habían obligado a sacrificar su vida, sus anhelos, su felicidad, por una causa «noble». Y esos sacrificios la habían matado entonces y estaban acabando con ella también ahora.

La madre de Chitra también recordó una vida anterior, aunque nunca pisó mi consulta. Animada por el trabajo que íbamos haciendo, Chitra se llevó a casa mis discos compactos de regresión y se puso a practicar, algo que recomiendo a todos mis pacientes. Su madre, que la escuchaba, se vio en la piel de una joven esposa india de hace tres siglos. En esa vida, Chitra era el adorado esposo de su madre, el centro de su existencia, pero aquel hombre murió pronto, al parecer, por la picadura de una serpiente. Cuando la madre de Chitra regresó al presente, comprendió por qué se había aferrado a su hija y así se lo explicó: creía que era una reacción resultante de haberla perdido hacía siglos. Chitra se dio cuenta de que la dependencia y la sobreprotección de su madre no tenían su origen en esta vida, sino en otra distinta, y, desde entonces, pudo ser más indulgente.

Su madre empezó a cambiar. Poco a poco, ya que estaba superando años de costumbre, fue ganando autonomía y abandonando la actitud protectora. Accedió de buena gana a pasar más tiempo con sus otros hijos y permitió que Chitra empezara a realizar actividades sociales, pese al peligro de que eso la llevara a entablar una relación que interfiriera en su dependencia. Asimismo todo ello provocó una mejora de las perspectivas vitales de mi paciente, que por vez primera podía contemplar el futuro sin desolación. Y hacia ese futuro precisamente me permitió guiarla.

Chitra experimentó en una única progresión lo que me parecieron tres vidas futuras distintas. En la primera, se vio como la madre y la principal responsable de los cuidados de una niña con graves problemas musculares, óseos y neurológicos. La dinámica familiar imponía que dedicara la mayor parte de su tiempo y sus energías a su hija con escasas recompensas. Su marido en esa vida se había alejado en lo emocional y, a menudo, también físicamente; era incapaz de afrontar la tragedia. Así pues, el flujo de compasión, amor y energía me parecía unidireccional.

En una segunda vida futura, Chitra sufrió graves daños físicos en un accidente de tráfico.

—No puede decirse que fuera un coche —me contó—. Era más bien un gigantesco cilindro volador con ventanas. Da igual: hubo un error de programación y ¡zas!: se estrelló de frente contra un árbol.

Chitra quedó paralítica y tuvo que pasar por una larga rehabilitación tanto física como psicológica.

—Los niveles técnicos de la medicina han avanzado mucho —aseguró con cierta satisfacción—; sin embargo, la regeneración del tejido de mi sistema nervioso, tanto del cerebro como de la médula espinal, tardó más de un año. —Se sonrió—. El personal del hospital se portó de maravilla, pero la recuperación resultó muy complicada. No sé si lo habría logrado sin el amor de mi familia (tengo un marido que me quiere con locura y tres hijos, dos niños y una niña) y de mis amigos. ¡Y las flores! La gente decía que mi habitación en el hospital era el Jardín de Alá.

Había dado, pensé, con el contrario de la primera vida. De nuevo la compasión, el amor y la energía eran unidireccionales, pero en esta ocasión fluían hacia ella.

En su tercer «futuro», Chitra era una cirujana especializada en ortopedia y neurología.

—Trabajo con varillas o cristales —explicó cuando señalé lo poco habitual que resultaba tener dos especializaciones tan distintas—. Emiten una luz, una energía, que tienen un efecto curativo extraordinario, ya sea en los huesos o en el cerebro. También producen una energía sónica que impulsa la regeneración de músculos, extremidades y ligamentos.

Los resultados de sus conocimientos y su pericia le proporcionaban una enorme satisfacción. Asimismo, recibía palabras de enhorabuena y ánimo, no sólo de sus pacientes y de sus familias, sino también de sus colegas de profesión. Su vida familiar era próspera y feliz. En esa existencia parecía haber alcanzado el equilibrio adecuado de flujos de entrada y salida. Podía amar a los demás y amarse a sí misma.

Sin salir del estado hipnótico, Chitra me contó que había evaluado esa tercera vida desde una perspectiva superior, es decir, que había ascendido a un nivel más elevado. Y, de repente, se detuvo.

—No sé cómo va a terminar esta vida. Es desconcertante. Tengo que salir de aquí. ¡Ya!

Ya me había habituado a que no quisiera permanecer mucho tiempo en una vida pasada o futura. Regresó bruscamente al presente, animada y estimulada por sus viajes.

—Todas las vidas, pasadas y presentes, están conectadas —declaró—, por ejemplo esta de ahora y la vida anterior que vio mi madre. Lo que tengo que hacer es equilibrar la compasión, equilibrar el amor, algo que hay que recibir además de dar. —Su determinación era palpable—. Jamás volveré a sacrificar mis objetivos vitales. No pasarán por delante ni valores culturales, ni circunstancias individuales, ni el peso de la culpa.

Consiguió expresar su rabia y su resentimiento hacia su madre y sus hermanos por haberla enclaustrado en el papel de guardiana de la anciana (a pesar de los tabúes culturales que prohibían tal rebelión) y, en el proceso, se liberó.

Regresamos a la tercera de las vidas futuras y, en esa ocasión, Chitra logró ver su final: una muerte en la vejez por causas naturales. En su evaluación vital logró comprender con claridad la trascendencia de sus progresiones, que yo no alcanzaba a ver.

—Las tres vidas futuras no eran consecutivas ni lineales —precisó—. Son manifestaciones de futuros posibles que dependen de lo que haga yo aquí y ahora.

En cierto modo, eran futuros paralelos que fluían de manera simultánea; terminaría viviendo uno u otro en función del contenido del resto de su vida actual. En realidad, había «toda una serie de futuros posibles», según me contó:

—Todos son variaciones de los tres que he visto. Y no sólo mi conciencia, sino también los actos y los pensamientos colectivos de toda la población humana repercutirán en el hecho de que uno de ellos y no los otros dos se haga realidad. Si todos nos comprometemos de forma consciente con la compasión, la empatía, el amor, la paciencia y el perdón, el mundo del futuro será increíblemente distinto.

Comprendí que aquella sabia joven tenía mucho que enseñarme.

«Disponemos de mucho más poder para influir de forma positiva en nuestras vidas futuras individuales, así como en el futuro restante de esta vida actual, que para repercutir en el futuro planetario o colectivo», anoté cuando se hubo marchado. «Sin embargo, nuestros futuros individuales se expresan en el colectivo, y los actos de todo el mundo determinan qué camino, de entre un enorme inventario de posibilidades, se hace realidad. Si Chitra hubiera seguido estancada en su anterior estructura familiar, tal vez habría experimentado un futuro en el que sería la mujer paralizada que se veía obligada a recibir amor. Si hubiera tirado la toalla, si hubiera interrumpido de forma abrupta la relación con su madre y la hubiera abandonado sin un compromiso razonable, quizás habría tenido que volver en la piel de la madre de una niña con graves problemas físicos. Así son las cosas: afrontamos situaciones parecidas una y otra vez, a medida que buscamos el equilibrio adecuado entre dar y recibir, entre el sacrificio y la compasión hacia nosotros mismos. Hasta que alcanzamos el estado de la armonía. Teniendo en cuenta lo que había aprendido, me di cuenta de que Chitra regresaría en la piel de la cirujana ortopédica/neurológica, ya que había alcanzado ese equilibrio, pero podía nacer en un mundo con más o menos violencia, más o menos compasivo y con más o menos amor, según la armonía que consigamos los demás. Si somos suficientes los que logramos elevar la conciencia de la humanidad (si podemos comprometernos con el cambio del futuro colectivo mediante la mejora de nuestros futuros individuales), podremos modificar el futuro del planeta entero y de todos sus habitantes.»

La compasión está relacionada con la empatía, como ya he dicho. También tiene que ver con el amor, ya que ambos proceden del corazón. He preparado tres ejercicios sencillos que, al igual que el de psicometría que propuse en el capítulo tercero, le ayudarán a llegar hasta ese lugar del corazón en el que coexisten la compasión, la empatía y el amor.

Lágrimas de felicidad

Relájese con el método explicado en el capítulo tercero. Cuando ya esté en un estado de relajación, recuerde un momento de su vida en el que haya sentido lágrimas de felicidad en los ojos. (Puede que le vengan varios a la memoria.) No me refiero al día que ganó la lotería o a cuando su equipo se llevó la Liga de fútbol, sino a un momento asociado con un acto de cariño o amor. Puede ser un instante en el que alguien hiciera algo bueno por usted de forma inesperada, como ofrecerse a cuidar a sus hijos para que usted y su pareja pudieran pasar un fin de semana a solas, o visitarle cuando estaba enfermo. O también puede ser un momento en el que fuera usted el que hiciera algo bueno por otra persona, un acto que no estuviera motivado por el sentido de la responsabilidad, sino que le saliera del corazón. Lo importante es que el que diera algo (fuera usted mismo, un amigo o un desconocido) actuara movido solamente por la compasión, sin esperar una recompensa. Cuantas más veces haga este ejercicio, más enlazados estarán, unos con otros, los momentos de compasión y más fácil resultará que aparezcan esas lágrimas. Al rememorar momentos de compasión, se aumenta la capacidad de experimentar alegría, de ser feliz y de realizar más actos desinteresados de esta naturaleza.

Interconexión

Sumido en un estado de relajación, mire a alguien a los ojos. No se trata simplemente de que esa persona le devuelva la mirada, ya que eso es algo habitual, sino de ir más lejos. Mire más allá, detrás de la superficie de esos ojos. Intente ver el alma, y si lo consigue se dará cuenta de que esa persona tiene más profundidad de lo que parece, de que va más allá del cuerpo físico. Usted ya sabe que todo el mundo tiene alma, igual que usted mismo, y que las de ellos y la suya están conectadas. Si el alma que ve, el alma que le devuelve la mirada, es la suya propia, habrá alcanzado un nivel más profundo y se dará cuenta de que todos estamos hechos de la misma sustancia y de una única alma. ¿Cómo es posible, pues, no sentir compasión, si, cuando tratamos a otra persona de forma humanitaria, en realidad nos estamos tratando así a nosotros mismos? Al amar a otro, ¿no nos amamos a nosotros mismos?

La humanidad de los demás

Una variante de lo que acabo de exponer consiste en visualizar la humanidad de los demás (de los amigos, de los familiares o de los desconocidos). No son un mero nombre o un único rasgo («¡Mi tía Marta es que no calla!», «Ese mendigo está hecho un asco.»), sino que son multidimensionales, están formados por toda una serie de factores, lo mismo que usted. Son madres y padres, hijos y seres queridos. Da igual su nacionalidad, o que aseguren ser su enemigo. Son personas que experimentan alegría, amor, miedo, ansiedades, desesperación, pena, igual que usted y que yo. Un día fueron niños y reían y jugaban al balón, con sus muñecas, con animales de compañía, con juegos... cuando eran confiados. Hago que mis pacientes visualicen como niños a sus enemigos, a la gente que odian o con la que están enfadados. Y eso es sólo el principio. Hay que verles como jóvenes amantes, como padres, como gente que ha ganado y ha perdido, que ha experimentado nacimientos y muertes, victorias y tragedias. Hay que ver bien los detalles. Hay que pormenorizar. Y entonces ya no se les ve como un grupo, sino como a individuos que han pasado por todo lo que hemos pasado nosotros. Resulta fácil odiar a un grupo, ya que los grupos no tienen cualidades individuales. Si sigue este ejercicio, dejará a un lado el odio, ya que resulta más difícil odiar a personas con cara y ojos, e imposible odiar a las almas. Yo sentí compasión por ese soldado ruso, el hombre al que tenía que odiar. Me di cuenta de que tenía alma, un alma que era la mía.

La compasión y la empatía no se aprenden de un día para otro; las lecciones vitales no son sencillas. En nuestro ascenso hacia la inmortalidad, debe entrar en juego otro factor: la paciencia.

6

PAUL: LA PACIENCIA Y LA COMPRENSIÓN

Los budistas suelen decir: «No hay que empujar el agua del río. Hagamos lo que hagamos, acabará fluyendo a su ritmo.»

Si nos concentramos en la evolución espiritual, resulta útil imaginarse el tiempo como un río; pero deberíamos medirlo no de forma cronológica, como hacemos ahora, sino en función de las lecciones aprendidas a lo largo del camino hacia la inmortalidad. No tenemos que empujar el caudal del río del tiempo, sólo conseguiremos chapotear impotentes; es decir, podemos dar brazadas inútiles contracorriente o discurrir con ella plácidamente. La impaciencia nos arrebata placer, paz y felicidad. Sabemos claramente qué queremos y lo queremos ya mismo; en ningún lugar eso es más evidente que en Estados Unidos del siglo XXI. Pero el universo no está organizado así. Las cosas nos llegan cuando estamos preparados. Antes de nacer, observamos el paisaje de la vida que tenemos por delante y después lo olvidamos tras el parto. Entramos a toda prisa en el presente y nos preocupamos solamente de que las cosas funcionen en este mismo instante, pero, como adultos, en nuestras vidas actuales, deberíamos reconocer que hay un momento adecuado y un momento inadecuado. Por ejemplo, ¿por qué apareció Catherine en mi vida aquel año y no dos antes o dos después? ¿Y por qué, cuando le pregunté por el futuro, me contestó: «Ahora no.»?

Tras la aparición de *Lazos de amor*, el libro que escribí sobre las almas gemelas, recibí una carta de una mujer que me decía: «Muy bien, he conocido a mi alma gemela, pero ahora estoy casada. Tengo tres hijos. Él también está casado y tiene dos hijos. ¿Por qué no nos conocimos cuando éramos adolescentes?»

La respuesta es que el destino tenía otros planes. Tenían que conocerse más adelante. La gente aparece en nuestras vidas en momentos determinados por diversos motivos que tienen que ver con las lecciones que hay que aprender. No fue una coincidencia que no se conocieran a una edad mucho más temprana, cuando no tenían otros compromisos. En mi opinión, si la gente se encuentra tarde en la vida es porque debe aprender cómo es el amor en sus muy diversas facetas, y también a mantener un equilibrio entre el amor y la responsabilidad y el compromiso. Ya volverán a cruzarse sus caminos en otra vida. Tienen que ser pacientes.

Una mujer a la que traté se suicidó en una vida anterior, cuando su marido, sargento estadounidense durante la Primera Guerra Mundial fue declarado desaparecido en combate. Estaba «segura» de que había muerto. En realidad, lo habían hecho prisionero y, tras la contienda, regresó a su país, donde se enteró del destino de su esposa. Esa mujer aprenderá lo que es la paciencia, en esta vida o en las posteriores, si recuerda la lección de su existencia anterior.

Unos amigos míos que habían sido novios en el instituto se distanciaron y se casaron cada uno por su lado. No fueron felices. Cuando volvieron a verse, pasados cuarenta años, tuvieron una aventura, se divorciaron de sus respectivos cónyuges y se casaron. Fue como si no hubiera pasado el tiempo. Seguían compartiendo los mismos sentimientos y con la misma intensidad. Les hice regresiones a los dos y descubrimos que también en vidas anteriores habían estado juntos. Esos reencuentros, ya en la madurez de la vida actual, de personas que se habían amado en vidas anteriores suceden muy a menudo.

La paciencia psicológica, más que la física, es la clave. El tiempo, tal y como lo medimos, puede pasar deprisa o poco a poco. Tom Brady, que juega al fútbol americano con los Patriotas de Nueva Inglaterra, cree que en un minuto hay tiempo más que suficiente para concebir una jugada que lleve a la victoria; yo puedo quedarme atrapado en un atasco de tráfico durante lo que me parece una eternidad. Pero, si internalizamos el tiempo como el río infinito que es, la impaciencia desaparece. «No quiero morir —me dice un paciente—, aún me quedan muchas más cosas por hacer.» Sí, pero dispone de un tiempo infinito para hacerlas.

La paciencia está relacionada con la comprensión, porque cuanto más se comprende a una persona, o una situación, o una experiencia (o a uno mismo), menos probabilidades hay de tener una reacción visceral y de hacer algo que pueda herir a uno mismo o a los demás. Pongamos que su pareja vuelve a casa y le pega cuatro gritos por alguna falta leve (se ha olvidado de sacar al perro o de comprar la leche): la respuesta impaciente es contestarle con más gritos, ¡pero hay que ser paciente! ¡Hay que comprender! Quizá la rabia que hay detrás de los gritos no tiene nada que ver con usted, sino que es consecuencia de un mal día en el trabajo, de un resfriado que esté incubando, de una migraña, de una alergia, incluso de simple «mal humor». Sea lo que sea, es consciente de que con usted no corre peligro: puede desahogarse sabiendo que no va a pasar nada grave, incluso aunque usted también explote. Sin embargo, si usted es paciente, es posible que llegue hasta la causa de la rabia y consiga disiparla. Si su respuesta es paciente y comprende que hay una causa oculta tras el arrebato, restaurar la armonía no cuesta nada.

Para ello le hará falta saber distanciarse, verlo todo desde lejos, observar las situaciones desde una perspectiva superior. En el capítulo octavo descubrirá que la meditación y la contemplación son los pedestales de la paciencia, ya que nos ayudan a mantener la distancia. A medida que uno va aprendiendo a mantener la calma, a ser introspectivo y a escuchar, la paciencia aparece de forma invariable. Si las naciones fueran más pacientes, habría menos guerras, porque se dedicaría más tiempo a la diplomacia, a la conversación, al diálogo y, una vez más, a la comprensión. Los estados raramente dedican esfuerzos a ser pacientes, pero las personas sí deberían hacerlo. Si aprende a practicar la paciencia, reconocerá su importancia cuando aparezca. Estará avanzando por el sendero espiritual que lleva a la inmortalidad.

Mucho me temo que, a veces, tendrá que esperar a ver el futuro para conocer plenamente su poder.

Paul tenía dinero, eso estaba claro. Había hecho una fortuna fabricando canalones de cobre para residencias de la costa y, por si eso fuera poco, había sabido invertir bien su dinero. Sin embargo, como me contó en nuestra primera sesión, el dinero no le servía de nada y se sentía como un fracasado. A su hija, que tenía veintidós años, le habían detectado un cáncer, y sus posibilidades de supervivencia eran, como él mismo dijo, muy escasas. Con su dinero podía pagar a los mejores especialistas, la mejor medicación, el mejor asesoramiento, pero no podía comprar un milagro. Sufría frecuentes depresiones y su vida le parecía vacía, a pesar del éxito económico.

Por lo general, puedo recoger el historial de un paciente en una sesión o menos; con Paul tardé dos, no sólo porque era complicado, sino porque se mostraba reacio a brindarlo. Había cumplido los cincuenta años, era alto, estaba en buena forma física y tenía el pelo canoso y mucha elocuencia. Sus ojos azules me miraban con la franqueza que se ve en quienes no tienen nada que ocultar o en los estafadores y, en su caso, me decanté por la segunda opción (aunque resultó que al que estaba engañando era a sí mismo, no a mí). Su sonrisa era amplia, sus dientes blancos encajaban en un rostro perfectamente bronceado y sus uñas hacían gala de una manicura profesional. Llevaba una camisa de sport blanca de Ralph Lauren, pantalones de pinzas marrones con la raya tan bien hecha que parecía afilada y unas sandalias de cuero dignas de envidia.

—No sé si debería haber venido —anunció, mientras nos estrechábamos la mano y yo veía por primera vez aquellos ojos.

—Le pasa a mucha gente. La psiquiatría puede intimidar. ¿Quién quiere revelarle el alma a un extraño? Además, la gente cree, y se equivoca, que mi actividad tiene algo que ver con el ocultismo.

—El ocultismo. Pues sí. Y perdone que pueda ser maleducado, pero esa historia de que hace volver a la gente a sus vidas anteriores...

—Es muy raro —reconocí con una sonrisa—. Tardé años en creer que no había pacientes que, de algún modo, se inventaban cuentos a pesar de las pruebas que demostraban que no era así. Lo que sí le aseguro es que no tengo poderes relacionados con el ocultismo y que, aunque algunos de mis pacientes puedan tener fantasías en esta consulta, eso no impide que mejoren.

Ese argumento debió de parecerle bueno, ya que asintió y se sentó ante mí. Empezó a hablarme de Allison.

—Me da miedo que mi mujer, mi otra hija y mi hijo, los tres juntos, estén saboteando su tratamiento —aseguró, más angustiado que enfadado.

—¿Cómo?

—Allison es vegetariana, pero necesita carne para mantener las fuerzas. Pues no, mi familia la anima a tomar megavitaminas y minerales y, joder, tomates y germen de trigo. Y también se dedica al yoga y a la meditación. Supongo que no pasa nada, que daño no puede hacerle, pero es que quieren que yo también me apunte.

—Bueno, sencillamente han optado por un planteamiento holístico —repuse con tranquilidad.

—Ya, pues yo lo que quiero es que opten por el mío.

—¿Y cuál es?

—Medicación por un tubo. Radiación. Quimioterapia. Todo lo que haya.

—¿Y no recibe ya esos tratamientos?

—Sí, claro, pero porque he insistido, porque aquí el que manda soy yo. Pero es que verla perder el tiempo con todas esas tonterías, creerse que eso la va a curar... Es una locura. Le pido que lo deje, pero no le da la gana. —Bajó la cabeza hasta las manos y se frotó los ojos—. Me ha desobedecido desde que era una cría.

—¿Y sus otros hijos? ¿También son desobedientes?

—Qué va. Son dos tesoros, siempre lo han sido y siempre lo serán. Y mi mujer también.

Allison estaba empezando a despertar en mí una gran admiración. Su «desobediencia» me sonaba a valentía. Seguramente era el único miembro de la familia que se había atrevido a plantarle cara al padre, que quizás estaba tan molesto porque, por una vez, los demás la apoyaban a ella.

—La medicina holística ha dado pie a un amplio debate —le informé—. Las grandes sociedades, como la china, confían en ella. Creen...

—¡En la acupuntura! —replicó, prácticamente a gritos—. Eso también lo está probando. Y los niños (sí, también mi mujer) la dejan.

En mi opinión, algunos tipos de medicina holística son eficaces, sobre todo si se utilizan en conjunción con un tratamiento médico ortodoxo.

—Mientras le apliquen la terapia médica adecuada, ¿qué sentido tiene obsesionarse? La esperanza, sabe usted, tiene su importancia en la recuperación de un enfermo. Si cree que la acupuntura la ayuda, a lo mejor eso ya le sirve de algo.

—Supongo —gruñó Paul, y se marchó claramente insatisfecho.

Me quedé dudando de su regreso, pero, tres días después, acudió puntual a su segunda visita, esta vez con una nueva queja: el novio de Allison.

—¿Y usted se opone a la relación?

—¡Pues sí, desde luego!

—¿Por qué?

—No está a la altura de mi hija. No hay nadie lo bastante bueno. No le durará.

Empecé a ver un patrón de conducta.

—¿Qué opina su hija de usted?

—Pues me quiere, supongo.

—¿Sólo lo supone?

Meditó la respuesta antes de darla.

—Hay algo raro. Con ella me siento incómodo. No puedo hacerle bromas como a los otros dos. Cuando voy a abrazarla (o quizás es cuando ella va a abrazarme a mí), es como si me quedara helado.

—Y aun así la quiere.

—¡Sí, por el amor de Dios!

—¿Se lo ha dicho?

Agachó la cabeza.

—Es que no acabo de encontrar la forma. Nos pasamos el día riñendo. Dice que le busco las cosquillas, pero yo sólo intento que no corra ningún peligro.

Mantenerla bajo control me parecía una forma bastante mala de demostrarle su amor.

—¿Y los otros novios que ha tenido? —seguí preguntando.

—Unos desastres.

—¿Cómo es eso?

—Eran todos cortos. Unos zoquetes, los típicos machotes con coches trucados. O, si no, unos repelentes, mucho cerebro y pocos huevos. La verdad es que Phil es el mejor que ha tenido. Incluso apareció por el hospital la última vez que ingresaron a Allison. Los demás, para nada. Hace poco fue a visitarla y le dije que no quería volver a verle por allí.

—¿Fue ésa la primera vez que se lo dijo?

—A la cara sí, pero ya le había advertido a Allison que no podía volver a verle.

Sonreí.

—Y ella le «desobedeció».

Se encogió de hombros. La respuesta era evidente.

—¿No le parece que su hija sería más feliz si siguiera viendo a ese chico? Tenga en cuenta que, si no se recupera...

Me interrumpió con un bramido:

—¡Eso ni lo diga! Joder, ya me encargaré yo de que se recupere, aunque tenga que morir por ella.

Tras las dos sesiones dedicadas a recoger su historial y a debatir la situación, tenía ganas de profundizar en la relación de Paul con Allison. Algo tenía que explicar la conducta excesivamente protectora del padre tanto con la hija como consigo mismo. Quizá la respuesta estaba en una vida anterior. Al principio opuso resistencia, pero finalmente, con el consentimiento y el respaldo de su familia, y dado que Allison estaba muy enferma, accedió.

Hipnotizarlo costó más de lo habitual, pero en cuanto lo conseguimos alcanzó un estado muy profundo.

—Estoy en 1918 —empezó—, en una ciudad del norte de Estados Unidos, Nueva York o Boston. Tengo veintitrés años. Soy muy buen chico y he seguido los pasos de mi padre: trabajo en un banco. Pero me he enamorado de una chica que no me conviene, he perdido la cabeza por ella. Es cantante y bailarina, una tía despampanante. He hablado con ella alguna que otra vez después del espectáculo, pero nunca le he revelado mis sentimientos. Sé que es...

Se detuvo y la incredulidad fue apoderándose de su rostro.

—¡Es mi hija Allison! —exclamó, y se detuvo un momento a recordar. Tras ese silencio prosiguió—: He hablado con ella, le he dicho que la quiero y, ¡qué feliz soy!, ella también me quiere. ¿No es increíble? ¡También me quiere! Sé que a mis padres no les hará gracia, pero me da igual. Ya me enfrentaré a ellos. Ella lo es todo para mí.

De nuevo le cambió la expresión: se entristeció.

—Ha muerto —murmuró—. Ha muerto por culpa de la epidemia. Y, con su muerte, también han desaparecido nuestros sueños y he perdido toda alegría, toda esperanza, todo placer. No volverá a haber jamás un amor como el nuestro.

Le pedí que avanzara dentro de esa vida. Se vio convertido en un hombre adusto y malhumorado, viejo a los cuarenta años que, cuando conducía borracho como una cuba, se salió de la carretera y se mató.

Le hice regresar al presente y hablamos de la relación entre la vida anterior y la actual. Quedaron claras dos pautas. La primera tenía que ver con la idea subconsciente de que, si uno desea algo con mucho afán, se hace realidad: en esta vida, si no le decía a Allison que la quería, la chica no correría peligro, no moriría como había sucedido en 1918. La segunda era un mecanismo contrafóbico, el mismo impulso que hace que alguien deje un trabajo cuando cree que están a punto de despedirle. En el caso de Paul, se traducía en lo siguiente: si mantenía cierta distancia emocional con respecto a Allison, estaría a salvo del dolor y la desesperación en caso de perderla, por lo que se alejaba de ella, provocaba discusiones, la criticaba de forma constante y se inmiscuía en sus relaciones sentimentales. El cáncer había hecho que Paul reviviera el pánico que había sentido casi un siglo antes. Era consciente, según me dijo mientras abandonaba mi consulta, de que, como parte del tratamiento, debía afrontar sus miedos y reconocer su amor. Una parte de él se había dado cuenta de algo que los inmunólogos saben muy bien: la importancia de la relación entre el cuerpo y la mente.

Los miedos de Paul se calmaron cuando recordó que ya había perdido a Allison antes y había sufrido por ello. Los dos habían muerto y, sin embargo, los dos habían regresado en esta vida. Él seguía angustiado por la posibilidad de que ella muriera, pero, al menos ahora, se permitía sentir el amor que les unía; no tenía necesidad de protegerse con tanta severidad, en detrimento de ambos.

Su primera respuesta ante ese impulso de amor incondicional fue llamar a Phil y darle permiso para visitar a Allison siempre que quisiera, en casa o en el hospital. La chica estaba entusiasmada; Phil apenas se creía el cambio de actitud de Paul. A medida que la relación de los dos jóvenes fue estrechándose, Paul fue ganando en cordialidad; se dio cuenta de que la felicidad de su hija era más importante que la protección que pudiera ofrecerle él.

Sucedió algo prodigioso. Mientras por un lado crecía el amor de Phil y Allison y por el otro Paul lograba expresar sus sentimientos mediante sus actos, el sistema inmunológico de la chica empezó a reactivarse. El amor se convirtió en una medicina vital en la lucha contra su cáncer.

Una semana después, Paul volvió para una segunda regresión. En esa ocasión, era una mujer del siglo XIX, la esposa de un pescador, en la costa de Nueva Inglaterra, en el noreste de Estados Unidos. También en ese caso la ansiedad y el miedo embargaban su vida.

—Esta vez no vuelve.
—¿Quién?
—Mi marido. Se va muy lejos, puede tardar hasta cuatro meses en regresar, pero ahora estoy segura de que no va a volver.
—¿Y ya ha hecho viajes así antes?

—Sí.

—¿Y siempre ha vuelto?

—Sí.

—¿Entonces por qué no esta vez?

—Porque esta vez está muerto. Lo siento aquí dentro. —Respiraba a trompicones—. Mis amigas intentan animarme, porque ellas también están casadas con pescadores, pero no lo consiguen. Yo me vuelvo loca de preocupación.

Su miedo era tan palpable que le pregunté si deseaba que lo ayudara a regresar al presente. Levantó una mano para hacerme callar.

—¡Espere! Hay noticias. —Empezó a sollozar—. El barco ha volcado. Han desaparecido todos los que iban a bordo. Tenía razón. Ha muerto. El amor de mi vida ha muerto. Mi vida ya no tiene sentido.

La viuda de Nueva Inglaterra se sumió de inmediato en una depresión. Dejó de comer, no lograba conciliar el sueño y murió al poco tiempo de dolor. El alma abandonó su cuerpo, pero se quedó observándolo todo durante mucho tiempo. La mujer había muerto una semana antes del regreso de su esposo a la aldea. Lo habían rescatado dos de sus amigos y los tres habían pasado todo aquel tiempo recuperándose poco a poco en la casa de la viuda de un granjero hasta reunir las fuerzas necesarias para hacer el viaje de regreso.

El esposo de aquella mujer (de Paul), en aquella vida, era Allison.

En la evaluación vital de la mujer de Nueva Inglaterra se puso de manifiesto un nuevo tema: la paciencia. Se dio cuenta de que, si hubiera esperado, si hubiera confiado, si no hubiera acabado prácticamente con su propia vida, su marido y ella se habrían reencontrado y habrían sido felices juntos. Cuando hice regresar a Paul al presente, comprendió que la paciencia también era una carencia de sus otras vidas. Con el tiempo, el Paul que había muerto en un accidente de tráfico había recuperado a su amor, aquí, en esta vida, en la persona de su hija. Conocer sus vidas posteriores podría haber impedido que bebiera, que fue la causa del accidente, y así podría haber llevado una vida plena en aquel momento a la espera de reunirse con su amada. En esta vida, se daba cuenta de que, si no se hubiera inmiscuido en los asuntos de Allison de esa forma, si la hubiera dejado a sus anchas, si hubiera permitido que amara con libertad, quizás el cáncer no habría sido tan devastador. Quizá su hija habría tenido más energía y más ganas de luchar. «Puede que aún no sea demasiado tarde», se dijo.

La sesión de la semana siguiente empezó con un informe de progreso. Allison se encontraba mejor. Los médicos estaban animados. Parecía que la conjunción de todas las tácticas (el tratamiento normal, el holístico, la presencia de Phil, el cambio en la conducta de su padre) estaba surtiendo efecto. Paul me contó que la noche antes le había dado un abrazo, un abrazo fuerte y sincero, y le había dicho que la quería. Ella había contestado devolviéndole el abrazo, asegurando que también le quería y rompiendo a llorar.

—Es más —añadió con una sonrisa—, hasta abracé a Phil. Pero a él no le dije que lo quería.

Fue un momento importantísimo para Paul, que él atribuyó a las regresiones. Me pidió que volviera a retraerle.

Hace varios siglos, en la cultura ancestral de la India,

Paul había sido una chica de una casta inferior. En esa vida, Allison era su mejor amiga; aunque no eran familia, era «como una hermana, o aún más querida». Dependían la una de la otra para su supervivencia emocional; compartían ideas y deseos, penas y alegrías. Como estaban situadas en lo más bajo del escalafón social, pasaban muchas penurias, pero salían adelante ayudándose la una a la otra día a día.

Y entonces, me contó Paul con amargura, Allison se enamoró. El chico, en el que él reconoció a su esposa (la madre de Allison) en esta vida, era miembro de otra casta más elevada; no obstante, tuvieron una aventura. Paul advirtió a Allison de las terribles consecuencias que supondría el que les descubrieran, pero ésta replicó que su «hermana» tenía celos y se paseó por el pueblo alardeando del amor de su joven pretendiente. La familia del chico se enteró y su padre asesinó a Allison por haber mancillado su casta. Aquella muerte dejó a Paul desolado. Vivió el resto de su corta vida amargado, entristecido y lleno de rabia.

Cuando terminó esa existencia y flotó por encima de su cuerpo, Paul logró conectar esa vida con la actual y con las que había recordado en sus dos primeras regresiones. El patrón recurrente de la pérdida traumática del amor por culpa de la muerte había provocado los miedos y los mecanismos de protección actuales. Asimismo, aprendió el valor de la paciencia: también en su vida india había rechazado el placer y la alegría que podrían haber sido suyos si hubiera sabido que Allison regresaría, no una, sino muchas veces. Pero había otras lecciones: el peligro de precipitarse en los juicios, la locura de experimentar acontecimientos sin ponerlos en perspectiva, los riesgos, a veces mortales, de la pérdida de control. Estaba aprendiendo a dejar a un lado su miedo a la muerte y el vacío. Y lo que es más positivo: captó el concepto del valor supremo del amor y sus efectos curativos. El amor es algo absoluto, comprendió Paul, y ni el tiempo ni la distancia pueden apagarlo. El miedo sí puede encubrirlo, pero resulta imposible atenuar jamás su fulgor. El miedo obstruye la mente; el amor despeja el corazón y hace que se desvanezca el miedo.

Me pregunté en voz alta si convenía hacer progresar a Paul hacia el futuro, pero lo evitamos durante mucho tiempo. Los dos nos mostrábamos reacios a ahondar en los siguientes años de su vida actual; él, porque no podía soportar la idea de descubrir que el cáncer de Allison iba a acabar derrotándola, y yo, porque me preocupaba que la ansiedad que le provocaba la enfermedad de su hija distorsionara sus recuerdos del futuro. Al final, decidimos que adentrarnos en una vida próxima, a diferencia de avanzar en la actual, no entrañaba esos riesgos. Así pues, en nuestra última sesión juntos ahí fue adonde nos dirigimos: a una vida futura.

No se trató de una progresión normal, ya que Paul no vio un hilo narrativo continuo, sino una serie de instantáneas, una especie de proyección de diapositivas. No obstante, las imágenes eran nítidas y estaban cargadas de emociones intensas: Allison a los sesenta y siete años, viva y sana en la próxima vida de Paul; él mismo, viviendo el éxito empresarial y feliz tras enterarse de que su hija se había curado; otra vez Paul reencarnándose como nieto de Allison; de nuevo él recibido con amor y felicidad en el seno de la futura familia de Allison. (Cuando le pregunté cuánto había avanzado hasta llegar a esa instantánea, me contestó que cuarenta y cinco años. Eso me preocupó, porque podía significar que la muerte de Paul era inminente en esta vida, pero para él las matemáticas no resultaron un problema, sólo para mí, ya que en aquel momento olvidé que el tiempo es un todo formado por el pasado, el presente y el futuro.)

Posteriormente, analizamos la progresión.

—¿No le parece que esos episodios reflejan el cumplimiento de sus deseos? —le pregunté.

—En absoluto. Podrían serlo (ahora que lo comenta, entiendo por qué lo dice), pero lo que he visto no responde al funcionamiento de mi imaginación. Yo nunca había tenido visiones así. Me han parecido muy reales.

El hecho de que se viera como nieto de Allison otorga credibilidad a la regresión, aunque para mí los recuerdos eran quizá demasiado «perfectos», y hasta la relación entre Allison y su nieto podría explicarse en función del intenso deseo de ganarse su amor que sentía Paul en el presente.

Sin embargo, él creía que aquellas escenas eran ciertas y eso era lo único importante.

—Mi próxima vida no habría sido posible si Allison no se hubiera curado —razonó. La afirmación me dejó atónito. Allison seguía estando muy enferma (las remisiones como la suya pueden ser de una brevedad abrumadora) y me pregunté qué le pasaría a Paul si la perdía. Quizás había aprendido de verdad lo que era la paciencia, reflexioné. Quizá le bastaba con saber que iban a reencontrarse en una vida futura. No había motivo alguno para perturbar su equilibrio; era otro hombre que poco tenía que ver con el charlatán carente de amor propio que había entrado en mi consulta el primer día. Además, puede que lo que había visto fuera a cumplirse.

—Es posible que su hija no hubiera mejorado sin su ayuda —le dije.

Se sobresaltó.

—¿Qué quiere decir?

—Para empezar, decidió permitir que su novio la visitara y les dejó que se enamoraran. Además, se liberó del control que usted mismo ejercía y se atrevió a amarla abiertamente y sin reservas. No sólo le ha beneficiado a usted, sino que la respuesta del sistema inmunológico de Allison a ese doble amor puede haber sido decisiva en su lucha contra el cáncer. En mi opinión, lo ha sido.

—Junto con la medicación —añadió él.

—Junto con la medicación, pero, por sí sola, la medicación no había funcionado antes de que cambiara usted.

—Y yo cambié gracias a usted.

Me resultó extraño verle tan humilde.

—Yo solamente le indiqué el camino. Lo importante es que se dé cuenta de que ha ejercitado el más importante de todos los atributos humanos: ha hecho uso del libre albedrío.

Paul podía haber decidido seguir siendo obstinado e inflexible. También podía haber elegido negarse a la terapia de regresión a vidas anteriores y, de ese modo, no habría llegado a comprender lo que comprendió ni a ver lo que vio. Si hubiera sido testarudo, dictatorial e impaciente, es posible que el cáncer de Allison no hubiera remitido. Por el contrario, eligió el camino del valor, el camino del amor.

A lo largo de los meses siguientes, con Phil y Paul a su lado, junto a los demás miembros de su familia, la mejoría de Allison fue avanzando. Parecía que el cáncer había desaparecido, tal y como había visto Paul en su progresión. Esa vida futura le había otorgado confianza en el presente. Tal vez su optimismo, su certeza, junto con su amor, ayudaron a que su hija se recuperara.

La historia de Paul demuestra el importantísimo papel que desempeña la paciencia en nuestra travesía hacia la inmortalidad. La paz interior es imposible sin paciencia. La sabiduría requiere paciencia. El crecimiento espiritual implica el dominio de la paciencia. La paciencia permite que la revelación del destino siga su propio ritmo sosegado.

Cuando somos impacientes, provocamos sufrimiento en nosotros mismos y en los demás. Nos precipitamos y juzgamos con imprudencia, actuamos sin tener en consideración las consecuencias de lo que hacemos. Nuestras elecciones son forzadas y, a menudo, incorrectas; y el precio que pagamos por ellas, elevado.

Paul podía haber evitado el desconsuelo y la muerte prematura en sus vidas anteriores si hubiera sido más paciente. Tuvo que esperar hasta este siglo, hasta esta época, para comprender que su vida actual y todas las venideras serán más armoniosas y más plenas si no intenta empujar el agua del río del tiempo.

7

AMY, JOYCE, ROBERTA Y ANNE: LA NO VIOLENCIA

Una mujer de treinta años, Amy, que vivió en una existencia anterior en una tribu nómada de Centroamérica, murió entonces debido a un desprendimiento provocado por un terremoto en el año 1634. Su esposo trató desesperadamente de salvarla, pero todos sus esfuerzos fueron en vano. Para ella fue el final de una vida de penuria. La tribu dedicaba la mayor parte del tiempo a buscar agua y Amy recordó, cuando la ayudé a retrotraerse a los días anteriores a su muerte, que había tenido que realizar trabajos físicos interminables. La violencia de la naturaleza había sido algo incuestionable en su vida; pasaba los días temiendo constantemente no sólo por su propia seguridad, sino también por la de los otros setenta miembros de la tribu.

En su vida actual, Amy tenía fobia a los terremotos, a quedar atrapada en un ascensor, aprisionada. En el taller al que asistió me contó que su marido, su hija (que había sido su hermana en esa existencia anterior) y su hermana actual habían pertenecido a aquella antigua tribu y, de nuevo, temía por ellos además de por sí misma. Los atentados del 11 de septiembre la traumatizaron, no podía haberse imaginado un «terremoto» más espantoso. Se puso muy mal y llegó al punto de apenas ser capaz de salir de casa.

Otra participante del mismo taller, que se llamaba Joyce, se echó a llorar cuando escuchaba su historia, hasta tal punto que le pregunté por qué se había emocionado tanto. Me contestó que había tenido sueños detallados y muy intensos sobre los atentados, pero que se habían producido ¡la noche del 10 de septiembre! Desde la llegada al taller, se había sentido atraída por Amy, a la que no conocía de nada y, sin saber por qué, la había seguido durante dos días sin decirle palabra. Ahora ya sabía el motivo que la había empujado a ello, y también por qué, igual que a Amy, le daba pavor salir de casa. Se trataba de una empresaria de éxito que tenía una red internacional de relaciones públicas, pero desde el 11 de septiembre no había sido capaz de acudir a ninguna de sus sucursales fuera de Nueva York y la compañía se resentía. Ambas mujeres se abrazaron y encontraron consuelo la una en la otra.

En el caso de Amy, la violencia de la naturaleza era la causante de un trauma que había persistido a lo largo de muchos siglos; en el de Joyce, la violencia era producto de la mano del hombre y podía acompañarla durante varias vidas, a no ser que la psicoterapia acallara su miedo. Sus historias dejaron huella en mí, ya que detesto la violencia con cada poro de mi piel. Para mí, se trata de una de las plagas más terribles de nuestro planeta. Si tiene un origen natural (es el caso de un huracán o un terremoto) debemos aceptarla y comprender que probablemente tiene un sentido. Sin embargo, la violencia causada por nuestra propia mano, por nuestra propia voluntad, da igual que se dirija a otros seres humanos o al propio planeta, nos pone en peligro a todos de forma individual y colectiva. El control de la ira es un principio de cara a prevenirla; sin sus regresiones, George podría haber hecho daño fácilmente a uno de sus colegas o a un familiar, ya que algunas de las peores consecuencias de la violencia afligen no al sujeto violento, sino a su familia, a sus amigos o a sus compañeros de trabajo. He visto decenas de casos parecidos, gente que había ejercido o sufrido violencia en vidas anteriores y tenía que experimentar los efectos sobre sí misma y sobre los demás en vidas posteriores, incluida ésta.

Roberta fue a verme por insistencia de su marido, Tom, un contable de treinta y ocho años al que le iba muy bien trabajando como autónomo para pequeñas empresas. Le había conocido en un acto de recaudación de fondos en el Centro Médico Monte Sinaí. Roberta, seis años menor que él, también disfrutaba del éxito en su trabajo, ya que era vicepresidenta del departamento de relaciones públicas de una gran compañía aérea. Se presentó a primera hora de una soleada mañana de invierno, con Tom a su lado.

Su cabello, rubio y rizado, que centelleaba bajo los fluorescentes de la consulta, envolvía un rostro ovalado y le daba un aire de Annie, la huerfanita de la obra musical, aunque la sensación de juventud quedaba compensada por unos penetrantes ojos azules y una boca amplia y sensual pintada de un delicado rojo pálido. Era esbelta, tenía largas piernas de bailarina y el tacto de su mano al estrechar la mía resultó delicado.

Tom me había contado que les estaba costando trabajo tener un hijo, y me imaginé que las ramificaciones psicológicas eran el motivo por el que había recurrido a mí.

Me equivocaba.

—Tom va a dejarme —soltó en cuanto su marido abandonó la sala y yo terminé de anotar datos personales como la edad, la dirección, la profesión y los detalles familiares.

No podía ser: en el acto benéfico en el que nos habíamos conocido, Tom me había dicho que Roberta era su «razón de ser», algo que desde luego no diría un hombre que estuviera a punto de plantar a su mujer.

—¿Qué la empuja a creer eso? —pregunté—. ¿Le ha dicho algo? ¿Le ha dado a entender de algún modo que...?

—Ah, no, no —me interrumpió enseguida—. Nada de eso.

Se detuvo, se puso a morderse una uña y me miró con aire tímido.

—Pero yo lo sé —sentenció.

—¿Y no se basa en ningún hecho objetivo? ¿Es simplemente una impresión?

Se encogió de hombros.

—A usted le parecerá una fantasía, pero es tan real que me atormenta. No puedo dormir. No soy capaz de pensar en otra cosa.

—¿Y qué pasa cuando se lo cuenta a Tom?

—Me dice que son tonterías, así que he dejado de preguntárselo, porque no quiero que se crea que soy boba o incluso que estoy paranoica, y que eso lo anime a dejarme antes.

Este tipo de razonamiento circular es habitual en pacientes que han perdido cierto contacto con la realidad.

—¿Y entonces cómo se comporta con él?

Sus ojos se clavaron en el suelo.

—Pues, sobre todo, me aferro a él, aunque me parece que no le gusta nada. Eso me pone como loca, así que le aparto de mí. Mi enorme dependencia de él nos incomoda mucho a los dos. Me dice que debería fiarme de él, no recelar, que debería confiar en nuestro matrimonio. Y ya sé que debería, pero es que no puedo.

—¿Qué le contesta Tom cuando le dice que no puede?

—Nada. Su silencio es lo peor de todo.

Los temblores eran evidentes, aunque su voz conservó la entereza. Estaba claro que sentía una profunda emoción.

—Es un buen hombre —continuó—. Cuando soy feliz, él también lo es, pero, cuando me pongo triste, él también se entristece.

—¿Y cuando se enfada y le aparta de usted?

—Creo que él también se enfada, pero no le gusta demostrarlo. Sobre todo, lo que intenta es que yo me tranquilice, que se me pase el mal humor. Insiste e insiste para animarme con bromitas, como si fuera una inválida o una retrasada emocional.

—Me ha contado que les está costando tener un hijo —intervine.

Se le mudó el semblante.

—Sí.

—¿Han ido a ver a un médico?

—Sí, claro. No nos ha encontrado problemas a ninguno de los dos.

—¿Han contemplado la fecundación *in vitro*?

Contestó con voz muy firme; era un tema que no entrañaba riesgos.

—Es una opción, pero no queremos hacerlo, a no ser que el ginecólogo crea que es nuestra única posibilidad. Tengo hipersensibilidad a toda clase de hormonas. Se me acerca una abeja y me entra un miedo tremendo a sufrir un shock anafiláctico.

—¿Y la adopción?

—Sí, también nos lo hemos planteado, es el último recurso. Es que yo quiero tener un hijo suyo.

—¿Y él uno de usted?

—Por supuesto.

—¿Sus relaciones sexuales van bien?

Se sonrojó.

—Estupendamente.

—Perfecto.

Nos quedamos unos segundos en silencio. Debí de sonreírme, porque aquellos ojos penetrantes se encontraron con los míos y se encendió.

—¿Qué le hace tanta gracia?

—Los dos quieren tener hijos. Sus relaciones sexuales son... estupendas. No le ha dado ningún motivo para creer que vaya a dejarla. Yo mismo puedo asegurarle que Tom dice que es usted su razón de ser. ¿Por qué no se cree lo que le dice?

—¿Por miedo? —preguntó con solemnidad.

—¿Miedo a qué?

—A que me abandonen. —Se echó a llorar—. No se me ocurre nada más terrible.

Llegamos al punto habitual en el que se plantea la posibilidad de una terapia de regresión. No había nada en la vida de Roberta relacionado con el abandono por parte de un ser querido, pero su terror era tan acentuado que parecía evidente que sí la habían abandonado en algún momento. Amaba a Tom con todo su corazón y él lo sabía; su conducta y sus miedos no eran lógicos en el contexto de lo que yo conocía de su matrimonio. Quizás, aventuré, podríamos dar con el origen de sus temores en otra época, en otra vida.

—Ah. Bueno, si pudiéramos... ¡Sería maravilloso!

No tardamos mucho en encontrar un vínculo.

—Estamos en el año 849 —anunció con enorme pesar—, el año de mi muerte. Vivo en una casa preciosa, una de las mejores del pueblo. Tengo un marido al que quiero mucho, lo es todo para mí, y estoy de cuatro meses. Es nuestro primer hijo. El embarazo está siendo difícil. Me encuentro mal muchos días y me cuesta trabajar. Sólo estoy cómoda si me tumbo.

Hizo un gesto de angustia y levantó las manos para protegerse los ojos.

—Corremos peligro de un ataque inminente. Hay un ejército invasor a las puertas. Todos los vecinos del pueblo, hombres y mujeres, están armados para defenderse, preparados para luchar. —Empezó a llorar—. Yo estoy demasiado débil para luchar. Mi marido dice que tengo que quedarme en casa y que si ve que la batalla va mal volverá a buscarme y me llevará al sur, a la aldea de sus antepasados. Yo le suplico que me lleve ya, pero me contesta que tiene que luchar. Es su deber.

—¿Y cómo reacciona usted?

—Con tristeza. Con mucha tristeza. ¿Quién va a cuidar de mí?

Su desasosiego era palpable.

—¿Desea detener la regresión?

—No. Quiero seguir.

Profundamente hipnotizada, empezó a resoplar y su cuerpo se tensó.

—Se ha ido —prosiguió—. Oigo los gritos y los bramidos de la batalla. Doy vueltas y más vueltas por la habitación, esperando. Tengo miedo, me preocupa mi hijo. Se abre la puerta de golpe. «Gracias a Dios», exclamo, pero no es mi marido, sino los invasores. Me violan. Uno de ellos me raja con una espada. Y otra vez. La hoja penetra en mi vientre. El niño muere. Me caigo. Hay sangre por todas partes. Otro tajo, éste en la garganta. —Soltó un grito ahogado—. He muerto.

Cuando la hice regresar, me miró con horror.

—Mi marido. Era Tom. Mi Tom. Mi amor. Me abandonó allí, le daba igual que me mataran.

Fue como si la luz del sol saliera de golpe de la consulta.

Como ya se ha visto en otros casos, los parientes de la vida actual del paciente aparecen en sus vidas anteriores, a menudo con otros papeles. Una hija puede transformarse en una abuela, un padre en una hermana, un hermano en un hijo. Aprendemos de nuestras relaciones. La gente regresa y vuelve a encontrarse una y otra vez para resolver problemas y aprender cosas del amor en todas sus formas.

A veces, como en el caso de Roberta, la relación se repite. Su marido en esta vida, Tom, lo fue también en el siglo IX, y entonces la abandonó. ¿O tal vez no? Se me ocurrió la posibilidad de retrotraer a Tom al mismo período y al mismo lugar para descubrir qué le había sucedido aquel día. ¿Por qué la había abandonado? ¿Cómo había sido su vida tras la muerte de su mujer y del hijo que esperaban?

Algunas veces, Tom acompañaba a Roberta a la consulta y esperaba en la salita a que terminara y, de vez en cuando, charlábamos los tres cuando estaba a punto de terminar la sesión. Aquel día le pedí que entrara y ambos me autorizaron a hacerle una regresión a él, aunque quedó claro que no iba a ser mi paciente. Ya había trabajado anteriormente con parejas que habían compartido vidas anteriores (véase *Lazos de amor*); en aquel caso, tenía bastantes ganas de descubrir la versión de los hechos de Tom, a ser posible. Si Roberta descubría que no la había abandonado en aquella vida, quizá disminuyera el miedo a que lo hiciera en ésta. Tom tenía que salir de viaje, así que le di hora para al cabo de quince días.

Roberta regresó a la semana siguiente, como estaba previsto. Inició una nueva regresión sin esfuerzo.

—Estoy en París. Es verano. Soy joven, no tengo más de veinticinco años, y guapa. Sólo me apetece pasármelo bien, pero no puedo. Mi abuela vive conmigo. La reconozco. Es Tom.

Lo dijo con sorpresa; aunque lo que vio era una escena detallada e intensa, no estaba en absoluto tan nerviosa como en la regresión anterior.

—La abuela me ha criado; mis padres murieron siendo yo una niña, pero ahora tengo que cuidarla yo, porque está enferma y no puede valerse. Requiere mucha atención. Haz esto, haz lo otro. No tenemos dinero, así que tengo que encargarme de ir a la compra, limpiar, cocinar y cambiarla, porque siempre se hace sus necesidades encima y está muy sucia.

Por fin habló con cierta vehemencia:

—¡No es justo! No tendría que estar obligada a hacer esto día tras día. Soy joven y tengo derecho a divertirme de vez en cuando. —Se inclinó hacia mí y prosiguió con aire conspiratorio—: Voy a escaparme. Me voy a casa de mi amigo Alain. Él se ocupará de mí y nos lo pasaremos bien.

Dio un salto hacia delante en el tiempo y no me quedó claro si sus siguientes recuerdos se situaban inmediatamente después de esa ausencia del piso de su abuela o de otra posterior.

—¡Se ha muerto mi abuela! Mientras yo estaba por ahí bebiendo, yendo a salas de fiestas, bailando, haciendo el amor, ella se ha muerto. Me he encontrado el cadáver al volver a casa. Me parece que ha sido de hambre, porque estaba muy flaca. Ninguno de los vecinos la oyó gritar, así que resulta difícil saber cuándo ha sido, pero no debe de hacer mucho. Aún no huele mal o, al menos, no huele peor de lo habitual. Qué mala pata. Justo ahora que estoy metida en un lío. Voy a tener un hijo y estoy sin blanca. Ni siquiera estoy segura de quién es el padre. Alain me ha dicho que si es suyo me dará dinero, pero tendría que demostrarlo. ¿Y cómo voy a hacerlo antes de que nazca?

Al final, eso no tuvo importancia. Roberta se vio morir durante el parto, pero su alma se quedó flotando y observando el tiempo suficiente para asegurarse de que la criatura sobrevivía, daba igual quién fuera su padre.

En su evaluación vital, el sentimiento abrumador fue la culpa.

—Yo quería a mi abuela —afirmó—, no sólo porque me crió, sino también porque era una buena mujer que sólo quería lo mejor para mí. Pero yo era demasiado joven, demasiado egoísta. No me importó anteponer mi necesidad de libertad y amor a las suyas, que eran mucho mayores. Como mínimo, tendría que haber buscado un equilibrio, pero acabé abandonándola y...

Se detuvo abruptamente.

—Ve la conexión —comenté. No se trataba de apuntarle qué conclusiones debía sacar, pues era evidente que ya había relacionado ambas regresiones.

—¡Sí, claro! La abandoné porque mi marido me había abandonado a mí mil años antes. En París, mi abuela era Tom, mi esposo, el que me había dejado morir sola. ¡Fue un acto de venganza!

Una tercera regresión, que tuvo lugar una semana después, nos mostró una nueva faceta del mismo tema, la violencia y el abandono. Esta vez, Roberta era una niña paquistaní que vivía en una casita de madera, hacía unos quinientos años. Se había quedado huérfana de madre a los once años y, como en el caso de París, había recaído sobre sus hombros el peso de la cocina, la limpieza y otras labores tediosas, si bien en esa vida tenía a un padre y a un hermano que podían haberla ayudado.

—Me daban palizas —aseguró—. Siempre que hacía algo mal (si no les lavaba la ropa a tiempo o si no les gustaba la comida que les ponía), me gritaban y me pegaban, uno u otro y, a veces, los dos al mismo tiempo.

—¿Y por qué no los abandonaba? —propuse—. ¿Por qué no huía?

—Les necesitaba para tener qué comer y dónde vivir. —Se estremeció—. Peor aún, me daba miedo pensar cómo sería mi vida si me escapaba.

—¿Alguna otra cosa?

—Sí, que... Que les quería.

Su respuesta me dejó atónito.

—¿En serio? ¿Y por qué?

—Porque no podían evitar hacer lo que hacían. Nuestra madre los había abandonado al morir. Y, antes que ella, habían muerto otros dos hermanos nuestros. Era una época muy difícil, de mucho sacrificio y mucha inseguridad. No había ley. Ellos eran los que tenían que poner la comida en la mesa, así que todos los días tenían que vivir con la posibilidad de enfrentarse a la violencia, de que los mataran. La enfermedad que había acabado con nuestra madre podría habernos tocado a cualquiera de nosotros. No podían controlar lo que iba a suceder. Nada, ni la naturaleza, ni a los demás hombres, ni el destino. —Agitó la cabeza de lado a lado—. Ser hombre en aquella época, no tener ni dinero ni esperanzas, era algo horrible.

—Así que si decidió quedarse fue por ellos, no a pesar de ellos —resumí.

Era una explicación que no se le había ocurrido, pero estaba convencido de que no habría tardado en llegar a esa conclusión.

—Sí.

—¿Y qué sucedió después?

—Dejaron de pegarme. Un día, así, de repente, dejaron de darme palizas. Mi padre murió poco después, pero mi hermano, mi hermano se quedó conmigo y me acogió en su casa cuando se casó. Con el tiempo, conocí a un hombre que se enamoró de mí y nos marchamos. Era un buen hombre y llevamos una vida normal para aquella época y aquel lugar.

—¿Murió feliz?

Suspiró.

—Morí resignada.

Al repasar las regresiones desde el presente, se dio cuenta de que las tres (en especial, la primera) explicaban el miedo que sentía a que Tom la abandonara en esta vida, pero lo comprendió con la mente, no con el corazón, y la desazón no desapareció.

—Mañana vendrá su marido —anuncié—. A lo mejor puede echarnos una mano.

Tom llegó receloso.

—Lo hago por Roberta —aseguró—. Para descubrir cosas sobre ella, no sobre mí.

Para evitar cualquier interferencia, le había pedido a Roberta que no le contara ningún detalle sobre los recuerdos de sus vidas anteriores. A Tom le prometí que sólo iba a tener que pasar por una sesión, a no ser que él mismo decidiera regresar.

—Ni hablar —replicó, con la cautela frente a lo místico que es habitual en contables, abogados o médicos, cuyas mentes analíticas piden a gritos una explicación precisa. Por ello, me sorprendió ligeramente que alcanzara un estado de relajación profunda en pocos minutos.

—Voy a llevarlo a una vida previa en la que coincidieron Roberta y usted —le hice saber, pensando en Elizabeth y en Pedro (de *Lazos de amor*), que también recordaban haber compartido existencias anteriores. A través de ellos, descubrí que las almas gemelas coinciden muchas veces; después, observé el mismo fenómeno en otros pacientes.

Casi de inmediato, arqueó la espalda como si le hubieran pegado.

—¡Tengo que salir de aquí! —gritó, desesperado.

—¿Dónde está?

—En una batalla. Estamos rodeados, nos atacan por los flancos. ¡Mi pobre esposa! La he dejado sola, y le había prometido... —Tenía los ojos cerrados, pero levantó los brazos como si empuñara un hacha o alguna otra arma blanca—. ¡Voy a salir de aquí a golpe de espada! Mi mujer me necesita.

Con un grito bajó los brazos, y entonces la tensión muscular desapareció y dejó las manos inertes sobre el regazo.

—Demasiado tarde —susurró—. Jamás volveré a verla, jamás conoceré a mi hijo.

Lo último que sintió fue culpa y tristeza. Cuando le hice regresar al presente, me aseguró que jamás volvería a abandonarla.

Cuando Roberta acudió a su siguiente visita, estaba relajada y sonriente; había vuelto la luz del sol. Era evidente que Tom y ella habían dedicado bastante tiempo a compartir sus experiencias del siglo IX.

—Ya sé por qué no volvió a rescatarme —dijo—. Me abandonó, es cierto, pero no por voluntad propia, y no dejó de pensar en mí hasta sus últimos momentos. —Se rió—. Bueno, ya es demasiado viejo para que le recluten, así que me parece que, en esta vida, ya no corro peligro. Gracias, doctor Weiss, está claro por qué tenía tanto miedo de que me abandonara. Y está claro que cuando dice que me quiere es sincero. Y quien ama a alguien no suele tener tendencia al abandono, ¿verdad?

Roberta logró superar el miedo al abandono, sus inseguridades y sus dudas sobre Tom. Se dio cuenta de que la violencia no necesariamente forma parte de todas las vidas y de que era libre de elegir el amor frente al miedo. Esa decisión fue un tema central, recurrente, de muchas de sus regresiones posteriores, y ya lo había visto en la chica paquistaní que había decidido amar a su padre y a su hermano, pese a su naturaleza violenta, en lugar de odiarlos o temerlos.

Había un último obstáculo: la infecundidad de la pareja. La pérdida de su hijo en el siglo IX podría ser la explicación, lo mismo que la otra regresión en la que había recordado su muerte al dar a luz en Francia en el siglo XIX. Pero se trataba de dos hechos del pasado y ella lo comprendía y sabía que, como en el caso del abandono, no tenían por qué repetirse en esta vida o en otras futuras.

Decidí intentar hacerle una progresión al futuro cercano para que pudiera entender a fondo ese concepto. Como siempre, alcanzó enseguida un estado de calma y, al poco, ya estaba observando el curso de su vida desde una perspectiva superior.

—Veo dos caminos posibles —afirmó—. Uno con hijos y el otro sin.

—Empiece por el segundo.

—El camino vital sin hijos es oscuro y estrecho. Yermo. Me da miedo todo, desde los insectos y las serpientes hasta salir a la calle. Como no podemos tener hijos, Tom me ha abandonado y, con eso, se han incrementado mis miedos. No va a elegirme ningún otro hombre y soy demasiado débil y estoy demasiado asustada para desenvolverme sola. —Se estremeció—. Es horroroso.

—¿Y si tiene hijos?

—El mundo es grande y brilla el sol. Tom está conmigo, como me prometió. Soy feliz. Me siento realizada.

Al progresar hasta esa existencia feliz, logró superar completamente los miedos que había arrastrado durante tantas vidas: la pérdida de seres queridos, su propia muerte, el abandono y la traición. A medida que fue extrayendo conclusiones, su rostro adquirió un resplandor.

—¿Dónde está ahora? —quise saber.

—Muy alto, por encima de las nubes. Estoy flotando. Floto y observo. Esto es precioso. El aire es limpio. La visibilidad es enorme.

—¿Está sola?

—Sí. Espere, ¡no! Dos chicas, dos niñas angelicales,

mis hijas, acuden a recibirme. Siento su amor, su alegría. ¡Ah, y yo también las quiero y estoy feliz de verlas! —Hizo una pausa y se quedó observando su alma futura—. Las reconozco. Una es mi abuela, la mujer a la que más quería en el mundo. Murió cuando yo tenía nueve años. La otra es mi madre, no la de ahora, sino la de la niña paquistaní que fui en una vida anterior, hace quinientos años. Me abrazan, y yo a ellas, y voy a estar con ellas toda la eternidad.

No tengo forma de demostrar la validez de la visión de Roberta, me limito a repetir con fidelidad lo que me contó; la experiencia fue suya y ella estaba convencida de que eso era lo que iba a suceder. Es posible que Roberta y Tom no puedan tener hijos y que pensar lo contrario sea una mera fantasía, aunque, por descontado, siempre podrían adoptarlos. Lo importante es que ahora Roberta confía plenamente en que, con el tiempo, se reunirá con sus hijas; por ello, tiene más seguridad en sí misma y en su capacidad de amar.

Ha recorrido un largo camino desde una época de violencia hasta otra de paz; ha progresado en su trayecto hacia el punto situado «por encima de las nubes».

La historia de Roberta demuestra el daño que provoca la violencia, no sólo de forma inmediata, sino también a las generaciones futuras, y no sólo a la víctima, sino también al autor. Los violentos o los que sufren la violencia pueden cargar con los miedos y las emociones negativas que ésta comporta durante muchas, muchas vidas futuras. Hasta que encuentren, como le sucedió a Roberta, el amor.

La historia de Anne presenta un contraste fascinante en comparación con la de Roberta, ya que empezó en el futuro.

Dos días antes de ir a verme, se había despertado empapada en sudor. Se había repetido una de las extrañas pesadillas que tenía desde hacía algún tiempo; sólo se despertaba sudando si el sueño tenía un significado profundo. Escuchaba una voz que le decía que de sus decisiones dependía que Anne llegara a ser la del futuro, aunque no llegaba a ver al mensajero y no sabía si era un hombre o una mujer. Alguien muy sabio le transmitía esa nueva, según me contó. Daba la impresión de que ya sabía de qué decisiones dependía el futuro de Anne, pero ella no tenía ni idea. Desde pequeña había actuado de forma impulsiva y, a menudo, arbitraria.

Tenía veinticuatro años y era baja y robusta, aunque no gorda, y recordaba a la chica con gafas que hace de mejor amiga de la protagonista en las películas de adolescentes. Era licenciada universitaria y estaba estudiando Arquitectura en la Universidad de Miami. Su objetivo era diseñar innovadores complejos de viviendas que tuvieran en cuenta los problemas medioambientales y que permitieran a ricos y pobres vivir juntos. Su deseo era que la gente conviviera en armonía en un lugar hermoso.

La voz estaba al tanto de su plan. En un sueño que tuvo cuando ya habíamos empezado a trabajar juntos apareció un futuro en el que Anne ya había diseñado su proyecto. (Era como si un novelista que deseara escribir una novela descubriera, a través de un mensajero, que ya la había escrito en el futuro.) «Tu objetivo es conectarte con ese futuro en el que ya has desarrollado tu plan, no con el otro en el que no ha sido así», le dijo la voz. Anne no sabía que yo había empezado a hacer progresiones al futuro a mis pacientes; sentía curiosidad por el sentido de sus sueños en el presente.

Me contó que un impedimento para llevar a cabo su plan era su miedo a ser el centro de atención. Si alguien dedicaba alabanzas a su trabajo, se ponía nerviosa; por lo general, enviaba sus trabajos de forma anónima, aunque sus profesores sabían que eran suyos. La perspectiva de ganar un premio o de alcanzar un reconocimiento general la sumía en un profundo pavor. El reconocimiento público le provocaba siempre un ataque de pánico.

En su historial no había indicios que pudieran explicar esas reacciones en su vida actual. Sus sueños me intrigaban, así que le sugerí adentrarnos primero en su futuro, en busca de más información o de una aclaración. Accedió. Cuando ya estaba en un estado de trance relajado, la hice avanzar en el tiempo para descubrir qué iba a suceder con el proyecto de viviendas.

Fue testigo del progreso de varios posibles futuros. En uno, el proyecto no existía en absoluto. Trabajaba en un despacho de arquitectos, pero en un cargo medio, dedicada a poner en práctica las ideas de los demás. En otro, se había terminado un complejo, pero sólo se habían aplicado algunas de sus ideas; era imperfecto, no lo que ella había imaginado. Vio la placa en el vestíbulo principal. No aparecía su nombre.

Con el tercer futuro llegó el triunfo. Todo el diseño del complejo era obra suya; su nombre aparecía el primero en los planos y en la placa. (Hubo también otros futuros posibles, pero no tan bien definidos como esos tres.) Sin embargo, cuando empezó a contarme lo que veía no me pareció feliz.

—Es el miedo —explicó en cuanto la hice regresar al presente—, miedo al reconocimiento, miedo al éxito. Me doy cuenta de que puedo decantarme por cualquiera de las tres posibilidades, pero no sé por qué la tercera me parece la más aterradora. No quiero que aparezca mi nombre en esa placa.

La placa no era un símbolo de egolatría, sino que representaba la ausencia de miedos, de sus ataques de pánico. Su nombre no estaría en ella mientras siguiera viviendo asustada. Me di cuenta de que íbamos a tener que ahondar en su pasado para conseguir una curación.

En su primera regresión, Anne recordó ser un chico de una antigua cultura ecuestre del Asia central. El jefe de su tribu nómada tenía un hijo dos años mayor que Anne, pero que no montaba igual de bien, que no tiraba con el arco igual de bien, que no era igual de diestro con el sable.

—No le caigo bien —declaró sin más Anne.

El otro chico estaba preparándose para suceder a su padre, que se ponía furioso al ver a su hijo derrotado una y otra vez. Anne no se daba cuenta de las consecuencias de su éxito, pero el hijo del jefe se sentía cada vez más humillado por las victorias del otro.

—Hubo un concurso de monta para todos los jóvenes del poblado —recordó Anne—. Yo tenía muchísimas ganas de vencer y así fue. Toda la aldea, hombres y mujeres, celebró mi victoria. Yo bebí demasiado y me eché a dormir en un prado de las afueras del poblado. El hijo del jefe se acercó sigilosamente y me cortó el cuello. No morí deprisa. Fui viendo cómo la sangre, de un rojo vino, iba escapando de mis venas.

A su regreso, me contó que por fin había empezado a percibir el peligro mortal que comportaban sus éxitos.

—¡Desde luego! —exclamó—. Sentada aquí, con usted, me resulta más fácil conectar el éxito público con un gran daño físico. Pues claro que tengo miedo.

En su siguiente regresión vio el patrón de éxitos que provocaban peligros en una sucesión caleidoscópica de imágenes de vidas pasadas. En una de ellas era un músico de gran talento, un hombre arruinado por un rival que le había robado sus creaciones y las había presentado como propias. En otra fue una chica de un reino de Oriente Próximo hace unos dos mil años. Los chicos de clase alta de su edad aprendían secretos y rituales misteriosos que estaban prohibidos a las niñas, pero Anne se dedicaba a espiar las lecciones restringidas y se enteró de lo que hacían.

Un buen día unos chicos empezaron a burlarse de la joven, que soltó uno de sus secretos.

—¿Qué? ¿Lo veis? Sé lo mismo que vosotros.

Pagó con la vida por su arrogancia. La denunciaron, fue encarcelada y, al poco, ejecutada, ya que la muerte era el castigo por romper el tabú.

Fuimos prosiguiendo con esas experiencias y Anne empezó a ubicar con exactitud las coincidencias. El éxito equivalía a violencia. Dar la cara era sufrir un castigo. El orgullo comportaba la muerte. De forma gradual, con más terapia, llegó a darse cuenta de que el pánico que sentía al pensar en llamar la atención era consecuencia de experiencias de vidas pasadas, no de algo que tuviera que temer en el presente o en el futuro. Con dificultad, ya que su terror estaba muy arraigado, logró deshacerse de sus miedos. Empezó a firmar los trabajos de la universidad e hizo una maqueta a escala del complejo de edificios que ganó el premio al diseño más innovador. No pudo llegar al extremo de pronunciar un discurso de agradecimiento, es cierto, pero la placa plateada que recibió descansa en la repisa de la chimenea de su casa.

Los dos tenemos cierta idea de cuál de los futuros que vio Anne se hará realidad. Como le dijo la voz, de sus decisiones depende que Anne llegue a ser la del futuro. Ya no se despierta en un baño de sudor cuando el sabio regresa para recordárselo.

8

BRUCE: LAS RELACIONES PERSONALES

Cuando tenemos forma humana, aunque nuestro objetivo final sea fundirnos con el gran espíritu, con el alma única, la interacción con los demás desde el punto de vista físico, emocional y espiritual resulta fundamental en nuestras vidas. La forma de enfocar esas relaciones determina, en gran parte, nuestro futuro.

Una mujer que conozco, que había pasado su vida adulta en un *ashram* y era una persona espiritual, se quejaba, no obstante, de que no lograba meditar en absoluto. Comprendí por qué en plena meditación. Le hacía falta salir al mundo, mantener muchas relaciones, experimentar la pérdida y el dolor, la felicidad y el amor. Pese a toda aquella espiritualidad, aún le quedaban lecciones vitales por aprender.

Todos mantenemos relaciones personales de muchos tipos: de pareja, familiares, laborales (con jefes, compañeros o empleados), de amistad o académicas. En nuestras múltiples vidas, sus cuerpos pueden variar, lo mismo que los lazos que nos unen, pero, en todo momento, estaremos aprendiendo la lección de la importancia de las relaciones personales, ya que regresamos una y otra vez al encuentro de las mismas almas.

Puede que su madre lleve muchas vidas amargándole la vida, pero también es posible que, en distintas encarnaciones, usted haya sido su madre o que hayan estado unidos por otros vínculos que no fueran el maternofilial. Al final, todos debemos resolver los problemas que afectan a nuestras relaciones y dar todo lo que tenemos en el empeño, sobre todo poner en práctica la empatía, la compasión, la no violencia y el amor. La comunicación es la clave de toda relación humana. El amor y la franqueza son primordiales en ese proceso, pero también la seguridad, ya que, si la comunicación entraña algún peligro, la evitamos.

¿Cómo conseguir que el entorno de comunicación sea seguro? Hay que saber, ante todo, que existen muchas formas de comunicarse (las palabras, los pensamientos, el lenguaje corporal, la expresión de los ojos y del rostro, el tacto) y que hay que prestar atención a todas ellas. Además debemos comprender que el alma con la que mantenemos una relación puede haber sido importante para nosotros en el pasado, a lo largo de muchas vidas y muchos siglos, pero también puede serlo en el futuro.

Hace poco, una paciente mía me contaba que la aterraba pensar que la relación de codependencia que había tenido con un hombre que la maltrataba, y del que había logrado escapar hacía poco, puede que no hubiera terminado; sabía que ese hombre podía regresar en una vida futura. «¿Cómo puedo evitarlo? —quería saber—. No quiero volver a tener nada que ver con él.»

La solución es asegurarse de que no haya en nosotros ningún anzuelo que atraiga a esa persona, que no haya rabia, violencia, nada negativo. Si logramos abandonar una relación con amor, empatía y compasión, sin deseo alguno de venganza, sin miedo y sin odio, lograremos pasar página. Como dice Wayne Dyer, «envíales amor y luz y envíales muy lejos».

Podemos poner fin a una relación con una persona o con varias, podemos interactuar únicamente con aquellas con las que sentimos afinidad, únicamente con aquellas a las que, en el sentido más amplio del verbo, amamos. En las vidas futuras, nos reuniremos con muchos de nuestros seres queridos, nuestras almas gemelas, porque funcionamos como una familia de almas. Los demás tendrán que ponerse al día, aprender las lecciones que hemos llegado a dominar nosotros, antes de poder unirse a nuestra comunidad de almas.

Uno de los ejemplos más conmovedores del poder de las relaciones personales tuvo como protagonista a Bruce, que fue a verme el año pasado en muy mal estado, aquejado, según me contó, de síntomas de ansiedad crónica, insomnio, palpitaciones, arrebatos repentinos de rabia y alguna que otra borrachera descontrolada. Se trataba de un hombre anodino de cabello castaño muy corto que ocultaba una calvicie incipiente, ojos acuosos y una forma de dar la mano bastante flácida. En su forma de hablar había un dejo del Medio Oeste; era de Milwaukee, en el estado de Wisconsin, aunque ya llevaba dos años viviendo en Miami con Frank, un productor que le llevaba quince (Bruce tenía treinta y cinco) y que, en aquel momento, trabajaba en un teatro regional. En su día, Frank había tenido un enorme éxito, pero una serie de fracasos encadenados había hecho menguar su reputación y sus ingresos, lo cual le había obligado a trasladar su residencia de una mansión de Los Ángeles a una humilde casa de Coral

Gables, en el área metropolitana de Miami, y había transformado al hombre ingenioso y enérgico que había sido en un amargado que hacía pagar en gran parte su depresión a Bruce con el sarcasmo y la humillación pública. En los últimos tiempos, habían empezado a pelearse tanto en privado como en público, si bien ninguno de los dos quería poner fin a la relación.

Bruce era diseñador de vestuario. Se habían conocido cuando Frank le había contratado para una función y, luego, para otra, y enseguida habían entablado una relación afectiva. Los dos preferían mantenerlo en secreto, de modo que en Los Ángeles vivían cada uno por su lado y no habían empezado a convivir hasta su llegada a Miami.

Cuando le pregunté a Bruce por qué no se iba de casa si Frank había empeorado tanto, se limitó a encogerse de hombros y contestar:

—A pesar de todo, le quiero.

—Sí, pero mudarse a otro sitio no significa necesariamente que dejen de verse. Puede que sirva para que Frank deje de controlarle de esa forma. Y también para que usted alivie un poco esa ansiedad. ¿Cómo lo humilla?

—Me llama «maricón» o dice que soy su querida delante de nuestros amigos, o, ya en privado, me obliga a hacer cosas que no me gustan, cosas sexuales.

—¿Y usted no se resiste?

—A veces. Estos últimos meses, más. Y, en ocasiones, la rabia también se manifiesta de otras formas, pero, por lo general, me lo guardo todo dentro. No dejo que se note, sobre todo, en la cama.

—Dice que la rabia se manifiesta de otras formas. ¿Cuando bebe, por ejemplo? De forma poco apropiada, me imagino.

—Me pongo hecho una furia con los camareros. Y también con los chaperos.

—Ah. ¿Recurre a ellos a menudo?

—No. De vez en cuando.

—¿Por qué?

—Pues a veces me canso de que Frank me haga daño... Y me entran ganas de hacerle daño yo a alguien.

—¿Quiere decir físicamente?

Se estremeció.

—No, no. Les hago hacer algunas de las cosas que me veo obligado a hacer yo con Frank.

«Una venganza un tanto extraña», me dije.

—¿Podría prescindir de ellos —quise saber— y dirigir su rabia hacia la persona que la ha provocado?

Permaneció unos instantes en silencio antes de contestar:

—No estoy seguro de ser capaz de mostrarle a Frank hasta dónde llega de verdad la rabia que siento; sería demasiado peligroso. Pero ya no voy con chaperos.

—Por algo se empieza. Me alegro.

Se le llenaron los ojos de lágrimas e inclinó la cabeza.

—No, no es para alegrarse —sollozó.

—¿Por qué? A mí me parece que...

Me interrumpió:

—Tengo el sida. Y no quiero infectar a nadie.

Su salud había ido empeorando en los últimos meses, según me contó. Sufría una úlcera de estómago y hacía poco, sin motivo aparente, la mancha de nacimiento que tenía en el abdomen había empezado a sangrar. Muy asustado, había pedido que le practicaran una biopsia, pero no habían encontrado indicios de cáncer y eso hizo que se sintiera aliviado, aunque sólo de manera momentánea. De todos modos, de vez en cuando, la enorme cicatriz que le había quedado se ponía colorada como un tomate y rezumaba una o dos gotas de sangre. Eso lo llevó a ver a su internista, que le diagnosticó el sida.

—Fue más una confirmación de mis miedos que un diagnóstico —me aseguró.

Le hicieron pruebas. Dos semanas antes de ir a verme había recibido la confirmación; por eso había decidido pedir hora en mi consulta.

Le informé de que podía ayudarle a tratar la ansiedad y a mejorar su relación con Frank, pero no curarle del sida, aunque ya se utilizaban ampliamente los llamados cócteles de fármacos, que ralentizaban el progreso de la enfermedad y permitían vivir más años.

—Unos años de propina no me servirán de nada —contestó con expresión de honda tristeza— si no consigo poner orden en mi vida.

—Pues entonces permítame que le pregunte algo: ¿saben sus padres que es homosexual?

—Sí. Se lo oculté todo lo que pude (hasta me inventé una novia en California sobre la que les contaba cosas en mis cartas), pero, cuando Frank y yo nos vinimos a vivir aquí, ya no hubo forma de seguir escondiéndolo.

—¿Y cuál fue su reacción?

—Sorpresa. Rechazo. Aunque parezca increíble, me preguntaron si no podía tomarme «alguna pastilla para arreglarlo». Para mí que lo que más les preocupa es que se enteren sus amigos. Si es que viven en el Medio Oeste y allí las cosas van como un siglo por detrás del resto del país. —Se puso la mano en la frente con un gesto muy teatral—. ¡Santo cielo, qué vergüenza!

Me reí a regañadientes.

—Son buena gente, muy cariñosos, lo que pasa es que, en este tema, no saben nada de nada —prosiguió—. Cuando voy a verles, me reciben con amor y con respeto. El problema es lo de mi hermano.

—¿Su hermano?

—Sí, perdone, no se lo había mencionado. Ben es un pez gordo en Milwaukee, vicepresidente primero de Aetna, la gran empresa de seguros. Tiene mucho dinero, muchos amigos y mucha influencia. Los republicanos lo han tentado con la idea de ayudarle a llegar al Congreso, con lo que se le hace la boca agua como a un galgo en un canódromo.

—Y tener un hermano gay...

Se encogió de hombros.

—... Es decir: «Hasta la vista, Washington.» Vino a verme hará un año y llegó a pedirme que me cambiara de nombre. Le contesté que se fuera a tomar por culo. Insistió: «Sería conveniente que desaparecieras durante un tiempo. Al menos, no le digas a nadie que eres hermano mío.» Bueno, eso ya fue la gota que colmó el vaso. ¡Qué poca vergüenza! Yo soy igual de bueno que él, mejor incluso, por mucho que mi pareja sea un hombre. Me lancé sobre él. No tardó nada en salir corriendo como una nena por Coral Way.

Si aquél era uno de sus «arrebatos repentinos de rabia», me pareció justificado. Así mismo se lo dije.

—Es verdad, pero es que es como cuando me enfado con Frank: si me acuerdo de cómo se portó Ben es que exploto, esté donde esté, y la paga el primero que pille. Ben no es más que un vendedor de seguros venido a más, un gilipollas y un avaricioso. Me da pena y es absurdo que quiera matarlo. Soy mejor que él y, sólo por eso, no debería guardarle rencor, ni a él ni a nadie.

Era cierto que sus ataques parecían demasiado violentos para explicarlos arguyendo las circunstancias de su vida y, aunque su ansiedad era algo natural, teniendo en cuenta que le habían diagnosticado el sida, me planteé si siempre sería tan aguda para afectar tanto a su vida como en aquel momento.

—Pues sí —replicó cuando se lo pregunté—. Hasta en el colegio, cuando tenía mil motivos para estar contento (sacaba buenas notas, mis padres me querían, y todas esas cosas), sentía siempre una especie de ansia, de miedo. Ahora que tengo algo real a lo que temer, las cosas han empeorado, pero tampoco tanto.

—A lo mejor, el origen está en algo sucedido en el pasado —sugerí.

—¿De niño? No. Es lo que le digo, tuve una infancia de lo más normal.

—No me refiero a eso, sino a su pasado lejano.

Se inclinó hacia mí.

—Explíquese.

Eso hice y, tras escucharme, Bruce aceptó someterse a una regresión. Sorprendentemente, ya que me había dado la impresión de que desconfiaría de la hipnosis, de que no querría ponerse en una situación de tanta vulnerabilidad, alcanzó un estado muy profundo al que han llegado pocos de mis pacientes, y sus recuerdos fueron intensos.

—Estoy en el antiguo Egipto, en la época del gran faraón, cuya ambición es levantar templos y palacios que proclamen su poder y su grandiosidad. Ya se han construido otros, pero éstos van a ser más espléndidos que ningún otro que haya tratado de elevarse jamás hacia los cielos. Yo soy ingeniero y el faraón me ha elegido para trabajar en dos proyectos: la creación de un santuario y la erección de unas columnatas de enlace.

»He conocido al faraón en persona; me ha contado sus planes. Desde luego, haber sido seleccionado es un honor incalculable y, si salgo bien parado de ésta, cualquier cosa que pida será mía de por vida. Cuando le dije que iba a necesitar quinientos trabajadores y esclavos, me ofreció mil. No vamos a reparar en gastos, no vamos a lamentar una sola muerte acaecida durante las tareas de consecución del gran objetivo final. Los edificios deben consagrarse a esta divinidad suprema y reflejar su supremacía.

»Sin embargo, el faraón ha dado órdenes muy estrictas. El santuario debe terminarse dentro de siete años, y las columnatas tres años después. Sólo pueden utilizarse el mejor mármol y la mejor piedra. Tenemos que asegurarnos de que, una vez finalizado, el resultado proclame la gloria del faraón por toda la eternidad.

»La tarea es compleja. Hay que hacer frente a problemas prácticos como el transporte de las piedras y el mármol, por no hablar de la necesidad de tener agua suficiente a mano, y madera para los rieles sobre los que se levantan las piedras. Hace un calor insoportable, incluso en invierno. Las tormentas de arena y de viento son peligros constantes. Arquitectos e ingenieros de igual talento, o eso cree el faraón, van a concebir y construir otros templos y otras columnatas. Es evidente que vamos a competir unos con otros por las materias primas, que tienen que ser necesariamente finitas, por muchas riquezas que tenga el faraón.

»Y hay otro impedimento más. El faraón tiene un primo. Lo conozco: es un adulador, un entrometido, un ególatra sin talento y sin el menor gusto. Pues bien, es el encargado de supervisar todo el proyecto, el capataz. Todos los arquitectos e ingenieros tenemos que obedecerle; su palabra es la del faraón y, por tanto, es ley. Me da miedo. Podría echarlo todo por tierra.

Al hablar del capataz, Bruce palideció. El primo del faraón seguía ejerciendo su poder en la tranquilidad de mi consulta. Me sorprendió la formalidad con la que hablaba Bruce, bastante alejada del habla coloquial que era habitual en él. Cuando más tarde la pregunté si había estado en Egipto alguna vez me aseguró que no. La historia y los viajes a lugares de interés cultural no le atraían.

Le hice avanzar sin abandonar aquella vida.

—Mis temores se han confirmado —afirmó—. Se entromete en todo. Tengo la impresión de que le soy especialmente antipático, quizá porque nota la aversión que siento hacia él, aunque me abstengo de expresarla. En todo caso, le tengo a mi lado casi cada día y me ofrece sugerencias grotescas, invalida mis órdenes y se queja de que mis colegas y yo trabajamos muy despacio, cuando es él el que impide que se avance. Y, teniendo en cuenta los plazos establecidos por el faraón, cada vez se incrementa más la presión que debo soportar, hasta tal punto que estoy seguro de que voy a estallar. Cada día tengo que librar una batalla conmigo mismo para mantener la calma ante sus exigencias y, cuando no consigo satisfacerlas, ante sus insultos.

»Ha pasado aproximadamente un año desde que empezaron las obras y el sinvergüenza se ha empeñado en que el santuario hay que situarlo junto a otro templo, y no frente al más importante. Cuando le recuerdo que eso contradice directamente las órdenes del faraón, me llama idiota delante de mis colegas, se da media vuelta y se va.

»Sucede lo que me temía: exploto. Le digo que el idiota es él, que no es más que un imbécil y que, además, lo parece, que es tan estúpido como las piedras que lo rodean. "Vamos a llevar este asunto ante el faraón", propongo. "Que decida él quién tiene la última palabra."

»El primo del faraón contraataca de la peor forma posible: en lugar de acompañarme a palacio, recluta a un rival mío, otro ingeniero, para que envenene el vino y la comida durante la cena. Me pongo enfermo de inmediato (el dolor es atroz) y me llevan a la cama. Esa misma noche, uno de los guardas se cuela en mi tienda y me asesta una puñalada en el vientre. Muero al instante. Lo último que veo es al maldito primo, que está delante de la tienda, riéndose a carcajadas.

Lo hice regresar al presente; estaba visiblemente afectado.

—¿Puede expresar lo que siente en este momento? —le pedí.

—Me... Me noto el punto del vientre en el que me apuñalaron —tartamudeó—. Es el mismo sitio en el que tengo la cicatriz de la biopsia, la herida que sangra de vez en cuando sin motivo aparente.

—¿Alguna otra cosa?

Se había sumido en un éxtasis de revelación. Contestó:

—El capataz, el hombre que me atormentó en Egipto durante esa vida, es mi hermano en ésta.

La rabia, como ya había reconocido él mismo, era un factor negativo en la vida actual de Bruce, que se mostraba especialmente virulento cuando se enfrentaba a su hermano Ben (o éste a él), un hermano que, al fin y al

— 187 —

cabo, le había pedido que renunciara a su propia identidad, que se volviera invisible.

Yo estaba deseoso, lo mismo que Bruce, de que viajara a otra vida pasada, que, en este segundo caso, se desarrolló también en el antiguo Egipto, aunque en otro momento.

—Soy sacerdote, curandero, uno de los poquísimos que trabajan para los ricos y poderosos. Nuestra medicina es algo misteriosa, no tiene nada que ver con las hierbas y las pociones que utilizan los médicos laicos. Mi método curativo se basa en lo que los sacerdotes llamamos «varillas energéticas». Cuando se giran de una forma muy precisa, emiten vibraciones sonoras y frecuencias lumínicas que sanan. Su utilización no deja nada al azar. Existe una secuencia señalada de luz y sonido, un orden y una pauta complejos que indican cómo dirigir las varillas a las distintas partes del cuerpo. Es un arte secreto. Se basa en la energía, en la luz y en su acumulación, su almacenamiento y su transferencia.

—¿Dónde practica esa medicina? —quise saber.

Se le encendió la mirada.

—En cámaras secretas situadas en el interior de los templos de curación. Unos pocos sacerdotes estamos al tanto de su ubicación. Ni siquiera quienes realizan tareas de baja categoría en los templos conocen su existencia, ya que están escondidas con enorme maestría.

—¿Y hacen milagros?

—¡Exacto! Hemos curado muchas enfermedades. —Se inclinó hacia delante—. Y podemos regenerar órganos y miembros perdidos en el campo de batalla.

—¿Gracias a las varillas?

—Con las varillas. Sí.

—Asombroso.

Había leído algo sobre las técnicas curativas y la medicina de las culturas de la antigüedad y, aunque jamás había visto nada relacionado con las varillas que mencionaba Bruce, sí sabía que los médicos egipcios afirmaban que podían regenerar extremidades y órganos, y que al parecer habían logrado milagros en la curación de enfermedades sanguíneas, del sistema inmunológico, dermatológicas y cerebrales. De hecho, se ha encontrado una cámara en uno de los templos de Luxor que se utilizaba como sala médica; tiene las paredes cubiertas de pinturas que muestran a médicos dedicados a esos campos.

Volví a ver a Bruce al cabo de un mes. Mientras tanto, había sufrido una neumonía, algo habitual en los enfermos de sida, y habían tenido que ingresarlo. Al regresar a la consulta, apareció con la cara pálida y aspecto de estar agotado, aunque cuando me ofrecí a posponer nuestras sesiones insistió en continuar.

—Me están sirviendo —afirmó—. No sé explicar exactamente cómo me ayudan, pero tengo la impresión de estar a punto de descubrir algo de vital importancia. Resulta esencial que comprenda qué es antes de morir.

En lugar de hacerle otra regresión, aunque eso también habría sido útil, decidí comprobar si podía utilizar la relación entre cuerpo y mente para aliviar sus síntomas físicos.

—Quiero probar un experimento —anuncié—. ¿Se anima?

—Vale. Lo que sea.

—Muy bien. Quiero que cambie de papel mentalmente. Es usted un paciente egipcio que recibe energía lumínica y sónica, y quiero que la transfiera hasta el cuerpo y la mente que tiene aquí y ahora.

Se trataba, es cierto, de algo poco ortodoxo, pero recurrí a ello porque el paciente estaba enfermo de sida y sufría dolor en el punto en el que se le había practicado la biopsia.

—¿Quién quiere que sea su médico? —pregunté.

—Frank —respondió de inmediato—. Hemos tenido nuestras diferencias, pero, en el fondo, aún me quiere.

—Frank está con usted en su vida egipcia, pues. Es un sacerdote/curandero; domina las ciencias misteriosas. Deje que le aplique sus conocimientos.

Cerró los ojos y se recostó en la silla. Vi cómo se le relajaban los músculos faciales y sus mejillas recuperaban algo de color.

—Funciona. Me encuentro mejor.

—Fantástico. Su médico comprende la utilización de las varillas; conoce las pautas y el orden de la luz y del sonido. Éste es el nivel superior de curación. Dé gracias.

—Sí, claro —susurró—. ¡Sí, estoy muy agradecido!

El resto de la sesión transcurrió en silencio. Cuando se marchó le pedí que meditara en casa.

—La luz y la curación lo acompañarán hasta su casa. No tienen por qué estar confinadas a esta sala.

Cuando regresó, no sólo se encontraba mejor, sino que había llegado a diversas conclusiones.

—Mi hermano me ha acompañado a lo largo de ambas vidas pasadas —declaró—. Fue el capataz en la primera, pero en la otra estaba a mi lado, era otro sacerdote/curandero. Y, cuando me pidió que volviera a esa existencia para ser el paciente fue Ben quien resultó ser mi curandero, no Frank.

—Estoy seguro de que así ha sido. Ahora póngase en la piel de Ben en ambas vidas. Proyéctese hacia el interior de su cuerpo, hacia su perspectiva.

Se concentró durante varios minutos y frunció el entrecejo debido al esfuerzo. Luego, se le abrieron los ojos y asomó una radiante sonrisa.

—¡Tiene celos de mí! Tanto en la vida anterior como en ésta. Aunque el poderoso sea él, el administrador o el político, está celoso. Su propio sufrimiento es lo que le hace ser tan cruel.

Bruce me explicó que, si bien era noble y administrador en el antiguo Egipto, a su hermano le molestaba que tuviera talento y capacidad, algo que él jamás iba a poder adquirir. Lo habían educado en un ambiente de privilegios y poder absolutos y, cuando Bruce lo atacó en público, se vio empujado a vengar aquella humillación.

—Por eso me envenenó —sostuvo—. La puñalada fue de propina, motivada por la ira, los celos y la vergüenza.

Era evidente que pasaba por una experiencia intensa y empática. Pocas veces he visto a un paciente tan alterado.

—¿Y qué hay de su vida actual? ¿De qué está celoso ahora su hermano?

La respuesta llegó enseguida.

—Del amor de mis padres. Quizá porque yo era el más frágil de los dos, me prestaron más atención que a él. «Ben es fuerte, él solo puede con todo», decían. Y, para él, eso quería decir que me querían más a mí, aunque no estoy seguro de que sea cierto. Ésa es la revelación. Ojalá me hubiera dado cuenta antes.

Le hice la pregunta clave de todo psiquiatra:

—¿Y cómo se siente ante eso?

—Comprensivo. Siento cariño. Ben no tiene tanto poder; es como yo, sin más, una mezcla de fuerza y debilidad. ¡Qué maravilla!

—¿Y cree que él podría sentirse igual?

—Sí, claro. Si puedo yo, también puede él, porque

somos iguales. Me lo ha enseñado mi segunda vida en Egipto.

—¿Puede enseñárselo a él?
—Puedo intentarlo.

En el momento de escribir estas líneas, Bruce ya ha logrado enormes progresos. Se le ha curado la herida abdominal; ya no se le pone roja ni sangra. La úlcera ha desaparecido. Frank y él han resuelto sus problemas sexuales y han dejado de pelearse, aunque siguen riñendo; personalmente, creo que a los dos les gusta. Gracias al recuerdo de sus vidas pasadas y de sus experiencias espirituales, Bruce ha perdido el miedo a la muerte. Ya no ve a su hermano como a un ser todopoderoso y se da cuenta de que, en parte, sus sentimientos procedían de sus propias proyecciones sobre Ben. De todas las lecciones que aprendió con sus regresiones, la más valiosa es, a su parecer, que las relaciones personales se dan en su sentido más profundo entre iguales y que, si logra alabar los puntos fuertes de los demás y perdonar sus debilidades (pues también son las nuestras), llegará al amor. Actualmente, su hermano y él se ven a menudo y se comunican a diario.

—Ha convertido el hecho de que yo sea gay en una baza política —me confesó Bruce con una sonrisa socarrona—. Ahora es «republicano liberal». En Wisconsin, no hay nada más práctico.

En una de nuestras últimas sesiones, me contó que, cuando era sacerdote/curandero egipcio, a veces supervisaba las ceremonias de sanación que requerían la aplicación de las varillas. En ellas, su cometido era conectar el poder de las energías curativas, la luz y el sonido, que en época egipcia se creía que estaban relacionadas con el poder de las divinidades, pero que ahora sabía que eran atributos de un solo dios, de un alma única. Bruce se ha dado cuenta de que es inmortal, de que siempre lo ha sido, de que todos estamos interconectados eternamente y de que el amor nos envuelve ahora y para siempre.

9

PATRICK: LA SEGURIDAD

Todos los días escuchamos la palabra «seguridad». Seguridad financiera, Seguridad Social, seguridad nacional: todas ellas son importantes, pero este capítulo está dedicado a un tipo de seguridad más profundo, la del propio yo, la emocional, la psíquica, la seguridad que nos permite interactuar plenamente con nuestras familias, nuestras parejas, nuestros amigos, nuestra sociedad, nuestra civilización.

Aparece al practicar el amor propio, al darse cuenta de que uno mismo es un alma, al comprender que ha estado presente en vidas pasadas y que existirá por siempre en otras futuras. La verdadera seguridad surge del convencimiento de que somos inmortales, de que somos eternos, de que jamás podemos sufrir daño alguno.

He tratado a gente sumamente rica que era desgraciada y no tenía la menor sensación de seguridad, aunque tuviera las comodidades terrenales garantizadas hasta el fin de su vida actual. La seguridad no procede de las posesiones. No podemos conservar las cosas materiales en la próxima vida ni en la siguiente, pero sí nos llevamos nuestros actos, nuestros hechos, nuestro crecimiento, lo que hemos aprendido y cómo vamos progresando como seres humanos espirituales. Y es posible, también, que mantengamos algunas de nuestras dotes: tengo la impresión de que Mozart debió de ser un músico consumado en una vida anterior, lo que explicaría su precocidad de niño en el siglo XVIII.

La seguridad y el amor propio están relacionados, y lo segundo es básico en nuestras vidas. Muchos de nosotros interiorizamos una idea que nos inculcan (por lo general, de forma inconsciente) padres, profesores, amigos o comunidades: nos hacen creer que, en cierto sentido, somos deficientes, que no estamos a la altura. Si podemos superar esas ideas negativas, lograremos querernos, lograremos disfrutar del amor propio, de la autoestima.

Las tradiciones religiosas que nos dicen que hay que amar a todos los demás no son acertadas. El amor propio es el fundamento de todos los demás amores. Ahí empieza de verdad la caridad, por uno mismo. Cuando alguien se quiere, ese amor rebosa; cuando no se tiene, la energía de ese ser se centra, de forma consciente o inconsciente, en encontrarlo, y no hay tiempo para nadie más.

El amor propio no es algo egoísta, sino muy sano. El que está obsesionado con uno mismo, el fanfarrón, el que se hace propaganda, la diva y el negociante (es decir, quienes parecen tener autoestima pero, en realidad, buscan venderse o vender sus productos) suelen ser, en el fondo, inseguros. El hombre al que una vez consideré la persona más centrada que conocía, un modelo de seguridad en sí mismo y de autoafirmación pública, me contó en un momento de mutuas confidencias que se dedicaba a un juego que había bautizado como «esquivar el autobús» y que consistía en salir a la calle y colocarse en una esquina peligrosa para ver hasta dónde podía acercarse al punto en el que sería atropellado.

—¿Y si te matas? —le pregunté, pasmado.

—Pues entonces el mundo se libraría de una inutilidad —replicó.

El verdadero amor propio no tiene por qué divulgarse o mostrarse en público. Es un estado interior, una fuerza, una felicidad: la seguridad. Tenemos que recordar que todas las almas forman parte del alma única, que es el amor. Todos tenemos alma. Somos queridos en todo momento. Y siempre podemos devolver ese amor.

«Este chico tiene la autoestima por los suelos», me dije cuando Patrick entró por la puerta aquel primer día. Parecía un adolescente desaliñado: llevaba vaqueros y cazadora de béisbol de los Marlins de Florida (a ambas prendas les hacía falta un buen lavado), el pelo alborotado, una perilla diminuta, zapatillas Adidas desabrochadas y las uñas sucias. Pero no era ningún chaval, sino un joven de treinta y un años de delgadez cadavérica, ojos legañosos que evitaban mi mirada y escasa fuerza al dar la mano.

Determinamos su edad, su lugar de residencia (Miami, aún vivía con sus padres), su profesión (contable en una empresa puntocom en ciernes) y el hecho de que era hijo único y no tenía pareja ni la había tenido (era «virgen», según me contó con gran sofoco por su parte).

—¿Quién me ha recomendado? —le pregunté.

—Mis padres.

—¿Les conozco?

—No. Es imposible. Mi padre trabaja en una fábrica, en el departamento de envíos, y mi madre es vendedora de un hipermercado, el K-Mart. No es precisamente la gente con la que usted se codea.

Era una pulla lanzada con clara hostilidad. Decidí pasarla por alto, pero me quedé pensando que debían de querer mucho a su hijo si habían decidido gastarse el dinero en su terapia.

—¿Y, entonces, cómo han oído hablar de mí?

—Le vieron en un programa de la tele y enseguida dijeron: «Ese tío es ideal para Patrick.»

—¿Por qué?

—Pues porque me gusta la ciencia ficción. O me gustaba.

—¿Y tus padres creen que la regresión a vidas anteriores es ciencia ficción? —Le miré fijamente—. ¿Tú también?

Se encogió de hombros. Silencio. Seguí insistiendo:

—¿Cómo es eso de la ciencia ficción? Dices que antes te gustaba. ¿Cuándo?

—Cuando era jovencito.

—¿Y ya no lo eres?

—Bueno, supongo que sí, pero ya estoy muy mayor para esas cosas.

Me resultó sorprendente. Muchos de mis amigos adultos leían obras de ciencia ficción y me habían dejado libros de autores a los que admiraba profundamente: Verne, Wells, Lev, Bradbury. En aquel momento me interesaba el género en especial, ya que sus visiones de futuro eran extraordinarias.

—¿Y a qué edad se es demasiado mayor para esas cosas?

—A los doce años.

Contestó con tal convicción que me di cuenta de que le había sucedido algo a esa edad que, de algún modo, le había marcado.

—¿Ya eras demasiado mayor a los doce años? Hay gente que lee ciencia ficción hasta los noventa.

Otro gesto de indiferencia.

—¿Quién te dijo que eras demasiado mayor? —insistí.

—Mi padre. Me quitó los libros y los vendió a una librería de segunda mano. Decía que ya era hora de que empezara a prepararme para lo que iba a ser de mayor.

—¿Y la ciencia ficción era un obstáculo?

—Me dijo que estaba embobado, que vivía en Marte. Que era hora de poner los pies en la Tierra.

—¿Y tenía razón?

—Supongo que sí —respondió, y se inclinó hacia mí. Por fin, su voz adquirió vida—. Pero voy a decirle una cosa, doctor Weiss: era mucho mejor vivir en Marte que en la Tierra.

Me di cuenta de lo triste que debía de ser su existencia en este planeta.

—¿Y qué opinas de las sondas marcianas que han llegado ahora? —le pregunté—. ¿Has visto las fotos?

—¡Pues claro! Y eso es sólo el principio. Dentro de diez años ya habrá seres humanos en Marte, colonias enteras.

—¿Y tú irás?

Su voz perdió de golpe la fuerza, como si yo hubiera accionado un interruptor.

—Qué va.

—¿Porque no te dejan?

—Porque ya habrá ido otra gente antes. —Juntó las manos y se las puso ante los ojos, como si quisiera tapar mi rostro—. Seguro que no querrán que vaya con ellos.

Volví a sentir su desdicha.

—¿Por qué?

—Porque no me aceptarán. Nadie me acepta nunca.

—¿Nadie? ¿Y dónde te sientes a gusto? ¿Cuál es tu sitio?

—El cielo. Yo solo en el cielo.
—¿Cómo lo sabes?
—Pues porque me lo dijeron los libros.
—¿Las novelas de ciencia ficción?
—Claro. Aunque a mí no me parecían novelas, no eran libros de ficción, sino fragmentos del futuro. Me veía dentro de una nave, o incluso volando solo; era muy fácil. Los libros no me gustaban cuando había guerras y cosas de ésas. No me gustaban los monstruos ni las armas superpotentes, sólo las historias de viajes a otros planetas o a las estrellas.

Me lo imaginé recluido en su cuarto, inmerso en la lectura, mientras sus padres, en el salón de la casa, se preguntaban inquietos qué podían hacer con aquel hijo tan problemático.

—Pero, luego, aunque ya habías dejado de leer —intervine—, cuando intentabas hacer lo que quería tu padre, cuando intentabas encontrar tu sitio, seguías sintiéndote solo.

Me miró como si viera a un mago.

—Sí. Cuando intentaba hablar del cielo, o de otros planetas, o de los viajes espaciales, a los demás niños no les interesaba para nada. Pero yo sólo sabía de eso, sólo me interesaba eso. Podía ir adonde no llegaban los demás, pero no querían que se lo contara. A todo el mundo le parecía que estaba chalado, menos a Donnie, que era amigo mío. Era el único chaval con el que me sentía cómodo, pero luego sus padres se fueron a vivir a otro sitio y Donnie desapareció.

—Y te quedaste totalmente solo.

—Lo que pasó fue que empecé a creer que me pasaba algo. Era distinto a los demás, eso ya lo sabía, pero ¿por qué? Me sentía todopoderoso, y resultó que no tenía el menor poder. Mi padre me dijo que la ciencia ficción era para críos; pero, entonces, ¿por qué no la leían los críos? Dejé los libros, como quería él, pero me parecía que mi vida no tenía sentido. Ya nada me divertía. No tenía adónde ir, no había dónde esconderse. Y, como nadie me prestaba atención, como nadie me escuchaba, pues ni yo tenía fe en mí mismo. Me gustan los números, porque el espacio y las matemáticas tienen mucho que ver, así que me hice contable. ¡Contable! ¿Hay cosa más normal? ¿Existe un trabajo más aburrido? Me sentía totalmente vacío, sin esperanzas.

El largo discurso de Patrick fue acompañado de toda una serie de expresiones faciales (tristeza, rabia, desesperación, desconcierto) que no eran más que signos físicos de su confusión interna.

—No deberías escuchar tanto a los demás —le aconsejé con toda tranquilidad—. Sigue tus propias intuiciones. Ser solitario no tiene nada de malo. Además, igual que encontraste a Donnie encontrarás a más gente, a hombres y mujeres que pensarán como tú.

Se encogió de hombros una vez más y luego apartó la cara; me di cuenta de que estaba conteniendo las lágrimas.

—¿Qué te pasa? —pregunté.
—Me ha dicho que no debo escuchar a los demás.
—Sí. Es un buen consejo.
—Pues eso es lo que me pasa, que ese consejo no me sirve.
—No te entiendo.

Me miró, por fin, y su respuesta fue un gemido angustiado:

—Estoy desesperado, no sé qué hacer. ¡Si no escucho a los demás, tendré que escucharme a mí mismo!

En estado de hipnosis, a Patrick no le costó recuperar recuerdos de vidas pasadas.

—Soy un hombre —empezó—. Bueno, no, no exactamente, no soy humano.

Intenté ocultar mi sorpresa, pero me temo que debió de fallarme la voz.

—¿De qué época estamos hablando?

—De hace sesenta mil años.

—Sesen...

Le miré con atención por si la hipnosis no había funcionado y estaba tomándome el pelo. No. Tenía los ojos cerrados y respiraba con regularidad.

—Sigue —acerté a decir.

—Nací en otro planeta, un planeta sin nombre. Quizás existía en otro sistema solar o en otra dimensión, da igual. Lo importante es que formo parte de una migración desde allí hasta la Tierra. Cuando llegamos, vienen a recibirnos los descendientes de seres de migraciones anteriores procedentes de otros sistemas solares. Se han mezclado con una subespecie en evolución, los seres humanos. Tenemos que quedarnos en la Tierra con ellos, lo sabemos, porque nuestro planeta se está muriendo y éste es nuevo. En realidad no hacía falta que hubiéramos venido físicamente, bastaba con que nuestras almas se reencarnaran en los humanos que nos rodean o en los seres de otros mundos, pero somos un pueblo orgulloso. Nuestra tecnología es avanzada (hemos recorrido largas distancias), nuestra cultura ha florecido y nuestra inteligencia está muy desarrollada. Queremos conservar nuestros conocimientos y nuestros logros; queremos unirnos a los demás y, mediante la reencarnación, fomentar la evolución de esta nueva raza humana.

El Patrick que había entrado en mi consulta hablaba

con voz aguda, como si aún no le hubiera cambiado del todo; concordaba con su personalidad. El que estaba inmerso en la regresión, sin embargo, tenía un tono de voz profundo y pronunciaba las palabras con gran autoridad. Su visión me cautivó; no se parecía en nada a ninguna de las que había escuchado a lo largo de los años.

—Nuestros cuerpos no son demasiado distintos de los de los humanos, pero nuestras mentes son muy superiores. La atmósfera de la Tierra se parece mucho a la que rodeaba nuestro antiguo planeta (por eso hemos elegido este destino), pero aquí el aire es puro y está limpio. Además, en todos los demás sentidos, la Tierra es mucho más bella que el lugar del que procedemos. Hay árboles y hierba, y agua, ríos y mares, flores, pájaros y peces de todos los colores. Me siento a gusto; no, más que eso. Soy más feliz que nunca. Mi labor es supervisar el almacenamiento de material y de conocimientos escritos, y he encontrado el lugar ideal: unas cámaras naturales situadas a gran profundidad bajo la superficie terrestre. Cuando los seres humanos hayan alcanzado un nivel desde el que comprender lo que hemos ocultado, serán capaces de encontrarlo.

Más adelante, cuando tuve ocasión de considerar lo que me había contado, me pareció que se demostraban varias ideas que me había formado antes de conocer a Patrick. Las almas son las mismas, creía yo, da igual que procedan de otras dimensiones, de otras galaxias o de la misma Tierra. Los recién llegados a nuestro mundo entran enseguida en el ciclo de la reencarnación y, desde ese momento, tienden a reencarnarse aquí, en parte porque han contraído deudas y obligaciones kármicas, en parte porque su misión es fomentar la evolución de la especie humana. Las almas pueden penetrar en un cuerpo terrestre con la misma facilidad que en un «alienígena». El alma de Patrick decidió quedarse en este «paraíso» que su pueblo había decidido habitar.

A instancias mías, Patrick avanzó un poco más en esa vida pasada.

—He encontrado un acantilado en el que se unen mar y cielo, y allí he levantado una casa de piedra y madera. Mi ingente tarea ha terminado; el material y los documentos están a buen recaudo. Soy libre para disfrutar de la belleza que me rodea, para deleitarme con el aire perfumado. Se me considera un ser sabio, y muchos de los de mi especie, así como algunos humanos, acuden a mí en busca de consejos que yo les ofrezco encantado. Con los años, me sobreviene la muerte, pero mi gente descubrió ya hace mucho tiempo cómo disgregar el alma del cuerpo físico en el momento justo para poder ascender con facilidad a niveles de conciencia superior. Esto es lo que hago, aunque puedo seguir comunicándome con muchos de los míos, que siguen habitando sus cuerpos en su nuevo hogar, el planeta Tierra.

Me pareció que estaba extasiado, que flotaba entre dos mundos, en dos niveles de conciencia.

—La distinción entre Dios y los humanos es secundaria —continuó—. Uno de los documentos que siguen ocultos donde yo los he almacenado explica cómo dominar el arte de la separación de la conciencia del vehículo físico. Algún día, pronto, su cultura también aprenderá a hacerlo. Cuando eso suceda, descubrirán que la conciencia separada puede adentrarse en otros cuerpos menos «sólidos» a voluntad. Desde esa posición estratégica, puede influir en otras entidades con forma física. A la entidad receptora, esa influencia le parecerá divina, angelical, celestial, cuando, en realidad, se trata de una forma avanzada de la mismísima conciencia que posee el receptor.

Escuchar conceptos tan profundos de labios de un joven que, a simple vista, parecía inmaduro e inexperto resultaba emocionante. Y, personalmente, lo que añadió a continuación me pareció precioso.

—Mi mundo es viejo y el suyo, muy nuevo, pero la diferencia es insignificante en el contexto del tiempo, que es como la espiración y la inspiración de un dios cósmico. La espiración es la creación de las estrellas, de los planetas, de las galaxias y de los universos. La inspiración los agrupa todos de nuevo en una mota de polvo minúscula y densa en los pulmones del dios. La respiración del tiempo, tomar y soltar aire, que se produce en un número infinito de ciclos, indica cómo es la naturaleza de la eternidad.

Patrick se quedó en silencio y yo, muy conmovido, sopesé sus palabras. Había avanzado en mis estudios. Había vislumbrado, en palabras del propio Patrick, «la naturaleza de la eternidad», y me había resultado exquisita. Comprendía su interés por la ciencia ficción, su amor por el cielo y su deseo de poder viajar a las estrellas. Cuando despertó, le pregunté si creía que lo que había presenciado era una mera ampliación de lo leído en los libros que lo habían fascinado de niño.

—No —replicó raudo—. No me había imaginado nunca nada parecido a lo que acabo de ver, ni yo ni tampoco los escritores. Mi experiencia ha sido muy real, no me he imaginado nada.

Su reacción, que se me antojó sincera, dio pie en él a todo un torrente de ideas.

—¿Y si los agujeros negros son, en realidad, parte de esa inspiración cósmica? —se preguntó en voz alta—.

¿Y si los ángeles y los sabios y los guías espirituales están, de algún modo, vinculados con antiguas civilizaciones extraterrestres muy avanzadas?

«Qué pasada», me dije. Muy fuerte. Pero eso era precisamente lo que había pensado cuando Catherine inició sus regresiones o cuando Victoria me contó que me había visto en Jerusalén. Además, mis opiniones no importaban. Detecté una nueva luz en los ojos de Patrick, la chispa de su pasión, que regresaba veinte años después. Me convencí de que, si seguía con la terapia, se acercaría más a su sendero espiritual. Lo lograría al reavivar su pasión por la vida, sus alegrías y sus esperanzas.

A medida que fue avanzando la terapia, Patrick logró recordar otras tres vidas pasadas.
- En una, era un habitante indígena de América Central o de la parte más septentrional de América del Sur hacía nueve siglos, un famoso matemático y astrónomo. Vivía solo, pero en su vejez se le veneraba y se le tenía en gran estima. Se dio cuenta de que su experiencia de hacía sesenta mil años había influido en esa vida, ya que sentía curiosidad por la configuración de las estrellas y el significado de los meteoritos.
- A principios del siglo XVIII, era un rabino cabalístico, un erudito que vivía en un pueblo a las afueras de Cracovia. Allí había logrado compaginar sus estudios de la tradición religiosa hebrea con la vida familiar. Tenía mucho que enseñar, esposa y muchos hijos, llevaba una vida desahogada e integrada tanto en el vecindario como en su cultura. Después, me contó que en esa vida no se había sentido un «bicho raro», como solía ocurrirle en la presente.

- En la tercera existencia, era un monje budista que vivía en una región fría y árida de China en el siglo XIV. Allí había sido bien aceptado por la comunidad de eruditos religiosos y lograba compaginar períodos de meditación e introspección con una intensa vida dedicada a la agricultura. Era maestro de la manipulación y el flujo de energía, sobre todo de lo relacionado con los centros y los canales energéticos del interior del cuerpo. Al regresar al presente, se dio cuenta de lo mucho que se parecía su labor a la práctica de la acupuntura. Mientras revivía su existencia china, lo invadió una sensación de trascendencia inmediata más allá de lo físico y lo mortal hacia un lugar situado en otra esfera, en un universo paralelo. Muchos de esos conceptos se parecían a los conocimientos y la sabiduría que iba a adquirir varios siglos después como rabino cabalístico; él mismo se percató enseguida del vínculo cuando, juntos, repasamos su existencia budista en mi consulta. O bien ambas culturas se habían comunicado en un momento dado en el pasado, conjeturó, o se trataba realmente de un conocimiento universal al que podía llegar, de forma independiente, todo aquel que deseara aplicar su inteligencia a la búsqueda de lo situado más allá del mundo perceptible.

Llegado este punto, Patrick ya se sentía cómodo conmigo y me aseguraba que disfrutaba de sus sesiones tanto como de la lectura de los libros de ciencia ficción tiempo atrás. Sin embargo, aún encontraba dificultades en el Miami que había fuera de mi despacho. Aunque se dejaba influir menos por las ideas y las opiniones de los demás, en especial las de su padre, se sentía inseguro en presencia de mujeres, en general, y también le incomodaba tratar con desconocidos de ambos sexos.

—Ahora, en lugar de estar desesperado, estoy solo —sentenció—. Me gusta irme a dormir pensando lo que pienso, pero sería más feliz si a mi lado tuviera el cuerpo de una mujer que hiciera compañía a esas ideas. —Cerró los ojos antes de proseguir—: Quizás en otra vida, en el futuro.

—Quizá —repliqué yo—. ¿Y si lo comprobamos?

—Me llamo Maddie —anunció Patrick—. Normalmente, a las mujeres no nos piden que participemos en la investigación astronómica del más alto nivel, pero mi expediente es mucho mejor que los de mis compañeros del sexo masculino y mi trabajo en el centro espacial ha sido muy bueno, así que no han podido cerrarme la puerta: he interpuesto una demanda.

«Hay cosas que no cambian», pensé yo. El machismo del futuro no parecía muy distinto del de la actualidad. «Maddie» me cayó bien de inmediato. Era evidente que se trataba de una mujer de bandera que sabía defender sus derechos, una buena progresión para Patrick.

—¿En qué año estás? —pregunté.

—Año 2254 —respondió, sin pensarlo mucho—. Mes, mayo; día, jueves; hora, diez y diecisiete de la noche.

—¿Cuántos años tienes?

—Treinta y uno.

La misma edad que Patrick en aquel momento.

—¿Desde dónde hablas?

—Desde el observatorio, claro. Aquí estoy, rodeada de mis ordenadores, mis telescopios, mi aparatos de escucha. Llevo desde las nueve de la mañana aquí dentro. Como siempre, vamos. Estoy encantada de la vida.

—¿Exactamente en qué estás trabajando?

Suspiró.

—Supongo que no pasa nada si lo cuento. La prensa se enteró hace varias semanas y, desde entonces, no hacen más que burlarse, lo mismo que mis amigos, que también se ríen de mí, pero le aseguro que se trata de algo sumamente serio.

—No lo dudo —respondí con severidad.

—Estamos estudiando el origen, la estructura y la esporádica extinción de civilizaciones extraterrestres.

Confieso que me quedé atónito. Si era una fantasía, era muy indicada para Patrick, una continuación directa de sus lecturas infantiles. Sin embargo, si se trataba de algo real (y si su vida de hacía sesenta mil años era también cierta), qué maravilloso resultaba que, en ese momento del futuro, él mismo tuviera la posibilidad de estudiar las raíces de su pasado.

—¿Qué origen tiene tu información?

A Maddie pareció agradarle la pregunta y adoptó un tono profesional que me sonaba de mis años universitarios.

—Por decirlo sencillamente (aunque lo que hacemos aquí no es en absoluto sencillo): hemos utilizado datos procedentes de sondas espaciales para «escuchar» los mensajes de otros planetas de otras galaxias, y lo que descubrimos por esa vía se une a la información recogida por las dieciséis estaciones espaciales que hemos puesto en órbita por todo el sistema solar. Por el momento, nos hemos hecho una idea bastante clara del panorama. Parece ser que hay docenas de civilizaciones, de sociedades de ese tipo. La mayoría está tan lejos que no podemos hacer gran cosa, simplemente establecer contactos de lo más rudimentarios: señales que intercambiamos y que confirman la existencia de unos y otros. Sin embargo, con otras civilizaciones, las más cercanas, hemos tenido más éxito, ya que hay algunas que tienen la tecnología necesaria para conseguir... Bueno, parece ser que pronto tendremos alguna visita.

—Entonces, ¿van a venir ellos en lugar de ir nosotros?

—Sí, sí, van a acudir a nosotros. No hemos avanzado ni mucho menos lo suficiente en el campo de los viajes espaciales; apenas hemos logrado salir de nuestro sistema solar. —Se detuvo y se le iluminó la mirada—. ¡Pero, cuando por fin lleguen y podamos mostrarlos al mundo, ya verá cómo aumentan las inversiones públicas!

—Y tú estarás ahí para verlo.

—¡Pues claro! Y la prensa, y mis amigos, que tanto se han reído de nosotros. Tendrán que comerse sus palabras.

Maddie no concretaba nada respecto a su familia, sus amigos o sus relaciones personales. Cuando le hice algunas preguntas al respecto, cambió de tema para volver a hablar de trabajo. Estaba claro que ésa era la parte de esa vida futura que inspiraba a Patrick y, como siempre hago, no obligué al paciente a adentrarse en un terreno que se mostraba reacio a investigar.

Estaba a punto de pedirle más detalles de la investigación de Maddie cuando la conciencia de Patrick cambió de tercio y abandonó esa vida para regresar a la actual, que, aun hipnotizado, evaluó desde una perspectiva superior.

—Hace tres años que me planteo matricularme en un curso de astronomía de la Universidad de Miami, y hasta he pensado en ir de oyente si no me aceptan. Pero siempre he ido posponiéndolo. Me daba demasiada vergüenza ir a preguntar, supongo. Ahora me he decidido a hacer ese curso. Es el siguiente paso de la preparación para mi vida futura, para mi trabajo del futuro. —Tomó aire y después añadió, poco a poco y relajadamente—: Es el destino que estaba buscando.

Después de su partida escribí una anotación sobre los conceptos de destino y libre albedrío que tan importantes son en mi trabajo: «Patrick elige hacer el curso de astronomía, pero, al mismo tiempo, es su destino. Ambas cosas están íntimamente ligadas. La correcta aplicación de nuestro libre albedrío podría llevarnos por el sendero de nuestro destino. Por otro lado, las elecciones libres que sean incorrectas podrían apartarnos de ese destino, retrasar nuestro progreso espiritual y complicar nuestras vidas. Resulta mucho más sencillo tomar la decisión adecuada si podemos entrever el futuro, ya sea el de esta vida o el de las próximas.»

Desde luego, ver su propio futuro sirvió para materializar la decisión de Patrick de matricularse en un curso de astronomía, cosa que hizo en cuanto se le presentó la oportunidad.

Al poco tiempo, recibió la confirmación de que, en efecto, estaba encaminado hacia su auténtico destino. Durante el segundo semestre de estudios me llamó. Hacía ya tiempo que habíamos finalizado la terapia y no había sabido nada de él desde el día que le había dado el alta.

—Tengo que verle —anunció.

Me temí lo peor. Mientras concertábamos la hora, me planteé qué podría haber sucedido. Patrick se había transformado y el joven de inseguridades enfermizas había pasado a ser otro que parecía en paz consigo mismo y sus limitaciones. Su largo silencio me había hecho creer que le iban bien las cosas, pero, de repente, me dije que algo habría detonado de nuevo su antiguo desasosiego.

Me equivocaba completamente. Entró en mi consulta dando saltitos como un cachorrillo emocionado y me estrechó la mano con decisión. Si antes evitaba mi mirada, de repente la sostenía con audacia; en aquellos ojos vi vida.

—¿Qué pasa? —pregunté, ya disipados todos mis miedos por él.

Iba bien vestido, bien afeitado y con el pelo recién cortado. Su buen humor era palpable. Llevaba un paquetito que puso encima de mi mesa.

—He conocido a una chica.

—¡Estupendo! —exclamé. También me parecía, en cierto modo, una sorpresa. Me había quedado con la idea de que le iría bien en lo académico, aunque no necesariamente en lo social. Sin embargo, es cierto que la existencia de seguridad en una fase de la vida suele comportar su aparición en otras. Evidentemente, eso era lo que había sucedido en el interior de Patrick.

—Cuéntame cosas de ella —pedí.

—Se llama Sara. —Se sonrió—. Es un poco rarita, como yo.

—¿La has conocido en la universidad?

—Sí, puede que no sea una belleza (tampoco es un cardo borriquero, la verdad), pero sí que tiene un cerebro precioso. Es preciosa.

—¿Le gusta la astronomía?

—Sí, claro. Si no, no haría el curso. Tiene veintisiete años, trabaja en un despacho de arquitectos en el que está estancada y ha decidido cambiar de vida. Qué coincidencia, ¿no?

«O eso, o el destino», pensé. Si Patrick no hubiera decidido también cambiar de vida, es casi seguro que Sara y él no se habrían conocido jamás. Su felicidad me llenó de alegría.

—Vamos a casarnos —me comunicó entonces—. En invierno. Por eso he venido a verle. Quería decirle que, sin su ayuda, nada de esto habría sucedido; quería darle las gracias en persona.

—Para eso está la terapia. Me alegro de que haya funcionado tan bien.

Señaló el paquete que había dejado sobre el escritorio.

—Le he traído un regalito —anunció, y lo recogí. Entonces, me pidió algo con una timidez repentina—: No lo abra hasta que me haya ido. Espero que le guste.

Una vez cumplida su misión, estaba claro que tenía ganas de irse, así que no le retuve. Nos dimos la mano una vez más, conscientes de que quizá no volveríamos a vernos jamás.

Cuando se fue, abrí el regalo. Era un libro: *La máquina del tiempo*, de H. G. Wells.

10

JOHN: EL LIBRE ALBEDRÍO Y EL DESTINO

Ya he hablado de libre albedrío y destino en algún otro capítulo, y esos conceptos representan uno de los temas centrales de *Lazos de amor*. Sin embargo, se trata de una lección sobre la que no puede hacerse excesivo hincapié, ya que suele darse en nuestras vidas. Todos los días la escucho de labios de mis pacientes y de colegas que realizan un trabajo similar al mío.

El destino y el libre albedrío parecen existir en armonía. Existe una inteligencia, una sabiduría o una conciencia que sabe cómo van a acabar los hechos y las relaciones personales; Hamlet la llama el destino que «da forma a nuestros finales». Los que habitamos este planeta no sabemos cómo van a acabar las cosas, pero nuestros actos y nuestras conductas actuales pueden modificar su resolución, tanto en lo que nos queda de vida como en nuestras existencias venideras. Mediante el libre albedrío.

Del mismo modo que el alma realiza una evaluación al final de cada vida, también parece detenerse a hacer una previsión antes de cada nacimiento para planear la vida: «voy a trabajar la compasión o la empatía o la no violencia», por ejemplo. Ve cómo se prepara la vida, a quién vamos a conocer, quién va a ayudarnos en nuestro camino espiritual o a quién vamos a ayudar nosotros. (Se trata de algo complejo, ya que se produce una interacción con otras almas que también tienen previstas sus propias lecciones.) Esa gente a la que conocemos y esas experiencias que están previstas para ayudarnos a aprender conforman el destino.

Bien, pongamos un ejemplo. Conoce usted a una persona maravillosa con la que, de acuerdo con la previsión de su vida, le corresponde pasar el resto de su vida, aprendiendo sus respectivas lecciones juntos, ayudándose en su progreso hacia la inmortalidad. Sin embargo, esa persona es de una religión inadecuada, o vive demasiado lejos, o sus padres se entrometen, o usted no tiene valor para superar la influencia de su cultura, de modo que decide no casarse con ella ni espiritual ni físicamente. Eso es el libre albedrío. Ha podido elegir y ha elegido que no. Esa decisión le llevará hasta un punto de su destino que podría no haber existido si hubiera optado por lo contrario. Así cambiamos nuestro futuro en esta vida.

Si conoce a esa persona y se casa con ella, también tomará un camino elegido con el ejercicio del libre albedrío, lo que afectará al resto de su vida actual y de las futuras. Si decide separarse de ella, tomará otro sendero y es posible que aprenda otras lecciones. Puede que conozca a otra alma gemela o que tenga una experiencia distinta y acabe trabajando sobre todo la empatía, pongamos como ejemplo, en lugar de la no violencia. Las preguntas más importantes son con qué rapidez va a aprender usted sus lecciones y cuánta felicidad, cuánta espiritualidad, cuánta tranquilidad, etcétera, va a tener en su vida.

Las respuestas dependen, en gran medida, del libre albedrío.

Es como trepar a un árbol: hay muchas ramas, muchas elecciones posibles. Al final llegará hasta lo alto, pero puede que tarde cinco vidas, o diez, o treinta. ¿Cuántas harán falta para alcanzar el objetivo de su alma, que podría ser, por ejemplo, aprender lo que es la compasión? Dependerá de sus elecciones. Así pues, el destino (al fin y al cabo, el árbol ha aparecido en su camino) y el libre albedrío coexisten.

No creo en los videntes que dicen cosas como: «Conocerá usted a una persona estupenda en el año 2008 y se casará con ella.» Puede que de verdad tengan poderes parapsicológicos y que sea cierto que usted vaya a encontrar pareja ese año, pero el libre albedrío será lo que determinará si pasan juntos el resto de sus vidas. Usted tomará esa decisión de acuerdo con su propia intuición, no con lo que le haya dicho el vidente.

Voy a contar, a continuación, un ejemplo de libre albedrío en el presente que cambiará las vidas venideras de un hombre. Las decisiones que tomó en existencias anteriores han tenido repercusiones en ésta y, si no hubiera llegado a retrotraerse al pasado y a comprender esa regresión, no sé cuánto habría tardado en hallar el camino adecuado.

Se llamaba John y murió en lo que pudo ser el gran incendio de Londres. No estaba seguro de la fecha, sólo de que había habido un incendio, de que había sido en la Edad Media, de que la ciudad era Londres y de que había muerto. Esos sucesos le traumatizaron durante varias vidas.

No lo averigüé de inmediato. Como sucede con todos mis pacientes, dedicamos las primeras sesiones a analizar sus problemas actuales y a intentar descubrir si su origen estaba en su infancia o en otros aspectos de su vida actual. A continuación, realizamos diversas regresiones que lo llevaron a ver imágenes borrosas y nada concluyentes y una en la que recordó con nitidez una vida pasada, pero no el incendio.

Prácticamente nada más darnos la mano me informó de que lo primero que debía saber de él era que tenía dinero. Por lo general, la gente me dice su edad, dónde vive, si está casada, algo de su historia familiar o a qué se dedica; John, no.

—Soy rico —desembuchó, y se quedó en silencio como si ya no me hiciera falta más información.

«Pues mire, me alegro por usted», estuve tentado de contestar. La riqueza no me impresiona, y alardear de ella me parece de mal gusto. No obstante, enseguida me di cuenta de que no estaba fanfarroneando, ya que la afirmación no fue acompañada de placer ni de orgullo; era como si la opulencia fuera precisamente el problema por el que había recurrido a mí.

Ya llegaríamos al fondo de la cuestión. Primero quería fijarme en su aspecto y, después, tomar nota de un historial convencional.

De hecho, la apariencia de John anunciaba su posición acomodada de forma casi tan manifiesta como él. Tenía poco más de sesenta años y una presencia de maniquí que sólo podía proceder de estiramientos faciales, camisas hechas a medida, frecuentes vacaciones en el Caribe (o una buena lámpara de rayos UVA), blanqueadores dentales, un entrenador personal, cortes de pelo de doscientos dólares y manicuras semanales. Me dio la impresión de que, si alguien le daba un golpecito con un martillo, se desharía como una fachada nueva mal construida para ocultar una casa a punto de venirse abajo. No me habría sorprendido descubrir que había sido o que todavía era modelo profesional, aunque no era probable que tuviera una profesión de ese tipo. En realidad, resultó que no tenía ninguna.

Vivía en una mansión de Palm Beach con veinte dormitorios, criados y un garaje para cuatro coches. Mi esposa, Carole, me contó que había visto la fotografía de la suya, Lauren, no sólo en las páginas de sociedad del *Miami Herald*, sino también en artículos sobre la alta sociedad de Florida publicados en *Vogue* y *Vanity Fair*. Tenía otra casa en Barbados, un piso en Londres y un «refugio» en Nueva York. Y también dos hijos: Stacey, de diecinueve años, estaba en segundo en la Universidad de Wellesley («estudiando, sobre todo, a los chicos», según John), y Ralph, de veinticinco, estaba terminando el posgrado de Derecho y tenía intención de presentarse a un puesto de juez del Tribunal Supremo. John no confiaba demasiado en las posibilidades del chico.

—Hábleme de usted —le pedí—. ¿Viven sus padres?
—Murieron hace ocho y diez años, respectivamente.
—¿Se llevaba bien con ellos?
—Supongo. Salían mucho. Me crié a golpe de niñera, pero mis padres me llevaban muchas veces de viaje con ellos. A los doce años empezaron a dejarme cenar con ellos alguna vez que tenían invitados. Si estábamos los tres solos cenábamos juntos, claro, pero no sucedía muy a menudo.
—¿Y quiénes solían ser esos invitados?
—Pues sus amigos, claro. Sobre todo, los vecinos: cuando iban yo también podía estar presente. Después de los postres, les gustaba jugar al bridge, pero, para entonces, yo ya estaba en la cama. Luego estaban los invitados de negocios. En esas cenas mi presencia quedaba termi-

nantemente prohibida. Mi padre era lo que se llama «financiero internacional», ni idea de lo que quiere decir. Por allí pasaban banqueros ilustres de todo tipo y, de vez en cuando, algún que otro dictador suramericano derrocado o incluso algún figurón europeo. Una vez Margaret Thatcher se quedó a dormir. No sabe los jaleos que se montaban.

—Me lo imagino, pero quizá no fuera lo mejor para un niño.

—Pues la verdad es que no —contestó John—. Siempre tenía la impresión de que, a ojos de mi padre, yo era menos importante que sus socios.

—¿Y a ojos de su madre?

—Menos importante que mi padre.

Lo soltó como una especie de broma, pero noté el dolor que se ocultaba detrás de la ocurrencia. Su madre había centrado su atención en su padre, no en él.

—¿Tiene hermanos?

—Soy hijo único. Sólo tenían tiempo para desatender a uno.

—Hábleme de sus amigos de la infancia.

—Tenía montones de conocidos, pero ningún amigo de verdad. Mi padre me montaba unas fiestas de cumpleaños monumentales y daba la impresión de que aparecían por allí todos los chavales de Florida, pero tardé poco en darme cuenta de que iban por la comida, los favores y los paseos en poni, no porque me tuvieran especial cariño. En el colegio la verdad es que no intimaba mucho con los chicos que conocía. Todos tenían niñera, como yo, y llevaban la correa muy corta, así que no había oportunidades para hacer grandes travesuras. Aún hoy me entran celos cuando oigo hablar de bandas callejeras o reformatorios. A mí me parecía que aquellos chicos disfrutaban más de la vida que yo.

Me dije que sus pequeñas ironías pretendían tapar grandes heridas. Es muy doloroso ser un accesorio de la vida de los padres, pero, gracias a las anotaciones que había hecho mi secretaria al recibir la llamada con la que John había solicitado una visita, yo sabía que nunca había hecho psicoterapia, por mucho que su descontento viniera de lejos y, por lo tanto, sentí curiosidad por saber qué incidente concreto le había empujado a recurrir a mí.

—Así que llevó una infancia muy enclaustrada.

—Yo no lo habría dicho mejor. Fui como un tapiz colgado de la pared, precioso y de factura perfecta, pero un simple adorno que llamaba cada vez menos la atención a medida que iban acostumbrándose a su presencia. —Recapacitó durante unos instantes—. Bueno, aun así, creo que, a su manera, me querían.

—¿Y qué tal le fue en la universidad? Para entonces ya debió de lograr escapar del encierro.

—Sí, me fui a la Universidad del Sur de California.

—¿Y cambió su vida?

—Durante los tres meses que estuve allí, sí.

—¿Le expulsaron?

—Huy, qué va, no fue tanta la tragedia. Lo dejé.

—¿Por qué?

—Porque me costaba demasiado.

—¿No le gustaba estudiar?

—No podía. No tenía sentido. Y por eso me costaba tanto agarrar un libro o un tubo de ensayo.

—¿Y sacarse un título no le parecía incentivo suficiente?

—No sé, es que no me hacía falta para trabajar.

—¿Y a los dieciocho años ya tenía tan claro lo que quería hacer?

—Conscientemente no, pero inconscientemente sí.

—¿Y por qué no aprender sólo por placer? Por el reto intelectual.

—Yo, cuando aprendo algo, no disfruto ni me lo tomo como un reto.

Aquella conversación empezaba a exasperarme.

—¿No le interesa nada?

—Sí, muchas cosas, pero nunca durante un mes entero. Después de dejar la universidad, probé toda una serie de trabajos: el mundo inmobiliario, la banca, un concesionario de Porsche, la venta de material deportivo. De ninguno saqué nada en limpio.

—¿Y a sus padres cómo les sentó?

—No sé muy bien si llegaron a enterarse. Desde luego, les traía sin cuidado. Es que, a los veintiuno, pude hincarle el diente al fondo fiduciario que me correspondía: un milloncete al año, que me bastaba para ir tirando. Alquilé una casa en Malibú y me dediqué a la única afición duradera que ha habido en mi vida, a la obsesión que me ha perseguido desde los quince años.

—Es decir...

—Las chicas. Las mujeres. La forma femenina, la carne femenina. —Se sonrió—. Como le decía, una obsesión desde los quince años.

—O sea, que ha tenido aventuras, romances...

—Si yo le contara. Y rollos de una noche, y escarceos fugaces. Llámelos como quiera. Nunca he pagado a cambio de sexo, al menos en el sentido de dar dinero a prostitutas, pero la verdad es que las chicas me han salido muy caras. Las he sacado a cenar a los mejores sitios, a las más estupendas les he comprado alguna que otra chuchería y, como mínimo, las he llevado a casa en limusina.

—¿Cuántas ha habido?

—Cientos.

—¿Y cuánto han durado las historias serias?

—Lo que suele durar mi capacidad de concentración: menos de un mes.

—Pero ¿y su mujer?

—Lauren. Bueno, claro, Lauren fue una de las estupendas; si no, no me habría casado con ella.

—¿Y cuánto tiempo hace de eso?

—Veintiséis años.

—Yo diría que ha sobrepasado ligeramente su capacidad de concentración.

—Pues no, la verdad. Hace mucho que nos casamos, pero ambos perdimos interés muy deprisa. Lo nuestro es más bien un acuerdo comercial.

Me sobresalté.

—¿Para seducir a...?

—¡Jamás! ¿Por quién me toma? No, Lauren y yo somos socios en otra cosa: en la profesión de ricos. Con los recursos económicos de los dos podemos comprar lo que queramos. Cualquier cosa.

—Póngame un ejemplo.

—Pues, no sé... Madagascar.

—¿Han comprado Madagascar?

Se echó a reír.

—No, hombre, no. En realidad, dedicamos el dinero a buenas causas. Mis padres invirtieron en una fundación benéfica que ha instaurado programas de tutoría doméstica para chavales de cuatro y cinco años de familias con problemas de zonas urbanas deprimidas, ha fundado clínicas especializadas en el sida, de momento en diecisiete lugares distintos... Ese tipo de cosas. Y Lauren y yo contribuimos muy generosamente, pero, claro, para nosotros son migajas.

—¿Y no participan activamente en la gestión?

Otra risotada, esta vez con un trasfondo de amargura.

—Yo no podría gestionar ni un puesto de refrescos.

—Bueno, pero, al menos, harán algo para la fundación, buscarán nuevos proyectos.

Se encogió de hombros.

—Es mucho trabajo. Mucho lío.

—¿Y Lauren es de la misma opinión?

—Ella tiene su propia empresa de comunicación, en la que trabaja todo el día. Desde luego, no le hace falta el dinero que gana.

Decidí provocarle. Su displicente rechazo de cualquier ambición, cualquier meta, me parecía síntoma de un alma inquieta.

—Y, mientras, usted se queda en casita haciendo lo que le viene en gana. De vez en cuando entra en el gimnasio; pero, si se cansa mucho, se echa una siestecita.

Me miró, herido.

—Lleva razón en todo, menos en una cosa: lo de la siestecita.

—O sea, que le sobra y le basta con las diez horas de sueño de cada noche.

La capa de protección se resquebrajó. Su cuerpo se hundió y en sus ojos se vislumbró la angustia.

—Pues no. Últimamente no consigo dormir. Si estoy solo, jamás. Y no hay pastilla en el mundo que sea lo bastante potente como para hacerme cerrar los ojos más de una o dos horas.

—Pero si lleva una vida fantástica. Tiene muchísimo dinero. Es guapo. Liga con todas las mujeres que quiere. Su mujer no se entromete en su camino. Su casa es un palacio. Sí, puede que sus padres se desentendieran de usted, pero no le faltó de nada y, además, me dice que, en el fondo, le querían. ¿Qué es esa fuerza tan potente que le impide dormir?

Hizo un esfuerzo para mantener la calma en la voz, pero no lo consiguió.

—El terror, doctor Weiss. Un terror abyecto e infatigable.

Noté que se me ponía la carne de gallina.

—Pero ¿a qué tiene miedo?

—A la muerte. Corro y corro y corro para huir del miedo, pero siempre me alcanza. Las mujeres, bueno, no son más que una distracción, como todos los trabajos que he hecho en la vida. Nada ha disipado el miedo. Me cuesta salir a la calle, me ha costado venir hasta aquí, porque estoy seguro de que voy a tener un accidente. Me niego a conducir. No sé. Nuestra casa tiene más sistemas de alarma que la de un capo mafioso. Apenas viajamos; los aviones significan una muerte segura. Si se oye de repente un estruendo, me meto debajo de la mesa. Soy como un veterano del Vietnam con trastorno por estrés postraumático, sólo que nunca he estado en una guerra. Pensar que yo podría agarrar un arma es una idea ridícula. ¡Joder!, si hasta me da miedo trinchar el pavo. La semana pasada oí el petardeo de un tubo de escape que me sonó como un disparo y me desmayé. Me desplomé, sin más. Me di cuenta de que la cosa se me escapaba de las manos y decidí hacer algo, por eso le he llamado.

Se recostó en el sillón, pálido y tembloroso. A veces, me resulta difícil descubrir si las causas de los síntomas de un paciente se hallan en su vida presente o en algún hecho de una vida anterior. En este caso, dado el historial de John en su existencia actual, no parecía que cupiera duda: sólo algo acontecido en una vida pasada o en una serie de vidas pasadas podía explicar su trauma. Lo comenté con él.

—Por mí, adelante —se animó—. No puede haber nada peor que lo que ya estoy sufriendo.

Con los primeros intentos no sacamos nada en limpio. Era como si John se resistiera a investigar el pasado, pero, con el tiempo, acabó llegando a un período relevante. Le sirvió de acicate.

—Estoy muchos siglos atrás —comenzó, con los ojos cerrados y el cuerpo en tensión—. Soy un gran guerrero, un rey guerrero. El ejército que dirijo ha acampado a las afueras de una ciudad fortificada cuyas murallas resultan infranqueables, ya que muchos de mis hombres han contraído disentería y son pocos los que están en condiciones de preparar un ataque. Aun así, si no tomamos la ciudad, nuestra debilidad se hará patente y nos matarán como a conejos en el campo de batalla. He solicitado una reunión con el gobernador de la ciudad, pero, antes de que tenga lugar, he hecho que mis hombres monten las tiendas y se pongan la armadura para ocultar lo grave de nuestra situación. Le cuento que lo que ve ante él, cuando nos mira desde las almenas, es sólo una pequeña parte de nuestro ejército. A menos de cinco millas hay un contingente formado por tres mil hombres que esperan una señal mía para atacar. Hace meses que no ven a una mujer; la violación de las esposas y las hijas de su población será únicamente una de las consecuencias que puede tener por seguro si cae su ciudad. Los hombres serán asesinados y los recién nacidos, arrojados al fuego.

»Mis hombres han cometido atrocidades como éstas en otras batallas y todo ello ha llegado a oídos del gobernador, así que cree mis palabras. "¿Qué quiere que haga?", me pregunta. Que se entregue sin oponer resistencia. Que nos deje ocupar su ciudad únicamente durante el tiempo que necesitemos para descansar y atender a los caballos. Después nos iremos, hay batallas más importantes que ganar en otros lugares.

»Accede a mis peticiones y abre las puertas de la ciudad. Mis hombres atacan de inmediato. Matan a todos los hombres sanos; violan a las mujeres y yo me encargo de la hija del gobernador, ya que también hace mucho tiempo que no disfruto de una mujer. Cuando terminamos, incendiamos la ciudad y bloqueamos las puertas desde fuera para que nadie pueda salir. El fuego se extiende a los bosques cercanos, pero mis hombres no sufren ningún daño. Todos los que han quedado dentro de la ciudad mueren abrasados. Mi nombre se convierte en sinónimo de crueldad y destrucción. Me temen en toda la región. Grandes soberanos me ofrecen incalculables riquezas para evitar mis ataques. Puedo comprar todo lo que quiera, puedo tener todo lo que quiera.

Le hice volver al presente.

—¿Madagascar incluido? —le pregunté cuando, al repasar la regresión, me habló de la sensación de riqueza y poder.

Se percató del vínculo entre la vida pasada y la actual, pero mi pulla no le hizo gracia. El alcance de su crueldad lo había dejado estupefacto, se había quedado horrorizado al comprobar que, en otra vida, aunque fuera otra persona, había sido capaz de violar y asesinar.

—Sospecho que ya ha pagado por ello —intervine.

—¿En otra vida?

—Exacto. En la que acaba de recordar salió indemne. Debía de tener miedo de que alguien se vengara de usted

—asintió—, pero no fue así. El miedo que sentía al mirar por encima del hombro no es comparable al terror que experimenta hoy.

Tomó aire y lo soltó con un suspiro.

—Vamos a hacer otra regresión.

En esta ocasión, John volvió a la época del gran incendio de Londres. Era un acaudalado mercader que no había prestado atención ni a su mujer ni a sus hijos y había preferido distraerse con innumerables amoríos. Su esposa lo había abandonado, ya que prefería quedarse sin un penique antes que permanecer a su lado, y se había llevado con ella a los niños. Su hija Alice, de seis años, había ido a verle para suplicarle que le diera dinero cuando estalló el incendio. John se había dormido en la cama, borracho como una cuba, y la niña, desesperada, no había logrado despertarle tras oler las llamas. Tampoco habría servido de nada que lo hubiera conseguido, pues el fuego resultó devastador y devoró las casas de madera de Londres con todo su contenido, vivo o inerte, dentro. Los adoquines se recalentaron tanto que la huida resultaba algo imposible.

—Lo primero que noté fue que no podía respirar —aseguró John, que jadeaba sólo de recordarlo—. El humo era tan denso que no se veía nada. Oí los gritos de Alice cuando empezó a arderle el pelo, pero enseguida se calló; me imaginé que había muerto, gracias a Dios. A mí también me llegó la muerte, pero no se apresuró. Fue como si las llamas treparan por mi cuerpo, en lugar de quemarme todo de golpe. Primero fueron las piernas, luego el torso y, mucho después, la cabeza, como si me crucificaran por pecados como la embriaguez y el adulterio, pecados malos, lo reconozco, pero que no me parecía que merecieran una sentencia de muerte tan cruel.

En su evaluación vital, John se dio cuenta de que había cometido pecados que le hacían merecedor del peor de los castigos, pero en una vida previa. Comprendió, también, por qué era tan intenso su miedo; no podía haber nada peor que la agonía que había sufrido en Londres y pensar que pudiera volver a suceder le resultaba insoportable. En lugar de traumatizarle aún más, las visiones de su crueldad y de su subsiguiente castigo, pasto de las llamas, encendieron en él impulsos de compasión y caridad. Se interesó mucho más en la fundación de sus padres y, por fin, empezó a dedicar su enorme fortuna a proyectos que él mismo supervisaba; no me sorprendió que uno de ellos fuera la financiación de un cuerpo auxiliar de bomberos. Dejó de alternar con mujeres, intentó mejorar la relación que mantenía con Lauren (una labor aún inacabada, que prosigue en el momento de escribir estas líneas) e hizo cursillos de economía y gestión con la esperanza de, algún día, tomar las riendas de la fundación. Ya no le costaba conciliar el sueño y, con el descanso, apareció una energía que a él le sorprendió más que a mí: la compasión es vigorizante.

Seguí viéndole durante muchos meses, no para retrotraerle, sino para tratar una depresión que no lograba quitarse de encima. Me contó que, por mucho que se dedicara a hacer el bien, nada era suficiente. Logré convencerle de que iba por buen camino y de que ya habría otras vidas en las que podría poner en práctica, de forma más completa, lo que había aprendido.

Hacia el final de las sesiones terapéuticas, John accedió a que le hiciera una progresión al futuro inmediato y remoto. Como se había beneficiado tanto de las regresiones, le agradó la idea de repetir el proceso a la inversa. Se había convertido en un sujeto ideal para la hipnosis y había revivido con intensidad escenas de existencias anteriores. Quizá fuera posible repetir la experiencia con el futuro.

El día previsto, antes de su llegada, reflexioné sobre el poder del destino y el libre albedrío. En el pasado remoto, el destino había hecho de John un líder; su influjo sobre aliados y enemigos había sido enorme. Sin embargo, él había decidido utilizar su poder y sus riquezas para el engrandecimiento personal, para subyugar a los demás, para beneficio de unos pocos y no de la mayoría. Esa decisión le había costado cara en vidas subsiguientes, tanto en Londres como en el Miami del siglo XXI. Si hubiera tomado otro camino, si hubiera aprovechado su posición para beneficiar a la comunidad, si hubiera demostrado amor y compasión, habría tenido existencias distintas y no se habría visto obligado a acudir a mi consulta, infeliz y atemorizado. A veces, el libre albedrío nos lleva al mal y no al bien, al egoísmo y no a la generosidad, a la estrechez de miras y no a la compasión, al odio y no al amor. Debemos ser conscientes de que el libre albedrío es peligroso si se emplea incorrectamente.

Teniendo en cuenta la capacidad de John para alcanzar un estado hipnótico profundo, me imaginé que el relato de sus viajes al futuro sería preciso y se basaría en experiencias reales, y no en fantasías, ni en los deseos que todos albergamos sobre nuestro porvenir. Tenía la habilidad de dejar de lado la mente cognitiva, el intelecto, para percibir el futuro de forma directa, sin distorsión.

En cuanto volvió a alcanzar un nivel de trance profundo, John avanzó en el tiempo manteniendo en todo momento una conciencia extracorporal. Enseguida le abordaron dos sabios seres espirituales que lo llevaron hasta una bifurcación del camino hacia las vidas futuras. Escuchó «telepáticamente» cómo esos sabios le decían que una de las vías divergentes, la de la izquierda, era la que habría tomado si no hubiera optado por la compasión, la caridad y la generosidad en su vida actual; la de la derecha era la ruta que iba a tomar tras haber dado ese paso.

Le pedí que se adentrara en el camino de la izquierda para que comprobara qué destino había evitado gracias a los actos que estaba realizando en esta vida.

—Estoy en una pasarela —relató—, rodeado de niebla, pero, cuando llego al otro lado, veo con claridad. Soy una mujer, me llamo Diana, soy estadounidense. Tal vez hayan pasado cien o doscientos años desde este momento, no más, y vengo de un laboratorio, me llevo a mi hijita recién nacida a casa. Estoy casada, pero no soy feliz. Mi marido es piloto de aerodeslizador y hace ya mucho tiempo que ha dejado de quererme y que busca la satisfacción sexual en otras mujeres. O sea, que la niña no es suya; no he estado embarazada. Mi hija es consecuencia de un proceso de clonación muy avanzado. Es, literalmente, una copia de mí misma, aunque espero que su vida resulte más feliz que la mía. La clonación es un gran invento, porque la fertilidad humana y las tasas de nacimientos han disminuido drásticamente debido a las toxinas químicas de los alimentos, del agua y del aire. Casi todo el mundo prefiere acudir a un laboratorio y yo me alegro de haberlo hecho. Al menos, no es hija de mi marido.

»La verdad es que no he viajado mucho, pero él sí. Ha estado por todo el mundo con su aerodeslizador, que supera la velocidad del sonido. Cuando aún me hablaba, me contó que las granjas y los bosques habían desaparecido, que los «accidentes tecnológicos» habían hecho inhabitables muchas regiones y que la gente se hacinaba en enormes ciudades-estado que, muchas veces, estaban en guerra unas con otras, lo cual contamina aún más el planeta.

La vida que describía Diana no difería demasiado de la actual. La gente seguía sufriendo los mismos problemas y las mismas complicaciones. La ciencia y la tecnología habían avanzado, tanto para mal como para bien, pero las ambiciones y los prejuicios humanos no habían variado. El mundo era un lugar más peligroso. Los alimentos sintéticos habían contribuido a aplacar el hambre, pero la contaminación amenazaba las provisiones de pescado y agua. La hice avanzar en esa misma vida y, de repente, se echó a llorar.

—Yo creía que mi hija iba a traerme la felicidad, pero ha resultado ser tan fría y tan cruel como mi marido. He vivido más de cien años, pero cada día ha sido una carga, veinticuatro horas de tristeza. La muerte ha llegado y ha sido un alivio. Al morir, he estado tan sola como durante toda mi vida.

Le pedí a John que regresara a la bifurcación del camino. Sin salir de un estado profundo, comprendió de inmediato que había visto cómo se sentía su esposa en el Londres medieval cuando él, el comerciante adinerado, la había dejado abandonada; era exactamente lo que había vivido en carne propia al convertirse en Diana y experimentar el rechazo de su esposo.

John sabía, sin embargo, que Diana era una figura de una vida que él no llegaría a vivir. Había elegido el sendero de la derecha y por él le hice avanzar llegado aquel punto.

—Soy rector de una prestigiosa universidad situada en lo que fue Estados Unidos antes de que desaparecieran todas las fronteras transnacionales. Soy sumamente rico, pero vivo humildemente con mi esposa y mis tres hijos en una casa del recinto universitario. Dedico mi dinero a ofrecer becas, a atraer a los jóvenes más prometedores del mundo de las letras y las ciencias a nuestras aulas. Disfruto mucho trabajando con ellos; rebosan ideas frescas e innovadoras. Todos juntos, ellos y yo, con los excelentes profesores que les enseñan, buscamos formas de crear unidad entre los pueblos de la Tierra, haciendo hincapié en las similitudes y no en las diferencias. Soy un hombre de gran fama, pero eso no significa nada en comparación con la felicidad que me proporciona la vida.

La visita de John a ese futuro fue corta; ya lo disfrutaría de pleno cuando llegara el momento. Le indiqué que avanzara más, que dejara atrás esos dos caminos y se metiera en un futuro más lejano. Se sonrió feliz, aún profundamente hipnotizado.

—¿Adónde quiere que vaya? —preguntó—. Puedo transportarme adonde quiera. La gente ya no necesita cuerpos, aunque pueden tenerlos si lo desean: son una maravilla para hacer deporte, por ejemplo, y, desde luego, para el sexo. Pero podemos ir adonde nos plazca y ser quien queramos mediante la visualización y el pensamiento. Nos comunicamos a través de la conciencia y también gracias a las auras lumínicas.

Su fruición también me hacía disfrutar a mí.

—Por la forma en que lo describe, debe de estar en un futuro muy, muy lejano, dentro de muchos miles de años.

—No, no tan lejano como usted cree, aunque no sé decirle el año. La Tierra es exuberante, está todo muy verde —aseguró, con lo que también refrendó muchas de las historias que estaba escuchando de labios de otros pacientes—. No veo a mucha gente, pero debe de ser porque casi nadie quiere tener cuerpo; son felices siendo sólo conciencia y luz. El mundo es un lugar de una paz sobrenatural donde no hay ni rastro de guerra, violencia, dolor o sufrimiento. He podido recorrer el planeta en busca de emociones negativas y no existe ninguna. No hay indicios de ira, de odio ni de miedo. Sólo paz.

Podía haber pasado horas en ese futuro que estaba experimentando en mi oficina, pero, según mi reloj, estábamos a media mañana de un día de principios del siglo XXI y había otro paciente en la salita de espera, así que tuve que hacerle volver. En la siguiente sesión me dijo que no quería regresar a ese futuro distante.

—Era demasiado bonito —aseguró—. Tengo que vivir en el presente y, de momento, ya me parece lo bastante bonito.

John sabía que había aprendido importantes lecciones al viajar a sus distintas vidas y que aún quedaba mucho que aprender. Se dio cuenta de que las decisiones que había tomado recientemente iban a afectar de manera profunda a sus futuros, pero también de que, en ellos, tendría que volver a tomar otras determinaciones igual de decisivas para alcanzar la gloria que había vislumbrado en su visita al porvenir.

—Pero sólo con las decisiones que yo tome no se dará ese futuro —concluyó—. Las elecciones colectivas de todos los seres humanos son las que nos permitirán llegar hasta allí.

Es posible. Y también puede que ese tiempo al que viajó John no esté «tan lejano como usted cree».

11

LA CONTEMPLACIÓN
Y LA MEDITACIÓN

«Día a día hago de mí lo que soy.» La cita es de Robert Thurman, el eminente estudioso del budismo de la Universidad de Columbia (Nueva York), y a mí me parece una idea apasionante. Me fascina el concepto de progreso y flujo que implica.

Somos seres nuevos todos los días. Nuestros pensamientos, nuestras intenciones y nuestras acciones, nuestra conciencia y nuestras percepciones evolucionan constantemente y, con cada variación, emerge un nuevo ser. No somos la misma persona que hace cinco años, ni siquiera hace cinco minutos. Y tampoco son los mismos nuestros familiares, nuestros amigos o nuestros conocidos. Como resultado de ello, a menudo reaccionamos como si estuviéramos ante esa persona que conocíamos (y ellos ante la versión de nosotros a la que estaban acostumbrados), de modo que, por ejemplo, el matón del colegio sigue pareciéndonos un matón cuando volvemos a verle, aunque es posible que haya encontrado la paz espiritual y se trate del hombre más afable del mundo.

Así pues, hay que ser consciente de que la evolución

no sirve de mucho si no la tenemos presente. ¿Cómo podemos madurar si no vemos cómo va avanzando el proceso? ¿Cómo podemos aprender de la vida si no nos detenemos a experimentarla? ¿Cómo podemos incorporar todo lo que nos ha sucedido física y psicológicamente si no damos al cuerpo y a la mente tiempo para digerirlo? ¿Cómo podemos cambiar a medida que cambian nuestros amigos y nuestras familias?

La apreciación de nosotros mismos y de los demás pasa por la contemplación y la meditación relajadas del espíritu, y el momento de empezar es el presente. Se diferencian en una cosa, aunque son parientes muy cercanos. La contemplación supone concentrarse en un sujeto o un objeto concretos; por ejemplo, en el concepto de bondad afectuosa, o en la belleza de una mariposa. La meditación requiere mantener la mente completamente en blanco, en un estado de conciencia, con libertad para aceptar cualquier sentimiento, idea, imagen o visión que la penetre y dejar que la asociación fluya hasta todos los aspectos del objeto o el pensamiento en cuestión, para comprender su forma, su color, su esencia. Es el arte de observar sin pensar, sin hacer comentarios mentales. Para la mente occidental, resulta mucho más fácil practicar la contemplación; estamos acostumbrados a centrar el pensamiento en un sujeto concreto, a darle vueltas y analizarlo. La meditación es un concepto más oriental, cuesta dominarla y exige mucha práctica. Se tardan meses o incluso años en llegar a meditar de forma integral, y es posible que una persona no logre dominar la técnica en esta vida. Sin embargo, eso no quiere decir que no deba usted empezar en este momento. (Recuerde: en esta existencia, como en todas las demás, está usted progresando conscientemente hacia la inmortalidad.) Por sí solo, el intento aporta una serie de profundas recompensas, y pronto se dará cuenta de que espera con emoción el momento de soledad que requiere toda meditación.

Es aconsejable comenzar por la contemplación. El ser en el que debe concentrarse es usted mismo. Para descubrir quién es usted en este momento, piense en sí mismo en este mismo instante, que entren en su conciencia todas las ideas que tenga sobre sí, sean buenas o malas. ¿Qué imágenes y sentimientos negativos o inflexibles descartaría porque ya no tienen validez, ya no son acertados? ¿Qué impresiones y sensaciones positivos y autocurativos añadiría a continuación? ¿Qué experiencias vitales le han afectado más profundamente? Cuando tenga otra vida, ¿qué le gustaría cambiar en comparación con ésta? No se trata de «gustarse», ni tampoco de someterse a ningún tipo de juicio. Lo que busca es ver qué hay en su interior, bajo el camuflaje de la persona que muestra ante el mundo.

Reflexione sobre las personas que son importantes en su vida. ¿Están anticuadas las concepciones que tiene de ellas? ¿Le ha enseñado su experiencia personal a verlas de otra manera? ¿Cómo han ido cambiando a medida que cambiaba usted? ¿Cómo le llevarán esos cambios a modificar la relación que mantiene con ellas para que sea más positiva, para que haya en ella más amor y más comprensión? ¿Cómo van a facilitar esas personas más cambios?

Todos nos estamos realizando, nos queda camino por recorrer y estamos en distintos puntos de nuestro sendero espiritual, avanzando a distintas velocidades; pero deberíamos detenernos a diario para hacer que la mente creativa participe en los conceptos principales que pueden afectarnos como seres humanos que desean elevarse hacia el alma única.

Amor. Dicha. Paz. Dios.

La contemplación y la meditación no son sencillas, ya que, cuanto más penetremos en nosotros mismos, más intensamente sentiremos la comprensión, y profundizar implica abrirse paso por toda una serie de capas de defensas. Nos sentimos tan obligados a pensar y a analizar que los intentos de limpiar o vaciar la mente se dan de bruces con nuestra educación. El análisis es contrario a la contemplación y la meditación, por lo que debemos despojarnos de él al empezar a explorar. No basta con decirnos: «Voy a depurar la mente de todo menos del concepto de bondad afectuosa» o, yendo aún más allá, «voy a depurar la mente de todo pensamiento; no soy consciente de nada y soy consciente de todo a un tiempo», ya que, en ambos casos, descubriremos que el mundo exterior nos distrae. Puede que logremos pensar en la bondad afectuosa durante un rato, pero seguro que enseguida recordaremos un momento en el que no fuimos buenos, o en el que alguien no fue bueno con nosotros y, a partir de ahí, puede asaltarnos un pensamiento como: «¡Dios mío! Hoy es el cumpleaños de mi madre y no me he acordado de llamarla», o cualquier otra idea que nos haga volver a los asuntos del día a día. Y si intentamos poner la mente completamente en blanco es casi seguro que acabaremos llenándola de distracciones mundanas (un picor en la nariz, o una mosca que se haya metido en la habitación, o el recuerdo de que dentro de media hora empieza el episodio de *Friends*).

En este capítulo voy a tratar, sobre todo, la meditación, pero gran parte de lo expuesto puede aplicarse a ambas disciplinas.

La meditación acalla la cháchara que suele llenar la mente, y el silencio resultante nos permite observar sin juzgar, lograr un mayor distanciamiento y, con el tiempo, alcanzar un estado de conciencia superior.

Un sencillo ejercicio puede demostrar lo difícil que es mantener la mente despejada de pensamientos, sentimientos, listas de obligaciones, incomodidades físicas, preocupaciones diarias o problemas domésticos o laborales.

Tras leer este párrafo, cierre los ojos durante uno o dos minutos. (Le sugiero que se siente en su sillón preferido o sobre un cojín cómodo o en la cama. Póngase todo lo cómodo que pueda.) A continuación, respire hondo unas cuantas veces y al espirar expulse todas las preocupaciones y tensiones que lleva consigo en el cuerpo. Intente relajar la mente y no pensar en nada, ni siquiera en atardeceres preciosos ni en mares apacibles. El objetivo es serenar la parte izquierda del cerebro, la encargada de pensar y analizar. ¿Está listo? Empiece ya.

Seguramente, ha disfrutado de varios momentos de relajación y placer, pero, luego, puede que haya empezado a imaginarse lo ridículo que queda, sentado con un libro abierto entre las manos y los ojos cerrados. Después está ese informe del trabajo: ¿logrará entregarlo a tiempo? ¿O se ha olvidado de comprar jerez para hacer la pierna de cordero que va a servirles a sus invitados esta noche? Da la impresión de que los desvelos del mundo actual se inmiscuyen constantemente en nuestra vida diaria, y en un entorno de aspecto artificial (una habitación con poca luz, en silencio, en soledad) es como si nos aporrearan. Bajo ese aluvión de tensiones, parece que el cuerpo físico esté más despierto, más alerta (la llamada «reacción de lucha o huida»), lo que desencadena toda una serie de reflejos psicológicos. Podemos sentir hasta miedo al creer que el silencio supone, en cierto modo, una amenaza. (Casi todos encendemos la radio o la televisión nada más llegar a casa, precisamente para evitar que nos asalten ideas o recuerdos.) ¿Cuánto tiempo lleva sentado sin moverse? ¿Cinco minutos? Parece un buen principio, se dice, aunque sabe que no es cierto. Quizá mañana consiga darse uno o dos minutos más, como si la meditación fuera algo que hubiera que soportar.

Quizá, se dice al día siguiente, en lugar de meditar va a contemplar. No empezará por sí mismo (sería demasiado arriesgado), sino que, como recomienda el doctor Weiss, se concentrará en la bondad afectuosa. Ha leído que la contemplación capta la atención de la mente y le permitirá comprender más a fondo la bondad en la sesión de hoy, pues ése es su objetivo y, con el tiempo, le llevará a centrarse en usted mismo y en la vida que lo rodea. Y comprender nos lleva a la libertad, a la alegría, a la realización personal, a mantener mejores relaciones: a la felicidad.

Contemplar un pensamiento o un concepto es concentrarse en su significado y, como ya se ha señalado, resulta más sencillo que vaciar la mente y observar, que es la esencia de la meditación. Al concentrarse, surgirán distintos niveles de significado. Además, las asociaciones mentales con el objeto o concepto de contemplación le harán avanzar por nuevos caminos de revelación y comprensión. No pasa nada por pensar durante la contemplación, mientras no se pierda la concentración.

Muy bien: la bondad afectuosa. ¿Qué imágenes evoca ese término? Quizás a una persona (¿a su madre?, ¿a su abuela?) o alguna acción que realizó espontáneamente, o alguna otra de la que fue el receptor. O quizás una sensación, un calor que inunda su cuerpo y que hace brotar una lágrima de alegría. Una vez haya ubicado esa imagen o ese sentimiento, comprenderá la definición más general del término. La bondad afectuosa es un acto espiritual, y concentrarse en lo espiritual puede ser sumamente gratificante.

Todo su sistema de valores cambiará a mejor si se fundamenta sobre la bondad afectuosa. Observará que los miedos y las ansiedades se reducen o incluso desaparecen. Su proceso mental le llevará, creo yo, a pasar de una definición simple a comprender con mayor claridad su propia naturaleza espiritual. (¡Y es que en realidad a quien está contemplando es a sí mismo!) Con el tiempo, gracias a la conciencia de qué es esa esencia espiritual, se hará manifiesta una sensación de paz interior, de paciencia, de equilibrio y armonía en su vida diaria.

Los beneficios físicos también se acumulan. Con la disminución del miedo y la ansiedad y la llegada de la tranquilidad interior, el cuerpo se fortalece. El sistema inmunológico se revitaliza. He sido testigo de cómo remitían enfermedades crónicas en los cuerpos de pacientes cuyas mentes habían encontrado la calma. Hay quien ha observado cambios de energía cuando se alcanza la comprensión y se dan nuevas percepciones. Cuerpo y mente están conectados de una forma tan íntima que, al sanar uno, sana el otro.

En ocasiones, al concentrarse en un concepto, puede que descubra algo que difiera de lo que le hayan enseñado su educación o la historia. No es de extrañar, ya que a todos nos han inculcado los sistemas de creencias y las escalas de valores de nuestras familias, nuestros profesores, nuestras culturas y nuestras religiones. Ver ahora las cosas de otra forma no le perjudicará. Tener una actitud receptiva es esencial. Si puede adaptarse mentalmente a distintas ideas y a nuevas posibilidades, el proceso de aprendizaje podrá proseguir.

Tal vez lo que le inculcaron de bebé o de niño no sea lo que está experimentando ahora. ¿Cómo podrá saberlo si su mente no está activa y consciente? ¿Cómo podrá despertar a una realidad más profunda y más valiosa si no permite que la mente funcione sin tapujos, sin emitir juicios hasta que usted mismo haya comprobado todas y cada una de las opciones? Intente no descartar o rechazar ideas ni pasar por alto lo que experimente sólo porque sea distinto de lo que le hayan hecho creer que es la verdad absoluta. Es posible que lo extraño sea cierto, que lo conocido resulte falso.

Cuando se dedique a la contemplación, tómese su tiempo. Por definición, se trata de un proceso que implica una concentración mental reposada; su mente debe reflexionar sobre cada respuesta que dé, y quizás añadir otra reflexión y otra respuesta a la primera, y luego otra, y otra. Puede que empiecen a aparecer en su conciencia recuerdos como estrellas en el cielo del anochecer. Es posible que experimente de manera repentina nuevas percepciones clarificadoras con los efectos curativos que comportan.

Yo recomiendo contemplar las cosas de una en una, para asegurarse de que la experiencia tiene la profundidad y la duración necesarias. Incluso en ese caso es poco probable que una única sesión le permita llegar hasta el núcleo del objeto o el concepto que haya decidido contemplar. Puede y debe regresar a él hasta dominarlo, hasta comprenderlo a fondo, hasta ser consciente de los cambios que haya producido en su interior. Entonces se quedará atónito y encantado ante la belleza y la fuerza de sus nuevas percepciones, liberadas por los efectos curativos de su comprensión.

Cuando crea que ha llegado hasta el núcleo, no detenga la contemplación. Empiece otra sobre el mismo concepto al día siguiente. Cierre los ojos y haga varias respiraciones relajantes. Imagínese que puede espirar todas las tensiones y las preocupaciones de su cuerpo e inspirar energía pura y curativa. Relaje los músculos y deje que el núcleo del concepto o el objeto reaparezca en su conciencia. Durante aproximadamente diez minutos, considere todos los niveles de significado que tenga para usted; la bondad afectuosa es un concepto espiritual profundo, pero también existe profundidad en la belleza de una mariposa. ¿Qué repercusiones tiene eso? ¿Cómo variará su vida con nuevas percepciones? ¿Y sus relaciones personales? ¿Y sus valores morales? Tómese su tiempo. No hay prisa y no tiene que aprobar ningún examen al final. Recréese en las revelaciones y las instrucciones. Repítase que va a recordar todo lo que está experimentando.

Si se distrae y pierde la concentración, no se haga reproches. Es normal que los pensamientos se dispersen; basta con regresar tranquilamente al tema que le ocupa. Cuando haya practicado un poco se dará cuenta de que, aunque se distraiga, seguirá vinculado al pensamiento original; es lo que, en psiquiatría, denominamos «asociación libre». Cuanto más practique, más fácil le resultará mantener la concentración y más profunda e intensa será su comprensión. Así pues, deje que las frustraciones se alejen flotando, pero no se obligue a sentarse y contemplar si el mundo exterior está demasiado presente en su cabeza. Vuelva a intentarlo al día siguiente. El placer es un componente vital de la contemplación y la meditación. La meta es liberarse, no encadenarse al proceso.

Cuando haya terminado, haya abierto los ojos y su mente haya regresado a la conciencia del día a día, quizá desee tomar nota de la experiencia en un diario o grabarla en una cinta. Es una forma de hacer que cuajen las ideas y de preparar la memoria para nuevas percepciones en el futuro.

A mucha gente le resulta fascinante regresar al concepto pasadas unas semanas o incluso meses desde que lo «dominó» y comparar ese viaje con el anterior. En ese aspecto no existen reglas. Confíe en su sabiduría intuitiva. Como aseguró el místico cristiano Teihard de Chardin: «No es usted un ser humano que vive una experiencia espiritual, sino un ser espiritual que vive una experiencia humana.» Todo tiene su sentido y, cuando lo encuentre, descubrirá la pureza de espíritu.

Si bien la contemplación es muy gratificante, la meditación sigue siendo el sistema más indicado para profundizar en el terreno espiritual tanto como sea humanamente posible, ya que, en este caso, no nos ceñimos a un único concepto ni nos limita la concentración. Al contrario, se trata de decirles a la mente, al cuerpo y al alma: «Sois libres de ir adonde queráis en vuestra búsqueda de la progresión espiritual. Nos os coartan ni el tiempo ni el lugar, podéis viajar al pasado o al futuro, a tierras conocidas o desconocidas, a lugares tan pequeños como el corazón humano o tan vastos como el universo.»

Créame cuando le digo que no existe viaje más estimulante.

He escrito un libro dedicado de forma íntegra a la meditación* y, sin embargo, no he alcanzado ni mucho menos la sabiduría y la paz espiritual que describen los yoguis y los monjes de Asia que han consagrado toda la vida a ella. Para usted y para mí, el objetivo no es alcanzar la «perfección» meditativa, sino obtener el máximo provecho posible, utilizar esta práctica como uno de los muchos instrumentos de nuestra evolución, que nos señalan el camino de la espiritualidad y nos ayudan terapéuticamente.

Antes de conocer a Catherine, mi preparación médica había seguido las vías ortodoxas, y mi formación psiquiátrica era tradicional y se ceñía a las normas establecidas, pero, tras mi experiencia con ella, empecé a explorar terapias alternativas: fue durante esta búsqueda cuando descubrí el valor de la meditación.

Al igual que la hipnosis, que utilizo como instrumento para inducir las regresiones de los pacientes a vidas anteriores, la meditación desarrolla la capacidad de abrir la mente a las influencias más profundas y ocultas de nuestros cuerpos y mentes, vengan de vidas pasadas, futuras o presentes. Paradójicamente, al no pensar en «nada» (es decir, al vaciar la mente) somos libres para recordar. La memoria de las vidas pasadas, presentes y futuras nos ayuda a dar con el origen de nuestros traumas, que, una vez se nos revela, nos permite reconocer que nuestros miedos proceden de otro lugar y ya no suponen una amenaza. Yo mismo he recuperado recuerdos de vidas previas mediante una meditación profunda y, de ese modo, he obtenido nuevas percepciones sobre mi conducta, mis

* *Meditation: Achieving Inner Peace and Tranquility in Your Life*, Hay House, 2002.

defensas y mis miedos. No sabría tanto de mí mismo (y eso que aún me queda mucho por descubrir) si no hubiera practicado la meditación.

También podemos aprovechar la meditación para resolver conflictos personales y relaciones difíciles, o para aliviar el sufrimiento, pero, en el fondo, para todos nosotros, el fin principal de la meditación es alcanzar el equilibrio y la paz interiores mediante la espiritualidad.

Los monjes son capaces de meditar durante horas y horas. Usted debería empezar con veinte minutos. Siéntese cómodamente, o túmbese si quiere, aunque corre el riesgo de dormirse. Cierre los ojos, respire lenta, regular y profundamente, ubique cualquier zona de tensión física que tenga (en mi caso, el cuello y los hombros) y envíele un mensaje al cuerpo: «Todo va bien, todo está tranquilo. Relájate.»

Deje que los pensamientos dispersos y las preocupaciones diarias salgan flotando tranquilamente de la mente; impida el paso a las voces estridentes del trabajo, la familia, las obligaciones y las responsabilidades que suelen abalanzarse sobre usted, una a una, en caso de que sea necesario. Observe mentalmente cómo se desvanecen. Viva el momento (este momento único y precioso de gracia, luz y libertad) rindiéndose a él.

Al ser el presente el único lugar en el que uno puede encontrar la felicidad, la alegría, la paz y la libertad, la práctica psicoespiritual hace hincapié en la conciencia del momento actual, como acabo de indicar. La mente humana es una obra maestra de la creación; si le damos el timón puede transportarnos a las cumbres de la dicha. Debemos tener conciencia de los pensamientos, las emociones, los sentimientos y las percepciones que nos ocupan ahora y únicamente ahora. Al eliminar la distracción del pasado inmediato y las preocupaciones por el futuro, el acto de la meditación abre la puerta a la paz y la salud interiores.

Con el paso de la conciencia diaria a la conciencia reforzada del momento presente (y sólo de este momento, de este preciso instante) y, por tanto, a los valores espirituales que elevan nuestras almas, la meditación nos otorga la libertad de ir adonde queramos. Por el camino, podremos apreciar con claridad los traumas del presente, una vida pasada o futura, una negación inconsciente de la naturaleza de nuestros problemas: ése es el valor terapéutico de la meditación, lo que era inconsciente entra en la conciencia. También es posible que el proceso se limite a iluminar la realidad de la belleza del momento y todas las maravillas que contiene. Eso es lo que se llama «nueva percepción», y así alcanzamos la realidad última.

He aquí un ejemplo de este tipo de conciencia.

Un buen día, una paciente a la que estaba enseñando a meditar, Linda, fue a verme muy alterada.

—¡Acabo de ver un árbol precioso! —exclamó.

—¿Dónde? —quise saber, intrigado.

—¿Cómo que dónde? Delante de mi casa.

La meditación le había abierto los ojos a la belleza que siempre había estado a su alcance, pero que se negaba a ver. Linda era maestra y, por lo general, iba con prisas porque llegaba tarde a clase, pero, gracias a la meditación, había aprendido a bajar el ritmo.

El director del Instituto Omega de Rhinebeck, en el estado de Nueva York, Stephan Rechtschaffen, cuenta la historia del día en que estaba en su despacho tratando un tema profesional con un compañero de trabajo. Era primavera y hacía muy buen día, y desde la ventana vio a un invitado del instituto, el monje budista vietnamita Thich Nhat Hahn, que paseaba por el césped:

«A cada paso, entraba en comunión con el suelo. Estaba totalmente presente, inmerso sólo en el acto de andar. Casi llegué a sentir cómo disfrutaba de cada momento, a sentir cómo la hierba tocaba la suela, a sentir la forma en que su cuerpo parecía formar parte de cada movimiento.»[*]

Thich Nhat Hahn vivía en el instante, algo que también había aprendido a hacer Linda. El propio monje escribe lo siguiente:

«En nosotros existe un río de sentimiento en el que cada gota de agua es un sentimiento diferente y en el que cada sentimiento necesita de todos los demás para existir. Para observarlo, basta con sentarnos a la orilla del río e identificar cada sentimiento a medida que sale a la superficie, avanza con la corriente y desaparece.»[**]

Cuando meditamos, nos sentamos en esa orilla.

En el libro *Meditation: Achieving Inner Peace and Tranquility in Your Life*, comparto con los lectores un mensaje que recibí mientras meditaba y que podría parecerse a alguno que le haya llegado a usted:

«Con el amor y la comprensión llega la perspectiva de la paciencia infinita. ¿Qué prisa tienes si, en el fondo, el tiempo no existe, por mucho que a ti te lo parezca? Cuando no experimentas el presente, cuando te dejas absorber

[*] *Time Shifting*, Doubleday, 1996.
[**] *Ibíd.*

por el pasado o preocupar por el futuro, te provocas mucho pesar y mucho sufrimiento. El tiempo también es una ilusión. Incluso en el mundo tridimensional, el futuro es solamente un sistema de probabilidades. Así pues, ¿por qué preocuparse tanto?

»El pasado debe recordarse y luego olvidarse. No te aferres a él. Eso debe aplicarse a los traumas de la infancia y de vidas anteriores, pero también a las actitudes, las ideas falsas y los sistemas de creencias que te han inculcado a la fuerza, y a todos los pensamientos caducos o, mejor aún, a todos los pensamientos. ¿Cómo vas a ver claramente y sin prejuicios con todos esos pensamientos en la cabeza? ¿Y si tienes que aprender algo nuevo desde una perspectiva inédita?

»Deja de pensar. Te conviene más utilizar la sabiduría intuitiva para volver a experimentar el amor. Medita. Verás que todo está interconectado. Verás tu verdadero yo. Verás a Dios.

»La meditación y la visualización te ayudarán a dejar de pensar tanto y a iniciar el trayecto de retorno. Se producirá la curación. Empezarás a utilizar la mente que tienes desaprovechada. Verás. Comprenderás. Y llegarás a ser sabio. Entonces habrá paz.»

Lo único que añadiría ahora es lo que he aprendido desde que escribí ese pasaje: no sólo emprenderá el viaje hacia el pasado, sino también el camino hacia el futuro.

La meditación puede ayudarnos a explotar los poderes curativos que llevamos dentro, y no se trata únicamente de curación psíquica, sino también física. Los médicos van reconociendo cada vez más que podemos combatir enfermedades, incluso las muy graves, con un medicamento recién descubierto: los poderes curativos que esconde nuestra naturaleza espiritual. (Recién descubierto en Occidente, claro; los médicos orientales hace siglos que lo conocen.) Quizá se trate de una auténtica medicina holística en la que activamos la totalidad del organismo: la mente y el espíritu, además del cuerpo.

En la actualidad, ya hay multitud de pruebas. En *Head First: The Biology of Hope and the Healing Power of the Human Spirit* (Dutton, 1989), Norman Cousins detalla cómo las emociones afectan al sistema inmunológico; un equipo de investigadores de Harvard ha descubierto que la meditación puede prolongar la vida en los ancianos, y un grupo de médicos ingleses ha averiguado que la dieta, el ejercicio y la práctica de técnicas de reducción del estrés, de entre las cuales la meditación es una de las más importantes, pueden llegar a invertir el curso de una coronariopatía, algo que la dieta y el ejercicio no pueden lograr por sí solos.

El poder de la oración en la curación también está documentado; no sólo tienen su efecto los rezos de uno mismo y los de familiares y amigos, sino también los de desconocidos. En 1982, por ejemplo, se eligió al azar a trescientos noventa y tres pacientes de la Unidad de Cuidados Coronarios del Hospital General de San Francisco que quedaron divididos en dos grupos: uno recibiría oraciones de intercesión y el otro, no. Ni los pacientes, ni los médicos, ni las enfermeras sabían de cuál de los dos se trataba. Los enfermos que fueron objeto de plegaria tuvieron menos necesidad de reanimación cardiopulmonar, ventilación mecánica, diuréticos y antibióticos, y mostraron menos casos de edema pulmonar e incluso de fallecimiento. En un estudio llevado a cabo por la Universidad de Duke y el Centro Médico para Veteranos de Guerra de Durham, los pacientes cardíacos por los que rezaban siete grupos religiosos distintos de diversos puntos del planeta tuvieron mejores resultados que los que únicamente recibieron el tratamiento médico tradicional; un estudio realizado con pacientes con sida en fase avanzada concluyó que, cuando alguien rezaba por ellos desde lejos, sin que los enfermos lo supieran, experimentaban menos patologías relacionadas con el sida y de menor gravedad, menos hospitalizaciones y, en todo caso, durante períodos más cortos, y menos depresiones.

Yo enseño a mis pacientes técnicas de meditación que pueden ayudar a superar el insomnio, a perder peso, a dejar de fumar, a reducir el estrés, a combatir infecciones y enfermedades crónicas y a reducir la tensión arterial. Esas técnicas funcionan porque, sin duda, las energías mentales y físicas influyen en la química y la física del cuerpo; la meditación habitual es un instrumento inestimable de cara a la recuperación y el mantenimiento de la salud.

La meditación puede plantear nuevas posibilidades de experiencias espirituales, ya que el subconsciente es una de las puertas de acceso a la dimensión eterna. Nunca está abierta de par en par y no hay señalización que nos indique hacia dónde lleva el camino. Tampoco existe ninguna palabra mágica ni ninguna clave que la abra; hay que pasar por un proceso interior consistente en transformar y dejarse transformar. Dicho de otra forma, la mente es un pasaje y, a través de la meditación, podemos tener en las manos, con el tiempo, un mapa que nos permita encontrar el sendero que conduce a estados más profundos y transcendentes.

Puede llevarle a una conciencia intensificada de su esencia espiritual y a un profundo estado de éxtasis, de ligereza, de satisfacción y de bienestar que aparece cuando entramos en contacto con nuestra dimensión más profunda. La meditación permite que se extienda por todo el ser una sensación de dicha al contemplar un concepto o un objeto que da placer. Puede trasladarle a una vida pasada o a una futura, en todo caso las lecciones que deba aprender le quedarán claras en su momento.

Cuando llegue a esa conciencia, descubrirá en su interior la compasión y el cariño, por los que no esperará nada a cambio. Se sentirá en unidad con la totalidad de las personas y los seres del mundo, con la naturaleza, con el cielo y con el mar, con todo lo que existe. Durante el tiempo que dure ese estado alterado, que puede variar, experimentará un tremendo «subidón», una sensación única para cada individuo y, al mismo tiempo, común a las almas que han avanzado en su viaje evolutivo. Algunos de mis pacientes me han contado que, durante la meditación, se separan del cuerpo físico, flotan por encima de sí mismos y se observan desde otra esfera; es la misma experiencia extracorporal que describen quienes han regresado del umbral de la muerte. En su caso particular, puede que viva esa misma experiencia o quizás aventuras que aún no ha contado nadie. Una cosa es segura: habrá descubierto su yo más poderoso y esencial.

12

DAVID: LA ESPIRITUALIDAD

Cuando era niño, acudía a la sinagoga con mi padre los sábados por la mañana y veía cómo los ancianos se balanceaban y se mecían (lo que se conoce como *daven*) al recitar sus oraciones, que eran siempre las mismas, según me contaba mi padre, repetidas una y otra vez a lo largo de todo el día, por la mañana, al atardecer y por la noche. Yo no comprendía el idioma de aquellas plegarias, el hebreo, y, lo que es más importante, no alcanzaba a entender para qué servían. «No tiene sentido —recuerdo que pensaba—. Las palabras no pueden conservar su significado tras tantísimos años y, a estas alturas, tanto balanceo y tanta reverencia sólo pueden servir como ejercicio físico.»

Después de conocer a Catherine, lo comprendí. Aquellos hombres se adentraban en un estado alterado, lo mismo que hago yo con mis pacientes al hipnotizarlos. Lo que importaba no era lo que decían las palabras en sí, sino el ritual. Los ancianos establecían una conexión con Dios, y el ritual (como todos los rituales religiosos, con independencia del credo) les permitía alcanzar una mayor espiritualidad. Da igual que recemos al Dios judío, al cristiano o al del islam, el objeto es el mismo: acercarnos al ser espiritual supremo y, con ello, a la espiritualidad en sí en su estado más puro.

Para mí, ser espiritual quiere decir ser más compasivo, afectuoso y bueno. Quiere decir tender la mano a la gente con cariño, sin esperar nada a cambio. Quiere decir reconocer algo mayor que uno mismo, una fuerza que existe en una esfera desconocida que tenemos que luchar por descubrir. Quiere decir comprender que hay lecciones superiores que debemos aprender y darnos cuenta de que, una vez aprendidas, nos esperarán otras aún superiores. La capacidad de ser espiritual reside en el interior de todos nosotros y tenemos que sacar provecho de ella.

He visto a personas religiosas cometer actos violentos o incitar a otras a cometer actos bélicos. «Mata —dicen— porque aquéllos a quienes atacas no comparten nuestras creencias y, por lo tanto, son nuestros enemigos.» Esa gente no ha aprendido la lección de que sólo hay un universo, un alma. Para mí, su actitud es totalmente antiespiritual, me da igual qué religión la defienda. Ésa sería, de hecho, la diferencia entre religión y espiritualidad. Nadie necesita la religión para ser espiritual; se puede ser ateo y, no obstante, comportarse con cariño y compasión. Una persona puede trabajar de voluntario, por ejemplo, no porque se lo ordene Dios, sino porque, al hacerlo, se siente bien y porque considera que así deberían tratarse los seres humanos entre ellos, que así es cómo deberíamos progresar hacia el nivel superior.

Según mi concepción, Dios es una energía de amor y sabiduría que reside en todas y cada una de las células de nuestros cuerpos. No me lo imagino como un señor barbudo sentado en una nube emitiendo juicios. (En términos psicoanalíticos, se diría que eso es una proyección, el antropomorfismo de Dios.) La pregunta más importante en el tema de la espiritualidad no es «¿a qué Dios adora usted?», sino «¿es fiel a su alma?», «¿lleva una vida espiritual?», «¿es una persona buena aquí en la Tierra, que disfruta de su existencia, que no provoca daño, que hace el bien a los demás?».

Ésa es la esencia de la vida, algo fundamental en nuestro camino hacia cimas superiores, y no parece tan complicado. Sin embargo, muchos aún no hemos aprendido bien esas lecciones de espiritualidad. Somos egoístas, materialistas, personas carentes de empatía y compasión. El impulso de hacer el bien cede ante el deseo de estar cómodos físicamente. Y, cuando la bondad y el egoísmo luchan en nuestro interior, nos sentimos confundidos e infelices.

Eso fue lo que le sucedió a David, como se verá a continuación.

Procedía de una familia de rancio abolengo, una antigua familia de Nueva Inglaterra, y había viajado desde Boston para verme porque había oído hablar de mi trabajo y uno de mis discos compactos de regresión le había servido de ayuda para relajarse, aunque no había llegado a recordar ninguna vida previa. Por otro lado, había probado la psicoterapia convencional y no le había servido de gran cosa.

—Me he organizado para quedarme una semana —me contó—. ¿Podemos lograr algo en ese tiempo?

—Podemos intentarlo —repliqué, mientras observaba el corte impecable de sus pantalones y el caballo de polo bordado como insignia en su camisa—. Puedo darle hora para tres sesiones, pero no podemos hacer nada hasta que me cuente qué le ha traído hasta aquí.

Me sorprendió que la pregunta le resultara desconcertante.

—A decir verdad, no estoy seguro —respondió por fin—. Soy... Soy infeliz.

—¿En su vida profesional? ¿En la privada?

—En las dos... En ninguna.

—¿Perdón?

—No sé, quiero decir que no debería ser infeliz.

—La felicidad no es cosa de deber o no deber. Es un estado de ánimo.

—Sí, claro. Lo que pasa es que cuando pienso en mi vida, que es mucho más a menudo de lo que me gustaría, no veo ni una sola cosa que pueda hacerme infeliz.

—¿A qué se dedica?

—Soy abogado. Trabajo en el despacho de mi padre y me va bien. Me hicieron socio en sólo dos años y, si me permite que lo diga yo mismo, no fue por nepotismo.

Aun así, trabajar para los padres suele provocar fricciones.

—¿Le resulta incómodo tener que responder ante su padre?

—En absoluto —contestó categóricamente, subrayando su negativa con una palmadita—. Mi padre me ha dejado que haga mi vida. Me ha educado para que sea independiente, lo mismo que mi madre. Nunca cuestiona mis decisiones y casi nunca nos relacionamos en el trabajo. Yo diría que paso más tiempo con él fuera del despacho que dentro.

Cuando los psiquiatras empezamos a buscar la raíz del problema de un paciente, por lo general solemos fijarnos primero en su familia. ¿Había en juego alguna dinámica inconsciente que David no reconocía?

Seguí sondeándole.

—¿Su madre está viva?

—Vivita y coleando, sí. —Se sonrió—. Es miembro de la junta directiva de la ópera, del ballet y del Museo de Bellas Artes. Y organiza unas fiestas divinas.

Anticipándose a mi pregunta, David levantó la mano.

—Sí —prosiguió—, me dedicó mucho tiempo de niño. Igual que a mis hermanos, que son un chico y una chica. Tenemos una relación estupenda.

—Ha dicho que ve bastante a su padre fuera del despacho.

—Y también a mi madre, claro. Su matrimonio conserva la solidez de hace cuarenta años.

—¿Con qué frecuencia?

—No sé, una vez a la semana. O, más bien, tres veces al mes.

—¿Está usted casado?

Otra palmadita.

—Pues sí. Y bien. Con la maravillosa Leslie.

No me quedó claro si hablaba con ironía.

—¿También es abogada?

—No, pero tiene una profesión vinculada a la mía: es actriz. La conocí en el segundo año del posgrado de Derecho, en Harvard. Fui a una representación de *Cuento de invierno* en el teatro de Brattle Street y me quedé pasmado con su Perdita, hasta tal punto que me presenté en el camerino y le pedí que saliera conmigo. Tuve la inmensa fortuna de que accedió, lo mismo que cuando hace cinco años le pedí que se casara conmigo.

—¿A sus padres les pareció bien?

—¿«Hijo de ilustre familia de Boston desposa a una humilde actriz»? No sé qué opinarían en un principio (ya le he dicho que me dejan que decida por mí mismo), pero, ahora, la adoran.

—¿Y tienen hijos?

—No. Pero dentro de cinco meses ya no podré decir lo mismo. Según la amniocentesis, será niño. *Voilà!* ¡El linaje ya tiene heredero! ¡El apellido perdurará!

Todo eso me lo contó satisfecho, casi divertido, pero, de repente, se inclinó hacia delante y su gesto se ensombreció.

—Doctor Weiss, ése es precisamente el problema. Quiero a mis padres, tuve una infancia maravillosa, mi mujer es fantástica, tengo buena educación, comida, ropa y un techo. Disponemos de dinero para evitar cualquier desastre o para ir a cualquier rincón del planeta al que queramos ir. Soy, en pocas palabras, un hombre sin una sola preocupación en la vida. Y, sin embargo, cuando pienso en eso, y sabiendo que es verdad, veo un problema fundamental: el hombre que acabo de describirle no es el que vive en mi piel.

Esa última afirmación fue acompañada de un sollozo y de una mirada de angustia tan intensa que, de verdad, me dio la impresión de estar ante otro hombre.

—¿Puede darme algún dato más concreto? —le pedí.

Se recuperó con cierto esfuerzo.

—Ojalá. Cuando intento explicar con palabras cómo me siento, parezco un niño mimado. Las mezquinas quejas de un narcisista...

—Me da igual lo que parezca. Y, evidentemente, sus quejas no son mezquinas. Está sufriendo.

Me miró con agradecimiento y respiró hondo.

—Muy bien. Allá voy. No sé por qué me han puesto en esta tierra. Me siento como si estuviera patinando sobre un lago helado que es, en realidad, la vida y, bajo mis pies, el agua tiene cien metros de profundidad. Sé que me conviene darme un baño, que me iría bien la experiencia, pero no logro resquebrajar el hielo. Mi sitio en el mundo me resulta confuso. Sí, disfruto trabajando para mi padre, pero ésa es sólo una definición de mí: el hijo de mi padre. Y yo soy algo más. También soy algo más que otra definición: buen esposo a punto de convertirse en buen padre. ¡Joder! —exclamó, y las palabras resonaron con un volumen inesperado en mi consulta—, si es que soy invisible. La vida pasa de largo por mi lado sin darse cuenta de mi presencia, coño.

Me di cuenta de que su necesidad de obtener respuestas era muy profunda. Más que caprichosas, sus quejas eran existenciales, la llamada a una definición que no había logrado encontrar por sí solo.

Quizá no había sabido dónde buscar.

David me contó que al utilizar mis CD en casa, por lo general, se relajaba tanto que se dormía. Eso no tiene nada de malo; simplemente quiere decir que la persona ha profundizado demasiado. Una vez en mi consulta, sin embargo, esa «práctica» previa facilitó la inducción hipnótica. A los pocos minutos, ya había entrado en un profundo trance.

—Estoy en el siglo XII —anunció pausadamente, como si intentara escudriñar su vida desde fuera—. Soy monja, la hermana Eugenie, y trabajo en un hospital, a las afueras de París. —De repente se estremeció—. Es un lugar horroroso, frío y oscuro, y mi vida es muy sacrificada. En la sala en la que trabajo están todas las camas llenas, y sé que fuera hay más gente que espera a que se muera alguien para ocupar su lugar. Los enfermos tienen el cuerpo cubierto de ampollas, ampollas llenas de líquido. El olor es asqueroso. A pesar del frío, esta pobre gente tiene mucha fiebre. Sudan y gruñen. Tener que contemplar su tormento es algo terrible.

»No me molesta trabajar aquí. Uno de los pacientes es una niña de once años, una huerfanita. Tiene la mirada encendida por la fiebre y los labios resecos, el rostro arrugado como el de un mono. Las dos sabemos que se va a morir, que no puedo hacer nada por ella. Sin embargo, está animada, consigue hacer bromas, y los demás pacientes están encantados con ella. La quiero más que a nadie, y le llevo agua y le limpio la frente (algo que hago con todo el mundo) con una ternura especial.

»El día de su muerte levanta la mirada y me dice: "Llegaste a mi vida y me trajiste la paz. Me has hecho feliz." ¡Feliz! ¿No es increíble? Esa pobre niña, agonizante, asegura que es feliz gracias a mí. No sé muy bien por qué, pero intensifico mis esfuerzos con los demás enfermos, quizá con la esperanza de ofrecerles también la misma felicidad o, al menos, cierta paz. ¡Y funciona! Sé que mi presencia les alivia y se forman vínculos entre nosotros, vínculos espirituales, aunque ninguno es tan fuerte como el que nos unía a la huerfanita y a mí.

El rostro de David reflejaba su paz interior mientras hablaba con voz turbada y apacible a la vez, como si acabara de darse cuenta de la existencia de los milagros.

—Con el tiempo, yo también caí víctima de la enfermedad. El dolor era insoportable, pero, aunque mi cuerpo sufría, mi mente y mi alma estaban llenas de gozo. Sabía que había llevado una existencia útil, y que eso era lo que Dios tenía pensado para mí.

»Al morir, mi alma asciende flotando hacia el Dios que me ha sustentado. Me envuelve una luz dorada y me siento renovada en su gracia. Aparecen unos seres angelicales para acompañarme, y me reciben con aplausos y canciones celestiales. En la Tierra arriesgué mi propia vida para ayudar a los demás sin pensar en absoluto en un beneficio material. Ésta es mi recompensa, más valiosa que un tesoro real, más preciosa que las esmeraldas.

»Me ofrecen conocimiento y, a cambio, yo les entrego un amor infinito. Gracias a ellos, comprendo que ayudar a los demás es el bien supremo, e imagínese mi alegría cuando me dicen que lo he alcanzado. No importa la longitud de la vida. El número de días y años que se pasan en la Tierra resulta insignificante. Lo que cuenta es la calidad de esos días y de esos años, una calidad que se mide en actos de amor y en la sabiduría alcanzada. "Hay gente que hace el bien con más intensidad en un día que otros en cien años": ése es su mensaje. "Toda alma, toda persona es preciosa. Cada persona a la que ayudas, cada vida a la que contribuyes o que salvas es infinitamente valiosa."

»Todas las almas a las que cuidé en el hospital, pertenecientes a aquellos cuyos cuerpos perecieron antes que el mío, me envían su bendición y su amor, lo que acrecienta mi gozo.

David se detuvo unos instantes.

—Un ser de una belleza increíble se diferencia del coro de ángeles —prosiguió—. Parece hecho de luz, aunque tiene una forma humana clara, y lleva una toga morada y zapatos dorados. Su voz (resulta indistinguible si es de hombre o de mujer) emana la autoridad de una gran sabiduría.

Cuando lo hice regresar al presente, seguía fascinado por aquella visión, aún presa del asombro y el descubrimiento.

—Vamos a llamar a ese ser «la fuente» —propuso—, porque era evidente que las lecciones que me enseñaron los ángeles se las había enseñado él. «Cuando necesites ayuda, puedes invocarla mediante la meditación y la oración siempre que sea necesario, en cualquier encarnación», me indicó la fuente directamente. «Un corazón sincero y lleno de amor que busque el bien supremo sin motivaciones egoístas, sin sombra alguna de pensamientos negativos o dañinos, puede invocar una energía potente y manifiesta para conseguir sus objetivos. Tenemos derecho a ellos como entidades espirituales. Es una esencia de nuestra espiritualidad. Es la invocación de la gracia.»

David agitó la cabeza de lado a lado, asombrado.

—En la vida he tenido ideas así —confesó—. No soy religioso, no creo en Dios, no sé de qué parte de mí habrá salido la fuente, no tengo ni idea. La idea de haber sido monja en una vida anterior me resulta ridícula.

—Es una vida de su pasado —afirmé—. Y, desde luego, fue importante, ya que llegó hasta ella enseguida y el recuerdo fue muy gráfico.

—No puede haber sido una fantasía —aceptó—. Se aleja demasiado de cualquier cosa que haya imaginado jamás.

—Entonces, ¿cree que es real?

Levantó una mano.

—¡Alto, alto! Yo no diría tanto. Pero una cosa sí que tengo clara, doctor Weiss: ha sido la experiencia más conmovedora y más maravillosa que recuerdo.

—Quizás Eugenie es la persona que vive en su piel —aventuré—, quizás es el David que busca.

Reflexionó durante unos instantes.

—Tendremos que averiguarlo, ¿verdad? —Se levantó, pues la sesión había terminado y, acto seguido, dio una palmada—. ¿Y ahora qué toca?

Cuando regresó, al cabo de dos días, me contó que no había podido quitarse de la cabeza aquella vida anterior desde el momento en que había salido de mi consulta. Le parecía que había vivido una especie de epifanía. Sentía mucha curiosidad por lo que «tocaba» a continuación y prácticamente se tiró sobre el sillón.

A los pocos minutos, ya había viajado unos ciento cuarenta años hacia el pasado, hasta la guerra de secesión estadounidense. Esta vez se quedó fuera de la visión, aunque la percibió con claridad. Era un joven del bando de la Unión, un soldado de infantería que pasaba los días, o bien marchando, o bien luchando.

—Mi vida es una batalla tras otra —aseguró—. Y esto va de mal en peor. Me da miedo hacer amigos, porque estoy seguro de que van a caer muertos o heridos, eso es lo que le pasa a todo el mundo: o acabas mutilado o muerto. Los hombres contra los que luchamos no son enemigos nuestros, sino hermanos. El único motivo por el que les disparamos es evitar que disparen ellos primero. Trato de salvar a todos los compañeros que puedo, les ayudo a ponerse a cubierto o les doy comida o agua. Hago lo mismo por nuestros enemigos, siempre que puedo. —Bajó los ojos, como si intentara no ver algo—. Es todo tan inútil y tan triste. Resulta imposible decidir qué es victoria y qué derrota. Los hermanos se matan entre ellos una y mil veces. ¿Y por qué? ¿Por un acre? ¿Por un riachuelo? ¿Por una idea?

De repente, se quedó entristecido y envejecido.

—Yo tampoco sobreviví a la guerra —prosiguió—. Acabé mandándolo todo a hacer gárgaras y me dejé matar: salí de detrás de un árbol y me metí en el campo de batalla. No tenía fuerzas para luchar ni estómago para seguir matando. Fue una especie de suicidio asistido. —Suspiró con resignación—. Las guerras, las epidemias, los terremotos, todos los desastres de la naturaleza o del hombre... Son calamidades que acaban con las vidas de cientos o cientos de miles de personas, el coste es incalculable. —Su tono se tornó confidencial—. Algunas, que parecen inevitables, en realidad no lo son. Pueden mitigarlas nuestra propia conciencia y nuestros pensamientos e intenciones colectivos. Para eludir las demás, que parecen evitables, sólo hay que tener la voluntad de conseguirlo.

Estaba hablando de salvar vidas previniendo la violencia, pero ¿quería decir que los desastres naturales podían evitarse gracias a la voluntad humana? No me quedó claro, y David tampoco lo sabía a ciencia cierta al regresar al presente. Quizá futuras regresiones le ayudarían a explicarlo.

Antes de que acabara la sesión, David vislumbró algunas escenas de una vida anterior transcurrida en China hace muchos siglos, aunque no logró precisar el año. Nada más llegar a esa existencia, empezó a tener convulsiones y le pregunté si quería regresar.

—No —replicó de inmediato—. No tengo miedo, ni estoy enfermo. Además, sólo estoy mirando. Soy un chaval de once años. Me tiembla el cuerpo porque está tambaleándose todo. Es un terremoto. Mi familia es rica y ha construido la casa más resistente posible, pero no puede soportar la fuerza de la naturaleza. Las paredes se desmoronan. Oigo los gritos de mis padres, de mis dos hermanos. Desesperado, corro a ayudarles, pero ya es demasiado tarde. Mi hermana pequeña apenas sigue con vida, y la abrazo hasta que le llega el momento de la muerte. Voy a toda prisa hasta otra habitación. No sirve de nada. Se derrumban del todo las paredes y muero con ellos.

Al poco tiempo de entrar en esa vida, David la abandonó. Sólo había ido a buscar las lecciones que le ofrecía.

—Mi vida fue corta y feliz —comentó tras regresar una vez más al presente—. Los edificios eran endebles, no podían aguantar los temblores de tierra. En aquella época, la devastación no podía haberse evitado, el nivel de conocimiento o conciencia no era el suficiente, pero ahora tenemos los conocimientos necesarios y la gente sigue muriendo. Me saca de quicio. Seguimos construyendo estructuras endebles en zonas peligrosas, con poca previsión urbanística. Y no hablo sólo del Tercer Mundo, ¡sino también de Estados Unidos! No nos detiene la falta de dinero, sino la falta de valor otorgado a la vida humana. Preferimos sacrificar personas que gastar el dinero del que disponemos. Unas sencillas medidas de seguridad podrían evitar el dolor, el sufrimiento, e incluso la muerte. Todas las vidas son importantes, muy especiales, y sin embargo las sacrificamos a miles, generalmente por avaricia. —Otro suspiro—. ¿Cuándo aprenderemos?

No tenía respuesta, aunque hacía años que yo también le daba vueltas a lo mismo. Quizá cuando todos hayamos alcanzado el nivel de David. Quizá cuando nos demos cuenta de que el fallecimiento de una persona forma parte de nuestro propio proceso de expiración. Todas las vidas y todas las almas están interconectadas.

Cuando David regresó el día de su última sesión, visitamos otras dos vidas pasadas. De nuevo, se manifestó el tema de sus anteriores regresiones y, por fin, pudo expresarlo con palabras: la ayuda a los demás encierra un valor supremo, porque cada vida, cada manifestación física del trayecto del alma, es absolutamente preciosa.

En la primera vida pasada de aquel día, David era médico del Imperio Romano durante lo que le pareció un brote de peste. Se vio vendando las piernas de sus pacientes no por las heridas que pudieran tener, sino porque así les protegía de las pulgas, que, según dedujo, procedían de las ratas infectadas que transmitían la horrenda enfermedad a los seres humanos. Advirtió a todo el mundo que había que alejarse de cualquier rata, sobre todo si estaba muerta (ya que, entonces, las pulgas abandonaban los cadáveres), y mantener una buena higiene y quedarse en casa, en la medida de lo posible. Salvó muchas vidas, pero la epidemia siguió causando estragos en las zonas en las que sus consejos no se conocían o no se seguían. Milagrosamente, él no contrajo la peste, y vivió para combatir otras como médico respetado y reverenciado.

Su siguiente recuerdo de una vida pasada estaba muy vinculado tanto a la existencia del Imperio Romano como a la de Francia, donde había sido una monja dedicada a atender a enfermos de viruela. Volvía a estar en la Edad Media, en una época algo anterior y, una vez más, la enfermedad proliferaba; se trataba de una plaga que afectaba a casi toda Europa. Trabajó dejándose la piel, atendiendo a las cantidades abrumadoras de víctimas que había en la ciudad en la que vivía (podría haber sido Londres, no estaba seguro), pero sus esfuerzos de poco sirvieron frente a la pandemia. Murieron más de la mitad de los habitantes de la ciudad, incluida toda la familia de David. Agotado por la lucha, se desesperó y se amargó; la culpa y el remordimiento le carcomían las entrañas por haber fallado tantas veces. Logró ver cómo avanzaba esa vida y descubrió que había vivido diez años más, pero que jamás había logrado perdonarse.

—¿Por qué fue tan severo consigo mismo? —le pregunté—. No podía haber hecho más.

—Porque me olvidé de los vendajes —respondió desde el estado de superconciencia en el que flotaba por encima del cadáver de su yo medieval—. Habrían servido para mantener las pulgas a raya.

Me quedé estupefacto. ¡Había llevado consigo recuerdos de una vida anterior hasta la Edad Media! Era una indicación de lo estrechamente ligadas que estaban sus existencias y de cómo todas nuestras vidas previas permanecen con nosotros a medida que progresamos. En la Edad Media poca gente sabía, a diferencia de como había sucedido en tiempos romanos, que las pulgas de las ratas infectadas transmitían la enfermedad, pero David era de la opinión de que debía haber acudido a lo aprendido en Roma para evitar, al menos, algunas de las muertes y quizá salvar también a su familia.

Habló de nuevo, todavía desde encima de su cuerpo medieval:

—Le hago una promesa: en todas mis futuras encarnaciones protegeré y salvaré a tanta gente como pueda. Sé que no existe la muerte, que todos somos inmortales, pero haré lo que esté en mi mano para mitigar el dolor de las víctimas y de los supervivientes, y así permitir que las lecciones del alma avancen sin trabas.

«Ha mantenido la promesa —pensé—, salvo en esta vida.» ¿Qué cambio podrían inspirar ahora los recuerdos? ¿Iba a encontrar David su verdadera meta como sanador?

Nos quedamos los dos en silencio. Me pregunté fugazmente si su presencia sería un presagio de la llegada de otra epidemia (ése parecía ser su patrón), pero enseguida aparté de mi mente la idea, que resultaba muy descabellada.

Quedaba tiempo suficiente en la sesión para explorar otras vidas. Le pregunté si deseaba viajar al pasado o al futuro. Su tristeza se desvaneció.

—¡Ah, al futuro!

Lo acompañé en un salto de poco más de cien años hacia delante. ¡En esa vida, aquel típico ejemplo de blanco de clase privilegiada, protestante y anglosajón que tenía sentado ante mí era un rabino!

—Me llamo Ephraim. Estoy en un congreso de clérigos y sanadores católicos, protestantes, hindúes, budistas, musulmanes, holísticos e indígenas. Nos reunimos a menudo, dos o tres veces por semana, para meditar y rezar, y con ello creamos una energía armoniosa para combatir el odio y la violencia endémicos en los habitantes poco ilustrados del mundo. Somos pocos, no llegamos a los cincuenta, pero nuestro poder es mucho. Tenemos por objetivo neutralizar las energías dañinas para la Tierra que liberan, sin saberlo, aquellos que no conocen o desprecian las leyes espirituales. Esas energías crean terremotos, tornados, inundaciones y epidemias. Antes creíamos que se trataba de hechos producidos al azar, pero ahora estamos seguros de que los generan (o como mínimo los fomentan) los pensamientos y las intenciones de la humanidad. ¡Y podemos evitarlos! Nuestro grupo sale a la calle a enseñar a la gente las técnicas de plegaria y meditación positivas que utilizamos. Tenemos miles de seguidores. El mes que viene celebramos nuestra quinta reunión ecuménica con más de veinticinco mil personas que comparten nuestras creencias y que regresarán a sus países, esparcidos por todo el planeta, con nuestras enseñanzas. Estos congresos van más allá de los límites físicos y psicológicos con el fin de conseguir la paz, la armonía y la compasión para todos los habitantes del mundo y para el planeta en sí. —Sus ojos resplandecían—. ¡Está funcionando! Hemos conseguido cuantificar los efectos positivos sobre el clima terrestre. El planeta se enfría por primera vez en varios siglos. Los veranos y los inviernos son menos severos. Los índices de cáncer han descendido.

En una de sus regresiones, David había mencionado la posibilidad de que el pensamiento influyera sobre los fenómenos naturales. En ese futuro, al parecer, había llegado a dominar el concepto y había convertido su enseñanza en la labor de su vida.

—He aprendido a explicar a los demás cómo invocar a seres de conciencia superior —confesó sobrecogido (y yo pensé en la experiencia de Eugenie en una vida anterior)—. Si nos comunicamos con un corazón claro y compasivo, si buscamos un bien espiritual superior, podemos pedirles ayuda. Ya han empezado a hacer cosas por nosotros. El mundo es hoy un lugar mucho, mucho mejor que hace cien años.

La espléndida visión de David me hizo reflexionar. No podemos saber a ciencia cierta si los frutos de la labor de Ephraim se recogerán en el futuro real. Ante nosotros se abren diversos futuros, algunos violentos y otros pacíficos, con varios caminos para acceder a ellos. Desde luego, muchos otros factores, además de los congresos y las enseñanzas de David, determinarán cuál acabará haciéndose realidad. Mi opinión personal, no obstante, es que los sabios tendrán algo que ver, y sería inteligente por nuestra parte hacer lo mismo que David y escucharles. Tras muchas progresiones en grupo, yo ya me había enterado de que, en un momento dado, dentro de varios siglos, se producirá un gran declive de la población de la Tierra. Aún está por determinar qué lo provocará, si la guerra, la enfermedad, las toxinas, el desplazamiento de los polos (debido a un cambio del eje terrestre), un descenso del índice de fertilidad, una elección consciente o algo desconocido. No sé si, al final, la misión de Ephraim tendrá éxito o si las fuerzas de la violencia, el interés personal, la avaricia y el odio serán demasiado poderosas.

David pasó a observar la vida de Ephraim desde una perspectiva superior y más distanciada. Casi me pareció que me leía el pensamiento cuando empezó a decir:

—El próximo descenso de la población quizá venga provocado por hechos traumáticos acontecidos de forma repentina y catastrófica, o quizá sea algo de naturaleza gradual y menos drástico; eso lo determinarán los pensamientos y los actos de la humanidad. Todos elegimos las vidas que vamos a vivir. Yo elegí bien y también he ayudado a otros a hacer lo mismo, pero no sé si hemos sido suficientes.

Me habría gustado disponer de más tiempo para seguir explorando los asuntos que planteaba David, pero tenía que volver a su casa, para reunirse con su mujer embarazada y ocuparse del despacho familiar. Le pedí que siguiera en contacto, que me contara cómo le habían afectado las tres sesiones, pero, sinceramente, me preocupaba que el entorno de comodidad y facilidades en el que vivía lograra seducirle de nuevo.

No fue así. Haber conocido sus vidas pasadas y futuras le ayudó a definir su función en el presente. Dejó el bufete de su padre y regresó a Harvard para estudiar Derecho Medioambiental. Estaba convencido de que debía oponerse a los efectos nocivos de determinadas prácticas de las grandes empresas (muchas de ellas defendidas por su antiguo despacho de abogados), para poder alterar el futuro a mejor. Le interesaban, especialmente, temas como el calentamiento global y la negligente acumulación de productos tóxicos de larga vida derivados de los procesos industriales, y la consiguiente extinción de especies de animales y vegetales sin que llegara a comprenderse cómo afectaría su ausencia al equilibrio de la naturaleza. Como mínimo, David había encontrado un sentido y unos objetivos para su vida, ya no se sentía incompleto. Su confusión se había desvanecido y él se había puesto en línea con su destino.

Como demuestra la historia de David, la espiritualidad no reside tan sólo en la mente, sino, más bien, en el ser humano como un todo, en las intenciones y las acciones de una vida bien vivida. No basta con decirse: «A partir de hoy voy a ser una persona espiritual», sino que también hay que sentirlo como consecuencia de los actos. Vivimos en una comunidad de almas y tenemos que hacer buenas acciones dentro de ella. La vida introspectiva de por sí no es suficiente. Cuando tendemos la mano para ayudar a otras almas a avanzar en sus recorridos espirituales, alcanzamos un nivel superior de evolución. Las vidas pasadas y futuras de David demuestran su devoción altruista al servicio del prójimo. Cuanto más daba, más recibía. Las existencias vividas espiritualmente, como la suya, nos acercan a nuestra naturaleza divina.

13

JENNIFER Y CRISTINA: EL AMOR

El control de la ira, la salud, la empatía, la compasión, la paciencia y la comprensión, la no violencia, las relaciones personales, la seguridad, el destino y el libre albedrío, la contemplación y la meditación, la espiritualidad. En todos los casos se trata de pasos hacia la inmortalidad. Tenemos que llegar a dominarlos todos ahora o en el futuro, a lo largo de nuestro viaje hacia el alma única. Son todas ellas facetas de la mayor virtud que existe, el amor.

El amor es la lección más importante. ¿Cómo puede alguien retener la ira si ama? ¿Cómo puede no ser compasivo o empático? ¿Cómo puede no elegir las relaciones personales adecuadas? ¿Cómo puede pegar a un semejante? ¿Y contaminar el medio ambiente? ¿Y declarar la guerra al vecino? ¿Y no tener sitio en el corazón para otros puntos de vista, métodos distintos, modos de vida divergentes?

Sencillamente, no puede.

Cuando mis pacientes han realizado regresiones o progresiones, o ambas cosas, y superado sus fobias y sus traumas, lo que comprenden es el amor. A muchos les llega ese mensaje a través de los seres que desempeñan papeles fundamentales en sus vidas, pero otros muchos se lo escuchan a alguien del otro lado, a un padre o una madre, a un cónyuge o un hijo que han fallecido. «Me encuentro bien —dicen esas comunicaciones—. No te preocupes. Te quiero. No tienes que llorar por mí. Lo que hay más allá no es oscuridad, sino luz, pues me encuentro donde está el amor y el amor es luz.» Esos mensajes pueden ser fruto del deseo de ver una ilusión cumplida, fantasías destinadas a mitigar el dolor provocado por la pérdida. No estoy de acuerdo. Los he escuchado muchísimas veces de labios de muchísimas personas. El amor es lo que llevamos con nosotros de una vida a otra, aunque en algunas no seamos conscientes de ello, aunque en algunas lo empleemos mal. Sin embargo, en el fondo es lo que nos mantiene en constante evolución.

Como ejemplo, podemos pensar en Jennifer. En el hospital, nada más dar a luz a su tercer hijo, una niña, se la entregaron. La reconoció en un instante; aquella energía, aquella expresión en los ojos, aquella inmediata conexión.

—Has vuelto —musitó—. Volvemos a estar juntas.

La criatura había sido la abuela de Jennifer en otra vida, a lo largo de la cual se habían peleado a muerte, aunque sin dejar de quererse con un amor que nunca fue explícito. En aquel momento, se dio cuenta de que había llegado la oportunidad de reconciliarse.

Por descontado, el amor adopta mil formas. El amor romántico, el de un niño por sus padres y el de los padres por su hijo, el amor a la naturaleza, a la música, a la poesía, a todas las cosas de este mundo y de los cielos. El amor prosigue al otro lado y el alma lo devuelve a éste. Amar es comprender todos los misterios. Para mí, es la religión suprema. Si todos pudiéramos amar a nuestra manera, si pudiéramos abandonar los rituales que afirman «Mi camino es el verdadero, todos los demás son meras farsas», si pudiéramos abjurar de la violencia, de los conflictos y del dolor que infligimos en nombre de un Dios concreto (el «nuestro», cuando por su propia definición Dios es universal, es amor), no tendríamos que esperar innumerables vidas para llegar al cielo.

Cristina vestía con un estilo que las mujeres estadounidenses no logran emular: faldas de inspiración flamenca hasta el suelo y blusas de rojos intensos, azules, morados, amarillos, todo ello coronado por una abundante cabellera peinada hacia atrás con severidad y sostenida mediante lazos de tonos fantásticos. La primera vez que vino a verme, me sorprendió su aspecto extravagante, pero, a medida que fueron repitiéndose sus visitas, me di cuenta de que los colores servían para compensar un estado de ánimo sombrío y unos pensamientos aún más oscuros; aquella mujer luchaba por retener una chispa de sí misma, por mucho que su familia se esforzara por sofocarla. Bajo sus ojos había unas manchas oscuras y las manos le temblaban ligeramente. Me dije que sería fatiga. Se quejó de sufrir asma, algo que se hacía aparente en su respiración en momentos de estrés; pero lo que la empujó a solicitar mi ayuda fueron sus problemas psicológicos.

Se trataba de una mujer corpulenta, pero no gorda, que irradiaba lo que resultó ser una ambigua sensación de fortaleza englobada en una sexualidad palpable, y, desde un buen principio, fue alternando miradas muy directas y casi hostiles con momentos en los que apartaba los ojos con un recato muy latinoamericano que denotaba una educación estricta y aristocrática. Calculé que tendría poco menos de treinta años; resultó que me quedé corto por una década. Llevaba un anillo en el anular de la mano izquierda, con un gran rubí que hacía juego con la excentricidad de su atuendo, y me pregunté si sería simplemente decorativo o una proclamación de su estado civil.

—Estoy divorciada —anunció al notar mi mirada—. Tengo dos criaturas. Llevo el anillo porque es precioso y porque sirve para quitarme pretendientes de encima.

Hablaba un inglés elegante, casi impecable, pero aun así detecté un deje extranjero.

—Usted no es de Miami —afirmé, sin preguntarlo.
—No. De São Paulo, en Brasil.
—Ah. ¿Y cuándo se vino a vivir aquí?
—Hace tres años. Para estar con mi padre. Después del divorcio.
—¿Entonces vive con él?
—No, no. Él vive con mi madre en Bal Harbour. Yo estoy a unos kilómetros de allí.
—¿Con sus hijos?
—Hijas. Rosana tiene siete años y Regina, cinco. Son encantadoras.
—Así pues, cuando dice que vino para estar con su padre...
—Para trabajar con él. Para entrar en la empresa familiar.
—¿Y cuál es esa empresa?
—¿Qué? ¿De verdad no lo sabe? Después del divorcio recuperé el apellido de soltera y me había imaginado que lo reconocería.

¡Naturalmente! Qué descuido. Tendría que haber atado cabos de inmediato. Su padre era el presidente de una empresa especializada en ropa de primera línea; en los últimos dos años había diversificado sus actividades con la creación de una línea deportiva más juvenil y más asequible que, según me contó más tarde mi esposa, Carole, había estado muy de moda entre los adolescentes en su momento. Le pregunté a Cristina si su traslado había coincidido con ese paso comercial de su padre.

—Fue casual. Yo no tomo decisiones, no tengo ni voz ni voto en la planificación empresarial —respondió, y sus ojos resplandecieron de rabia—. Soy poco más que una criada con despacho propio.

—¿Y eso le resulta frustrante?

—¿Frustrante? ¡Es exasperante! —Se inclinó hacia mí y siguió hablando con una pasión que la hacía estremecerse—. ¡Santo cielo, la de cosas que podría hacer si me dejara! Fabrica ropa para mujer pero no quiere dar a las mujeres la oportunidad de tener la última palabra sobre su aspecto. Tengo muchísimo mejor ojo que él, soy mucho más lista. Su ropa fue una moda, y como todas las modas ha acabado quedándose anticuada. La gente ya ha dejado de comprar. La ropa que haría yo sería atemporal.

Me dio la impresión de que Cristina podía lograr cualquier cosa que se propusiera.

—¿Y no la escucha? —quise saber.

—Me hace callar como quien apaga el televisor. Ya ni lo intento. Pelearse con él es como enfrentarse a la Inquisición.

—¿Y qué dice su madre? ¿Puede echarle una mano?

—Ni siquiera puede organizar su vida, ¿cómo va a ayudarme a mí? Mi madre es un mero objeto decorativo, un jarrón. Se calla la boca, porque sabe que él podría sustituirla por otra en cuanto le diera por ahí.

—Pero, de momento, no lo ha hecho.

—Sí, claro que sí, millones de veces. Mantiene a cada una de sus mujeres en un piso, o en un hotel, según le parezca que la cosa va más o menos en serio. Según su religión, el divorcio está prohibido. Yo desobedecí ese precepto cuando dejé a mi marido hace cuatro años. Casi me mata; hasta que no se dio cuenta de que me necesitaba, no me dejó venirme a Estados Unidos.

—¿Y su madre está al tanto de que hay otras mujeres?

—Si no lo estuviera sería tonta —replicó. Se detuvo antes de continuar—. Claro que no descarto que sea tonta.

No hice ningún comentario sobre su resentimiento.

—¿Es hija única?

—Tengo dos hermanos mayores.

—¿También trabajan en la empresa?

—Trabajar no es exactamente lo que hacen. Van a la oficina y luego salen a comer.

—Y, sin embargo, se llevan los ascensos, el respeto. Se les escucha —aventuré, sin mucho esfuerzo.

—Mi padre es demasiado sabelotodo y no escucha sus opiniones, pero sí que tiene razón en lo de los ascensos y el respeto. ¿Sabe qué pasa? Que yo soy mujer y no me merezco ninguna de las dos cosas.

Era una queja habitual de las mujeres latinoamericanas, reprimidas por una cultura que no había entrado aún en el siglo XX. Era evidente que era la estrella de la familia, pero, sin embargo, quedaba tapada por una nube de tradición y prejuicios.

—¿Por qué no se independiza? ¿Por qué no monta algo por su cuenta?

Fue como si la acusara de asesinato. Lívida, se levantó de un respingo apoyando las manos en los brazos del sillón y, acto seguido, se dejó caer. Se echó a llorar, deshecha en lágrimas por una pregunta que a mí me resultaba obvia.

—No lo sé —sollozó, perdido ya todo rastro de elegancia y extravagancia. De repente estaba indefensa—. ¡Por favor, por favor, tiene que ayudarme!

El cambio que se había operado en ella había sido tan repentino que apenas logré farfullar un «Sí, claro que voy a ayudarla», presa como estaba del asombro.

—Cuénteme cuál es el problema —le pedí cuando logré sobreponerme—. Sea todo lo precisa que pueda.

Me miró con los ojos empañados por las lágrimas, respirando con dificultad.

—Tiene que comprender una cosa: quiero a mi padre. Da igual lo que vaya a contarle, ésa es, en el fondo, la verdad.

«Amor y odio —pensé—, un conflicto emocional no precisamente original.»

—Cuando se vino a este país y nos dejó a mi marido, a mis hijas y a mí en Brasil me sentí aliviada. Mis hermanos se vinieron con él, y me parecía que con su partida me había librado de todas las restricciones, de todas las presiones que me había impuesto un tiránico patriarca brasileño chapado a la antigua. —Se echó a reír con amargura—. Todo para los hombres y nada para las mujeres. Nunca me pegó y nunca fue cruel. Al contrario, me dio todo lo que quise, y ése fue precisamente el problema. No me gané nunca nada. O, más bien, me ganaba las cosas siendo obediente. Cuando aún era una niña, me di cuenta de que era más lista que mis hermanos. Al cumplir los veinte, ya sabía que también era más lista que mi padre. En Brasil trabajé para él durante una temporada, ayudé a que creciera la empresa (y ayudé de verdad, sin llevarme la gloria). Pero no me sirvió de nada. Me sentía infravalorada, maltratada no sólo por él, sino también por mis hermanos, que estaban celosos de mi capacidad, y por mi madre, que era la esclava de mi padre. No estaba bien. No era justo. Así que me casé con el primer hombre que se me puso por delante sin darme cuenta de que era igual de despótico, y él sí que me pegaba.

Las lágrimas ya habían desaparecido. Su voz quería ser indolente, aunque, tras sus palabras, detecté una intensa emoción. No me cabía duda de que estaba siendo objetiva en su narración de los hechos. Cristina era una mujer enfrentada a una cultura ancestral con tradiciones ancestrales y, aunque era muy fuerte, había acabado derrotada.

Respiró hondo antes de continuar.

—Muy bien. Mi familia estaba en Miami (mi padre estaba en Miami, vamos) y yo, en São Paulo, con un marido horroroso y dos niñas a las que adoraba. Mi padre se opuso al divorcio, pero yo seguí adelante sin hacerle caso. No tenía elección: mi marido también estaba pegando a las niñas. No le dije nada a mi padre hasta que fue definitivo. Me respondió con silencio, muchos meses de silencio. Y entonces, de repente, un buen día me llamó: «Vente a Miami. Trabaja conmigo en la empresa. Estás sola, yo me ocuparé de ti.» Y me vine. Me imaginé que se compadecía de mí; generosidad y compasión en un hombre que no las había demostrado jamás. La línea para adolescentes fue idea mía. Y, cuando empezamos a trabajar juntos otra vez, me hizo una ilusión tremenda. Le di otras ideas. Las devoró como si fueran chocolatinas. Pero tardé bien poco en darme cuenta de que no había cambiado nada, de que estaba aprovechándose de mí, de que mis hermanos eran los beneficiarios de mi talento, de que era un granuja avaricioso, interesado y desalmado.

—Y aun así —señalé—, asegura que le quiere.

Se me pasó por la cabeza la idea de que su padre podría haber abusado sexualmente de ella de niña, pero la descarté; Cristina no mostraba ninguno de los síntomas habituales. No, los abusos eran psicológicos.

Al ponerla bajo su dominio, su padre habría creado una especie de síndrome de Estocolmo en su alma; la cautiva se había enamorado del captor. La atormentaba, pero ella no podía acudir a nadie más, no podía confiar en nadie más. Era un sadismo de lo más insidioso. Cristina no tenía más remedio que quererle.

Tras ofrecer toda aquella explicación, se quedó agotada. Le pregunté si quería descansar, pero contestó que no, que era mejor quitarse de encima ese peso y acabar de contarlo todo.

—Acabé haciendo lo que me ha propuesto usted, doctor Weiss —continuó—: decidí independizarme. Me fui con las niñas de su casa y nos instalamos donde vivimos ahora. Le dije que iba a empezar una línea de ropa propia.

—¿Se enfadó? —pregunté, visualizando ya la rabia del padre.

—Peor aún. Se echó a reír. Me dijo que jamás conseguiría financiación, que nadie le daría dinero a una mujer. Me soltó que, si lograba montar una empresa propia, nos desheredaría a las niñas y a mí. «Por mí, como si te pones a hacer la calle» fueron sus palabras exactas, pero yo seguí en mis trece. Hará un año ya que dejé su empresa, redacté un plan de marketing propio para empezar la mía y alquilé una oficina. Hablé con mayoristas y minoristas.

—¿Sin disponer de dinero?

—Bueno, mientras había vivido con él había ahorrado mi sueldo, y el banco me dio un préstamo empresarial no muy abundante. No me llegaba, ni siquiera con el préstamo, y estos primeros meses no han sido fáciles, pero, aun así, he hecho algunas ventas. La encargada de adquisiciones de Bloomingdale's en Miami ha comprado mi línea de ropa profesional. Me dijo que había conseguido «milagros» en poco tiempo. Iba arrancando. Naturalmente, cuando mi padre se enteró, dejó de hablarme. Yo tenía esperanzas de empezar una nueva vida, pero la ansiedad es tremenda. Tengo pesadillas, por lo que me da miedo dormir. Les grito a mis hijas. Como por nerviosismo; he engordado cinco kilos, todo por culpa de la comida basura. Respiro tan mal que, a veces, me da la impresión de que me voy a morir.

—Ha dicho que «tenía» esperanzas. ¿Las ha perdido?

Agachó la cabeza antes de contestar:

—Sí.

—¿Y sabe por qué?

Rompió a llorar de nuevo, pero entre jadeos y lágrimas logró responder:

—Mi padre me ha pedido que vuelva.

La compañía familiar estaba a punto de quebrar. A pesar de su renombre y de que las tiendas rebosaban de mercancía suya, estaba en una situación económica muy delicada. Su línea de ropa exclusiva seguía vendiéndose (su fuerza en ese mercado era lo que había provocado el ascenso inicial), pero la parte más comercial del negocio estaba de capa caída. Cristina tenía razón al asegurar que los clientes habían dejado de comprar su ropa. Los pedidos para el año siguiente habían descendido un cuarenta por ciento, una bajada desastrosa.

—Está al borde de la quiebra —resumió Cristina, tras

haber expuesto la situación— y me ha pedido que vuelva y le salve.

—¿Y por eso ha venido a verme?

—Es que no logro decidirme, no sé qué hacer, y esta situación me vuelve loca. Sí, por eso he acudido a usted.

—A ver, usted no está loca —la tranquilicé—, sólo desorientada. A veces, la magnitud de las decisiones que tenemos por delante nos impide llegar a tomarlas.

Me miró agradecida. Aunque lo que le había dicho no era ni profundo ni original, había puesto el dedo en la llaga.

—A lo mejor, repasar las distintas posibilidades le resulta útil.

—Muy bien —accedió, ya recuperada la compostura. Las palabras empezaron a salir de sus labios con rapidez; mentalmente, ya había repasado las opciones que tenía—. En primer lugar, puedo regresar con mi padre y ayudarle, tal y como me ha pedido. Eso supondría renunciar a mi vida actual por él, una especie de suicidio por causas familiares. Por otro lado, puedo dejar de trabajar, casarme otra vez (aunque eligiendo bien, ahora lo haría por amor) y tener más hijos, como hacen millones de hermanas mías por todo el mundo. Mis padres lo aprobarían. Mi cultura me lo agradecería y supongo que podría llevar una vida feliz, aunque sin realizarme como persona. —Se detuvo, estaba claro que lo visualizaba mentalmente, y agitó la cabeza de lado a lado con tristeza—. O también podría seguir con mi propia línea de confección. —Y con esa idea se animó—. Acabaría funcionando, ¿sabe? Hay una cosa que no le he contado antes, doctor Weiss, pero, en lo relacionado con las decisiones empresariales, tengo poderes: soy vidente. No se sonría. Es cierto. Estoy convencida de que me saldría bien. Sólo meto la pata en las decisiones personales.

Muchos empresarios de éxito tienen el mismo don que Cristina; lo llaman «instinto visceral», o «corazonada», o «presentimiento», pero, en realidad, es una especie de poder parapsicológico. Tampoco en eso dudé de ella; además, me parecía que podía ser la explicación de muchas cosas.

—¿Y qué inconveniente hay? —pregunté.

—Pues muchos —suspiró—. ¿Cómo voy a competir con él en su propio campo? Mi familia ya me ha rechazado, incluida mi madre. Y, si sigo, jamás me lo perdonarán. Para ser sincera, no sé si sería capaz de perdonarme en la vida. Sería traicionarles, traicionarle, de una manera tal que me merecería su ira y cualquier castigo que la acompañara.

—Pero ¿no es eso precisamente lo que ya está haciendo, competir con él?

—Sí, desde luego. Y por eso me cuesta tanto pegar ojo por la noche y estoy de los nervios. —Al ver mi gesto de sorpresa, reaccionó—. No, a ver, no es por lo de la empresa por lo que me preocupo. Ya he hecho milagros, como dijo la encargada de adquisiciones de Bloomingdales's. Ya le he dicho que tengo poderes. Lo que pasa es que, si mi padre quiebra, mi éxito acabará con él, y lo digo en sentido literal.

—Pues entonces no entiendo por qué ha montado un negocio.

—Porque estaba enfadada, porque me había traicionado y porque buscaba vengarme, porque... —Llegado ese punto, se detuvo y volvieron las lágrimas—. Me parece que no habría podido seguir con mi empresa. Una vez hubiera tenido éxito se la habría entregado a él. En realidad, una gran parte de mí no quería que funcionara. Ya tenía pensado dejarla antes de venir a verle.

—Hay varios factores en juego —expuse con tono comprensivo—. La han traicionado, pero se siente culpable si contraataca. Está furiosa, pero le dan miedo las consecuencias. Tiene poderes de videncia, pero no sabe cómo va a ser su futuro. Los hombres siempre le han hecho daño, pero tiene ganas de volver a casarse. Ama y odia a su padre al mismo tiempo. ¿Le parece que lo he resumido bien?

Se echó a reír a regañadientes.

—Cuénteme, doctor, ¿qué posibilidades tengo?

—Vamos a ver si podemos echarle un vistazo al futuro —propuse con solemnidad—, pero antes, para poder hacerlo, vamos a viajar a su pasado.

Su primera regresión fue corta. Solamente llegó a contarme que vivía en una cultura islámica, en el norte de África, pero no logró concretar una fecha ni describir lo que la rodeaba. Sabía que era un hombre, que se dedicaba a escribir versos, y que tenía un padre, también escritor, por el que sentía unos celos tremendos, ya que eclipsaba a su hijo en cuanto a reconocimiento, importancia y renta. Los paralelismos con su vida actual eran tan directos y tan evidentes que le dio la impresión de que lo que había visto podía haber sido una mera fantasía.

La segunda regresión resultó más interesante.

—Estoy en la Edad Media, en el siglo XII. Soy un hombre, joven, un sacerdote, muy apuesto, y vivo en las montañas. Parece la zona centro-sur de Francia. Hay desfiladeros y valles profundos, por lo que los viajes son fatigosos, pero viene a verme mucha gente, ya que necesitan de mi capacidad para ofrecer socorro físico y psicológico. Creo en la reencarnación e insto a los demás a seguir mis pasos, y eso les sirve de gran consuelo. Los que sufren males (los leprosos y los niños enfermos) me buscan y, cuando los toco, muchos de ellos se curan milagrosamente. Soy una figura muy apreciada, por descontado. Nadie más tiene mis dones.

»Mi padre, el de esta vida, es un granjero que vive a poco más de un kilómetro. Es todo lo que yo no soy: mezquino, impío, codicioso y misántropo. Es el hombre más rico de la zona, pero todo su dinero y sus tierras no logran seducir a la muchacha independiente a la que persigue, y eso que él daría todo lo que tiene por su amor. Pero no: ella está enamorada de mí y está dispuesta a aceptar únicamente un amor espiritual y platónico, ya que yo no quebranto el voto de castidad. "Al amarte, demuestro mi amor por Dios", me dice.

»Un ejército invasor de Roma ha logrado vadear los desfiladeros y ha rodeado la aldea. Nos atacan. Me capturan. El granjero me denuncia a las autoridades acusándome de practicar la magia negra. Cuando escuchan las historias de mi poder para curar y de la certeza con la que hablo de las vidas venideras, creen al granjero y me queman en la pira. Resulta una muerte atroz, el humo me impide ver a mi amada, que, deshecha en llanto, ha acudido a verme morir y a ofrecer el consuelo del que sea capaz. A los pocos momentos de mi muerte, se arroja a un desfiladero y pierde la vida al instante.

»Al morir, bajo la vista para contemplar la aldea y ver qué sucede. Los celos que sentía el granjero por mí, que en vida apenas distinguí, no desaparecen jamás. Tiene que conformarse con un matrimonio sin amor y se amarga y se torna más cruel. En mi evaluación vital, veo cómo regreso en una vida posterior para ayudar al granjero, que ahora es herrero, a aprender sus lecciones vitales, pero no logro influir demasiado en él: volverá una y otra vez sin progresar. Tengo la impresión de haber fracasado. Y ha sido porque, en el fondo de mi corazón, por muy cristiano que sea, le odio. Me mató y mató a la mujer que amaba. Me alegro de que fuera un amargado, un insatisfecho y un desgraciado. Sé que no está bien que piense eso, pero no puedo evitarlo. Fingir otra cosa sería mentir.

Cuando Cristina se marchó de la consulta, hice una anotación para recordar que debía comprobar si mejoraba su asma, ya que tenía la impresión de que estaba relacionada con la muerte del sacerdote en la hoguera, debido al fuego y el humo. (Se trata de algo bastante habitual; los problemas respiratorios suelen tener causas arraigadas en vidas anteriores.) De hecho, ya en la siguiente sesión había mejorado sensiblemente y, en la actualidad, es mucho menos intensa.

También anoté algo más: «Los celos provocaron el reencuentro del granjero y el sacerdote en otra vida y, probablemente, también en ésta, en la que el padre de Cristina ha tenido la oportunidad de redimirse por la desconfianza y traición con las que se había comportado con ella en existencias pasadas. Podía haberla apoyado psicológicamente, reconociendo su talento, y haberla recompensado ascendiéndola en la empresa. Pero decidió no hacer ninguna de las dos cosas. Quizá le haga falta otra vida más para aprender la compasión y el altruismo.»

En su siguiente y última regresión, Cristina se encontró en un pueblecito de la Inglaterra del siglo XIX.

—Esto es fascinante —me contó—. Por vez primera en la historia, los hombres se van a trabajar y abandonan el hogar para acudir a la oficina o a la fábrica, mientras las mujeres se quedan a cargo de la casa. Es una sociedad nueva, con nuevas relaciones entre los matrimonios. Y yo tengo suerte, porque soy joven (tengo veinte años), aún no me he casado y he encontrado un trabajo en una planta textil, así que puedo ganar algo de dinero. En cuanto empiezo, se me ocurren mil ideas para aumentar la producción y reducir los costes al mismo tiempo. Mi supervisor está francamente impresionado y me pide consejo a todas horas. Es guapísimo y dice que me quiere. Yo, desde luego, a él sí.

El supervisor de esa vida era de nuevo el padre de la actual. La hice avanzar sin abandonar esa existencia y observé un notable cambio en su gesto. Ya no era una chica feliz y despreocupada, sino una mujer amargada y desilusionada. Al parecer, el hombre que amaba la había traicionado.

—Resultó que no me quería. Lo decía sólo para robarme las ideas y hacerlas pasar por propias. Lo ascendieron. Sus superiores decían que era un genio. ¡Ay, es espantoso! ¡Lo odio! Un día me enfrenté a él delante de su jefe y le supliqué que confesara que sus innovaciones eran, en realidad, ideas mías. Al día siguiente, me acusó de robarle cinco libras a una compañera. Era inocente, totalmente inocente, pero la chica le respaldó, debía de ser su amante y él le diría que la quería para que le apoyara. Ya se enterará de lo que es bueno, cuando descubra que es un cerdo. A mí me arrestaron y me mandaron a la cárcel un año entero, humillada, abandonada. En la prisión agarré una neumonía. No acabó conmigo, pero me dejó los pulmones debilitados y tuve ataques de tos durante el resto de mis días. —Otro paralelismo con el asma de la actualidad—. No logré encontrar otro trabajo y me vi obligada a mendigar. Prometía mucho, mucho, todos mis compañeros de la fábrica lo decían, pero ¿de qué me sirvió? Ésa fue precisamente mi desgracia.

Se echó a llorar.

—¿Llegó a perdonarlo? —inquirí.

—¡Jamás! El odio que sentía hacia él fue el acicate que me permitió seguir adelante. «Lo veré muerto antes de morir yo», me decía, pero fue una promesa que no pude cumplir. Morí antes de cumplir los cuarenta años, soltera, sin hijos, sola. Él debió de llegar a los cien. ¡Qué injusticia! ¡Qué desperdicio de toda una vida en esta tierra!

O no. La tragedia de esa vida anterior, y de la otra en la que había sido sacerdote, era una preparación para ésta y para las venideras. Cuando la hice regresar al presente, permaneció en un estado alterado que no fui capaz de definir con exactitud.

—La Biblia nos dice que los pecados del padre perviven hasta la tercera o cuarta generación de descendientes —lo busqué: parafraseaba el Éxodo: 20:4,5—, pero eso no tiene sentido. Nosotros mismos somos nuestros descendientes, reencarnados en nuestros nietos, bisnietos y tataranietos a lo largo de muchas vidas. Y, en cualquier momento, podemos suprimir esos pecados, porque no existen en otro ser, sino en nosotros. Mi padre estaba en todas mis vidas (lo reconocí como mi padre, como el granjero y como el supervisor) y en todas lo quise, primero, y lo odié, después. Sus pecados lo han perseguido a lo largo de los siglos.

Se inclinó hacia delante, inspirada, para proseguir:

—Pero también los míos a mí. No son sus pecados lo que debo cambiar, sino los míos. Hace milenios que le odio, y el odio es un pecado. Una y otra vez, ese odio erradicaba el amor que sentía por él al principio. ¿Y si esta vez las cosas cambian? ¿Y si ahora logro erradicar el odio con amor?

Las extraordinarias percepciones de Cristina no daban respuesta, por supuesto, a la pregunta de qué decisión debía tomar en los meses siguientes (es decir, ser empleada, ama de casa o competidora). En la época de las sesiones de Cristina, yo acababa de iniciar mi trabajo de progresión y lo limitaba mucho. Me pareció que la fuerza y el intelecto de aquella paciente la convertían en una candidata ideal, y le propuse que emprendiéramos un viaje hacia el futuro. Aceptó de buen grado.

—Sólo vamos a analizar posibles futuros pertenecientes a sus elecciones —informé—. Quiero evitar que vea enfermedades graves o muertes. Si se da cuenta de que va en esa dirección, dígamelo y la haré regresar.

Empecé pidiéndole que viera si se había quedado en la empresa de su padre.

—Estoy enferma —anunció nada más empezar, pero, a pesar de mi advertencia, no me permitió hacerla volver—. Es producto de la frustración. El trabajo me ahoga en sentido literal y figurado. El asma ha empeorado. No puedo respirar. Es como estar en Inglaterra hace dos siglos. Estoy en una cárcel.

La visión de sí misma como ama de casa resultó igualmente funesta:

—Mis dos hijas son mayores y se han ido de casa. Me he quedado sola. No he vuelto a casarme. Tengo la impresión de tener la cabeza vacía, como si se me hubiera encogido el cerebro por falta de uso. Mi ingenio pertenece a otras vidas, no a ésta.

La tercera posibilidad, la de lanzar una empresa competitiva, arrojaba este panorama:

—Tengo éxito. Mi padre ha quebrado y yo soy multimillonaria. Y, sin embargo, estoy deprimida. Es como si todo fuera producto de la rabia y la venganza: al ganar, he perdido. Nunca veo a mi familia, nunca hablamos. Nos quedamos cada uno en su habitación, separados por el silencio, y pasamos los días carcomidos por el odio.

Al hacerla regresar al presente, me imaginaba que estaría triste, pero, en lugar de eso, me sorprendió con su júbilo.

—Hay una cuarta posibilidad —gritó—; antes no la había visto: empezar una empresa propia que no compita con la de mi padre.

—¿Y no sería muy arriesgado?

—No creo. Se me dan bien el marketing y el diseño, y eso puedo aplicarlo a cualquier sector. ¡Menaje de cocina! ¡Cerámica! Cocino bien y no se me da mal la alfarería, así que, al menos, sabré de qué va el tema, aunque, claro, buscaré asesoramiento profesional. Tengo contactos con tiendas que podrían vender mis productos y una trayectoria con la empresa que ya he montado que no tiene nada que envidiar a nadie. Volveré a hablar con el banco que me ha prestado el dinero y les diré que he cambiado de idea, pero que no tienen que preocuparse. Les presentaré un plan de marketing nuevo, otro proyecto empresarial, eso se me da de fábula. Voy a diseñar ollas, cazuelas, juegos de café, vajillas. Trabajaré con arcilla, con acero, con plata. Y nadie podrá decir que pretendo desbancar a mi padre. Es más, cuando triunfe, estará orgulloso de mí y, por fin, me querrá.

Su entusiasmo no conocía límites, así que no me atreví a destacar los peros. Estaba convencido de que se saldría con la suya, pero no de que fuera a lograr el amor de su padre. Para que eso fuera posible, tendría que producirse un cambio profundo en ambos.

Se marchó deshaciéndose en agradecimientos; pero yo no me quedé totalmente satisfecho. Era cierto que la había ayudado a resolver su dilema; sin embargo, quedaba más trabajo por hacer. Me acordé de su nueva percepción sobre la transmisión del pecado y me quedé pensando si seguiría por ese camino, de modo que, cuando, al cabo de unos meses, llamó para pedir hora, me alegré mucho.

Le estaba costando arrancar, según me contó. Sus nuevos planes no habían recibido el apoyo que esperaba; aún tenía que encontrar un estilo de diseño propio. Había tenido que cambiar de colegio a sus hijas, de uno privado a uno público, y le preocupaba el dinero, tener que volver con su padre al final, aunque sólo fuera para dar de comer a las niñas. Sin embargo, contaba sus problemas con una vivacidad de la que había carecido en las visitas anteriores, las ojeras habían desaparecido y respiraba con mucha más facilidad. Se lo comenté y le pregunté por el motivo.

—Estoy enamorada.

Me quedé estupefacto. Cuando se había marchado, yo me había quedado con la idea de que tardaría bastante tiempo en poder dejar paso al amor (sentía demasiada rabia hacia los hombres, estaba demasiado decidida a seguir sola), y, sin embargo, la luz que había en sus ojos no dejaba lugar a dudas.

—Cuénteme.

—Ricardo es maravilloso. ¡Ma-ra-vi-llo-so! Le conocí en un grupo de lectura. Descubrimos que a los dos nos encanta *Don Quijote*, quizá porque los dos arremetemos contra molinos de viento. Es piloto comercial, pero trabaja por su cuenta para compañías internacionales que vuelan de aquí a América Latina y de regreso. Ha estado en São Paulo, hasta conoce la calle en la que yo vivía. Habla español y portugués y, cuando le hablé de usted, me contó que había leído un libro suyo en portugués la última vez que había estado en Brasil, porque no había podido encontrar la edición en inglés. Cree que era el primero que escribió, el de la relación entre usted y una paciente, me he olvidado del título, pero me da la impresión de que no se lo cree todo. ¿Le importa?

—Pues claro que no, mujer. Me alegro de que sea feliz, aunque, a decir verdad, me sorprende que esté enamorada.

Me miró con una tremenda circunspección.

—Y a mí. Me he planteado cómo puede haber sucedido y, además, tan deprisa, y creo que tengo la respuesta: es por lo que hablamos usted y yo. En el momento en que me di cuenta de que era una pecadora, como mi padre, y de que mi pecado es el odio, que me ha acompañado a lo largo de todas mis vidas anteriores, en ese momento se desvaneció el odio que sentía por él y por todos los hombres, y apareció Ricardo en mi vida.

Puso las manos sobre mi mesa y se inclinó hacia mí.

—Es algo rarísimo, doctor Weiss, pero cuando miro a Ricardo, cuando le miro de verdad, veo la parte buena de mi alma. Él es yo, estoy segura, y yo soy él. Parece imposible.

Le expliqué que, cuando un alma se separa del alma única, puede penetrar en más de un cuerpo de forma simultánea, por lo que su sensación no era «rarísima», ni siquiera especialmente insólita. Ricardo y ella estaban destinados a encontrarse, le conté, y, a partir de aquel momento, su libertad para elegir determinaría qué les sucedería.

—Tengo cierta idea de lo que puede ser —aseguró con una sonrisa radiante.

Yo también.

Quedaba el tema del éxito o el fracaso de su nueva empresa. Le pregunté si deseaba que la hiciera avanzar hacia el futuro y, tras muchos titubeos (dado su estado actual de euforia, no deseaba recibir malas noticias), accedió, pero, en lugar de avanzar unos pocos años, dio un salto de mil doscientos. Por lo general, cuando alguien hace una progresión al futuro lejano no está seguro de la fecha, pero, en aquella ocasión, Cristina fue categórica: era el año 3200.

—La Tierra está muy frondosa —empezó—, mucho más verde y más fértil que ahora. Los bosques son tupidos y las praderas están cubiertas de flores, pero resulta extraño que no haya animales. ¿Por qué, cuando hay tantísima comida? Tampoco hay mucha gente. Se comunican telepáticamente y sus cuerpos, menos densos que los nuestros, están llenos de luz. Viven en pequeños grupos, en ciudades, en casas preciosas hechas de madera o de piedra, y parece que son granjeros. Veo un fluido, o luz líquida, que se vierte sobre las plantas, a veces sobre la propia gente. Todo el mundo es muy espiritual. No veo ninguna enfermedad, no existe la ira de verdad, no hay violencia ni guerra. Todo tiene cierto carácter traslúcido, hay una luz que lo impregna todo, que conecta a todo el mundo y a todas las cosas en paz.

—¿Cómo se ha sentido al ver el mundo así? —le pregunté, tras hacerla volver al presente.

—Tranquila, cómoda, feliz —contestó aún emocionada—. Qué ganas tengo de vivir allí.

—¿Y por qué habrá decidido ir tan lejos y no a un futuro inmediato?

Meditó la respuesta antes de darla:

—Porque es más importante. Los años de esta vida ya puedo manejarlos yo sola. Mi empresa florecerá como los árboles y las plantas del tercer milenio. Puedo amar a Ricardo, ¿cómo voy a fracasar?

Tenía razón, claro. Al cabo de dieciocho meses, sus productos ya estaban en tiendas de lujo de todo el país y las ventas por Internet crecían día a día. Cuando Carole y yo viajamos a Rusia, los vimos en San Petersburgo. Cristina invirtió parte de sus beneficios en la empresa de su padre y le salvó de la tan temida quiebra. Se casó con Ricardo y puede decirse que perdimos el contacto hasta que, una mañana, recibí una llamada suya. La euforia era evidente en su voz.

—Tenía que contárselo, doctor Weiss, porque ha pasado gracias a usted. Anoche Ricardo y yo fuimos a cenar a casa de mis padres (la verdad es que vamos a menudo, les cae bien) y, bueno, cuando nos íbamos, mi padre me llevó a un lado y me abrazó. ¡Me abrazó! Qué maravilla. Y entonces, por primera vez en la vida, me dijo que me quería.

El amor es una cualidad y una energía absolutas. No termina con nuestra muerte, sino que nos acompaña al otro lado y regresa luego hasta aquí. Es la esencia de la cualidad del espíritu y del cuerpo. Es la vida y la vida después de la muerte. Es nuestro objetivo y todos lo alcanzaremos, sea en esta vida o en otras futuras.

14

GARY: EL FUTURO

En todos mis libros he intentado transmitir la extraordinaria fuerza de las sesiones de regresión; el efecto de las visiones «milagrosas», no sólo física, sino también psíquicamente; la sensación de misterio, o de magia, o de trascendencia, que experimentamos tanto el paciente como yo. Mucho más maravilloso resulta, pues, viajar hacia el futuro para ver no qué ha sucedido, sino qué va a suceder. Esos periplos siguen llenándome de sobrecogimiento y cautela. Soy precavido a la hora de llevar a mis pacientes a territorios que podrían ser imaginarios y que podrían hacer que basaran sus decisiones vitales en lo que han «visto», de modo que siempre hago hincapié en los peligros que entrañan la ilusión y la fantasía.

Al conceptualizar el futuro, hay que tener en cuenta que existe la posibilidad de proyectar los propios deseos subconscientes. Para un psicoanalista, esos panoramas, fruto de anhelos íntimos, son de una importancia vital, ya que todo lo que crea la mente recóndita contribuye al proceso terapéutico y es significativo para su creador. En ese sentido, los recuerdos del futuro son una especie de sueños. Suele darse una mezcla de símbolo y metáfora, de esperanzas y deseos muy arraigados, de recuerdos reales y experiencias precognitivas. En otras palabras, el hecho de que un paciente vea lo que va a acontecer no quiere decir necesariamente que se trate de un futuro «real». Sin embargo, la inmediatez y la fuerza de los recuerdos pueden mejorar de forma instantánea el curso presente y futuro de la vida del paciente. Para un terapeuta, esos cambios son aún más importantes que la capacidad de validar el material.

A pesar de todo ello, muchas visiones del futuro cercano han resultado acertadas, como ha quedado expuesto en varios de los casos de este libro. Si aprendemos a distinguir de forma infalible entre verdad y fantasía, algo que probablemente no sucederá en esta generación pero quizá sí en la siguiente, todos los que nos adentremos en el futuro, da igual que utilicemos el material con fines terapéuticos o no, podremos mejorar ese futuro al mejorar nosotros mismos. Y la dorada inmortalidad que nos corresponde acabará llegando antes, y pronto atravesaremos verdes campos y cielos luminosos para llegar hasta el alma única.

En mi opinión, podemos ver el futuro porque una parte de nosotros responde al hecho de que pasado, presente y futuro forman un todo que discurre de forma simultánea y que en poco se parece a los años, meses, días, horas y minutos longitudinales que utilizamos para medir el tiempo en la Tierra. El futuro ya está aquí, y lo digo de forma totalmente literal, e incluso cuando estamos en este planeta podemos determinar el ahora a través de los actos. Por eso resulta tan importante que nos preparemos no sólo para el resto de nuestras vidas, sino también para las existencias venideras, para la inmortalidad.

El futuro parece ser un destino flexible. Hay multitud de futuros posibles y probables diseminados por un vasto espectro estadístico. Nuestros futuros individuales inmediatos en esta vida y los que pronto acontecerán dependen, en gran medida, como hemos visto, de las elecciones y los actos del presente. Nuestros futuros a largo plazo (los futuros colectivos o el futuro del planeta, que podría existir eternamente, pero que podría ser destruido por nuestras manos, aunque con ello detendríamos nuestro progreso hacia el alma única) dependen de las decisiones acumulativas de toda la humanidad. Si somos sabios, podremos ver cuáles son esas visiones, al vislumbrar el futuro de dentro de unos mil años. Cuanto más nos acerquemos a un futuro concreto mayor será la precisión con la que predecirlo, pero, aun así, resulta importante ver cómo será la Tierra dentro de mil años o más, porque hoy está convirtiéndose en un lugar peligroso, y quizá, si tomamos decisiones más sensatas, motivados por lo que veamos, podremos alterar la dirección del futuro desde este preciso momento.

Cuando trabajo con los grupos que asisten a mis seminarios, les hago progresiones al futuro lejano, a períodos temporales diferenciados: dentro de cien años, de quinientos, de mil o de más. Quiero ver si aparecen coincidencias en las visiones, ya que, si concuerdan, hay bastantes posibilidades de que encierren la verdad, de que el mundo acabe pareciéndose mucho a lo que predigan. Mis experimentos todavía son recientes, pero, en el noventa por ciento de los casos, he dado con similitudes tan asombrosas que cada vez estoy más convencido de que existe una enorme posibilidad de que, dentro de muchísimas vidas, nos aguarde un mundo espléndido.

Utilizo las progresiones individuales con fines terapéuticos. Como ya he mencionado, he empezado a hacerlo no hace mucho y con ciertas reticencias, ya que me preocupaban las profecías que pudieran acarrear su propio cumplimiento en casos de pacientes inestables. Sin embargo, algunos de ellos ya viajaban al futuro de forma espontánea y se beneficiaban de ello, de modo que empecé a enviar a algunas personas a momentos cercanos a su muerte, sin dejarles que llegaran a verla. Quizá si somos testigos del final de nuestras vidas descubriremos que hay tres o cuatro pasos que podemos dar ahora, más posibilidades por las que optar en nuestro recorrido hacia la próxima existencia. (Algunos pacientes hicieron caso omiso de mi sugerencia terapéutica y llegaron hasta el momento mismo de su muerte, pero tenían la entereza necesaria para soportarlo; los que no eran lo bastante fuertes no llegaron hasta ese punto en ningún caso.)

Observé que tomaban decisiones más sensatas y elegían mejor si habían visto lo que les esperaba. Disfrutaban de la oportunidad de ver las bifurcaciones del camino y preguntarse: «¿Qué diferencias habrá si tomo esa vía, ésa, ésa o ésa?» Al tomar decisiones ahora, modificamos el futuro de forma constante, pero, en términos generales, de entre la infinidad de futuros que tenemos por delante, hay uno o más que son probables, y tal vez tengamos un cinco por ciento de posibilidades de ir por un camino, un diez por ciento de tomar otro y apenas un uno por cien mil de optar por un tercero; es un sistema de probabilidades y posibilidades que alteramos incesantemente. Hay que recordar que todos nuestros futuros individuales forman parte de un arco universal; cuando, dentro de muchísimo tiempo, ese sinnúmero de futuros individuales se fusione con el espíritu superior, alcanzaremos nuestro objetivo.

De momento, lo que importa es la toma de decisiones. John, por ejemplo, vio una bifurcación en el camino que le abrió la posibilidad de vivir una vida, marcada por la compasión en el presente, muy distinta de la que llevaba hasta el momento. Evelyn vio un futuro en el que el odio profundamente arraigado que sentía había dejado de existir, y así pudo iniciar su trayecto hacia ese estado en el presente. Ver el futuro no quiere decir estar obligado a vivirlo, de ahí que haya bifurcaciones en tantos casos. Seguimos teniendo libertad de elección y nunca es tarde para hacer uso de ella.

Tanto en el caso de John como en el de Evelyn, y en los que ya he explicado en esta obra, se procedió a una regresión antes de intentar la progresión. En la terapia de Gary, en cambio, avanzar sin retroceder resultaba esencial, ya que llegó a mí en plena crisis. La noche antes de llamarme tuvo un sueño en que se vio apuntándose con una pistola a la cabeza mientras empezaba a apretar poco a poco el gatillo. Tenía sentido para él, según me contó cuando me relató la pesadilla, después de que hubiera anotado su historial: la muerte significaría el fin de la desesperación.

Gary era un hombre de cuarenta años que gozaba de buena salud física y cuyo negocio de antigüedades estaba a punto de venirse abajo. Debido al éxito del programa televisivo *Antiques Roadshow*, en el que unos expertos tasaban las antigüedades que la gente de a pie llevaba de casa, se imaginó que iba a producirse un entusiasmo generalizado por los objetos de plata, los cuadros y los muebles de precios elevados, por lo que amplió sus existencias hasta el punto de tener que alquilar otro almacén para conservarlas. Tal vez fue porque sus gustos no eran los más indicados, o tal vez porque se mostró demasiado optimista en cuanto a las posibilidades del mercado, pero lo cierto es que no atrajo a muchos clientes nuevos. Los préstamos que había pedido para adquirir las existencias vencieron y no pudo pagarlos. Su socio le demandó por haber administrado mal los fondos. Tuvo que despedir a sus empleados. Sus hijos, dos chicos gemelos, estaban a punto de empezar la universidad, y no podía pagársela. A su esposa, Constance, a la que quería con locura, acababan de diagnosticarle esclerosis múltiple. Un abogado le había recomendado presentar una solicitud de declaración de quiebra, pero, para Gary, eso era inconcebible.

Me contó todo eso de carrerilla, con el rostro demacrado y grisáceo y los ojos cargados de un dolor atroz.

—Y entonces tuve el sueño —concluyó—. Comprenderá por qué me ha afectado tanto.

—¿Por qué ni siquiera se plantea declararse en quiebra? —inquirí—. A mí me parece la única solución razonable.

—Porque entonces se demostraría que mi padre tenía razón.

—¿En qué?

—«Hijo mío, tú nunca llegarás a nada.» Si no lo dijo mil veces, no lo dijo ninguna.

—¿Ha fallecido?

—Hace doce años.

—Pero usted aún recuerda sus palabras.

—Me obsesionan. Mi padre era un hombre de mucho carácter, doctor Weiss. Mi madre murió cuando yo tenía tres años y me crió él solo. Era albañil, pero nunca se iba de copas con sus amigos, nunca encontró a otra mujer (ni siquiera la buscó), nunca hizo nada más que ocuparse de mí, preocuparse por mí, ahorrar para mí. Estaba emocionado con la idea de que iba a ser el primero de la familia con una educación universitaria. Le hacía ilusión que fuera abogado o médico o científico, algo de lo que pudiera sentirse orgulloso. Y lo intenté, de verdad, pero no se me daban bien las matemáticas, ni la química, ni la física, no tengo facilidad para la lógica; tenía tan pocas probabilidades de ser abogado como de ser albañil.

—Para ser albañil no hace falta tener demasiada facilidad para la lógica.

—No, pero sí fuerza. —Se puso en pie y extendió los brazos—. Míreme.

Lo que vi fue a un hombre corriente al que la policía describiría como «de complexión media, de peso medio» si algún día se hacía realidad el sueño del suicidio. No era su constitución lo que le habría impedido dedicarse a un trabajo que requiriese fuerza, sino la imagen que tenía de sí mismo.

—Me gustaba el arte —prosiguió—: egipcio, griego, romano, renacentista. Cuando estaba en segundo de universidad, en Tulane, decidí especializarme en Historia del Arte, pero no se lo conté a mi padre hasta el curso siguiente.

—¿Qué sucedió?

Hizo una mueca de rabia.

—«Hijo mío, tú nunca llegarás a nada.» Me llamó mariquita e intelectual y, para él, no había nada peor. Le había traicionado, había hecho añicos sus esperanzas, era la prueba viviente de que había tirado su vida por la ventana. «Ojalá hubiera tenido una hija», sentenció. Para él, ser mujer era casi tan terrible como ser intelectual.

—¿Renegó de usted?

—Qué va, peor: siguió pagándome los estudios, el

alojamiento y la comida. Me dijo que no tenía nada mejor que hacer con el dinero, que era demasiado viejo para empezar a vivir. Cuando volvía a casa, en verano o en Navidad, me trataba con cordialidad. Con cordialidad. Como si fuera un desconocido, aunque supongo que eso es lo que era. Cuando monté el negocio, intenté devolverle el dinero, pero hizo pedazos el primer cheque que le entregué y no volví a intentarlo. Hacer que me sintiera culpable fue su venganza. Y le salió a las mil maravillas.

—Tuvo que soportar usted una presión terrible. Resulta muy difícil hacerse pasar por lo que uno no es, e incluso peor que lo desprecien por ser como es. —Su expresión de autocompasión dejaba clara la veracidad de mi afirmación—. Pero piense que ha elegido un camino y que tiene su vida. Muchas otras personas con padres como el suyo no lo habrían conseguido.

—Pues menudo logro —replicó con amargura—. Está claro que soy un fracasado.

—El fracaso de un negocio no es ninguna vergüenza. Sucede a diario. Ya saldrá adelante. Mientras, tiene una esposa que le quiere...

—O eso dice.

Me sorprendió la convicción que reflejaban sus palabras.

—¿No se lo cree?

—¿Cómo podría quererme? —replicó con total abatimiento.

Su desesperación era tal que me pareció inútil señalar que debía de haberlo querido si se había casado con él, y que, casi con seguridad, debía de seguir queriéndolo o, al menos, a esa parte de él que la había atraído en un principio.

—¿Cuál es el principal indicio de que no lo ama? —indagué.

La furia se apoderó de su gesto.

—Cuando le conté que quería suicidarme me suplicó que no lo hiciera.

Me quedé atónito unos instantes.

—¿Y eso demuestra que no lo quiere? —acerté, por fin, a preguntar.

—Si me quisiera, me dejaría hacerlo —contestó, con una extraña risita—, pero da igual: voy a hacerlo de todos modos, por mucho que se esfuerce en impedírmelo.

—¿Cuándo?

—¿Qué le parece mañana? ¿Le viene bien? A mí de perlas.

Las amenazas de suicidio representan uno de los problemas más graves que afronta un psiquiatra. El hecho de que Gary hubiera acudido a mí significaba que, como mínimo, tenía sentimientos encontrados sobre la decisión, que el sueño lo había asustado. Quizá sólo trataba de escandalizarme, o de dramatizar. Sin embargo, su nivel de amargura me indicaba que sí existía ese deseo, y yo sabía perfectamente que no podía correr ningún riesgo.

—Voy a tener que ingresarlo.

Se me quedó mirando con unos ojos carentes de toda expresión.

—Ni hablar.

—Corre peligro de muerte.

—No es ningún peligro: es una determinación, un deseo alimentado con fervor.

—Únicamente por usted mismo. Ya me ha contado que su esposa ha intentado detenerlo. Seguro que sus hijos también lo harían.

—En estos momentos no están en casa.

—Pues entonces piense en el susto que se llevarían, en cómo sufrirían.

—Se alegrarían de haberse librado de mí. Me consideran un inútil. Y llevan razón. Sin mí estarían mejor.

Tenía ya muy claro que la argumentación era inútil. Si no conseguía que abandonara sus pretensiones, debería hospitalizarlo a la fuerza, pero tal vez, si lograba hacerle alcanzar una perspectiva superior y visualizar las consecuencias de su suicidio...

—Vamos a hacer un trato —propuse.

—¿Qué trato? —preguntó, sorprendido.

—Si me dedica dos sesiones, si deja que trate de ayudarlo, no lo ingreso.

—Y si sigo sintiendo lo mismo después de las dos sesiones ¿no intentará detenerme?

Evidentemente, eso no podía formar parte del trato.

—Vamos a ver qué conseguimos —repuse—. Quiero que visite el futuro.

En cuanto Gary entró en estado de hipnosis profunda, lo invité a que mirara los dos caminos divergente que surgían del lugar que ocupaba en el presente. Uno le mostraría las repercusiones de su suicidio. El otro era el de las decisiones positivas, el amor a sí mismo, la vida.

Decidimos adentrarnos, primero, en el sendero del suicidio. Sus ojos se llenaron de lágrimas de inmediato.

—Me equivocaba. Constance sí que me quería. La veo sufrir, y eso que ya han pasado muchos años desde mi muerte. Mis hijos también lo pasan mal. Soy tan egoísta que ni siquiera pensé en ellos al apretar el gatillo. Tuvieron que olvidarse de la universidad y dedicarse a cuidar a Constance durante su enfermedad. —Se detuvo, y cuando volvió a hablar fue con tono de sorpresa—. Lo más curioso es que todos se sienten responsables de mi muerte y la culpa está acabando con ellos. Creen que podrían haberme protegido de mí mismo, que podrían haberme salvado si se hubieran esforzado más. ¡Es increíble! Fue mi mano, no la suya, la que empuñó el arma. Y Constance hizo todo lo que pudo. Me suplicó. No la creí y seguí en mis trece.

—Su reacción no es tan extraña —expliqué con voz pausada—. En muchos casos, los supervivientes se sienten responsables.

—Ay, lo siento mucho —sollozó, mientras las lágrimas empezaban a resbalar por sus mejillas—. Lo siento muchísimo. Yo no quería...

—¿Hacerles daño?

—Eso. El que sufría era yo.

El suicidio no es un acto de altruismo, sino de rabia y desesperación. Decidí explicárselo cuando regresara al presente, pero, de momento, le hacía falta descubrir más cosas del futuro. Lo hice avanzar aún más, hasta su próxima vida.

Sus dedos se aferraron a los brazos del sillón hasta que los nudillos se le pusieron blancos.

—Hay un hombre de pie que se apunta a la cabeza con una pistola. Veo cómo tensa el dedo en torno al gatillo.

—¿Es usted?

—¡Sí!

—¿Con la pistola en la sien, como en el sueño que me contó que había tenido antes de venir a verme el primer día?

Su cuerpo se relajó.

—Un sueño. Sí. Eso es lo que es. Un sueño.

—¿Y ese sueño quiere decir que desea suicidarse?
—Sí. Merezco morir. He tenido una aventura.
—Es decir, que está casado.
—Sí, claro. Y trabajo para mi suegro.
—Una aventura extramatrimonial no parece motivo para suicidarse.
—No lo comprende. Si se entera mi mujer, se lo dirá a su padre y lo perderé todo: el trabajo, la familia, la posición social, las amistades, la autoestima. No podría soportar tal humillación.
—La aventura es un secreto. ¿Por qué iba a enterarse su mujer?
—Pues porque mi amante le ha escrito una carta en la que se lo cuenta todo. Es que he roto con ella y se ha puesto como loca. La carta es su venganza.
—Pero la aventura ya ha terminado. La ha terminado usted. ¿Por qué no se lo cuenta usted mismo a su mujer y se disculpa antes de que reciba la carta? Con el tiempo, lo perdonará. A lo mejor no se lo cuenta a su padre.
—Imposible. Nunca me ha querido tanto como a él. En realidad, yo creo que nunca me ha querido, y punto.
—O sea, que se alegraría si usted se suicidara.
—Montaría una fiesta. Invitaría a su padre y a sus amigos.
La amargura estaba tan arraigada como en su vida actual.
—¿Le recuerda a algo ese sueño? —le pregunté.
Se sobresaltó. Reflexionó unos instantes y por fin repuso, dubitativo:
—¿Quiere decir si es un sueño que he tenido muchas veces? No, creo que no. Aunque... —empezó, pero de repente negó con la cabeza—. No.
—¿Acabó suicidándose?

Frunció el entrecejo. Hubo otro silencio y, por fin, contestó:

—No lo sé, no lo veo. ¡Dios mío! No sé qué hacer.

Recordaba el sueño del futuro en su vida actual cuando regresó a ella.

—¿Quiere eso decir que voy a tener las mismas sensaciones, que voy a vivir la misma humillación y la misma desesperación una y otra vez?

—¿Así se siente?

—Da la impresión de que voy a seguir queriendo acabar con mi vida, de que siempre voy a escoger ese camino.

—Hasta que esté preparado para aprender —reconocí—. Es como una tragedia griega. Si se suicida ahora, estará predestinado a afrontar la situación una y otra vez. Lo que no ha comprendido es que el hombre del sueño y el que vio en la progresión (el que se apuntaba con la pistola) no eran en realidad usted, sino sólo una parte de usted, la que se odia, la que tiene instintos suicidas.

Se estremeció como si hubiera tenido un escalofrío.

—¿Y si tomo el otro camino? —preguntó—. ¿Qué pasará entonces?

—Ah, buena pregunta. Entonces sí que podrá aprender.

Tardé más de lo habitual en hipnotizarle, quizá porque le daba miedo que el segundo sendero también llevara a la desesperación, pero, transcurrido un buen rato, se encontró en el futuro inmediato, tras haber decidido no acabar con su vida.

—Al final tuve que declararme en quiebra —relató—, pero gané la demanda, que, en realidad, no tenía base jurídica.

—¿Y Constance?

—Me apoyó en todo. Igual que los chicos. Igual que mis amigos, de hecho. Creo que se dieron cuenta de que todos nos equivocamos y perdonaron mis errores, o que incluso les pareció que no había nada que perdonar. Era su esposo, su padre, su amigo, no una persona infalible. No era Dios.

—¿Y cómo se las arreglaron?

—Pues vendimos la casa y nos fuimos a vivir a otra más pequeña. Conseguí pagar las deudas que tenía pendientes y, claro, las facturas del hospital.

—¿Y sus hijos?

—Acabaron la carrera. Cuando iban a vernos, tenían que dormir en literas, pero no parecía que les molestara.

—¿Y, ahora, a qué se dedica?

—A la numismática —contestó sonriéndose—. Siempre me ha gustado y ahora es mi vocación.

—¿Y le va bien?

—De maravilla. He podido volver a contratar a algunas de las personas que había tenido que despedir. Han vuelto encantadas, algunas hasta han dejado otros trabajos para venir conmigo. Supongo que no debían de creer que era un mal jefe ni un fracasado. Al despedirlos, les conté la verdad y uno de ellos me dijo que admiraba mi sinceridad y mi solidaridad. Claro que el negocio de antigüedades también empezó bien, así que ¿quién sabe?

Lo hice avanzar aún más, hacia el final de su vida.

—Tengo nietos —explicó—. Mi Constance murió hace muchos años, pero pude consolarla durante sus últimos días y seguimos amándonos hasta el final. —Suspiró—. Esta vida me ha tratado bien, al fin y al cabo.

Dado su cambio de actitud, yo estaba convencido de que la siguiente sería aún mejor. En ella, Gary era un científico y se dedicaba a la investigación en la fisiología vegetal, en concreto a la creación de especies completas desde el punto de vista nutricional, de modo que la gente pudiera hacerse vegetariana como alternativa a la ingestión de animales de conciencia superior y seguir una dieta equilibrada. No se dedicaba a los negocios, no era adúltero, no estaba abatido, no había el menor rastro de deseos de suicidio.

Cuando lo devolví al presente, no cabía duda de cuál era el camino que había elegido. Había decidido evitar el primero porque podía elegir con sensatez en el presente. De momento, la vida de Gary está desarrollándose casi exactamente como la previó en su progresión. Su familia ha seguido queriéndolo y apoyándolo; ha ganado la demanda; ha montado otro negocio, una galería para artistas contemporáneos (las visiones del futuro raramente aciertan al cien por cien), y nuevos medicamentos han aliviado algunos de los síntomas de Constance, aunque los dos están resignados ante la inevitabilidad de su muerte. Hace pocos días me llamó para darme una noticia: uno de sus hijos había decidido dejar la universidad para ser músico de rock.

—¿Y a usted qué le parece? —pregunté.
—Pues me parece fatal.
—¿Y qué le ha dicho?
—«Hijo mío, tú llegarás a conseguir lo que te propongas, sea lo que sea.»

Del mismo modo que creo que todos tenemos que afrontar bifurcaciones en nuestras vidas, y que la progresión al futuro puede ayudarnos a decidir qué camino tomar, también estoy convencido de que existen bifurcaciones en la vida del mundo y que, cuanto más las veamos y mejor las comprendamos, más posibilidades tenemos de evitar la destrucción del planeta.

Por eso he utilizado mis seminarios como sistema de profecía. En este caso, no existe forma alguna de demostrar lo que he descubierto y, además, estoy seguro de que, con el tiempo, daré con mejores métodos para conocer con más exactitud lo que van contándonos quienes se han aventurado en el futuro. Lo que sí sé a ciencia cierta es que existe un consenso entre los asistentes a mis seminarios, que a estas alturas ya son más de dos mil, y que, por lo tanto, puedo ofrecer ya (con vacilaciones e indecisiones) un bosquejo general de un panorama que voy a seguir explorando.

En las progresiones de grupo, como ya he señalado, intento que los asistentes se detengan en tres puntos en su viaje al futuro: dentro de cien, quinientos y mil años. No se trata de algo exacto, ya que la gente tiene libertad para explorar cualquier lugar en cualquier momento, pero como pauta les resulta útil, lo mismo que a mí.

¿Qué he descubierto?

- Dentro de cien años, o quizá doscientos, el mundo será prácticamente igual que ahora. Habrá habido calamidades, tragedias y desastres naturales y provocados por la mano del hombre, pero no a escala planetaria. Habrá más toxinas, más superpoblación, más contaminación, más calentamiento global, menos enfermedades virulentas, mejores métodos para cultivar y cosechar alimentos, etcétera, pero, fieles al espíritu de la famosa canción *I'm still here* de Stephen Sondheim, «seguiremos aquí», prácticamente intactos.

- Tras ese período (podría ser dentro de trescientos años, pero también dentro de seiscientos) empezará una segunda Edad Media. (En las sesiones, parece que la gente predice catástrofes cada vez más cercanas a la primera fecha; quizá se deba a que el futuro no está escrito y la oscuridad avanza cada vez más deprisa, debido a los pensamientos y los actos negativos de mucha gente, aunque aún queda tiempo para dar marcha atrás mediante la acumulación de nuestras obras. Este período intermedio es, de los tres, el más difícil de concretar.) No sé qué provocará esa etapa de oscuridad (de ahí la necesidad de refinar las predicciones), pero está claro que habrá una enorme disminución de la población. La explicación podría ser un descenso del índice de fertilidad, debido a las toxinas del medio ambiente (ya existen, en la actualidad, muchos estudios científicos que indican que la movilidad de los espermatozoides está descendiendo), pero los responsables también podrían ser virus, elementos contaminantes, asteroides, meteoritos, guerras, plagas o algún tipo de calamidad inimaginable.

Algunos no nos reencarnaremos durante ese período; nuestras conciencias quizás hayan cambiado lo suficiente para que lo observemos todo desde otro lugar, desde otra dimensión. Puede que ya no estemos aquí. Nuestros futuros podrían progresar más a título individual que del planeta; puede que algunos nos reencarnemos en otras dimensiones o en otros mundos. En *Los mensajes de los sabios* conté que me preocupaba que el mundo, que antes era como un colegio de una sola aula, de esos a la antigua en los que todos los niños de todos los cursos asistían juntos a clase, estuviera dividiéndose en dos colegios distintos, uno de educación primaria y el otro de secundaria, pero no parece que haya una universidad después, y no existirá hasta que detengamos el proceso actual de contaminación, muerte y destrucción. Está claro que hay quien sí ha llegado a la universidad, e incluso a hacer un curso de posgrado, pero ya están en otra esfera y llegan en cantidades cada vez mayores. Han alcanzado el punto en el que ya no tienen que reencarnarse en la Tierra, y tal vez esos universitarios nos ayudan desde la lejanía. Los que están en cursos de posgrado piensan en el momento de doctorarse, en el que finalmente se fusionarán con el alma única.

- Y, por último, tenemos la tierra idílica, fértil y pacífica que vio Hugh antes incluso de que yo empezara a hacer progresiones de grupo y que, luego, muchos otros han descrito también. Sólo algunos asistentes han mencionado las nubes que atravesó Hugh antes de llegar a la tierra de luz. Puede que sea porque ahora estemos entre esas nubes negras y los asistentes a los seminarios, situados en mitad de ellas, no hayan sido capaces de reconocer su existencia como le sucedió a Hugh. Pero todos coinciden en la luminosidad y todos sienten la paz, todos vuelven transformados. Si la acumulación de sus visiones tiene la fuerza suficiente y otros se unen a ellos para prepararse de cara a las vidas futuras, en lugar de dedicarse a odiar, a matar, a envenenar el medio ambiente y sus almas, el reino ideal se hará manifiesto y alcanzaremos un lugar en este mundo que se parecerá tanto al otro lado que tender un puente entre ellos resultará fácil.

Puesto que soy mortal, además de inmortal, mi preocupación actual es el presente y el difícil período que tenemos por delante, pues no estamos obligados a vivir ese futuro, por mucho que parezca que nuestra conducta limita nuestras posibilidades. Y, sin embargo, soy optimista. Con el tiempo, creo yo, la conciencia colectiva de la gente que ansía un mundo más pacífico e idílico logrará hacerlo realidad. Con ese fin, cada uno de nosotros debe acordarse de que nuestro destino es ser inmortales; por desgracia, no somos muchos los que lo sabemos o los que conseguimos tenerlo presente, pese a la presión de los acontecimientos de la vida diaria.

Espero que este libro sirva para recordárnoslo.

AGRADECIMIENTOS

Quiero expresar mi más sincero agradecimiento a Richard Marek, cuya experiencia y apoyo contribuyeron extraordinariamente a la redacción de este libro. Es un amigo de verdad.

El personal de Free Press ha sido magnífico durante todo el proceso editorial. Fred Hills ha sido un colaborador inestimable desde mis días en Simon & Schuster. Es un editor fantástico, de cuya orientación y consejos se han beneficiado mis libros. También deseo dar las gracias a Carisa Hays, Elizabeth Keenan, Suzanne Donahue y todos los demás.

Estaré eternamente agradecido a mi extraordinaria y encantadora agente Joni Evans, de William Morris Agency.

Y a mi familia, mis compañeros del alma en el trayecto de esta vida y de muchas otras vidas, mi mayor alegría es saber que siempre estaremos juntos, hasta el fin de los tiempos.

ACERCA DEL AUTOR

El doctor Weiss tiene una consulta privada en Miami, Florida. Además, dirige seminarios y talleres de carácter nacional e internacional, así como programas de formación para profesionales. Brian Weiss ha grabado diversos CD y cintas de audio en los cuales ayuda a la gente a descubrir y aprender técnicas de meditación, relajación profunda, regresión y otros ejercicios de visualización.

Para más información:

The Weiss Institute
P. O. Box 560788
Miami, Florida 33256-0788

Teléfono: (1-305) 598-8151
Fax: (1-305) 598-4009
correo electrónico: *in2healing@aol.com*
Sitio web: *www.brianweiss.com*

El doctor BRIAN L. WEISS es psiquiatra y escritor de éxito. Se graduó en la Universidad de Columbia y se licenció en la Facultad de Medicina de Yale. Ha trabajado como director del Departamento de Psiquiatría del Centro Médico Mount Sinai, en Miami.

El doctor Weiss dispone de una consulta privada en Miami. Sus colaboradores son psicólogos y asistentes sociales que también utilizan la regresión y otras técnicas de psicoterapia espiritual en su trabajo. Además, dirige seminarios nacionales e internacionales, talleres experimentales y programas de formación para profesionales.

Es autor de diversos libros, entre ellos *Muchas vidas, muchos maestros*, *Lazos de amor*, *Los mensajes de los sabios*, *Sólo el amor es real*, *Meditación*, *Espejos del tiempo* y *Eliminar el estrés*, todos ellos publicados por Ediciones B.

www.brianweiss.com

Papel certificado por el Forest Stewardship Council®

Título original: *Many Lives, Many Masters*

Segunda edición: mayo de 2018
Decimotercera reimpresión: diciembre de 2023

© 1988, Brian L. Weiss, M.D.
© 2005, Penguin Random House Grupo Editorial, S. A. U.
Travessera de Gràcia, 47-49. 08021 Barcelona
© 1995, Edith Zilli, por la traducción
Diseño de la cubierta: Penguin Random House Grupo Editorial
Fotografía de la cubierta: © Getty Images

Penguin Random House Grupo Editorial apoya la protección del *copyright*.
El *copyright* estimula la creatividad, defiende la diversidad en el ámbito de las ideas
y el conocimiento, promueve la libre expresión y favorece una cultura viva.
Gracias por comprar una edición autorizada de este libro y por respetar las leyes del *copyright* al
no reproducir, escanear ni distribuir ninguna parte de esta obra por ningún medio sin permiso.
Al hacerlo está respaldando a los autores y permitiendo que PRHGE continúe publicando libros
para todos los lectores. Diríjase a CEDRO (Centro Español de Derechos Reprográficos,
http://www.cedro.org) si necesita fotocopiar o escanear algún fragmento de esta obra.

Printed in Spain – Impreso en España

ISBN: 978-84-9070-718-0
Depósito legal: B-5.680-2018

Impreso en Novoprint
Sant Andreu de la Barca (Barcelona)

BB 0 7 1 8 C

Muchas vidas, muchos maestros

BRIAN WEIS

Traducción de Edith Zilli

*A Carole, mi esposa, cuyo amor me ha
nutrido y sustentado por más tiempo
del que puedo recordar.
Estamos juntos hasta el fin de los tiempos.*

Prefacio

Sé que hay un motivo para todo. Tal vez en el momento en que se produce un hecho no contamos con la penetración psicológica ni la previsión necesarias para comprender las razones, pero con tiempo y paciencia saldrán a la luz.

Así ocurrió con Catherine. La conocí en 1980, cuando ella tenía veintisiete años. Vino a mi consultorio buscando ayuda para su ansiedad, sus fobias, sus ataques de pánico. Aunque estos síntomas la acompañaban desde la niñez, en el pasado reciente habían empeorado mucho. Día a día se encontraba más paralizada emocionalmente, menos capaz de funcionar. Estaba aterrorizada y, comprensiblemente, deprimida.

En contraste con el caos de su vida en esos momentos, mi existencia fluía con serenidad. Tenía un matrimonio feliz y estable, dos hijos pequeños y una carrera floreciente.

Desde el principio mismo, mi vida pareció seguir siempre un camino recto. Crecí en un hogar con amor. El éxito académico se presentó con facilidad y, apenas ingresado en la facultad, había tomado ya la decisión de ser psiquiatra.

Me gradué en la Universidad de Columbia, Nueva York, en 1966, con todos los honores. Proseguí mis estudios en la escuela de medicina de la Universidad de Yale, donde recibí mi diploma de médico en 1970. Después de un internado en el centro médico de la Universidad de Nueva York (Bellevue Medical Center), volví a Yale para completar mi residencia como psiquiatra. Al terminarla, acepté un cargo en la Universidad de Pittsburgh. Dos años después me incorporé a la Universidad de Miami, para dirigir el departamento Psicofarmacológico. Allí logré renombre nacional en los campos de la psiquiatría biológica y el abuso de drogas. Tras cuatro años fui ascendido al rango de profesor asociado de psiquiatría y designado jefe de la misma materia en un gran hospital de Miami, afiliado a la universidad. Por entonces ya había publicado treinta y siete artículos científicos y estudios de mi especialidad.

Los años de estudio disciplinado habían adiestrado mi mente para pensar como médico y científico, moldeándome en los senderos estrechos del conservadurismo profesional. Desconfiaba de todo aquello que no se pudiera demostrar según métodos científicos tradicionales. Tenía noticias de varios estudios de parapsicología que se estaban realizando en universidades importantes de todo el país, pero no me llamaban la atención. Todo eso me parecía descabellado en demasía.

Entonces conocí a Catherine. Durante dieciocho

meses utilicé métodos terapéuticos tradicionales para ayudarla a superar sus síntomas. Como nada parecía causar efecto, intenté la hipnosis. En una serie de estados de trance, Catherine recuperó recuerdos de «vidas pasadas» que resultaron ser los factores causantes de sus síntomas. También actuó como conducto para la información procedente de «entes espirituales» altamente evolucionados y, a través de ellos, reveló muchos secretos de la vida y de la muerte. En pocos y breves meses, sus síntomas desaparecieron y reanudó su vida, más feliz y en paz que nunca.

En mis estudios no había nada que me hubiera preparado para algo así. Cuando estos hechos sucedieron me sentí absolutamente asombrado.

No tengo explicaciones científicas de lo que ocurrió. En la mente humana hay demasiadas cosas que están más allá de nuestra comprensión. Tal vez Catherine, bajo la hipnosis, pudo centrarse en esa parte de su mente subconsciente que acumulaba verdaderos recuerdos de vidas pasadas; tal vez utilizó aquello que el psicoanalista Carl Jung denominó «inconsciente colectivo»: la fuente de energía que nos rodea y contiene los recuerdos de toda la raza humana.

Los científicos comienzan a buscar estas respuestas. Nosotros, como sociedad, podemos beneficiarnos mucho con la investigación de los misterios que encierran el alma, la mente, la continuación de la vida después de la muerte y la influencia de nuestras experiencias en vidas anteriores sobre nuestra conducta actual. Obviamente, las ramificaciones son ilimitadas, sobre todo en los campos de la medicina, la psiquiatría, la teología y la filosofía.

Sin embargo, la investigación científicamente rigurosa de estos temas está todavía en mantillas. Si bien se están dando grandes pasos para descubrir esta información, el proceso es lento y encuentra mucha resistencia tanto por parte de los científicos como de los legos.

A lo largo de la historia, la humanidad siempre se ha resistido al cambio y a la aceptación de ideas nuevas. Los textos históricos están llenos de ejemplos. Cuando Galileo descubrió las lunas de Júpiter, los astrónomos de su época se negaron a aceptar su existencia e incluso a mirar esos satélites, pues estaban en conflicto con las creencias aceptadas. Así ocurre ahora entre los psiquiatras y otros terapeutas, que se niegan a examinar y evaluar las considerables pruebas reunidas acerca de la supervivencia tras la muerte física y sobre los recuerdos de vidas pasadas. Mantienen los ojos bien cerrados.

Este libro es mi pequeña contribución a la investigación en el campo de la parapsicología, sobre todo en la rama que se refiere a nuestras experiencias antes del nacimiento y después de la muerte. Cada palabra de lo que aquí se va a contar es cierta. No he agregado nada y sólo he eliminado las partes repetitivas. He alterado ligeramente la identidad de Catherine para respetar su intimidad.

Me llevó cuatro años decidirme a escribir sobre lo ocurrido, cuatro años reunir valor para aceptar el riesgo profesional de revelar esta información, nada ortodoxa.

De pronto, una noche, mientras me duchaba, me sentí impelido a poner esta experiencia por escrito. Tenía la fuerte sensación de que era el momento correcto, de que no debía retener la información por más tiempo. Las lecciones que había aprendido estaban destinadas también a otros; no me habían sido dadas para que las mantuviera en secreto. El conocimiento había llegado por medio de Catherine, y ahora debía pasar a través de mí. Comprendí que, de cuantas consecuencias pudiera sufrir, ninguna sería tan devastadora como no compartir el conocimiento adquirido sobre la inmortalidad y el verdadero sentido de la vida.

Salí a toda carrera del baño y me senté ante mi escritorio, con el montón de cintas grabadas durante mis sesiones con Catherine. En las horas de la madrugada, pensé en mi viejo abuelo húngaro, que había muerto durante mi adolescencia. Cada vez que yo confesaba tener miedo de correr un riesgo, él me alentaba amorosamente, repitiendo su expresión favorita en nuestro idioma: «¿Qué diablos? —decía, con su acento extranjero—, ¿qué diablos?»

1

Cuando vi a Catherine por primera vez, ella lucía un vestido de color carmesí intenso y hojeaba nerviosamente una revista en mi sala de espera. Era evidente que estaba sofocada. Había pasado los veinte minutos anteriores paseándose por el pasillo, frente a los consultorios del departamento de Psiquiatría, tratando de convencerse de que debía asistir a su entrevista conmigo en vez de echar a correr.

Fui a la sala de espera para saludarla y nos estrechamos la mano. Noté que las suyas estaban frías y húmedas, lo cual confirmaba su ansiedad. En realidad, había tenido que reunir valor durante dos meses para pedir esa cita conmigo, pese a que dos médicos del personal, hombres en quienes ella confiaba, le habían aconsejado insistentemente que me pidiera ayuda. Finalmente, allí estaba.

Catherine es una mujer extraordinariamente atractiva, de ojos color avellana y pelo rubio, medianamente largo. Por esa época trabajaba como técnica de laboratorio en el hospital donde yo era jefe de Psiquiatría; también se ganaba un sobresueldo como modelo de trajes de baño.

La hice pasar a mi consultorio y la conduje hasta un gran sillón de cuero que había tras el diván. Nos sentamos frente a frente, separados por mi escritorio semicircular. Catherine se reclinó en su sillón, callada, sin saber por dónde empezar. Yo esperaba, pues prefería que fuera ella misma quien eligiera el tema inicial; no obstante, al cabo de algunos minutos empecé a preguntarle por su pasado. En esa primera visita, comenzamos a desentrañar quién era ella y por qué acudía a verme.

En respuesta a mis preguntas, Catherine reveló la historia de su vida. Era la segunda de tres hijos, criada en el seno de una familia católica conservadora, en una pequeña ciudad de Massachusetts. Su hermano, tres años mayor que ella, era muy atlético y disfrutaba de una libertad que a ella nunca se le permitió. La hermana menor era la favorita de ambos padres.

Cuando empezamos a hablar de sus síntomas se puso notablemente más tensa y nerviosa. Comenzó a hablar más deprisa y se inclinó hacia delante, con los codos apoyados en la mesa. Su vida siempre había estado repleta de miedos. Tenía miedo del agua; tenía tanto miedo de asfixiarse que no podía tragar píldoras; también la asustaban los aviones, y la oscuridad; la aterrorizaba la idea de morir. En los últimos tiempos, esos miedos habían comenzado a empeorar. A fin de sentirse a salvo solía dormir en el amplio ropero de su apartamento. Sufría dos o tres horas de insomnio antes de poder conciliar el sueño. Una vez dormida, su sueño era ligero y agitado; se despertaba con frecuencia. Las pesadillas y los episodios de sonambulismo que habían atormentado su infancia empezaban a repetirse. A medida que los miedos y los síntomas la iban paralizando cada vez más, mayor era su depresión.

Mientras Catherine hablaba, percibí lo profundo de sus sufrimientos. En el curso de los años, yo había ayudado a muchos pacientes como ella a superar el tormento de los miedos; por eso confiaba en poder prestarle la misma ayuda. Decidí que comenzaríamos por ahondar en su niñez, buscando las raíces originarias de sus problemas. Por lo común, este tipo de indagación ayuda a aliviar la ansiedad. En caso de necesidad, y si ella lograba tragar píldoras, le ofrecería alguna medicación suave contra la ansiedad, para que estuviera más cómoda. Era el tratamiento habitual para sus síntomas, y yo nunca vacilaba en utilizar sedantes (y hasta medicamentos antidepresivos) para tratar las ansiedades y los miedos crónicos y graves. Ahora recurro a ellos con mucha más moderación y sólo durante breves períodos, si acaso. No hay medicamento que pueda llegar a las verdaderas raíces de estos síntomas. Mis experiencias con Catherine y otros pacientes como ella así me lo han demostrado. Ahora sé que se puede curar, en vez de limitarse a disimular o enmascarar los síntomas.

Durante esa primera sesión yo trataba, con suave insistencia, de hacerla volver a la niñez. Como Catherine recordaba asombrosamente pocos hechos de sus primeros años, me dije que debía analizar la posibilidad de utilizar la hipnoterapia como una posible forma de abreviar el tratamiento para superar esa represión. Ella no recordaba ningún momento especialmente traumático de su niñez que explicara esos continuos miedos en su vida.

En tanto ella se esforzaba y abría su mente para recordar, iban emergiendo fragmentos aislados de memoria. A los cinco años había sufrido un ataque de pánico cuando alguien la empujó desde un trampolín a una piscina. No obstante, dijo que incluso antes de ese incidente no se había sentido nunca cómoda en el agua. Cuando Catherine tenía once años, su madre había caído en una depresión grave. El extraño modo en que se alejaba de su familia hizo que fuera necesario consultar con un psiquiatra y someterla a electrochoque. Debido a ese tratamiento a su madre le costaba recordar cosas. La experiencia asustó a Catherine, pero aseguraba que, cuando su madre mejoró y volvió a ser como siempre, esos miedos se disiparon. Su padre tenía un largo historial de excesos alcohólicos; a veces, el hijo mayor tenía que ir al bar del barrio para recogerlo.

El creciente consumo de alcohol lo llevaba a reñir frecuentemente con la madre de Catherine, quien entonces se volvía retraída y malhumorada. Sin embargo, la muchacha consideraba eso como un patrón familiar aceptado.

Fuera de casa todo iba mejor. En la escuela secundaria salía con muchachos y mantenía un trato fácil con sus amigos, a la mayoría de los cuales conocía desde varios años atrás. Sin embargo, le resultaba difícil confiar en la gente, sobre todo en quienes no formaban parte del reducido círculo de sus amistades.

En cuanto a la religión, para ella era simple y no se planteaba dudas. Se le había enseñado a creer en la ideología y las prácticas católicas tradicionales, sin que ella pusiera realmente en tela de juicio la verdad y validez de su credo. Estaba segura de que, si una era buena católica y vivía como era debido, respetando la fe y sus ritos, sería recompensada con el paraíso; si no, sufriría el purgatorio o el infierno. Un Dios patriarcal y su Hijo se encargaban de esas decisiones definitivas. Más tarde descubrí que Catherine no creía en la reencarnación; de hecho, sabía muy poco de ese concepto, aunque había leído algo sobre los hindúes. La idea de la reencarnación era contraria a su educación y su comprensión. Nunca había leído sobre temas metafísicos u ocultistas porque no le interesaban en absoluto. Estaba segura de sus creencias.

Terminada la escuela secundaria, Catherine cursó dos años de estudios técnicos, que la capacitaron como técnica de laboratorio. Contando con una profesión y alentada por la mudanza de su hermano a Tampa, Catherine consiguió un puesto en Miami, en un gran hospital asociado con la Universidad de Miami. Ciudad a la que se trasladó en la primavera de 1974, a la edad de veintiún años.

La vida de Catherine en su pequeña ciudad había sido más fácil que la que tuvo que llevar en Miami; sin embargo, le alegraba haber escapado a sus problemas familiares.

Durante el primer año que pasó allí conoció a Stuart: un hombre casado, judío y con dos hijos; diferente en todo de los hombres con quienes había salido. Era un médico de éxito, fuerte y emprendedor. Entre ellos había una atracción irresistible, pero las relaciones resultaban inestables y tempestuosas. Había algo en él que despertaba las pasiones de Catherine, como si la hechizara. Por la época en que ella inició la terapia, su relación con Stuart iba por el sexto año y aún conservaba todo su vigor, aunque no marchara bien. Catherine no podía resistirse a él, aunque la trataba mal y la enfurecía con sus mentiras, sus manipulaciones y sus promesas rotas.

Varios meses antes de su entrevista conmigo, Catherine había sufrido una operación quirúrgica de las cuerdas vocales, afectadas por un nódulo benigno. Ya estaba ansiosa antes de la operación, pero al despertar, en la sala de recuperación, se encontraba absolutamente aterrorizada. El personal de enfermería se esforzó horas enteras por calmarla. Después de reponerse en el hospital, buscó al doctor Edward Poole. Ed era un bondadoso pediatra a quien Catherine había conocido mientras trabajaba en el hospital. Entre ambos surgió un entendimiento instantáneo, que se fue convirtiendo en estrecha amistad. Catherine habló francamente con Ed; le contó sus temores, su relación con Stuart y su sensación de estar perdiendo el control de su vida. Él insistió en que pidiera una entrevista conmigo, personalmente, no con alguno de mis asociados. Cuando Ed me llamó para ponerme al tanto de ese consejo, agregó que, por algún motivo, le parecía que sólo yo podía comprender de verdad a Catherine, aunque los otros psiquiatras también tenían una excelente preparación y eran terapeutas capacitados. Sin embargo, Catherine no me llamó.

Pasaron ocho semanas. Como mi trabajo como jefe del departamento de Psiquiatría me absorbe mucho, olvidé la llamada de Ed. Los miedos y las fobias de Catherine empeoraban. El doctor Frank Acker, jefe de Cirugía, la conocía superficialmente desde hacía años y solía bromear con ella cuando visitaba el laboratorio donde trabajaba. Él había notado su desdicha de los últimos tiempos y percibido su tensión. Aunque había querido decirle algo en varias oportunidades, vacilaba. Una tarde, mientras iba en su coche a un hospital apartado donde debía dar una conferencia, vio a Catherine, que volvía en su propio automóvil a casa, cercana a ese pequeño hospital. Siguiendo un impulso, le indicó por señas que se hiciera a un lado de la carretera.

—Quiero que hables ahora mismo con el doctor Weiss —le gritó por la ventanilla—. Sin demora.

Aunque los cirujanos suelen actuar impulsivamente, al mismo Frank le sorprendió su rotundidad.

Los ataques de pánico y la ansiedad de Catherine iban siendo más frecuentes y duraban más. Empezó a sufrir dos pesadillas recurrentes. En una, un puente se derrumbaba mientras ella lo cruzaba al volante de su automóvil. El vehículo se hundía en el agua y ella quedaba atrapada, ahogándose. En el segundo sueño se encontraba encerrada en un cuarto totalmente oscuro, donde tropezaba y caía sobre las cosas, sin lograr hallar una salida.

Por fin, vino a verme.

Durante mi primera sesión con Catherine yo no tenía la menor idea de que mi vida estaba a punto de trastrocarse por completo, de que esa mujer asustada y confundida, sentada frente a mi escritorio, sería el catalizador, ni de que yo jamás volvería a ser el mismo.

2

Pasaron dieciocho meses de psicoterapia intensiva; Catherine venía a verme una o dos veces por semana. Era buena paciente: verbalmente expresiva, capaz de penetrar en lo psíquico y muy deseosa de mejorar.

En ese tiempo exploramos sus sentimientos, sus ideas y sus sueños. El hecho de que supiera reconocer los patrones de conducta recurrentes le proporcionaba penetración y entendimiento. Recordó muchos otros detalles importantes de su pasado, tales como las ausencias de su padre, que era marino mercante, y sus ocasionales arrebatos violentos después de beber en exceso. Comprendía mucho mejor sus relaciones turbulentas con Stuart y expresaba el enojo de manera más apropiada. En mi opinión, por entonces debería haber mejorado mucho. Los pacientes mejoran casi siempre cuando recuerdan influencias desagradables de su pasado, cuando aprenden a reconocer y corregir patrones de conducta inadaptada y cuando desarrollan la capacidad de ver sus problemas desde una perspectiva más amplia y objetiva. Pero Catherine no había mejorado.

Aún la torturaban los ataques de ansiedad y pánico. Continuaban las vívidas pesadillas recurrentes y todavía la aterrorizaban el agua, la oscuridad y estar encerrada. Aún dormía de manera interrumpida, sin descansar. Sufría palpitaciones cardíacas. Continuaba negándose a tomar medicamentos por temor a ahogarse con las píldoras. Yo me sentía como si hubiera llegado a un muro: por mucho que hiciera, el muro seguía siendo tan alto que ninguno de los dos podía franquearlo. Sin embargo, este sentimiento de frustración me dio todavía mayor decisión: de algún modo ayudaría a Catherine.

Y entonces ocurrió algo extraño. Aunque tenía un intenso miedo a volar y debía darse coraje con varias copas al subir a un avión, Catherine acompañó a Stuart a un congreso médico que se realizó en Chicago, en la primavera de 1982. Mientras estaban allí, insistió para que él la llevara a visitar la exposición egipcia del museo de arte, donde hicieron un recorrido en grupo con un guía.

Catherine siempre había sentido interés por los objetos y las reproducciones de reliquias provenientes del antiguo Egipto. No se la podía considerar erudita en el tema y nunca había estudiado ese período histórico, pero en cierto modo las piezas le parecían familiares.

Cuando el guía comenzó a describir algunos de los objetos expuestos, ella se descubrió corrigiéndolo... ¡y tenía razón! El guía estaba sorprendido; Catherine, atónita. ¿Cómo sabía esas cosas? ¿Por qué estaba tan segura de tener razón como para corregir al hombre en público? Tal vez eran recuerdos olvidados de la infancia.

En su visita siguiente me contó lo ocurrido. Meses antes yo le había sugerido la hipnosis, pero ella tenía miedo y se resistía. Debido a su experiencia en la exposición egipcia, aceptó, aunque a regañadientes.

La hipnosis es una excelente herramienta para que un paciente recuerde incidentes olvidados durante mucho tiempo. No encierra misterio alguno: se trata sólo de un estado de concentración enfocada. Siguiendo las instrucciones de un hipnotista bien preparado, el paciente relaja el cuerpo, con lo que la memoria se agudiza. Yo había hipnotizado a cientos de pacientes; me resultaba útil para reducir la ansiedad, eliminar fobias, cambiar malos hábitos y ayudar a rememorar material reprimido. Ocasionalmente había logrado la regresión de algún paciente a la primera infancia, hasta cuando tenía dos o tres años de edad, despertando así recuerdos de traumas muy olvidados que trastornaban su vida. Confiaba en que la hipnosis ayudaría a Catherine.

Le indiqué que se tendiera en el diván, con los ojos entrecerrados y la cabeza apoyada en una almohadita. Al principio nos concentramos en su respiración. Con cada exhalación liberaba tensiones y ansiedad acumuladas. Al cabo de varios minutos, le dije que visualizara sus músculos relajándose progresivamente: desde los de la cara y la mandíbula, pasando por los del cuello, los hombros, los brazos, la espalda y el estómago, hasta los de las piernas. Ella sentía que todo su cuerpo se hundía más y más en el diván.

Luego le di instrucciones de visualizar una intensa luz blanca en lo alto de su cabeza, dentro de su cuerpo. Más adelante, después de haber hecho que la luz se extendiera poco a poco por su cuerpo, la luminosidad relajó por completo todos los músculos, todos los nervios, todos los órganos, el cuerpo entero, llevándola a un estado de relajación y paz cada vez más profundo. Gradualmente sentía más sueño, más paz, más serenidad. A su debido tiempo, siguiendo mis indicaciones, la luz llenó completamente su cuerpo y la envolvió.

Conté hacia atrás, lentamente, de diez a uno. A cada número, Catherine entraba en un nivel de mayor relajación. Su trance se hizo más profundo. Podía concentrarse en mi voz, excluyendo cualquier otro ruido. Al llegar a uno, estaba ya en un estado de hipnosis moderadamente profundo. Todo el proceso había requerido unos veinte minutos.

Al cabo de un rato comencé a iniciarla en la regresión, pidiéndole que rememorara recuerdos de edades cada vez más tempranas. Podía hablar y responder a mis preguntas, siempre manteniendo un profundo nivel de hipnosis. Recordó una experiencia traumática con el dentista, ocurrida cuando ella tenía seis años. Tenía vívida memoria de la aterrorizadora experiencia de los cinco años, al ser empujada a una piscina desde un trampolín; en aquella ocasión había sentido náuseas, y había tragado agua hasta asfixiarse; mientras lo narraba, empezó a dar arcadas en mi consultorio. Le indiqué que la experiencia había pasado, que estaba fuera del agua. Las arcadas cesaron y la respiración se hizo normal. Aún estaba en trance profundo.

Pero lo peor de todo había ocurrido a los tres años de edad. Recordó haber despertado en su dormitorio, a oscuras, consciente de que su padre estaba en el cuarto. Él apestaba a alcohol en aquel momento, y Catherine volvía a percibir ahora el mismo olor. El padre la tocó y la frotó, incluso «ahí abajo». Ella, aterrorizada, comenzó a llorar; entonces el padre le tapó la boca con una mano áspera, que no la dejaba respirar. En mi consultorio, en mi diván, veinticinco años después, Catherine sollozaba.

Tuve la certeza de que ya contábamos con la información, que ya teníamos la clave de lo que sucedía. Estaba seguro de que sus síntomas se aliviarían con enorme rapidez. Le indiqué, suavemente, que la experiencia había terminado: ya no estaba en su dormitorio, sino descansando apaciblemente, aún en trance. Los sollozos cesaron. La llevé hacia delante en el tiempo, hasta su edad actual. La desperté después de ordenarle, por sugestión posthipnótica, que recordara todo cuanto me había dicho.

Pasamos el resto de la sesión analizando ese recuerdo, súbitamente vívido, del trauma ocasionado por su padre. Traté de ayudarla a que aceptara y asimilara su «nuevo» conocimiento. Ahora ella podía comprender su relación con el padre, por qué provocaba en él determinadas reacciones y frialdad, por qué ella le tenía miedo. Cuando salió del consultorio aún estaba temblando, pero yo sabía que la comprensión ganada compensaba el haber sufrido un malestar pasajero.

En el drama de descubrir sus dolorosos recuerdos, profundamente reprimidos, había olvidado por completo buscar la posible conexión infantil con los objetos egipcios. Pero, cuando menos, comprendía mejor su pasado. Había recordado varios acontecimientos aterrorizantes. Yo esperaba una importante mejoría de sus síntomas.

Pese a esa nueva comprensión, a la semana siguiente me informó de que sus síntomas se mantenían intactos, tan graves como siempre. Eso me sorprendió. No lograba entender qué fallaba. ¿Era posible que hubiera ocurrido algo antes de los tres años? Habíamos descubierto motivos sobrados para que temiera a la asfixia, al agua, a la oscuridad y al estar encerrada; sin embargo, los miedos penetrantes, los síntomas, la ansiedad desmedida aún devastaban su vida consciente. Sus pesadillas eran tan terroríficas como antes. Decidí llevarla a una regresión mayor.

Mientras estaba hipnotizada, Catherine hablaba en un susurro lento y claro. Gracias a eso pude anotar textualmente sus palabras y las he citado sin alteraciones. (Los puntos suspensivos representan pausas en su relato no correcciones u omisiones de mi parte. No obstante, parte de las repeticiones no han sido incluidas.)

Poco a poco, llevé a Catherine hasta la edad de dos años, pero no recordó nada importante. Le di instrucciones firmes y claras:

—Vuelve a la época en que se iniciaron tus síntomas.

No estaba en absoluto preparado para lo que sucedió a continuación:

—Veo escalones blancos que conducen a un edificio, un edificio grande y blanco, con columnas, abierto por el frente. No hay puertas. Llevo puesto un vestido largo... un saco hecho de tela tosca. Tengo el pelo rubio y largo, trenzado.

Yo estaba confundido. No estaba seguro de lo que estaba ocurriendo. Le pregunté qué año era ése, cuál era su nombre.

—Aronda... Tengo dieciocho años. Veo un mercado frente al edificio. Hay cestos... Esos cestos se cargan en los hombros. Vivimos en un valle... No hay agua. El año es 1863 a. de C. La zona es estéril, tórrida, arenosa. Hay un pozo; ríos, no. El agua viene al valle desde las montañas.

Después de escucharla relatar más detalles topográficos, le dije que se adelantara varios años en el tiempo y que me narrara lo que viera.

—Hay árboles y un camino de piedra. Veo una fogata donde se cocina. Soy rubia. Llevo un vestido pardo, largo y áspero; calzo sandalias. Tengo veinticinco años. Tengo una pequeña llamada Cleastra... Es Rachel. (Rachel es actualmente su sobrina, con la que siempre ha mantenido un vínculo muy estrecho.) Hace mucho calor.

Yo me llevé un sobresalto. Tenía un nudo en el estómago y sentía frío. Las visualizaciones y el recuerdo de Catherine parecían muy definidos. No vacilaba en absoluto. Nombres, fechas, ropas, árboles... ¡todo visto con nitidez! ¿Qué estaba ocurriendo ahí? ¿Cómo era posible que su hija de entonces fuera su actual sobrina? Pero la confusión era mayor que el sobresalto. Había examinado a miles de pacientes psiquiátricos, muchos de ellos bajo hipnosis, sin tropezar jamás con fantasías como ésa, ni siquiera en sueños. Le indiqué que se adelantara hasta el momento de su muerte. No sabía con seguridad cómo interrogar a un paciente en medio de una fantasía (¿o evocación?) tan explícita, pero estaba buscando hechos traumáticos que pudieran servir de base a sus miedos y sus síntomas actuales. Los acontecimientos que rodearan la muerte podían ser especialmente traumáticos. Al parecer, una inundación o un maremoto arrasaba la aldea.

—Hay olas grandes que derriban los árboles. No tengo hacia dónde correr. Hace frío; el agua está fría. Debo salvar a mi niña, pero no puedo... sólo puedo abrazarla con fuerza. Me ahogo; el agua me asfixia. No puedo respirar, no puedo tragar... agua salada. La pequeña me es arrancada de los brazos.

Catherine jadeaba y tenía dificultad para respirar. De pronto, su cuerpo se relajó por completo; su respiración se volvió profunda y regular.

—Veo nubes... Mi pequeña está conmigo. Y otros de la aldea. Veo a mi hermano.

Descansaba; esa vida había terminado. Permanecía en trance profundo. ¡Yo estaba estupefacto! ¿Vidas anteriores? ¿Reencarnación? Mi mente clínica me indicaba que Catherine no estaba fantaseando, que no inventaba ese material. Sus pensamientos, sus expresiones, su atención a los detalles en particular, todo se diferenciaba de su estado normal de conciencia. Por la mente me cruzó toda la gama de diagnósticos psiquiátricos posibles, pero su estado psíquico y su estructura de carácter no explicaban esas revelaciones. ¿Esquizofrenia? No; Catherine nunca había dado muestras de trastornos cognitivos o de pensamiento. Nunca había sufrido alucinaciones auditivas ni visuales (no oía voces ni tenía visiones estando despierta), ni ningún tipo de episodios psicopáticos. Tampoco se trataba de una ilusión (perder el contacto con la realidad). No tenía personalidad múltiple ni escindida. Sólo había una Catherine, y su mente consciente tenía perfecta conciencia de eso. No demostraba tendencias sociopáticas o antisociales. No era una actriz. No consumía drogas ni sustancias alucinógenas. Su consumo de alcohol era mínimo. No padecía enfermedades neurológicas o psicológicas que pudieran explicar esa experiencia vívida e inmediata en estado de hipnosis.

Ésos eran recuerdos de algún tipo, pero ¿de dónde procedían? Mi reacción instintiva era que acababa de tropezar con algo de lo que sabía muy poco: la reencarnación y los recuerdos de vidas pasadas.

«No puede ser», me decía; mi mente, científicamente formada, se resistía a aceptarlo. Sin embargo, estaba ocurriendo delante de mis ojos. Aunque no pudiera explicarlo, tampoco me era posible negar su realidad.

—Continúa —dije, algo nervioso, pero fascinado por lo que ocurría—. ¿Recuerdas algo más?

Ella recordó fragmentos de otras dos vidas.

—Tengo un vestido de encaje negro y encaje negro en la cabeza. Mi pelo es oscuro, algo canoso. Es 1756 (d. de C.). Soy española. Me llamo Luisa y tengo cincuenta y seis años. Estoy bailando. Hay otros que también bailan. (Larga pausa.) Estoy enferma; tengo fiebre, sudores fríos... Hay mucha gente enferma; la gente se muere... Los médicos no lo saben, pero fue por el agua.

La llevé hacia delante en el tiempo.

—Me recobro, pero aún me duele la cabeza; aún me duelen los ojos y la cabeza por la fiebre, por el agua... Muchos mueren.

Más adelante me dijo que en esa vida era prostituta, pero que no me había dado esa información porque la avergonzaba. Al parecer, en estado de hipnosis podía censurar algunos de los recuerdos que me transmitía.

Puesto que había reconocido a su sobrina en una vida anterior, le pregunté impulsivamente si yo estaba presente en alguna de sus existencias. Sentía curiosidad por conocer mi papel, si acaso lo tenía, en sus recuerdos. Me respondió con prontitud, en contraste con las evocaciones anteriores, muy lentas y pausadas.

—Tú eres mi maestro; estás sentado en un saliente de roca. Nos enseñas con libros. Eres anciano, de pelo gris. Usas un vestido blanco (una toga) con bordes dorados... Tú te llamas Diógenes. Nos enseñas símbolos, triángulos. Eres realmente muy sabio, pero yo no comprendo. El año es 1568 a. de C.

(La fecha era aproximadamente mil doscientos años anterior al famoso Diógenes, filósofo cínico de Grecia. El nombre no era muy insólito.)

La primera sesión había terminado. Le sucederían otras aún más asombrosas.

Cuando Catherine se hubo ido, y durante varios días más, reflexioné mucho en los detalles de la regresión hipnótica. Reflexionar es natural en mí. Muy pocos de los detalles que emergieran de una hora de terapia, incluso de las «normales», escapaban a mi obsesivo análisis mental, y esa sesión difícilmente podía considerarse «normal». Por añadidura, era muy escéptico con respecto a la vida después de la muerte, la reencarnación, las experiencias de abandono del cuerpo y los fenómenos de ese tipo. Después de todo, según pensaba la parte lógica de mi persona, eso podía ser fantasía de Catherine. En realidad, me sería imposible demostrar la veracidad de sus aseveraciones o visualizaciones. Pero yo también tenía conciencia, aunque mucho más difusa, de un pensamiento menos emocional. «Mantén la mente abierta —me decía ese pensamiento—, la verdadera ciencia comienza por la observación.» Sus «recuerdos» podían no ser fantasías ni imaginación. Podía haber algo más de lo que estaba a la vista... o al alcance de cualquier otro sentido. «Mantén la mente abierta. Consigue más datos.»

Otro pensamiento me importunaba. Catherine, tan propensa a temores y ansiedades desde siempre, ¿no tendría demasiado miedo de volver a someterse a la hipnosis? Resolví no llamarla. Que ella también digiriera la experiencia. Esperaría a la semana siguiente.

3

Una semana después, Catherine entró alegremente en mi consultorio para la siguiente sesión de hipnosis. Hermosa de por sí, estaba más radiante que nunca. Me anunció, feliz, que su eterno miedo a ahogarse había desaparecido. El miedo a asfixiarse era algo menor. Ya no la despertaba la pesadilla del puente que se derrumbaba. Aunque había recordado los detalles de su vida anterior, aún no tenía el material realmente asimilado.

Los conceptos de vidas pasadas y reencarnación eran extraños a su cosmología; sin embargo, sus recuerdos eran tan vívidos, las visiones, los sonidos y los olores tan claros, tan poderosa e inmediata la certeza de estar allí, que debía haber estado. La experiencia era tan abrumadora que ella no lo ponía en duda. Pero se preguntaba cómo conciliar eso con sus creencias y su educación.

Durante esa semana, yo había repasado el libro de texto de un curso de religiones comparadas que había seguido en mi primer año en la Universidad de Columbia. Había, ciertamente, referencias a la reencarnación en el Antiguo y en el Nuevo Testamento. En el año 325 d. de C., el emperador romano Constantino el Grande, junto con Helena, su madre, había eliminado las referencias a la reencarnación contenidas en el Nuevo Testamento. El segundo Concilio de Constantinopla, reunido en el 553, confirmó ese acto y declaró herética la idea de la reencarnación. Al parecer, consideraban que esta idea debilitaría el creciente poder de la Iglesia, al conceder a los seres humanos demasiado tiempo para buscar la salvación. Sin embargo, las referencias originarias habían existido; los primeros padres de la Iglesia aceptaban el concepto de la reencarnación. Los primitivos gnósticos —Clemente de Alejandría, Orígenes, san Jerónimo y muchos otros— estaban convencidos de haber vivido anteriormente y de que volverían a hacerlo.

Pero yo no había creído nunca en la reencarnación. Ni siquiera había pensado mucho en el tema. Aunque mi temprana educación religiosa hablaba de una vaga existencia del «alma» después de la muerte, la idea no me convencía.

Yo era el mayor de cuatro hijos, todos los cuales se llevaban tres años entre sí. Pertenecíamos a una conservadora sinagoga judía de Red Bank, una pequeña ciudad próxima a la costa de Nueva Jersey. Yo era el pacificador y el hombre de estado de la familia. Mi padre se dedicaba más a la religión que el resto de nosotros. La tomaba muy en serio, como todo en la vida. Los éxitos académicos de sus hijos eran las grandes alegrías de su existencia. Cualquier discordia doméstica lo alteraba con facilidad; entonces se retiraba, dejando que yo interviniera como mediador. Aunque ésa resultó ser una excelente práctica preparatoria para hacer carrera en la psiquiatría, mi niñez estuvo más cargada de responsabilidades de lo que yo, retrospectivamente, habría querido. Salí de la infancia convertido en un joven muy serio, habituado a tomar sobre sí demasiadas responsabilidades.

Mi madre se pasaba la vida mostrando amor. No había límites que se le interpusieran. Era más simple que mi padre; utilizaba la culpa, el martirio, la pena llevada al extremo y la identificación con sus hijos como instrumentos de manipulación, todo sin segundas intenciones. Pero rara vez se mostraba triste o malhumorada y siempre se podía contar con su amor y su apoyo.

Mi padre tenía un buen trabajo como fotógrafo industrial; pero, aunque siempre tuvimos comida en abundancia, el dinero escaseaba mucho. Peter, mi hermano menor, nació cuando yo tenía nueve años. Tuvimos que repartir a seis personas en un pequeño apartamento de dos dormitorios con un jardín en la planta baja.

En esa pequeña vivienda, la vida era febril y ruidosa. Yo buscaba refugio en mis libros. Cuando no leía interminablemente, jugaba al béisbol o al baloncesto, las otras pasiones de mi niñez. Sabía que el estudio era el modo de salir de esa pequeña ciudad, por cómoda que fuera, y siempre ocupaba el primer o el segundo puesto de mi clase.

Cuando la Universidad de Columbia me otorgó una beca completa, yo era ya un joven serio y estudioso. El éxito académico siguió siendo fácil. Terminé los estudios de química y me gradué con honores. Decidí entonces dedicarme a la psiquiatría, pues esa actividad combinaba mi interés por la ciencia con la fascinación que sentía por el funcionamiento de la mente humana. Por añadidura, la carrera médica me permitía expresar mi interés y mi compasión por el prójimo. Mientras tanto, había conocido a Carole durante unas vacaciones pasadas en un hotel de Catskill Mountain, donde yo trabajaba de camarero y ella se hospedaba. Ambos experimentamos una inmediata atracción mutua, una fuerte sensación de familiaridad y bienestar. Intercambiamos cartas, nos frecuentamos, nos enamoramos y, cuando empecé mi carrera, ya estábamos comprometidos. Ella era inteligente y hermosa. Todo parecía estar acomodándose. Pocos jóvenes se preocupan por la vida, la muerte y la vida después de la muerte, menos aún cuando todo marcha con facilidad.

Yo no era la excepción. Estaba dedicado a la ciencia; aprendía a pensar de manera lógica y desapasionada, a exigir demostraciones.

La carrera de medicina y la residencia en la Universidad de Yale hicieron que cuajara todavía más en mí el método científico. Mi tesis de investigación versó sobre la química del cerebro y el papel de los neurotransmisores, que son los mensajeros químicos del tejido cerebral. Me incorporé a la nueva raza de psiquiatras biológicos, los que mezclaban las teorías psiquiátricas tradicionales y sus técnicas con la nueva ciencia de la química cerebral. Escribí muchos artículos científicos, di conferencias locales y nacionales y me convertí en un verdadero personaje dentro de mi especialidad. Era un poco obsesivo, empecinado e inflexible, pero estos rasgos resultaban útiles para un médico. Me sentía completamente preparado para tratar a quienquiera que se presentara en mi consultorio en busca de terapia.

Y en aquel momento Catherine se convirtió en Aronda, una joven que había vivido en el año 1863 a. de C. ¿O acaso era al revés? Y allí estaba otra vez, feliz como nunca la había visto antes.

Una vez más, temí que Catherine tuviera miedo de continuar. Sin embargo, se dispuso, ansiosamente para la hipnosis y se distendió rápidamente.

—Estoy arrojando guirnaldas de flores al agua. Es una ceremonia. Tengo el pelo rubio y trenzado. Llevo un vestido pardo y dorado y sandalias. Alguien ha muerto, alguien de la casa real... la madre. Yo soy una sirvienta de la casa real y ayudo con la comida. Ponemos los cuerpos en salmuera durante treinta días. Cuando se secan, se extraen las partes. Lo huelo, huelo los cadáveres.

Había vuelto espontáneamente a la vida de Aronda, pero a una parte diferente, en la que su función consistía en preparar los cadáveres después de la muerte.

—En un edificio aparte —continuó—, puedo ver los cuerpos. Estamos envolviendo cadáveres. El alma pasa al otro lado. Cada uno se lleva sus pertenencias, a fin de prepararse para la vida siguiente, más grandiosa.

Estaba expresando algo que parecía el concepto egipcio de la muerte y el más allá, diferente de todas nuestras creencias. En esa religión, uno podía llevarse sus pertenencias consigo.

Dejó esa vida y descansó. Hizo una pausa de varios minutos antes de entrar en un tiempo que parecía antiguo.

—Veo hielo, colgando de una cueva... rocas... —Describió vagamente un sitio oscuro y miserable. Se sentía visiblemente incómoda. Más adelante detalló lo que había visto de sí misma—: Era fea, sucia y maloliente.

Y partió hacia otro tiempo.

—Hay algunos edificios y un carro con ruedas de piedra. Tengo el pelo castaño, cubierto con un paño. La carreta contiene paja. Soy feliz. Allí está mi padre... Me abraza. Es... es Edward (el pediatra que le aconsejó insistentemente que consultara conmigo). Es mi padre. Vivimos en un valle con árboles. En el patio hay olivos e higueras. La gente escribe en papeles. Están cubiertos de marcas raras, parecidas a letras. La gente escribe todo el día para hacer una biblioteca. Estamos en el 1536 a. de C. La tierra es estéril. Mi padre se llama Perseo.

El año no correspondía exactamente, pero tuve la seguridad de que estaba en la misma vida sobre la que me había informado en la sesión anterior. La llevé hacia delante en el tiempo, sin apartarla de esa vida.

—Mi padre te conoce (se refería a mí). Tú y él

conversáis sobre las cosechas, la ley y el gobierno. Dice que eres muy inteligente y que yo debería prestarte atención.

La adelanté un poco más.

—Él (su padre) está tendido en una habitación oscura. Es viejo y está enfermo. Hace frío... me siento tan vacía...

Siguió hasta el momento de su muerte.

—Ahora yo también soy vieja y débil. Allí está mi hija, cerca de mi cama. Mi esposo ya ha muerto. Mi yerno está allí, y también sus hijos. Hay muchas personas a mi alrededor.

Esa vez, su muerte fue apacible. Flotaba. ¿Flotaba? Eso me hizo pensar en los estudios del doctor Raymond Moody sobre las víctimas de experiencias de casi muerte. Sus sujetos también recordaban haber flotado antes de verse atraídos otra vez hacia el cuerpo. Yo había leído ese libro varios años antes; tomé nota mental de que debía releerlo. Me pregunté si Catherine recordaría algo más allá de la muerte, pero sólo pudo decir:

—Floto, nada más.

La desperté y di esa sesión por terminada.

Revolví las bibliotecas de medicina, con un apetito nuevo e insaciable por cualquier artículo científico que se hubiera publicado sobre la reencarnación. Estudié las obras del doctor Ian Stevenson, respetado profesor de psiquiatría en la Universidad de Virginia, quien ha publicado una extensa bibliografía psiquiátrica. El doctor Stevenson ha reunido más de dos mil ejemplos de niños con recuerdos y experiencias del tipo de la reencarnación. Muchos presentaban xenoglosia, la capacidad de hablar un idioma extranjero al que nunca habían estado expuestos. Estas historias clínicas están completas, cuidadosamente investigadas; son en verdad notables.

Leí un excelente panorama científico de Edgar Mitchell. Con gran interés, examiné los datos de percepciones extrasensoriales reunidos por la Universidad de Duke, y los escritos del profesor C. J. Ducasse de la Universidad de Brown; también analicé con atención los estudios de los doctores Martin Ebon, Helen Wambach, Gertrude Schmeidler, Frederick Lenz y Edith Fiore. Cuanto más leía, más quería leer. Comencé a comprender que, si bien me tenía por profesional bien informado con respecto a todas las dimensiones de la mente, mi instrucción era muy limitada. Hay bibliotecas enteras llenas de este tipo de investigación y bibliografía, pero son muy pocos los que las conocen. Una gran parte de esta investigación fue realizada, verificada y reproducida por respetables médicos y científicos. ¿Es posible que todos estuvieran equivocados, que se engañaran? Las pruebas parecían abrumadoramente positivas, pero yo aún dudaba. Abrumadoras o no, me costaba creer en ellas.

Tanto Catherine como yo, cada uno a su modo, habíamos quedado profundamente afectados por la experiencia. Catherine mejoraba en el plano emocional; yo ensanchaba los horizontes de mi mente. Ella, atormentada por sus miedos durante muchos años, empezaba a hallar algún alivio. Ya fuera por medio de recuerdos verdaderos, o por medio de vívidas fantasías, yo había hallado el modo de ayudarla y no pensaba detenerme.

Por un breve instante pensé en todo esto, mientras Catherine caía en trance, al iniciarse la sesión siguiente. Antes de la inducción hipnótica, ella me había relatado un sueño sobre cierto juego que se jugaba en viejos peldaños de piedra, con un tablero cuadriculado en el cual había agujeros. El sueño le había parecido especialmente vívido. Le indiqué que superara los límites normales del tiempo y el espacio, que fuera hacia atrás para ver si ese sueño tenía sus raíces en alguna reencarnación previa.

—Veo escalones que llevan a una torre... da a las montañas, pero también al mar. Soy un muchacho... Tengo el pelo rubio... extraño. Visto ropas cortas, pardas y blancas, hechas de pieles de animal. En lo alto de la torre hay algunos hombres que vigilan... guardias. Están sucios. Juegan a algo parecido al ajedrez, pero no es eso. El tablero no es cuadrado, sino redondo. Juegan con piezas afiladas, semejantes a dagas, que se ajustan a los agujeros. Las piezas tienen arriba cabezas de animales. ¿Territorio de Kirustán (ortografía fonética)? En los Países Bajos, alrededor de 1473.

Le pregunté el nombre del lugar en donde vivía y si podía ver u oír un año.

—Ahora estoy en un puerto marítimo; la tierra desciende hasta el mar. Hay una fortaleza... y agua.

Veo una cabaña... mi madre, cocinando en una olla de arcilla. Me llamo Johan.

Avanzó hasta su muerte. A esa altura de nuestras sesiones, yo aún buscaba un único y abrumador suceso traumático que pudiera causar o explicar sus síntomas actuales. Aun si esas visualizaciones, notablemente explícitas, eran pura fantasía (y yo no habría podido asegurarlo) lo que ella creyera o pensara podía aún servir de base a sus síntomas. Después de todo, yo había visto a pacientes traumatizados por sus sueños. Algunos no lograban recordar si un trauma de la infancia se había producido en la realidad o sólo en un sueño, pero su recuerdo todavía los obsesionaba en la vida adulta.

Lo que aún no apreciaba del todo era que el constante martilleo diario de las influencias socavadoras, como las críticas mordaces de un progenitor, podían causar traumas psíquicos incluso peores que un solo suceso traumático. Esas influencias perjudiciales, puesto que se funden con el entorno diario de la vida, son aún más difíciles de recordar y exorcizar. Una criatura criticada de manera constante puede perder tanta confianza y autoestima como quien recuerda haber sido humillado en una horrible ocasión especial. El niño nacido en una familia pobre, a quien diariamente le falta la comida en cantidad suficiente, puede sufrir con el tiempo los mismos problemas psíquicos que quien experimentó un único episodio importante en el que estuvo a punto de morir de hambre por casualidad. Pronto comprendería yo que el castigo cotidiano de fuerzas negativas debía ser reconocido y resuelto con tanta atención como la que se presta a un único y abrumador acontecimiento traumático.

Catherine comenzó a hablar.

—Hay botes, parecidos a canoas, pintados de colores intensos. Zona de Providence. Tenemos armas, lanzas, hondas, arcos y flechas, pero más grandes. En el bote hay remos grandes y extraños... Todo el mundo tiene que remar. Quizás estamos perdidos; está oscuro. No hay luces. Tengo miedo. Nos acompañan otros botes (una incursión de ataque, al parecer). Temo a los animales. Dormimos sobre sucias y malolientes pieles de animales. Estamos de exploración. Tengo zapatos extraños, como sacos... atados a los tobillos... hechos también con pieles de animal. (Larga pausa.) Siento en la cara el calor del fuego. Los míos están matando a los otros, pero yo no. No quiero matar. Tengo el cuchillo en la mano.

De pronto comenzó a gorjear y a respirar trabajosamente. Informó de que un combatiente enemigo la había aferrado desde atrás, por el cuello, para degollarla con un puñal. Vio la cara del asesino antes de morir: era Stuart. El aspecto del hombre era diferente, pero ella sabía que se trataba del mismo. Johan había muerto a los veintiún años.

Luego se encontró flotando por encima de su cuerpo y observando la escena de abajo. Se elevó hasta las nubes, perpleja y confundida. Pronto se sintió atraída hacia un espacio «diminuto y cálido». Estaba a punto de nacer.

—Alguien me tiene en brazos —susurró, lenta y

soñadoramente—, alguien que ayudó en el nacimiento. Lleva un vestido verde y delantal blanco. Y un sombrero blanco, doblado hacia atrás en las esquinas. Las ventanas del cuarto son muy extrañas... tienen muchas secciones. El edificio es de piedra. Mi madre tiene el pelo largo y oscuro. Quiere abrazarme. Tiene puesto un camisón extraño... áspero. Duele frotarse contra él. Es agradable estar al sol, abrigada otra vez. Es... ¡es la misma madre que tengo ahora!

En la sesión anterior, yo le había indicado que observara con atención a las personas importantes de cada vida, por si podía identificarlas con las personas importantes de su existencia actual. Según casi todos los escritores, los grupos de almas tienden a reencarnarse juntos una y otra vez, para elaborar el *karma* (deudas para con otros y para con uno mismo, lecciones que hay que aprender) a lo largo de muchas vidas.

En mis intentos de comprender ese extraño y espectacular drama que se desplegaba en mi tranquilo y penumbroso consultorio, sin que el resto del mundo lo supiera, yo quería verificar esa información. Sentía la necesidad de aplicar el método científico, el que había utilizado rigurosamente en los quince años de investigación previa, para evaluar ese curiosísimo material que emergía de los labios de Catherine.

Entre una y otra sesiones, la misma Catherine se iba volviendo más y más psíquica. Tenía intuiciones con respecto a personas y acontecimientos que resultaban acertadas. Durante la hipnosis había comenzado a anticiparse a mis preguntas, sin darme tiempo a formularlas. Muchos de sus sueños tenían una inclinación precognitiva o de adivinación.

En cierta ocasión en que sus padres fueron a visitarla, su padre expresó grandes dudas sobre lo que estaba ocurriendo. Para demostrarle que era cierto, ella lo llevó al hipódromo. Allí procedió a indicar al ganador de cada carrera. Su padre quedó atónito. Una vez demostrado lo que ella deseaba, tomó todo el dinero que había ganado y se lo entregó al primer pobre con quien se cruzó al salir del hipódromo. Sabía, por intuición, que los poderes espirituales recién obtenidos no debían ser utilizados para obtener recompensas materiales. Para ella tenían una importancia mucho más elevada. Según me dijo, esa experiencia la asustaba un poco, pero estaba tan complacida con los progresos logrados que se sentía ansiosa por continuar con las regresiones.

Por mi parte, sus habilidades psíquicas me espantaban y me fascinaban al mismo tiempo; sobre todo, el episodio del hipódromo. Era una prueba tangible: Catherine tenía el boleto ganador de cada una de las carreras. No se trataba de una coincidencia. Algo muy raro había estado pasando en esas últimas semanas, y yo me esforzaba por no perder mi perspectiva. No podía negar que la muchacha tenía aptitudes psíquicas. Y si éstas eran reales y podían producir pruebas tangibles, ¿serían verdad también sus descripciones de hechos acaecidos en vidas pasadas?

Ahora volvía a la vida en la que acababa de nacer. Esa encarnación parecía más reciente, pero no pudo identificar un año. Se llamaba Elizabeth.

—Ahora soy mayor; tengo un hermano y dos hermanas. Veo la mesa de la cena... Allí está mi padre... es Edward (el pediatra, nuevamente representando el papel de padre). Mis padres están riñendo otra vez. La comida es patatas con habichuelas, y él se ha enojado porque está fría. Discuten mucho. Él se pasa todo el tiempo bebiendo... Golpea a mi madre. (La voz de Catherine sonaba asustada y estaba visiblemente estremecida.) Empuja a los niños. No es como antes, no es la misma persona. No me gusta. Ojalá se fuera.

Hablaba como una criatura.

Las preguntas que yo le hacía en esas sesiones eran por supuesto muy diferentes de las que utilizaba en la psicoterapia normal. Con Catherine actuaba casi a la manera de un guía; trataba de revisar toda una vida en una o dos horas, buscando acontecimientos traumáticos y patrones perjudiciales que pudieran explicar sus síntomas de la actualidad. La terapia corriente se realiza a ritmo mucho más detallado y lento. Se analiza cada palabra elegida por el paciente, en busca de matices y significados ocultos. Cada gesto facial, cada movimiento del cuerpo, cada inflexión de la voz deben ser tenidos en cuenta y evaluados. Cada reacción emocional merece un cuidadoso escrutinio. Se construyen minuciosamente los patrones de conducta. Con Catherine, en cambio, los años podían transcurrir en minutos. Las sesiones con ella eran como conducir un auto de carreras a toda velocidad... y tratando de distinguir las caras de la multitud.

Volví mi atención a Catherine y le pedí que avanzara en el tiempo.

—Ahora estoy casada. Nuestra casa tiene una sola habitación, grande. Mi esposo es rubio. No lo conozco. (Es decir, aún no ha aparecido en la vida actual de Catherine.) Todavía no tenemos hijos... Él es muy bueno conmigo. Nos amamos y somos felices.

Al parecer, había escapado con éxito a la opresión del hogar paterno. Le pregunté si podía identificar la zona en donde vivía.

—¿Brennington? —susurró, vacilando—. Veo libros con cubiertas antiguas y raras. El grande se cierra con una correa. Es la Biblia. Hay letras grandes y extrañas... Idioma gaélico.

En ese punto dijo algunas palabras que no pude identificar. No tengo idea de si eran o no gaélicas.

—Vivimos tierra adentro, no cerca del mar. El condado... ¿Brennington? Veo una granja con cerdos y corderos. Es nuestra. —Se había adelantado en el tiempo—. Tenemos dos varones... El mayor se casa. Veo la torre de la iglesia... un antiquísimo edificio de piedra.

De pronto le dolía la cabeza; sufría y se apretaba la sien izquierda. Dijo que se había caído en los escalones de piedra, pero se repuso. Murió a edad avanzada, en su cama, rodeada por toda la familia.

Una vez más, salió flotando de su cuerpo al morir, pero en esa ocasión no se sintió perpleja ni confundida.

—Tengo conciencia de una luz intensa. Es maravillosa; de esa luz se obtiene energía.

Descansaba tras la muerte, entre dos vidas. Pasaron en silencio algunos minutos. De pronto habló, pero no con el susurro lento que siempre había utilizado hasta entonces. Ahora su voz era grave y potente, sin vacilaciones.

—Nuestra tarea consiste en aprender, en llegar a ser como dioses mediante el conocimiento. ¡Es tan poco lo que sabemos! Tú estás aquí para ser mi maestro. Tengo mucho que aprender. Por el conocimiento nos acercamos a Dios, y entonces podemos descansar. Luego regresamos para enseñar y ayudar a otros.

Quedé mudo. Era una lección posterior a su muerte, proveniente del estado intermedio. ¿Cuál era la fuente de ese nuevo material? No sonaba en absoluto como el modo de hablar de Catherine. Ella nunca se había expresado así, con ese vocabulario y esa fraseología. Hasta el tono de su voz era completamente distinto.

En ese momento no comprendí que, si bien Catherine había pronunciado las palabras, no discurría personalmente las ideas: estaba transmitiendo lo que se le decía. Más adelante identificó como fuente a los Maestros, almas altamente evolucionadas que en esos momentos no estaban en un cuerpo. Podían hablar conmigo a través de ella. Además de poder regresar a vidas pasadas, Catherine podía ahora canalizar el conocimiento del más allá. Bellos conocimientos. Yo me esforcé por no perder la objetividad.

Se había introducido una nueva dimensión. Catherine no había leído los estudios de la doctora Elizabeth Kübler-Ross ni los del doctor Raymond Moody, que han escrito sobre las experiencias cercanas a la muerte. Ni siquiera había oído hablar del *Libro tibetano de los muertos*. Sin embargo, relataba experiencias similares a las que describían esos escritos. Era una prueba, en cierto modo. Lástima que no hubiera más hechos, detalles más tangibles que yo pudiera verificar. Mi escepticismo fluctuaba, pero se mantenía. Tal vez ella había leído sobre las experiencias de muerte en alguna revista, quizás había visto alguna entrevista en un programa de televisión. Aunque negara tener recuerdos conscientes de ese tipo, tal vez retenía un recuerdo subconsciente. Pero iba más allá de esos escritos anteriores a su experiencia: transmitía mensajes desde ese estado intermedio. ¡Lástima que no tuviera más datos!

Al despertar, Catherine recordó, como siempre, los detalles de sus vidas pasadas, pero no había retenido nada de lo ocurrido después de su muerte en la persona de Elizabeth. En el futuro, jamás recordaría detalle alguno de los estados intermedios. Sólo podía recordar las vidas.

«Por el conocimiento nos acercamos a Dios.»

Estábamos en el camino.

4

—Veo una casa blanca, cuadrada, con un camino de tierra enfrente. Hay gente a caballo, que va y viene.

Catherine hablaba en su habitual susurro adormecido.

—Hay árboles... una plantación, una casa grande y un puñado de viviendas más pequeñas, como para esclavos. Hace mucho calor. Es el sur... ¿Virginia?

Según creía, la fecha era 1873. Ella era una niña.

—Hay caballos y muchos sembrados... maíz, tabaco.

Ella y los otros sirvientes comían en una cocina de la casa grande. Era negra; se llamaba Abby. Tuvo un presentimiento y su cuerpo se puso tenso. La casa grande estaba en llamas; ardió ante sus ojos. La hice avanzar quince años, hasta 1888.

—Llevo un vestido viejo; estoy limpiando un espejo de la planta alta de una casa, una casa de ladrillo con ventanas... con muchos paneles. El espejo no es plano, sino ondulado, y tiene bultos en el extremo. El dueño de la casa se llama James Manson. Usa una chaqueta extraña, con tres botones y un gran cuello negro. Tiene barba... no lo reconozco (como a alguien presente en la vida actual de Catherine). Me trata bien. Yo vivo en una casa de la propiedad. Limpio los cuartos. En la propiedad hay una escuela, pero a mí no se me permite asistir. ¡También hago mantequilla!

Catherine susurraba lentamente, empleando vocablos muy sencillos y prestando mucha atención a los detalles. En los cinco minutos siguientes aprendí a hacer mantequilla. También para Catherine eran nuevos esos conocimientos de Abby. La hice avanzar en el tiempo.

—Estoy con alguien, pero no creo que estemos casados. Dormimos juntos, pero no siempre vivimos juntos. Me siento bien con él, pero no hay nada especial. No veo hijos. Hay manzanos y patos. Hay otra gente en la distancia. Estoy recolectando manzanas. Algo me pica en los ojos. —Catherine hizo una mueca, con los ojos cerrados—. Es el humo. El viento sopla hacia aquí... el humo de la leña encendida. Están quemando toneles de madera. —Ahora tosía—. Pasa con frecuencia. Hacen que los toneles se pongan negros por dentro... brea... para impermeabilizarlos.

Como la sesión anterior había resultado tan apasionante, yo estaba ansioso por llegar otra vez al estado intermedio. Ya habíamos pasado noventa minutos explorando su vida como sirvienta. Había hablado de cubrecamas, mantequilla y toneles; yo estaba hambriento de lecciones más espirituales. Perdida ya la paciencia, la hice avanzar hasta su muerte.

—Me cuesta respirar. Me duele mucho el pecho. —Catherine jadeaba; obviamente, sufría—. Me duele el corazón; late muy deprisa. Tengo tanto frío... me tiembla el cuerpo. —Catherine empezó a estremecerse—. Hay gente en la habitación; me dan a beber hojas (una tisana). Tiene un olor raro. Me están frotando el pecho con linimento. Fiebre... pero tengo mucho frío.

Murió en silencio. Al flotar hasta el cielorraso, vio su cuerpo en la cama: una mujer menuda y encogida, de unos sesenta años. Flotaba, simplemente, esperando que alguien se acercara a ayudarla. Cobró conciencia de una luz y se sintió atraída hacia ella. La luz ganaba en intensidad y en brillo. Aguardamos en silencio, mientras los minutos pasaban con lentitud. De pronto se vio en otra vida, milenios antes de la existencia de Abby.

Catherine susurraba suavemente:

—Veo montones de ajos colgados en un cuarto abierto. Los huelo. Se cree que matan muchos males de la sangre y que purifican el cuerpo, pero hay que comerlos todos los días. También hay ajos fuera, en lo alto de un jardín. Hay otras plantas allí... higos, dátiles y otras cosas. Estas plantas ayudan. Mi madre está comprando ajos y otras plantas. En la casa hay un enfermo. Estas raíces son raras. A veces una se las pone en la boca, en las orejas o en otras aberturas y hay que mantenerlas allí, nada más.

»Veo a un anciano con barba. Es uno de los curanderos de la aldea. Él te dice qué debes hacer. Es algún tipo de... peste... que está matando a la gente. No embalsaman, porque tienen miedo a la enfermedad. A la gente la entierran, nada más, y todos están inquietos por eso. Piensan que, de ese modo, el alma no puede pasar al otro lado (contrariamente a lo establecido por los informes de Catherine después de la muerte). Pero han muerto muchos. También el ganado se muere. Agua... inundaciones... la gente enferma por las inundaciones. (Al parecer, acaba de asimilar este poquito de epidemiología.) Yo también he pillado una enfermedad por el agua. Me duele mucho el estómago. Es una enfermedad del estómago y los intestinos. Se pierde mucha agua del cuerpo. He ido en busca de más agua, pero eso es lo que nos está matando. Vuelvo con el agua. Veo a mi madre y a mis hermanos. Mi padre ya ha muerto. Mis hermanos están muy enfermos.

Hice una pausa antes de llevarla más adelante en el tiempo.

Me fascinaba el modo en que sus conceptos de la muerte y la vida del más allá cambiaban de vida en vida. Sin embargo, su experiencia de la muerte en sí era siempre uniforme, siempre similar.

Una parte consciente de ella abandonaba el cuerpo más o menos en el momento en que se producía el fallecimiento; flotaba por encima y luego se veía atraída hacia una luz maravillosa y energética. Esperaba a que alguien acudiera en su ayuda. El alma pasaba automáticamente al más allá. El embalsamamiento, los ritos fúnebres y cualquier otro procedimiento posterior a la muerte no tenían nada que ver con eso: era automático, sin preparativos necesarios, como cruzar una puerta que se abriera.

—La tierra es estéril y seca... No veo montañas aquí; sólo tierra, muy llana y seca. Uno de mis hermanos ha muerto. Me siento mejor, pero aún tengo ese dolor. —Sin embargo, no vivió por mucho tiempo más—. Estoy tendida en un jergón, con algo que me cubre.

Estaba muy enferma; no hubo ajo ni hierba alguna que pudieran impedir su muerte. Pronto estaba flotando por encima de su cuerpo, atraída hacia la luz familiar. Esperó con paciencia que alguien acudiera.

Comenzó a mover lentamente la cabeza de un lado a otro, como si estuviera contemplando alguna escena. Su voz había vuelto a ser grave y potente.

—Me dicen que hay muchos dioses, pues Dios está en cada uno de nosotros.

Reconocí la voz de los estados intermedios, tanto por su tono grave como por la decidida espiritualidad del mensaje. Lo que dijo a continuación me dejó sin aliento, sin aire en los pulmones.

—Tu padre está aquí, y también tu hijo, que es muy pequeño. Dice tu padre que lo reconocerás, porque se llama Avrom y has dado su nombre a tu hija. Además, su muerte se debió al corazón. El corazón de tu hijo también era importante, pues estaba hacia atrás, como el de un pollo. Hizo un gran sacrificio por ti, por amor. Su alma está muy avanzada... Su muerte satisfizo las deudas de sus padres. También quería demostrarte que la medicina sólo podía llegar hasta cierto punto, que su alcance era muy limitado.

Catherine dejó de hablar. Yo permanecí en sobrecogido silencio, en tanto mi mente estupefacta trataba de ordenar las cosas. En el cuarto reinaba un frío gélido.

Catherine sabía muy poco de mi vida personal. En mi escritorio había una foto de mi hija, que sonreía alegremente mostrando sus dos únicos dientes de leche. Junto a ella, un retrato de mi hijo. Aparte de eso, Catherine lo ignoraba prácticamente todo con respecto a mi familia y mi historia personal. Yo estaba bien formado en las técnicas psicoterapéuticas profesionales. Se supone que el terapeuta debe ser una tabla rasa, en blanco, en la cual el paciente pueda proyectar sus propios sentimientos, sus ideas y sus actitudes. Entonces el terapeuta podrá analizar ese material, ampliando el campo mental del paciente. Yo había mantenido esa distancia terapéutica con respecto a Catherine: ella sólo me conocía en mi condición de psiquiatra, lo ignoraba todo de mi pasado y de mi vida privada. Ni siquiera mis diplomas estaban colgados en el consultorio.

La mayor tragedia de mi vida había sido la inesperada muerte de nuestro primogénito, Adam, que falleció a principios de 1971, a los veintitrés días de edad. Unos diez días después de que lo trajéramos a casa desde el hospital comenzó a presentar problemas respiratorios y vómitos en bayoneta. El diagnóstico resultó sumamente difícil. «Total anomalía del drenaje venoso pulmonar, con defecto del septum atrial —se nos dijo—. Se presenta una vez de cada diez millones de nacimientos, aproximadamente.» Las venas pulmonares, que deben llevar la sangre oxigenada de regreso al corazón, estaban incorrectamente dispuestas y entraban al corazón por el lado opuesto. Era como si el corazón estuviera vuelto... hacia atrás. Algo muy, pero que muy raro.

Una desesperada intervención a corazón abierto no pudo salvar a Adam, quien murió varios días después. Lo lloramos por muchos meses; nuestras esperanzas, nuestros sueños, estaban destrozados. Un año después nació Jordan, nuestro hijo, agradecido bálsamo para nuestras heridas.

Por la época del fallecimiento de Adam, yo había estado vacilando con respecto a mi temprana elección de la carrera psiquiátrica. Disfrutaba de mi internado en medicina interna y se me había ofrecido un puesto como médico. Tras la muerte de Adam decidí con firmeza hacer de la psiquiatría mi profesión. Me irritaba que la medicina moderna, con todos sus avances y su tecnología, no hubiera podido salvar a mi hijo, ese simple y pequeño bebé.

En cuanto a mi padre, había gozado de excelente salud hasta sufrir un fuerte ataque cardíaco en 1979, a la edad de sesenta y un años. Sobrevivió al ataque inicial, pero la pared cardíaca quedó irreparablemente dañada; falleció tres días después. Eso ocurrió unos nueve meses antes de que Catherine se presentara a la primera sesión.

Mi padre había sido un hombre religioso, más ritualista que espiritual. Avrom, su nombre hebreo, le sentaba mejor que Alvin, el inglés. Cuatro meses después de su muerte nació Amy, nuestra hija, a la que dimos su nombre.

Y ahora, en 1982, en mi tranquilo consultorio en

penumbra, una ensordecedora cascada de verdades ocultas, secretas, caía en torrentes sobre mí. Nadaba en un mar espiritual y me encantaba esa agua. Se me puso piel de gallina en los brazos. Catherine no podía conocer esa información en modo alguno. Ni siquiera tenía manera de averiguarla. El nombre hebreo de mi padre, el hecho de que un hijo mío hubiera muerto en la primera infancia con un defecto cardíaco que sólo se presenta una vez de diez millones, mis dudas sobre la medicina, la muerte de mi padre y la elección del nombre de mi hija: todo era demasiado, muy específico, excesivamente cierto. Catherine, esta mujer que sólo era una técnico de laboratorio poco cultivada, actuaba como conducto de conocimientos trascendentales. Y si podía revelar esas verdades, ¿qué más había allí? Necesitaba saber más.

—¿Quién —balbucí—, quién está ahí? ¿Quién te dice esas cosas?

—Los Maestros —susurró ella—, me lo dicen los Espíritus Maestros. Me dicen que he vivido ochenta y seis veces en el estado físico.

La respiración de Catherine se hizo más lenta y dejó de mover la cabeza. Descansaba. Yo quería continuar, pero las implicaciones de lo que me había dicho me distraían. ¿Tendría, en verdad, ochenta y seis vidas anteriores? ¿Y qué podía decirse de «los Maestros»? ¿Era posible? ¿Era posible que nuestras vidas fueran guiadas por espíritus carentes de cuerpo físico, pero dueños de gran conocimiento? ¿Hay acaso peldaños en el camino hacia Dios? ¿Era real todo eso? Me costaba dudar, considerando lo que Catherine acababa de revelarme, pero aún luchaba por creer. Estaba superando años enteros de una formación de programación diferente. Pero en la mente, en el corazón, en las entrañas, sabía que ella estaba en lo cierto. Estaba revelando verdades.

¿Y lo de mi padre y mi hijo? En cierto sentido, aún estaban vivos; nunca habían muerto del todo. Años después de sepultados, me hablaban y lo demostraban así, proporcionando informaciones muy específicas y secretas. Y puesto que todo eso era cierto, ¿era mi hijo un espíritu tan avanzado como Catherine decía? ¿Había aceptado, en verdad, nacer para nosotros y morir veintitrés días después, a fin de ayudarnos a saldar deudas kármicas y, por añadidura, darme lecciones de medicina y de humanidad, empujándome de nuevo hacia la psiquiatría?

Esos pensamientos me alentaron mucho. Por debajo de ese estremecimiento sentía una gran oleada de amor, una fuerte sensación de ser uno con los cielos y la tierra. Había echado de menos a mi padre y a mi hijo. Me hacía bien volver a tener noticias de ellos.

Mi vida jamás volvería a ser la misma. Una mano se había extendido desde lo alto, alterando irreversiblemente el curso de mi vida. Todas mis lecturas, hechas con examen cuidadoso y distanciamiento escéptico, desembocaban en su lugar. Los recuerdos y los mensajes de Catherine eran verdad. Mis intuiciones sobre lo cierto de sus experiencias habían sido correctas. Tenía los hechos. Tenía la prueba.

Sin embargo, aun en ese mismo instante de júbilo y comprensión, aun en ese momento de experiencia mística, la vieja y familiar parte lógica y recelosa de mi mente estableció una objeción. Tal vez se tratara sólo de una percepción extrasensorial, de alguna capacidad psíquica. Era toda una capacidad, sin duda, pero eso no demostraba que existieran las reencarnaciones ni los Espíritus Maestros. Sin embargo, en esa ocasión estaba bien informado. Los millares de casos registrados en la bibliografía científica, sobre todo los de niños que hablaban idiomas extranjeros sin haberlos oído nunca, que tenían marcas de nacimiento allí donde habían recibido antes heridas mortales; esos mismos niños que sabían dónde había objetos preciosos ocultos o enterrados, a miles de kilómetros, décadas o siglos antes, todo era un eco del mensaje de Catherine. Yo conocía el carácter y la mente de la muchacha. Sabía cómo era y cómo no. Y mi mente ya no podía engañarme. La prueba era demasiado evidente, demasiado abrumadora. Eso era real y ella lo verificaría cada vez más en el curso de nuestras sesiones.

En las semanas siguientes, a veces yo olvidaba la intensidad, la fuerza directa de esa sesión. A veces caía de nuevo en la rutina cotidiana, preocupado por las cosas de siempre. Entonces las dudas resurgían. Era como si mi mente, al no concentrarse, tendiera a volver hacia los patrones y creencias de antes, hacia el escepticismo. Pero entonces me obligaba a recordar: ¡eso, había ocurrido realmente! Comprendía lo difícil que era creer esos conceptos sin haber pasado por una experiencia personal. La experiencia es necesaria para añadir crédito emocional a la comprensión intelectual. Pero el impacto de la experiencia siempre se desvanece hasta cierto punto.

En un principio no tuve conciencia del porqué de mis grandes cambios. Me reconocía más sereno y paciente; otros comentaban que se me veía muy en paz, más descansado y feliz. Yo sentía más esperanza y alegría, encontraba en mi vida más sentido y satisfacción. Comprendí al fin que estaba perdiendo el miedo a la muerte. Ya no temía a mi propia muerte ni a la no existencia. Me daba menos miedo la posibilidad de perder a otros, aun sabiendo que desde luego los echaría de menos. ¡Qué poderoso es el miedo a la muerte! Llegamos a grandes extremos para evitarlo: crisis de madurez, aventuras amorosas con personas más jóvenes, cirugías estéticas, obsesiones con la gimnasia, acumulación de bienes materiales, procreación de hijos que lleven nuestro nombre, esforzados intentos de ser cada vez más juveniles, etcétera. Nos preocupa horriblemente nuestra propia muerte; tanto que, a veces, olvidamos el verdadero propósito de la vida.

Además estaba empezando a ser menos obsesivo. No necesitaba dominarme sin cesar. Aunque trataba de mostrarme menos serio, esa transformación me resultaba difícil. Aún tenía mucho que aprender.

De hecho, ahora tenía la mente abierta a la posibilidad (incluso a la probabilidad) de que las manifestaciones de Catherine fueran reales. Esos datos increíbles sobre mi padre y mi hijo no se podían obtener por medio de los sentidos habituales. Sus conocimientos, sus habilidades, demostraban sin lugar a dudas la existencia de una notable capacidad psíquica. Resultaba lógico creerla, pero yo me mantenía precavido y escéptico con respecto a lo que leía en la literatura popular. ¿Quiénes son estas personas que hablan sobre fenómenos psíquicos, sobre la vida después de la muerte y otros asombrosos hechos paranormales? ¿Están preparados en el método científico de la observación y la comprobación? Pese a mi abrumadora y maravillosa experiencia con Catherine, sabía que mi mente, naturalmente crítica, continuaría analizando cada nuevo hecho, cada fragmento de información. Lo revisaría para ver si concordaba con la estructura y el sistema de trabajo que iba surgiendo de cada sesión. Lo examinaría desde todos los ángulos, con el microscopio del científico.

Sin embargo, ya no podía negar que el marco de trabajo estaba allí.

5

Todavía estábamos en medio de la sesión. Catherine puso fin a su descanso y empezó a hablar de ciertas estatuas verdes que había frente al templo. Salí de mi ensueño para escuchar. Ella estaba en una vida antigua, en algún lugar de Asia pero yo continuaba con los Maestros. «Increíble —me dije—. Está hablando de vidas anteriores, de reencarnaciones; sin embargo, comparado con el hecho de recibir nensajes de los Maestros, eso es casi decepcionante.» Pero comenzaba a comprender que ella necesitaba pasar por una vida antes de abandonar su cuerpo y alcanzar el estado intermedio. No podía llegar a él directamente. Y sólo allí se ponía en contacto con los Maestros.

—Las estatuas verdes están frente a un gran templo —susurró suavemente—. Un edificio con pináculos y bolas marrones. Delante hay diecisiete escalones; después de subirlos, una habitación. Arde el incienso. Nadie calza zapatos. Todos llevan la cabeza rapada. Tienen los ojos oscuros y la cara redonda. Son de piel oscura. Allí estoy yo. Me he lastimado el pie y voy a buscar ayuda. Lo tengo hinchado y no puedo pisar. Me he clavado algo. Me ponen unas hojas en el pie... hojas extrañas... ¿Tanis? (El tanino o ácido tánico, que se presenta naturalmente en las raíces, los frutos, la madera, la corteza y las hojas de muchas plantas, se usa como medicamento desde antiguo, por sus propiedades estípticas o astringentes.) Antes me han limpiado el pie. Esto es un rito ante los dioses. En el pie tengo algún veneno. Se me ha hinchado la rodilla. La pierna está pesada, con vetas. (¿Envenenamiento de la sangre?) Me hacen una incisión en el pie y me ponen algo muy caliente.

Catherine se retorcía de dolor. También daba arcadas por alguna poción horriblemente amarga que le habían dado a beber. La poción estaba hecha con hojas amarillas. Se curó, pero los huesos del pie y la pierna jamás volvieron a ser como antes. La hice avanzar en el tiempo. Sólo veía una existencia desolada afligida debido a la pobreza. Vivía con su familia en una choza pequeña, de una sola habitación, sin mesa. Comían una especie de arroz, como cereal, pero siempre tenían hambre. Envejeció rápidamente, sin escapar nunca a la pobreza ni al hambre, y murió. Esperé, pero me daba cuenta de que ella estaba exhausta. Sin embargo, antes de que pudiera despertarla me dijo que Robert Jarrod necesitaba de mi ayuda. Yo no tenía ninguna idea de quién era Robert Jarrod ni de cómo ayudarlo. No hubo más.

Al despertar del trance, Catherine volvió a recordar muchos detalles de su vida pasada. En cambio, nada sabía de las experiencias posteriores a la muerte, de los estados intermedios, de los Maestros ni del increíble conocimiento que había revelado. Le hice una pregunta:

—Catherine, ¿qué significa para ti la palabra «Maestros» *(Masters)*?

¡Respondió que era un torneo de golf!

Ahora mejoraba rápidamente, pero aún tenía dificultades para integrar el concepto de reencarnación en su teología. Por lo tanto, decidí no hablarle aún sobre los Maestros. Además, no sabía muy bien cómo darle la noticia de que era una médium increíblemente talentosa que canalizaba maravillosos y trascendentales conocimientos de los Espíritus Maestros.

Catherine se avino a que mi esposa asistiera a la sesión siguiente. Carole es asistente social psiquiátrica, bien preparada y capaz; yo quería saber su opinión sobre esos hechos increíbles. Cuando se enteró de lo que Catherine había dicho sobre mi padre y Adam, nuestro hijo, se mostró muy dispuesta a ayudar. Yo no tenía dificultades para tomar notas de cada palabra susurrada por Catherine sobre sus vidas anteriores, pues hablaba con gran lentitud, pero los Maestros lo hacían con más rapidez, así que decidí grabarlo todo.

Una semana después, Catherine se presentó a la sesión siguiente. Continuaba mejorando; sus temores y ansiedades disminuían. Su mejoría clínica era notable, pero yo aún no estaba seguro de a qué se debía. Había recordado haber muerto ahogada cuando era Aronda, degollada en la persona de Johan, víctima de una epidemia transmitida por el agua como Luisa, y varios otros sucesos aterrorizantes y traumáticos. También había experimentado o vuelto a experimentar existencias de pobreza, servidumbre y abusos dentro de su familia. Esto último ejemplifica los pequeños traumas cotidianos que también se adentran en nuestra psique. El recuerdo de ambos tipos de vida podía estar contribuyendo a su mejoría. Pero existía otra posibilidad. ¿Y si la experiencia espiritual en sí era lo que ayudaba? ¿Y si saber que la muerte no es lo que parece contribuía a procurarle bienestar, a que disminuyeran sus temores? ¿Era posible que todo el proceso, no sólo los recuerdos en sí, fuera parte de la cura?

Las habilidades psíquicas de Catherine iban en aumento; su intuición era cada vez mayor. Aún tenía problemas con Stuart, pero se sentía capaz de entenderse más efectivamente con él. Le brillaban los ojos; su piel relucía.

Anunció que durante la semana había tenido un sueño extraño, pero sólo recordaba un fragmento: había soñado que la aleta roja de un pez se le clavaba en la mano.

Se sumergió en la hipnosis con pronta facilidad y en pocos minutos alcanzó un nivel profundo.

—Veo una especie de acantilado. Yo estoy de pie en ese acantilado, mirando hacia abajo. Debería estar alerta a la llegada de barcos... para eso me han puesto allí... Llevo algo azul, una especie de pantalones... pantalones cortos, con zapatos extraños... zapatos negros... con hebillas. Los zapatos tienen hebillas;

son muy extraños... Veo que en el horizonte no hay barcos.

Catherine susurraba con voz suave. La hice avanzar en el tiempo hasta el siguiente suceso importante de su vida.

—Estamos bebiendo cerveza, cerveza fuerte. Es muy oscura. Los bocks son gruesos. Están viejos y se sostienen con soportes de metal. En ese lugar huele muy mal y hay mucha gente. Es muy ruidoso. Todo el mundo habla y hace ruido.

Le pregunté si se oía llamar por su nombre.

—Christian... Me llamo Christian. —Era otra vez varón—. Estamos comiendo algún tipo de carne y bebiendo cerveza. Es oscura y muy amarga. Se le pone sal.

No logró ver el año.

—Hablan de guerra, ¡de barcos que bloquean algunos puertos! Pero no puedo enterarme de dónde están. Si guardaran silencio, podríamos escuchar, pero todo el mundo habla y hace ruido.

»Hamstead... Hamstead (ortografía fonética). Es un puerto, un puerto marítimo de Gales. Hablan inglés británico. —Se adelantó en el tiempo hasta el momento en que Christian estaba ya a bordo de su barco—. Huelo algo, algo que se quema. Es horrible. Madera quemada, pero también algo más. Hace escocer la nariz... Algo se incendia en la distancia, una especie de navío, un navío de vela. ¡Estamos cargando algo! Estamos cargando algo con pólvora.

La agitación de Catherine era visible.

—Es algo que tiene pólvora, muy negra. Se pega a las manos. Hay que moverse deprisa. El barco lleva una bandera verde. Es una bandera oscura... Una bandera verde y amarilla. Tiene una especie de corona, con tres puntas.

De pronto Catherine hizo una mueca de dolor. Sufría.

—Ah —gruñó—, ¡cómo me duele la mano, cómo me duele la mano! Tengo algo de metal, metal caliente en la mano. ¡Me quema! ¡Ah, ah!

Recordé el fragmento de su sueño y comprendí lo de la aleta roja clavada en la mano. Bloqueé el dolor, pero ella seguía gimiendo.

—Los espigones son de metal... El buque en donde estábamos fue destruido... por babor. Han dominado el incendio. Han muerto muchos hombres... muchos hombres. Yo he sobrevivido... sólo tengo la mano herida, pero cicatriza con el tiempo.

La llevé hacia delante en el tiempo y dejé que escogiera el siguiente acontecimiento de importancia.

—Veo una especie de imprenta; imprime algo con moldes y tinta. Están imprimiendo y encuadernando libros... Los libros tienen cubiertas de cuero y cordeles que los sujetan: cordeles de cuero. Veo un libro rojo... Es algo de historia. No veo el título; todavía no han terminado la impresión. Son libros maravillosos. Tienen cubiertas muy suaves, de cuero. Son maravillosos; te enseñan.

Obviamente, Christian disfrutaba viendo y tocando esos libros; también comprendía vagamente las posibilidades de aprender así. Sin embargo, parecía muy poco instruido. Hice que Christian avanzara hasta el último día de su vida.

—Veo un puente sobre un río. Soy viejo... muy viejo. Me cuesta caminar. Camino por el puente... hacia el otro lado... Me duele el pecho; siento una presión, una presión terrible... ¡Me duele el pecho! ¡Ah!

Catherine emitía sonidos, gorjeaba; experimentaba el ataque cardíaco que Christian estaba sufriendo en el puente. Su respiración era rápida y poco profunda; tenía la cara y el cuello cubiertos de sudor. Empezó a toser y a jadear. Me sentí preocupado: ¿sería peligroso volver a experimentar un ataque cardíaco sufrido en una vida anterior? Ésa era una frontera nueva; nadie conocía las respuestas. Por fin, Christian murió. Catherine permaneció apaciblemente tendida en el diván, respirando profunda y regularmente. Dejé escapar un hondo suspiro de alivio.

—Me siento libre... libre —susurró con suavidad—. Floto en la oscuridad... floto, nada más. Hay luz alrededor... y espíritus, otras personas.

Le pregunté si tenía algún pensamiento sobre la vida que acababa de concluir, su existencia como Christian.

—Debería haber perdonado más, pero no lo hice. No perdoné el daño que otros me causaron y debería haberlo hecho. No perdoné el mal. Me quedé con él dentro y lo albergué durante muchos años... Veo ojos... ojos.

—¿Ojos? —repetí, percibiendo el contacto—. ¿Qué clase de ojos?

—Los ojos de los Espíritus Maestros —susurró Catherine—, pero debo esperar. Tengo cosas en que pensar.

Pasaron unos minutos en tenso silencio.

—¿Cómo sabrás cuándo estarán ellos dispuestos? —pregunté, expectante, rompiendo el largo silencio.

—Ellos me llamarán —respondió.

Pasaron unos minutos más. De pronto empezó a mover la cabeza de un lado a otro. Su voz, ronca y firme, señaló el camino.

—Hay muchas almas en esta dimensión. Yo no soy la única. Debemos ser pacientes. Eso es algo que tampoco aprendí nunca... hay muchas dimensiones...

Le pregunté si ya había estado allí, si se había reencarnado muchas veces.

—He estado en diferentes planos en diferentes tiempos. Cada uno es un nivel de conciencia superior. El plano al que vayamos dependerá de lo mucho que hayamos progresado...

Guardó silencio otra vez. Le pregunté qué lecciones debía aprender a fin de progresar. Respondió de inmediato.

—Que debemos compartir nuestro conocimiento con otros. Que todos tenemos muchas más capacidades de las que utilizamos. Algunos lo descubrimos antes que otros. Que uno debe dominar sus vicios antes de llegar a este punto. De lo contrario, los lleva consigo a otra vida. Sólo uno mismo puede liberarse... de las malas costumbres que acumulamos cuando estamos en un cuerpo. Los Maestros no pueden hacerlo por nosotros. Si uno elige luchar y no liberarse, los llevará a otra vida. Y sólo cuando decidimos que somos lo bastante fuertes como para dominar los problemas externos, sólo entonces dejaremos de padecerlos en la vida siguiente.

»También debemos aprender a no acercarnos sólo a aquellos cuyas vibraciones coinciden con las nuestras. Es normal sentirse atraído por alguien que está en nuestro mismo nivel. Pero está mal. También es preciso acercarse a aquellos cuyas vibraciones no armonizan... con las de uno. Ésa es la importancia... de ayudar... a esas gentes.

»Se nos dan poderes intuitivos que debemos obedecer sin tratar de resistirnos. Quienes se resistan tropezarán con peligros. No se nos envía desde cada plano con poderes iguales. Algunos de nosotros poseemos poderes mayores que los otros, pues los hemos adquirido en otros tiempos. Luego, no todos somos creados iguales. Pero con el paso del tiempo llegaremos a un punto en el que todos seremos iguales.

Catherine hizo una pausa. Yo sabía que esos pensamientos no eran suyos. No tenía preparación alguna en física o en metafísica; nada sabía de planos, dimensiones y vibraciones. Pero más allá de esto, la belleza de las palabras y las ideas, las implicaciones filosóficas de esas afirmaciones... todo superaba la capacidad de Catherine. Ella nunca había hablado de manera tan concisa y poética. Yo sentía que una fuerza superior y distinta luchaba con la mente y las cuerdas vocales de mi paciente para traducir en palabras esos pensamientos, a fin de que yo comprendiera. No, ésa no era Catherine.

Su voz tenía un tono de ensoñación.

—Los que están en coma... permanecen en un estado de suspensión. Aún no están preparados para cruzar al otro plano... hasta que hayan decidido si quieren cruzar o no. Sólo ellos pueden decidirlo. Si consideran que no tienen nada más que aprender... en estado físico... entonces se les permite cruzar. Pero si tienen cosas por aprender, deben regresar, aunque no quieran. Ése es un período de descanso para ellos, un período en el que sus poderes mentales pueden descansar.

O sea que la gente en estado de coma puede decidir si regresar o no, según el aprendizaje que deba realizar todavía en estado físico. Si consideran que no tienen nada más que aprender, pueden ir directamente al estado espiritual, pese a toda la medicina moderna. Esta información coincidía detalladamente con las investigaciones publicadas sobre las experiencias próximas a la muerte y los motivos por los que algunos decidían regresar. A otros no se les permitía elegir: tenían que volver, pues les quedaba algo por aprender. Claro que todos los entrevistados tras una experiencia próxima a la muerte habían regresado a sus cuerpos.

Hay una llamativa similitud en los relatos de estas personas. Se separan del cuerpo y «contemplan» los esfuerzos que se hace por resucitarlos, desde un punto situado por encima del cuerpo. A su debido tiempo cobran conciencia de una luz brillante o de una relumbrante figura «espiritual» en la distancia; a veces, al final de un túnel. No hay dolor. Cuando cobran conciencia de que aún no han completado la tarea que tienen que cumplir en la Tierra, de que deben regresar al cuerpo, inmediatamente vuelven a él y sienten otra vez dolor y otras sensaciones físicas.

He tenido varios pacientes que pasaron por experiencias cercanas a la muerte. El relato más interesante fue el de un próspero comerciante sudamericano, con quien mantuve varias sesiones de psicoterapia normal, unos dos años después de acabar con el tratamiento de Catherine. Jacob había perdido la conciencia al ser atropellado por una motocicleta; eso ocurrió en Holanda, en 1975, cuando él tenía treinta y pocos años. Recuerda haber flotado por encima del cuerpo, contemplando la escena del accidente, viendo la ambulancia, el médico que le atendía las heridas, la muchedumbre de curiosos, cada vez mayor. Luego cobró conciencia de una luz dorada, en la distancia; al acercarse a ella, vio a un monje vestido con un hábito pardo. Ese monje dijo a Jacob que aún no era tiempo de morir, que debía regresar a su cuerpo. Él sintió la sabiduría y el poder del religioso, quien también le relató varios acontecimientos futuros que ocurrirían en la vida de Jacob; todos se produjeron. Jacob volvió rápidamente a su cuerpo, que ya estaba en una cama de hospital; recobró la conciencia y, por primera vez, experimentó un intensísimo dolor.

En 1980, mientras viajaba por Israel, Jacob (que es judío) visitó la Cueva de los Patriarcas, en Hebrón, sitio tan sagrado para los judíos como para los musulmanes. Tras la experiencia vivida en Holanda, se había vuelto más religioso y rezaba con frecuencia. Al ver la mezquita cercana, se sentó a rezar con los musulmanes presentes. Al cabo de un rato se levantó para marcharse. Un anciano musulmán se le acercó para decirle: «Usted es diferente de los otros, que rara vez se sientan a orar con nosotros. —El anciano hizo una pausa y lo miró con atención antes de continuar—: Usted ha visto al monje. No olvide lo que él le dijo.»

Cinco años después del accidente, a miles de kilómetros de distancia, un anciano conocía el encuentro de Jacob con el monje, algo que había ocurrido mientras él estaba desmayado.

En el consultorio, mientras reflexionaba sobre las últimas revelaciones de Catherine, me pregunté qué habrían dicho nuestros antepasados, los fundadores de la nación, ante la idea de que los seres humanos no son creados iguales. La gente nace con talentos, capacidades y poderes adquiridos en otras vidas. «Pero con el paso del tiempo llegaremos a un punto en el que todos seremos iguales.» Sospeché que ese punto distaba muchas, muchísimas vidas.

Pensé en Mozart y en su increíble talento de niño. ¿Habría sido también una herencia de capacidades anteriores? Al parecer, llevábamos con nosotros de una vida a otra tanto las capacidades como las deudas.

Pensé en la gente que tiende a juntarse en grupos homogéneos, evitando e incluso temiendo a los de fuera. Allí estaba la raíz del prejuicio y del odio entre grupos. «También debemos aprender a no acercarnos sólo a aquellos cuyas vibraciones coinciden con las nuestras.» Ayudar a esos otros. Me era posible sentir las verdades espirituales de esas palabras.

—Tengo que regresar —dijo Catherine—. Tengo que regresar.

Pero yo quería saber más. Le pregunté quién era Robert Jarrod. Ella había mencionado ese nombre durante la última sesión, asegurando que necesitaba mi ayuda.

—No sé... Puede estar en otro plano, no en éste. —Al parecer, no pudo hallarlo—. Sólo cuando quiera, sólo si decide venir a mí —susurró—, me enviará un mensaje. Necesita tu ayuda.

Aun así, no logré comprender cómo me sería posible ayudarlo.

—No sé —repitió Catherine—. Pero eres tú el que debe aprender, no yo.

Eso era interesante. Todo ese material ¿era para mí? ¿O acaso yo tenía que ayudar a Robert Jarrod con las enseñanzas recibidas? En verdad, nunca supimos de él.

—Tengo que regresar —insistió ella—. Antes tengo que ir hacia la luz. —De pronto se mostró alarmada—. Oh, oh, he vacilado mucho tiempo... y como he vacilado, tengo que esperar otra vez.

Mientras ella esperaba, le pregunté qué veía, qué sentía.

—Sólo otros espíritus, otras almas. Ellas también están esperando.

Le pregunté si había alguna enseñanza que pudiéramos recibir mientras esperaba.

—¿Puedes decirnos qué debemos saber? —le pregunté.

—No están aquí para decírmelo —respondió.

Fascinante. Si los Maestros no estaban allí para hablarle, Catherine no podía, por sí, proporcionar el conocimiento.

—Me siento muy inquieta. Quiero irme... Cuando llegue el momento adecuado, me iré.

Una vez más pasaron varios minutos en silencio. Por fin debió de llegar el momento oportuno: había entrado en otra vida.

—Veo manzanos... y una casa, una casa blanca. Yo vivo en la casa. Las manzanas están podridas... gusanos, no sirven para comer. Hay un columpio, un columpio en el árbol.

Le pedí que se observara.

—Tengo pelo claro, pelo rubio. Tengo cinco años. Me llamo Catherine.

Me llevé una sorpresa. Había entrado en su vida actual; era Catherine a los cinco años. Pero debía de estar allí por algún motivo.

—¿Ocurrió algo allí, Catherine?

—Mi padre está enojado con nosotros... porque no debemos estar fuera. Me... me pega con un palo. Es muy pesado; duele... Tengo miedo. —Gemía, hablando como una criatura—. No para hasta hacernos daño. ¿Por qué nos hace esto? ¿Por qué es tan malo?

Le pedí que viera su propia vida desde una perspectiva más elevada y que respondiera a su propia pregunta. Poco tiempo antes había leído que eso se podía hacer. Algunos escritores llamaban a esa perspectiva «yo superior» o «yo elevado». Sentía curiosidad por saber si Catherine podía llegar a ese estado, en caso de que existiera. En ese caso, sería una poderosa técnica terapéutica, un atajo hacia la penetración psicológica y la comprensión.

—Nunca nos quiso —susurró, muy suavemente—. Siente que somos intrusos en su vida... No nos quiere.

—¿Tampoco a tu hermano varón, Catherine? —pregunté.

—A mi hermano, menos aún. Su nacimiento no estaba planeado. No estaban casados cuando... él fue concebido.

Esa nueva información resultó ser asombrosa para Catherine. Ignoraba lo del embarazo prematrimonial. Más adelante, su madre le confirmó que así había sido.

Aunque estaba relatando una vida, Catherine exhibía ahora una sabiduría y un punto de vista con respecto a su existencia que, hasta entonces, habían estado restringidos al estado intermedio o espiritual. En cierto modo había una parte de su mente más «elevada» una especie de supraconciencia. Tal vez ése era el yo superior que otros describían. Aunque no estuviera en contacto con los Maestros y su espectacular conocimiento, aun así poseía, en su estado supraconsciente, profunda penetración psicológica y gran información, como la de la concepción de su hermano. La Catherine consciente, cuando estaba despierta, se mostraba mucho más ansiosa y limitada, mucho más simple y comparativamente superficial. No podía recurrir a ese estado supraconsciente. Me pregunté si los profetas y los sabios de las religiones orientales y occidentales, esos que llamamos «realizados», eran capaces de utilizar ese estado para obtener su sabiduría y sus conocimientos. En ese caso, todos tendríamos la capacidad de hacerlo, pues todos debemos de poseer ese supraconsciente. El psicoanalista Carl Jung sabía de la existencia de los diferentes niveles de conciencia; escribió acerca del inconsciente colectivo, un estado que tiene similitudes con el supraconsciente de Catherine.

Cada vez me sentía más frustrado por el abismo infranqueable que había entre el intelecto despierto y consciente de Catherine y su mente supraconsciente en el nivel de trance. Mientras estaba hipnotizada podía mantener conmigo fascinantes diálogos filosóficos a nivel supraconsciente. Sin embargo, cuando estaba despierta no mostraba interés alguno por la filosofía ni los temas relacionados con ella. Vivía en el mundo de los detalles cotidianos, ignorante del genio que en ella habitaba.

Mientras tanto, su padre la estaba atormentando, y los motivos se hacían evidentes.

—Tiene muchas lecciones que aprender —sugerí, en tono de interrogación.

—Sí..., en efecto.

Le pregunté si sabía qué necesitaba aprender él.

—Ese conocimiento no se me revela. —La voz era objetiva y distante—. Se me revela lo que es importante para mí, lo que me concierne. Cada persona debe ocuparse de sí misma... de hacerse... íntegra. Tenemos lecciones que aprender... cada uno de nosotros. Deben ser aprendidas una a una... en orden. Sólo entonces podemos saber qué necesita la persona de al lado, qué le falta o qué nos falta a nosotros para ser íntegros.

Hablaba en un susurro suave, y ese susurro encerraba una amorosa objetividad.

Cuando Catherine volvió a hablar, lo hizo otra vez con voz aniñada:

—¡Me da asco! Me hace comer esas cosas que no quiero. Es una comida... lechuga, cebollas, cosas que detesto. Me obliga a comerlas y sabe que me voy a poner mala. ¡Pero no le importa!

Catherine empezó a dar arcadas. Jadeaba, sofocada. Volví a sugerir que viera la escena desde una perspectiva superior, pues necesitaba comprender qué inducía a su padre a actuar de ese modo. Ella replicó en un susurro enronquecido:

—Eso ha de llenar en él cierto vacío. Me odia por lo que me hizo. Me odia y se odia a sí mismo.

Yo tenía casi olvidado el abuso sexual sufrido por Catherine a los tres años.

—Por eso debe castigarme... Debo de haber hecho algo para que él actúe así.

Ella tenía sólo tres años de edad y su padre estaba ebrio. Sin embargo, desde entonces llevaba esa culpa muy dentro. Le expliqué lo obvio:

—Tú eras sólo un bebé. Tienes que liberarte de esa culpa. Tú no hiciste nada. ¿Qué podía hacer una niña de tres años? No fuiste tú, sino tu padre.

—Debía de odiarme ya entonces —susurró, con suavidad—. Yo lo conocía antes, pero ahora no puedo recurrir a esa información. Tengo que volver a ese momento.

Aunque ya habían pasado varias horas, quise regresar a esa relación previa. Le di instrucciones detalladas.

—Te hallas en un estado profundo. Dentro de un instante empezaré a contar hacia atrás, de tres a uno. Entrarás en un estado más profundo y te sentirás totalmente segura. Tu mente estará en libertad de vagar otra vez por el tiempo, hasta la época en que se inició el vínculo con el padre que tienes en tu vida actual, hasta el momento que tuvo mayor influencia en lo que ocurrió en tu infancia entre tú y él. Cuando yo diga «uno» volverás a esa vida y lo recordarás. Es importante para tu curación. Puedes hacerlo. Tres... dos... uno.

Hubo una larga pausa.

—No lo veo... ¡pero veo que están matando a la gente!

Su voz era ahora fuerte y ronca.

—No tenemos derecho a interrumpir abruptamente la vida de alguien antes de que haya podido cumplir con su karma. Y es lo que estamos haciendo.

»No tenemos derecho. Sufrirán mayor castigo si los dejamos vivir. Cuando mueran y vayan a la próxima dimensión sufrirán allá. Estarán en un estado de gran inquietud. No tendrán paz. Y serán enviados de regreso aquí, pero para una vida muy dura. Y tendrán que compensar a esas personas a las que hicieron daño por las injusticias que cometieron contra ellas. Están interrumpiendo la vida de estas gentes y no tienen derecho a hacerlo. Sólo Dios puede castigarlas; nosotros, no. Serán castigados.

Pasó un minuto de silencio.

—Se han ido —susurró.

Los Espíritus Maestros nos habían dado un mensaje más, potente y claro. No debemos matar, cualesquiera que sean las circunstancias. Sólo Dios puede castigar.

Catherine estaba exhausta. Decidí postergar la búsqueda del pasado vínculo con su padre y la saqué del trance.

No recordaba nada, salvo sus encarnaciones como Christian y la pequeña Catherine. Se sentía cansada, pero también apacible y relajada, como si se le hubiera quitado un peso enorme. Mi mirada se cruzó con la de Carole. Nosotros también estábamos exhaustos. Habíamos estado temblando, sudorosos, pendientes de cada palabra. Acabábamos de compartir una experiencia increíble.

6

Empecé a fijar las sesiones semanales de Catherine a última hora del día, puesto que siempre duraban varias horas. Cuando volvió, a la semana siguiente, aún tenía el mismo aspecto apacible. Había llamado por teléfono a su padre. Sin darle detalle alguno, lo había perdonado, a su modo. Yo nunca la había visto tan serena. Me maravillaba la rapidez de su progreso. Es raro que un paciente con ansiedades y miedos tan crónicos y arraigados mejore de manera tan espectacular. Claro que Catherine no era en absoluto una paciente común, y el rumbo tomado por su terapia era inigualable, desde luego.

—Veo una muñeca de porcelana sentada en una especie de repisa. —Había caído prontamente en un trance profundo—. A ambos lados del hogar hay libros. Es una habitación dentro de una casa. Junto a la muñeca hay candelabros. Y una pintura... de la cara, la cara del hombre. Es él...

Catherine estaba observando el cuarto. Le pregunté qué veía.

—Algo cubre el suelo. Es velludo, como... es una

piel de animal, sí... una especie de alfombra hecha con pieles de animales. A la derecha hay dos puertas de vidrio... que dan a la galería. Hay cuatro peldaños; columnas en la fachada de la casa; cuatro peldaños para descender. Conducen a un sendero. Árboles grandes por todas partes... Hay algunos caballos fuera. Están atados... a unos postes que se levantan fuera, delante de la casa.

—¿Sabes dónde está eso? —pregunté.

Catherine aspiró profundamente.

—No veo ningún nombre —le susurró—, pero el año, el año ha de estar en alguna parte. Es el siglo XVIII, pero no... Hay árboles y flores amarillas, flores amarillas muy bonitas. —Las flores la distrajeron—. Tienen un perfume estupendo; un perfume dulce, las flores... flores extrañas, grandes... flores amarillas con el centro negro.

Hizo una pausa, permaneciendo entre las flores. Eso me recordó un sembrado de girasoles en el sur de Francia. Le pregunté por el clima.

—Es muy templado, pero no hay viento. No hace calor ni frío.

No avanzábamos nada en cuanto a identificar el lugar. La llevé otra vez al interior de la casa, lejos de las fascinantes flores amarillas, y le pregunté a quién representaba el retrato que colgaba encima de la repisa.

—No puedo... Oigo una y otra vez Aaron... su nombre es Aaron.

Le pregunté si era el dueño de la casa.

—No, el dueño es su hijo. Yo trabajo aquí.

Una vez más desempeñaba el papel de criada. Nunca se había acercado, siquiera remotamente, a la importancia de una Cleopatra o un Napoleón. Quienes dudan de la reencarnación (incluida mi propia y científica persona hasta dos meses antes de ese momento) suelen señalar la excesiva frecuencia de las encarnaciones en personajes famosos. Yo me encontraba en la rarísima situación de presenciar una demostración científica de la reencarnación en mi consultorio del departamento de Psiquiatría. Y se me estaba revelando mucho más que la autenticidad de la reencarnación.

—Siento la pierna muy... —prosiguió— muy pesada. Me duele. Es casi como si no la tuviera... Me he herido la pierna. Me han dado una coz los caballos. —Le indiqué que se observara.

»Tengo pelo castaño, pelo castaño y rizado. Llevo una especie de sombrero, una especie de toca blanca... y vestido azul, con algo parecido a un mandil... un delantal. Soy joven, pero ya no niña. Pero me duele la pierna. Acaba de ocurrir. Duele muchísimo. —Era evidente que sufría mucho—. Herradura... herradura. Me ha dado con la herradura. Es un caballo muy, pero muy malo. —Su voz se hizo más suave al ceder finalmente el dolor—. Siento el olor del heno, el forraje del granero. Hay otras personas que trabajan en la parte de los establos.

Le pregunté qué funciones cumplía.

—Era responsable de servir... en la casa grande. También me ocupaba a veces de ordeñar las vacas. —Quise saber más sobre los propietarios.

»La esposa es bastante regordeta, muy poco atractiva. Y hay dos hijas... No las conozco —agregó, anticipándose a la pregunta de si habían aparecido ya en la vida actual de Catherine.

Inquirí por su propia familia del siglo XVIII.

—No sé; no la veo. No veo a nadie conmigo.

Le pregunté si vivía allí.

—Vivo aquí, sí, pero no en la casa principal. Muy pequeña... la casa que nos han dado. Hay pollos. Recogemos los huevos. Son huevos oscuros. Mi casa es muy pequeña... y blanca... una sola habitación. Veo un hombre. Vivo con él. Tiene el pelo muy rizado y los ojos azules.

Quise saber si estaban casados.

—No; según ellos entienden el casamiento, no.

¿Había nacido allí?

—No. Me trajeron a la finca cuando era muy pequeña. Mi familia era muy pobre.

Su compañero no parecía conocido. Le indiqué que avanzara en el tiempo hasta el siguiente acontecimiento importante de esa vida.

—Veo algo blanco... blanco, con muchas cintas. Ha de ser un sombrero. Una especie de toca, con plumas y cintas blancas.

—¿Quién la lleva? ¿Es...? —Me interrumpió, haciéndome sentir un poco estúpido:

—La señora de la casa, desde luego. Se casa una de sus hijas. Toda la finca participa en la celebración.

Pregunté si el periódico decía algo sobre la boda. En ese caso, le habría pedido que mirara la fecha.

—No, no creo que aquí haya periódicos. No veo

nada parecido. —La documentación parecía difícil de conseguir en esa vida.

—¿Te ves en esa boda? —quise saber.

Ella respondió de prisa, en un susurro alto:

—No estamos en la boda. Sólo podemos observar a la gente que va y viene. Los sirvientes no podemos asistir.

—¿Qué sientes?

—Odio.

—¿Por qué? ¿Acaso te tratan mal?

—Porque somos pobres —respondió con suavidad— y estamos reducidos a servirlos a ellos. Y porque tenemos muy poco, en tanto que ellos tienen mucho.

—¿Llegas a salir de esa finca? ¿O pasas toda tu vida allí?

Respondió con melancolía:

—Paso toda mi vida allí.

Pude percibir su tristeza. Esa vida era a un tiempo difícil y desesperanzada. La hice avanzar hasta el día de su muerte.

—Veo una casa. Estoy tendida en cama, tendida en la cama. Me dan algo a beber, algo caliente. Tiene olor a menta. Me pesa mucho el pecho. Me cuesta respirar. Me duelen la espalda y el pecho... Un dolor fuerte... cuesta hablar.

Respiraba aceleradamente, superficialmente, con mucho dolor. Al cabo de algunos minutos de agonía, su cara se ablandó y su cuerpo quedó laxo. La respiración recobró la normalidad.

—He abandonado mi cuerpo. —Su voz era más

alta y ronca—. Veo una luz maravillosa... Salen a mi encuentro. Vienen a ayudarme. Personas maravillosas. No tienen miedo... Me siento muy liviana...
—Hubo una pausa larga.

—¿Tienes algún pensamiento sobre la vida que acabas de abandonar?

—Eso es para después. Por el momento sólo siento la paz. Es un tiempo de consuelo. La persona debe ser reconfortada. El alma... aquí el alma encuentra paz. Se dejan todos los dolores físicos atrás. El alma está apacible y serena. Es una sensación maravillosa... maravillosa, como si el sol brillara siempre sobre una. ¡La luz es tan intensa!¡Todo viene de la luz! De esa luz viene la energía. Nuestra alma va inmediatamente hacia allí. Es como una fuerza magnética que nos atrae. Es maravillosa. Es como una fuente de poder. Sabe curar.

—¿Tiene algún color?
—Tiene muchos colores.

Hizo una pausa, descansando en la luz.

—¿Qué estás experimentando? —aventuré.

—Nada... Sólo paz. Una está entre sus amigos. Todos están allí. Veo a muchas personas. Algunas me son familiares; otras, no. Pero estamos allí, esperando.

Continuó aguardando, en tanto pasaban lentamente los minutos. Decidí acelerar el paso.

—Tengo una pregunta que hacer.

—¿A quién? —preguntó Catherine.

—A alguien. A ti o a los Maestros —contesté, saliéndome por la tangente—. Creo que nos ayudará comprender esto. La pregunta es: ¿elegimos el momento y el modo de nacer y de morir? ¿Podemos elegir nuestra situación? ¿Podemos elegir el momento de nuestro nuevo tránsito? Creo que si comprendiéramos esto muchos de tus miedos se aliviarían, Catherine. ¿Hay alguien ahí que pueda responder a esas preguntas?

Hacía frío en el cuarto. Cuando Catherine volvió a hablar, su voz fue más grave y resonante. Era una voz que yo nunca le había oído. Era la voz de un poeta.

—Sí. Nosotros elegimos cuándo entramos en nuestro estado físico y cuándo lo abandonamos. Sabemos cuándo hemos cumplido lo que se nos envió a cumplir. Sabemos cuándo acaba el tiempo y uno aceptará su muerte. Pues uno sabe que no obtendrá nada más de esa vida. Cuando se tiene tiempo, cuando se ha tenido tiempo de descansar y recargar de energías el alma, se le permite a uno elegir su reingreso en el estado físico. Quienes vacilan, quienes no están seguros de su retorno aquí, pueden perder la oportunidad que se les ha dado, la posibilidad de cumplir lo debido cuando están en un cuerpo.

Supe de inmediato, con certeza, que no era Catherine quien hablaba.

—¿Quién me habla? —rogué—. ¿Quién me responde?

Catherine respondió en su familiar susurro:

—No sé. La voz de alguien muy... alguien que tiene dominio sobre las cosas, pero no sé quién es. Sólo puedo oír su voz y tratar de repetir lo que él dice.

También sabía que ese conocimiento no brotaba de ella misma, ni del subconsciente ni del inconsciente. Ni siquiera de su yo supraconsciente. De algún modo, estaba escuchando y transmitiéndome las palabras o las ideas de alguien muy especial, alguien que «tiene dominio sobre las cosas». Por lo tanto, había aparecido otro Maestro, diferente de aquel o aquellos que nos habían dado los mensajes previos, cargados de sabiduría. Se trataba de un nuevo espíritu, con voz y estilo característicos, poético y sereno. Era un Maestro que hablaba sobre la muerte sin vacilar; sin embargo, su voz y sus pensamientos estaban llenos de amor. El amor parecía cálido y real, pero también universal y objetivo. Era una bendición: no sofocaba, no era emocional, no obligaba a nada. Transmitía una sensación de amorosa objetividad, o de objetiva bondad amorosa, y parecía lejanamente familiar.

El susurro de Catherine se hizo más potente.

—No tengo fe en esta gente.

—¿En qué gente? —inquirí.

—En los Maestros.

—¿Que no tienes fe?

—No, me falta fe. Por eso mi vida ha sido tan difícil. En esa vida no tuve fe. —Estaba evaluando tranquilamente su vida del siglo XVIII. Le pregunté qué había aprendido en esa vida.

—Aprendí sobre la ira y el resentimiento, sobre albergar ciertos sentimientos hacia la gente. También tuve que aprender que no puedo manejar mi vida. Quiero dominio, pero no lo tengo. Debo tener fe en los Maestros. Ellos me guiarán a través de todo. Pero no tuve fe. Me sentía condenada desde el principio. Nunca miré nada con buenos ojos. Debemos tener fe... debemos tener fe. Y yo dudo. Prefiero dudar a creer.

Hizo una pausa.

—¿Qué deberíamos hacer, tú y yo, para ser mejores? ¿Nuestros caminos son el mismo? —pregunté.

La respuesta provino del Maestro que en la semana anterior había hablado de poderes intuitivos y del estado de coma. La voz, el estilo, el tono, eran diferentes de los de Catherine y del viril y poético Maestro que acababa de hablar.

—Básicamente, los caminos de todos son el mismo. Todos debemos aprender ciertas actitudes mientras nos encontramos en el estado físico. Algunos somos más rápidos que otros en aceptarlas. Caridad, esperanza, fe, amor... todos debemos conocer estas cosas, y conocerlas bien. No son sólo una esperanza, una fe, un amor; muchas cosas se alimentan de cada una de ellas. Hay muchas maneras de demostrarlas. Y sin embargo, sólo hemos recurrido a un poquito de cada una...

»Los miembros de órdenes religiosas se han acercado más que cualquiera de nosotros, porque han pronunciado votos de castidad y obediencia. Han renunciado a mucho sin pedir nada a cambio. El resto de nosotros continúa pidiendo recompensas: recompensas y justificaciones para nuestra conducta... cuando en realidad no hay recompensas, no las recompensas que deseamos. La recompensa está en hacer, pero en actuar sin esperar nada a cambio... en hacer sin egoísmos.

—Eso no lo he aprendido —añadió Catherine, con un suave susurro.

Por un momento me confundió la palabra «castidad» pero recordé que la raíz significaba «puro», lo cual se refería a un estado muy diferente de la mera abstinencia sexual.

—... No mimarse en exceso —continuó ella—. Cualquier cosa hecha en exceso... en exceso... ya lo comprenderás. En el fondo ya lo comprendes. —Hizo otra pausa.

—Lo intento —dije.

Luego decidí concentrarme en Catherine. Tal vez los Maestros aún no se hubieran retirado.

—¿Qué puedo hacer para ayudar mejor a Catherine a superar sus miedos y ansiedades? ¿Y para que aprenda sus lecciones? ¿Es ésta la mejor manera o debería cambiar algo? ¿O dedicarme a un área específica? ¿Cómo puedo ayudarla mejor?

La respuesta vino en la voz profunda del Maestro poeta. Me incliné hacia delante.

—Estás haciendo lo correcto. Pero es para ti, no para ella.

Una vez más, el mensaje sugería que todo eso era más en mi beneficio que en el de Catherine.

—¿Para mí?

—Sí. Lo que decimos es para ti.

No sólo se refería a Catherine en tercera persona, sino que decía «nosotros». Había, en verdad, varios Espíritus Maestros presentes.

—¿Puedo preguntar vuestros nombres? —inquirí. Inmediatamente hice una mueca de disgusto ante lo mundano de mi pregunta—. Necesito guía. Tengo mucho que aprender.

La respuesta fue un poema de amor, un poema sobre mi vida y mi muerte. La voz era suave y tierna. Sentí la amorosa objetividad de un espíritu universal. Lo escuché, sobrecogido.

—Serás guiado... a su debido tiempo. Serás guiado a su debido tiempo. Cuando hayas cumplido lo que se te envió a cumplir, entonces tu vida tendrá fin. Pero no antes de entonces. Tienes mucho tiempo por delante... mucho tiempo.

Me sentía a un tiempo ansioso y aliviado. Me alegraba de que él no fuera más específico. Catherine se estaba inquietando. Habló en un débil susurro.

—Caigo..., caigo..., trato de hallar mi vida..., caigo.

Suspiró. Yo hice lo mismo. Los Maestros se habían ido.

Medité sobre los milagrosos mensajes, mensajes muy personales de fuentes muy espirituales. Las implicaciones eran abrumadoras. La luz después de la muerte y la vida después de la muerte; nuestra elección del momento de nacer y del momento de morir; la guía segura e infalible de los Maestros; vidas medidas por lecciones aprendidas y tareas completadas, no por años; caridad, esperanza, fe y amor; hacer sin expectativas de recompensa: ese conocimiento era para mí. Pero ¿con qué finalidad? ¿Qué se me había enviado a cumplir?

Los impresionantes mensajes y los acontecimientos que se precipitaban sobre mí en el consultorio correspondían a profundos cambios en mi vida personal y familiar. La transformación fue deslizándose gradualmente en mi conciencia.

Por ejemplo: un día en que llevaba a mi hijo a un partido de béisbol del colegio nos vimos atrapados en un enorme atasco de circulación. Siempre me han fastidiado esos atascos; y en esa ocasión íbamos a perdernos, además, uno o dos *innings*. Sin embargo, caí en la cuenta de que no estaba fastidiado. No proyectaba la culpa en algún conductor incompetente. Mantenía relajados el cuello y los hombros. No descargaba la irritación contra mi hijo. Pasamos el rato conversando. Comprendí que sólo quería pasar una alegre tarde con Jordan, presenciando un juego del que ambos disfrutábamos. La meta de la tarde era pasar un rato juntos. Si yo me hubiera molestado y enfurecido, la salida se habría estropeado.

Cuando miraba a mis hijos y a mi esposa, me preguntaba si habíamos estado juntos anteriormente. ¿Acaso habíamos elegido compartir las pruebas, las tragedias y las alegrías de esta vida? ¿Carecíamos de edad? Sentía hacia ellos un gran amor, una gran ternura. Comprendí que sus defectos eran cosas sin importancia. En realidad, no tienen tanta importancia.

El amor sí.

Hasta me descubrí pasando por alto mis propios defectos por los mismos motivos. No tenía por qué tratar de ser perfecto ni de controlarlo siempre todo. No tenía necesidad de impresionar a nadie.

Me alegraba mucho poder compartir esta experiencia con Carole. Con frecuencia conversábamos después de cenar, ordenando mis sentimientos y reacciones ante las sesiones con Catherine. Carole tiene una mente analítica y tiene una buena base de conocimientos. Conocía mi fuerte necesidad de realizar esa experiencia con Catherine de manera cuidadosa y científica; entonces desempeñaba el papel de abogado del diablo, para ayudarme a analizar la información con objetividad.

A medida que aumentaban las evidencias críticas de que Catherine estaba, en efecto, revelando grandes verdades, Carole sentía y compartía mis aprensiones y mis alegrías.

7

Una semana después, cuando Catherine llegó para su próxima sesión, yo estaba listo para poner la grabación del increíble diálogo mantenido en la anterior. Después de todo, ella me estaba proporcionando poesía celestial, además de recuerdos de vidas pasadas. Le dije que me había relatado informaciones de experiencias vividas después de la muerte, aunque no tuviera ningún recuerdo del estado intermedio o espiritual. Se mostró reacia a escuchar. Asombrosamente mejorada y más feliz, no necesitaba escuchar ese material. Además, todo eso era algo «fantasmagórico». La convencí de que escuchara: era maravilloso, bello, inspirador, y venía a través de ella. Quería compartirlo con Catherine. Escuchó su leve susurro grabado sólo algunos minutos; luego me pidió que lo apagara. Dijo que era demasiado extraño y que la hacía sentirse incómoda. Yo, callado, recordé: «Esto es para ti, no para ella.»

Me pregunté cuánto tiempo durarían estas sesiones, puesto que Catherine mejoraba semana a semana. Sólo quedaba alguna pequeña onda en su estanque antes turbulento. Aún tenía miedo de los lugares cerrados; su relación con Stuart seguía siendo inestable. Por lo demás, su progreso era notable.

Llevábamos meses sin mantener una sesión de psicoterapia tradicional. No era necesario. Solíamos charlar algunos minutos para ponernos al tanto de lo acontecido en la semana; después pasábamos directamente a la regresión hipnótica. Ya fuera por los recuerdos mismos de traumas importantes o de pequeños traumas cotidianos, ya por el proceso de revivir las experiencias, Catherine estaba casi curada. Sus fobias y sus ataques de pánico habían desaparecido casi por completo. No tenía miedo a la muerte ni a morir. No le asustaba la posibilidad de perder el control. En la actualidad, los psiquiatras utilizan grandes dosis de sedantes y antidepresivos para tratar a los pacientes afectados por síntomas como los de Catherine. Además de esos medicamentos, suelen someterlos a psicoterapia intensiva o a sesiones de terapia grupal sobre fobias. Muchos psiquiatras creen que ese tipo de síntomas tienen una base biológica, que hay deficiencias en uno o varios elementos químicos cerebrales.

Mientras hipnotizaba a Catherine para llevarla a un trance profundo, pensé en lo notable y maravilloso de que, en un período de varias semanas, sin emplear medicamentos, terapia tradicional ni terapia de grupo, estuviera casi curada. No se trataba sólo de suprimir los síntomas ni de apretar los dientes y aprender a vivir con los miedos. Eso era curación, ausencia de síntomas. Y ella estaba radiante, serena y feliz más allá de mis más descabelladas esperanzas.

Su voz volvió a ser un susurro delicado.

—Estoy en un edificio, algo con techo abovedado. La bóveda es azul y dorada. Hay otras personas conmigo. Visten... un viejo... una especie de hábito, muy viejo y sucio. No sé cómo hemos llegado ahí. Hay muchas figuras en la habitación. También hay estatuas, estatuas de pie en una estructura de piedra. En un extremo de la habitación hay una gran figura de oro. Parece... Es muy grande, con alas. Es muy mala. Hace calor en la habitación, mucho calor. Hace calor porque allí no hay aberturas. Tenemos que mantenernos lejos de la aldea. Tenemos algo muy malo.

—¿Estáis enfermos?

—Sí, todos estamos enfermos. No sé qué padecemos, pero se nos muere la piel. Se pone muy negra. Siento mucho frío. El aire es muy seco, muy viciado. No podemos volver a la aldea. Tenemos que permanecer lejos. Algunos tienen la cara deformada.

Esa enfermedad parecía terrible, como la lepra. Si Catherine había tenido alguna existencia llena de placeres, aún no habíamos dado con ella.

—¿Cuánto tiempo tenéis que pasar ahí?

—La eternidad —respondió, sombría—, hasta que muramos. Esto no tiene cura.

—¿Sabes el nombre de la enfermedad? ¿Cómo se llama?

—No. La piel se pone muy seca y se encoge. Hace años que estoy aquí. Otros acaban de llegar. No hay modo de volver. Hemos sido expulsados... para morir.

—Sufría una tristísima existencia; vivía en una cueva.

»Para alimentarnos tenemos que cazar. Veo una especie de animal salvaje que estamos cazando... con cuernos. Es pardo, con cuernos, grandes cuernos.

—¿Os visita alguien?

—No, no pueden acercarse o ellos mismos contraerán el mal. Hemos sido maldecidos... por algún daño que hemos hecho. Y éste es nuestro castigo. —Las arenas de su teología cambiaban sin cesar en el reloj de sus existencias. Solamente después de la muerte, en el estado espiritual, se presentaba una bienvenida y reconfortante constancia.

—¿Sabes qué año es ése?

—Hemos perdido la noción del tiempo. Estamos enfermos; nos limitamos a aguardar la muerte.

—¿No hay esperanza? —pregunté, contagiado por la desesperación.

—No hay esperanza. Todos moriremos. Y siento mucho dolor en las manos. Todo mi cuerpo está debilitado. Tengo muchos años. Me cuesta moverme.

—¿Qué ocurre cuando uno no puede moverse más?

—Lo llevan a otra cueva y lo dejan allí para que muera.

—¿Qué hacen con los muertos?

—Sellan la entrada de la cueva.

—¿Alguna vez se sella una cueva antes de que la persona haya muerto? —Yo buscaba una clave de su miedo a los sitios cerrados.

—No lo sé. Nunca he estado allí. Estoy en la habitación con otros. Hace mucho calor. Estoy contra la pared, tendida.

—¿Para qué sirve esa habitación?

—Para adorar... a muchos dioses. Es muy calurosa. —La hice avanzar en el tiempo.

»Veo algo blanco. Veo algo blanco, una especie de dosel. Están trasladando a alguien.

—¿Eres tú?

—No sé. Recibiré de buen grado la muerte. Me duele tanto el cuerpo...

Los labios de Catherine se tensaban por el dolor; el calor de la cueva la hacía jadear. La llevé hasta el día de su muerte. Aún jadeaba.

—¿Cuesta respirar? —pregunté.

—Sí, aquí dentro hace mucho calor... tanto calor, mucha oscuridad. No veo... y no puedo moverme.

Moría, paralizada y sola, en la cueva oscura y calurosa. La boca de la cueva ya estaba sellada. Se sentía asustada y desdichada. Su respiración se hizo más rápida e irregular. Misericordiosamente, murió, poniendo fin a esa angustiosa vida.

—Me siento muy liviana... como si estuviera flotando. Aquí hay mucha luz. Es maravilloso.

—¿Sientes olores?

—¡No!

Hizo una pausa. Quedé a la espera de los Maestros, pero ella fue rápidamente arrebatada.

—Caigo muy deprisa. ¡Vuelvo a un cuerpo!

Parecía tan sorprendida como yo.

—Veo edificios, edificios con columnas redondeadas. Hay muchos edificios. Estamos fuera. Hay árboles, olivos, en torno nuestro. Es muy bello. Estamos presenciando algo... La gente lleva máscaras muy curiosas, que les cubren la cara. Es alguna festividad. Visten largas túnicas y se cubren la cara con máscaras. Fingen ser lo que no son. Están en una plataforma... por encima de nuestros asientos.

—¿Estás presenciando una obra de teatro?

—Sí.

—¿Cómo eres? Mírate.

—Tengo el pelo castaño. Lo llevo trenzado.

Hizo una pausa. Su descripción de sí misma y la presencia de los olivos me recordaron esa vida de tipo griego, mil quinientos años antes de Cristo, en que yo había sido Diógenes, su maestro. Decidí investigar.

—¿Conoces la fecha?

—No.

—¿Te acompaña alguien que tú conozcas?

—Sí. Mi esposo está sentado junto a mí. No lo conozco (en su vida actual).

—¿Tienes hijos?

—Estoy encinta. —La elección del vocabulario era interesante, algo anticuado y en nada parecido al estilo consciente de Catherine.

—¿Está tu padre ahí?

—No lo veo. Tú estás presente... pero no conmigo. —Conque yo tenía razón: habíamos retrocedido treinta y cinco siglos.

—¿Qué hago ahí?

—Estás mirando, tan sólo... pero enseñas. Enseñas... Hemos aprendido de ti... cuadrados y círculos, cosas extrañas. Diógenes, eres tú ahí.

—¿Qué más sabes de mí?

—Eres anciano. Tenemos algún parentesco... Eres el hermano de mi madre.

—¿Conoces a otros de mi familia?
—Conozco a tu esposa... y a tus hijos. Tienes hijos varones. Dos de ellos son mayores que yo. Mi madre ha muerto. Murió muy joven.
—¿Y a ti te ha criado tu padre?
—Sí, pero ahora estoy casada.
—¿Y esperas un bebé?
—Sí. Tengo miedo. No quiero morir cuando nazca el niño.
—¿Eso es lo que le ocurrió a tu madre?
—Sí.
—¿Y tú temes que te pase lo mismo?
—Ocurre muchas veces.
—¿Es éste tu primer hijo?
—Sí. Estoy asustada. Será pronto. Estoy muy pesada. Me cuesta moverme... Hace frío.

Se había adelantado sola en el tiempo. El bebé estaba a punto de nacer. Catherine no había tenido hijos y yo no había asistido a ningún parto en los catorce años transcurridos desde mis prácticas de obstetricia en la escuela de medicina.

—¿Dónde estás? —pregunté.
—Tendida en algo de piedra. Hace mucho frío. Siento dolores... Alguien tiene que ayudarme. Alguien tiene que ayudarme. —Le indiqué que respirara profundamente; el bebé nacería sin dolor. Ella jadeaba y gruñía al mismo tiempo. El trabajo de parto duró varios minutos de tormento; por fin nació el niño. Tuvo una hija.

—¿Te sientes mejor ahora?
—Muy débil... ¡Mucha sangre!

—¿Sabes cómo se va a llamar la niña?

—No, estoy demasiado cansada... Quiero a mi bebé.

—Tu bebé está aquí —improvisé yo—; una niñita.

—Sí, mi esposo está complacido.

Se sentía exhausta. Le indiqué que durmiera un momento y que despertara repuesta. Al cabo de uno o dos minutos la desperté de la siesta.

—¿Te sientes mejor ahora?

—Sí... veo animales. Llevan algo en el lomo. Son cestos. En los cestos hay muchas cosas... comida... algunas frutas rojas...

—¿La región es bonita?

—Sí, con mucha comida.

—¿Sabes cómo se llama la región? ¿Cómo la llamáis cuando un forastero os pregunta el nombre de la aldea?

—Cathenia... Cathenia...

—Se diría que es una ciudad griega —sugerí.

—No sé. ¿Lo sabes tú? Tú has viajado lejos de la aldea y has regresado. Yo no.

Ésa era una novedad. Puesto que en esa vida yo era su tío, mayor y más sabio, ella me preguntaba si yo conocía la respuesta a mi propia pregunta. Por desgracia, yo no tenía acceso a esa información.

—¿Has pasado toda tu vida en la aldea?

—Sí —susurró—, pero tú viajas, para poder saber lo que enseñas. Viajas para aprender, para conocer la tierra... las diferentes rutas comerciales, para poder anotarlas y hacer mapas... Tú eres anciano. Vas con dos más jóvenes porque comprendes las cartas. Eres muy sabio.

—¿A qué cartas te refieres? ¿Cartas de las estrellas?

—Sí, tú comprendes los símbolos. Puedes ayudarlos a hacer... ayudarlos a hacer mapas.

—¿Reconoces a otras personas de la aldea?

—No los conozco... pero a ti sí.

—Bien. ¿Cómo son nuestras relaciones?

—Muy buenas. Tú eres muy bondadoso. Me gusta sentarme a tu lado, simplemente; es muy reconfortante... Nos has ayudado. Has ayudado a mis hermanas...

—Pero llega un momento en el que debo dejaros, puesto que soy viejo.

—No.

No estaba dispuesta a vérselas con mi muerte.

—Veo un pan, pan plano, muy plano y delgado.

—¿Hay gente que coma ese pan?

—Sí, mi padre, mi esposo y yo. Y otras personas de la aldea.

—¿A qué se debe?

—Es un... algún festival.

—¿Está tu padre ahí?

—Sí.

—¿Y tu bebé también?

—Sí, pero no conmigo. Está con mi hermana.

—Mira con atención a tu hermana —sugerí, buscando la identificación de alguna persona importante en la vida actual de Catherine.

—Sí, la conozco.

—¿Conoces a tu padre?

—Sí... sí... Edward. Hay higos, higos y aceitunas... y fruta roja. Hay pan aplanado. Y han matado algunas ovejas. Están asando las ovejas. —Hubo una larga pausa—. Veo algo blanco...

Una vez más había avanzado sola en el tiempo.

—Es blanco... es una caja cuadrada. Allí ponen a la gente cuando muere.

—¿Ha muerto alguien, entonces?

—Sí... mi padre. No quiero mirarlo. No me gusta mirarlo.

—¿Es preciso que mires?

—Sí. Se lo llevarán para enterrarlo. Estoy muy triste.

—Sí, lo sé. ¿Cuántos hijos tienes? —El periodista que había en mí no la dejaba en paz con su luto.

—Tengo tres: dos varones y una niña.

Después de responder a mi pregunta, obediente, volvió a su dolor.

—Han puesto su cuerpo bajo algo, bajo una cubierta... —Parecía muy triste.

—¿Yo también he muerto para entonces?

—No. Estamos tomando algunas uvas, uvas en copas.

—¿Cómo soy ahora?

—Muy, muy viejo.

—¿Te sientes ya mejor?

—¡No! Cuando mueras, me quedaré sola.

—¿Acaso has sobrevivido a tus hijos? Ellos cuidarán de ti.

—¡Pero tú sabes tanto! —Hablaba como una niñita.

—Lo superarás. Tú también sabes mucho. Estarás a salvo.

La reconforté; pareció descansar apaciblemente.

—¿Estás más en paz? ¿Dónde te encuentras ahora?
—No sé.

Al parecer, había cruzado al estado espiritual, aun sin haber experimentado su muerte en esa vida. Esa semana habíamos recorrido dos vidas en considerable detalle. Aguardé a los Maestros, pero Catherine continuó descansando. Al cabo de varios minutos más, le pregunté si podía hablar con los Espíritus Maestros.

—No he llegado a ese plano —explicó—. No puedo hablar mientras no llegue.

Nunca llegó a ese plano. Después de mucho esperar, la saqué de su trance.

8

Pasaron tres semanas antes de nuestra siguiente sesión. En mis vacaciones, tendido en una playa tropical, tuve el tiempo y la distancia necesarios para reflexionar sobre lo que había ocurrido con Catherine: regresión hipnótica a vidas pasadas, con observaciones detalladas y explicaciones de objetos, procesos y hechos de los que ella no tenía conocimiento en su vida normal y consciente; mejoría de sus síntomas mediante las regresiones, una mejoría que la psicoterapia corriente no había alcanzado, siquiera remotamente, en los primeros dieciocho meses de tratamiento; revelaciones escalofriantemente precisas del estado espiritual posterior a la muerte, en las que transmitía conocimientos a los que ella no tenía acceso; poesía espiritual y lecciones sobre las dimensiones posteriores a la muerte, sobre la vida y la muerte, el nacimiento y el renacimiento, dadas por Espíritus Maestros, que hablaban con una sabiduría y un estilo muy superiores a la capacidad de Catherine. Había mucho que analizar, en efecto.

En el curso de los años yo había tratado a muchos

cientos, tal vez a millares de pacientes psiquiátricos, que reflejaban todo el espectro de los trastornos emocionales. Había dirigido unidades de pacientes internos en cuatro grandes escuelas de medicina. Había pasado años en salas de urgencia psiquiátrica, en clínicas para pacientes externos y en diversos lugares, diagnosticando y tratando a pacientes externos. Lo sabía todo sobre las alucinaciones auditivas y visuales, sobre las engañosas ilusiones de la esquizofrenia. Había tratado a muchos pacientes con síntomas dudosos y trastornos de carácter histérico, incluyendo la escisión o las personalidades múltiples. Había sido profesor en abuso de alcohol y drogas en una institución, fundada por el Instituto Nacional de Abuso de Drogas, y estaba familiarizado con toda la gama de los efectos de las drogas sobre el cerebro.

Catherine no presentaba ninguno de esos síntomas o síndromes. Lo ocurrido no era una manifestación de enfermedad psiquiátrica. Ella no era psicópata (no estaba fuera de contacto con la realidad) ni había sufrido nunca alucinaciones (no oía ni veía cosas que en realidad no existieran) o ilusiones (falsas creencias).

No consumía drogas ni tenía rasgos sociopáticos. No tenía una personalidad histérica ni tendencias disociativas. Es decir, en general actuaba con conciencia de lo que hacía y pensaba; no funcionaba con el «piloto automático» y nunca había tenido personalidad escindida o múltiple. El material que producía estaba, con frecuencia, más allá de su capacidad consciente, tanto en estilo como en contenido. Una parte era especialmente psíquica, como las referencias a sucesos específicos de mi propio pasado (por ejemplo, los conocimientos sobre mi padre y mi hijo) así como del propio. Exhibía conocimientos a los que nunca había tenido acceso ni podía haber reunido en su vida presente. Esos conocimientos, así como la experiencia en sí, eran extraños a su cultura y a su educación, además de contrarios a muchas de sus creencias.

Catherine es una persona relativamente sencilla y honesta. No es una erudita; ella no pudo haber inventado los hechos, detalles, acontecimientos históricos, descripciones y elementos poéticos que llegaban a través de ella. Como psiquiatra y científico, yo estaba seguro de que el material se originaba en alguna porción de su mente inconsciente. Era real, sin lugar a dudas. Aunque Catherine hubiera sido una consumada actriz, no habría podido recrear esos hechos. El conocimiento era demasiado exacto y específico; estaba por encima de su capacidad.

Analicé el propósito terapéutico de explorar las vidas pasadas de Catherine. Una vez que hubimos tropezado con ese nuevo reino, su mejoría fue enormemente rápida, sin necesidad de medicación. Existe en ese reino una fuerza poderosamente curativa, una fuerza al parecer mucho más efectiva que la terapia normal o los medicamentos modernos. Esa fuerza incluye recordar y volver a vivir, no sólo grandes acontecimientos traumáticos, sino también los diarios ultrajes a nuestros cuerpos, mentes y egos. En mis preguntas, mientras investigábamos vidas, yo buscaba los patrones de esos insultos, patrones tales como el abuso emocional o físico crónico, la pobreza y el hambre, la enfermedad y la incapacidad, prejuicios y persecuciones persistentes, fracasos repetidos, etcétera. También me mantenía alerta a las tragedias más penetrantes, como una traumática experiencia de muerte, violaciones, catástrofes masivas y cualquier otro suceso horripilante que pudiera haber dejado una huella permanente. La técnica era similar a la de repasar una infancia en la terapia común, excepto que el marco cronológico era de varios milenios, en vez de reducirse a los diez o quince años habituales. Por lo tanto, mis preguntas eran más directas y más intencionadas que en una terapia común. Pero el éxito de nuestra poco ortodoxa exploración resultaba incuestionable. Ella (y otros que yo trataría más adelante con regresión hipnótica) se estaba curando con tremenda velocidad.

Pero ¿había otras explicaciones de los recuerdos que Catherine guardaba de vidas pasadas? ¿Era posible que esos recuerdos le fueran transmitidos por sus genes? Esa posibilidad es científicamente remota. La memoria genética requiere el paso ininterrumpido de material genético de generación en generación. Catherine vivió por toda la tierra y su linaje genético se interrumpió muchas veces. Murió en una inundación con su prole, también en la niñez, y también sin haber procreado. Su reserva genética terminó sin ser transmitida. ¿Y en cuanto a la supervivencia después de la muerte y el estado intermedio? No había cuerpo ni material genético, ciertamente; sin embargo, sus recuerdos continuaban. No, era menester descartar la explicación genética.

¿Cabía la idea de Jung sobre el inconsciente colectivo, almacén de toda la memoria y la experiencia humana, a la que ella podía estar recurriendo, de algún modo? Hay culturas divergentes que poseen, con frecuencia, símbolos similares, aun en sueños. Según Jung, el inconsciente colectivo no se adquiere personalmente, sino que se «hereda» de algún modo en la estructura cerebral. Incluye motivos e imágenes que surgen de nuevo en todas las culturas, sin necesidad de tradición histórica o propagación. Me parecía que los recuerdos de Catherine eran demasiado concretos para que el concepto de Jung les sirviera de explicación. Ella no revelaba símbolos, imágenes ni motivos universales, sino descripciones detalladas de personas y lugares determinados. Las ideas de Jung parecían demasiado vagas. Y aún quedaba por considerar el estado intermedio. En resumidas cuentas, la reencarnación era lo que tenía más sentido.

El conocimiento de Catherine no era sólo detallado y concreto, sino que estaba más allá de su capacidad consciente. Sabía de cosas que no había podido espigar de un libro para olvidarlas después pasajeramente. Sus conocimientos no podían haber sido adquiridos en la niñez y luego suprimidos o reprimidos de la conciencia de modo similar. ¿Y los Maestros y sus mensajes? Eso llegaba mediante Catherine, pero no de ella. Y su sabiduría se reflejaba también en los recuerdos que Catherine guardaba de sus vidas. Yo sabía que esa información y sus mensajes eran verdad. Lo sabía, no por mis muchos años de cuidadoso estudio de las personas, sus mentes, sus cerebros y personalidades, sino también por intuición, aun antes de la visita de mi padre y mi hijo. Mi cerebro, con todos sus años de cuidadoso estudio científico, lo sabía. Pero también tenía un fuerte presentimiento.

—Veo vasijas que contienen una especie de aceite. —Pese a la interrupción de tres semanas, Catherine había caído prontamente en un trance profundo. Estaba sumergida en otro cuerpo, en otra época.

»En las vasijas hay diferentes tipos de aceite. Eso parece una especie de depósito, un lugar para guardar cosas. Las vasijas son rojas... rojas, hechas con algún tipo de tierra colorada. Alrededor tienen bandas azules, bandas azules alrededor de la boca. Veo hombres ahí... hay hombres en la cueva. Están trasladando los jarros y las vasijas de un lado a otro, para acomodarlos y ponerlos en cierto lugar. Tienen la cabeza rapada... no tienen pelo en la cabeza. La piel es morena... piel morena.

—¿Estás tú ahí?

—Sí... Estoy sellando algunos de los jarros... con una especie de cera... sello la tapadera de los jarros con la cera.

—¿Sabes para qué se usan los aceites?

—No lo sé.

—¿Te ves a ti misma? Obsérvate. Dime cómo eres. —Hizo una pausa para observarse.

—Llevo trenza. Hay una trenza en mi pelo. Tengo una especie de... una prenda larga. Tiene un borde dorado alrededor.

—¿Trabajas para esos sacerdotes, para los hombres de cabeza rapada?

—Mi trabajo consiste en sellar los jarros con la cera. Ése es mi trabajo.

—Pero ¿no sabes para qué sirven los jarros?

—Parecen ser para algún rito religioso. Pero no sé con certeza... qué es. Hay un ungüento, algo en la cabeza... uno lo lleva en la cabeza y en las manos, las manos. Veo un pájaro, un pájaro de oro que me cuelga del cuello. Es plano. Tiene una cola plana, una cola muy plana, y la cabeza apunta hacia abajo... hacia mis pies.

—¿Hacia tus pies, Catherine?

—Sí, así es como se debe llevar. Hay una sustancia negra... negra y pegajosa. No sé qué es.

—¿Dónde está?

—En un recipiente de mármol. Ellos usan también eso, pero no sé para qué sirve.

—¿Hay algo en la cueva que puedas leer, para que me indiques el nombre del país, del lugar en donde vives o la fecha?

—En los muros no hay nada; están vacíos. No conozco el nombre.

La hice avanzar en el tiempo.

—Hay un frasco blanco, una especie de frasco blanco. El asa de la tapa es de oro; está como incrustada en oro.

—¿Qué contiene ese frasco?

—Una especie de ungüento. Tiene algo que ver con el paso al otro mundo.

—¿Eres tú la persona que va a pasar ahora?

—¡No! No es nadie que yo conozca.

—¿Éste también es tu trabajo? ¿Preparar a las personas para ese paso?

—No. Es el sacerdote quien debe hacer eso, no yo. Nosotros nos limitamos a suministrarle los ungüentos, el incienso...

—¿Qué edad pareces tener ahora?

—Dieciséis.

—¿Vives con tus padres?

—Sí, en una casa de piedra, una especie de vivienda de piedra. No es muy grande. Hace mucho calor. El clima es caliente y seco.

—Ve a tu casa.

—Estoy ahí.

—¿Ves a otras personas de tu familia?

—Veo a un hermano; también está ahí mi madre. Y un bebé, el bebé de alguien.

—¿Es tuyo ese bebé?

—No.

—¿Qué hay de importante ahora? Ve hacia algo importante, que explique tus síntomas en la vida actual. Necesitamos comprender. No hay riesgo en la experiencia. Ve hacia los hechos.

Ella respondió con un susurro muy suave.

—Todo a su tiempo... Veo morir a la gente.

—¿Gente que muere?

—Sí... no saben qué es.

—¿Una enfermedad?

De pronto caí en la cuenta de que ella tocaba nuevamente una vida antigua, a la que había regresado en otra oportunidad. En esa vida, una plaga transmitida por el agua había matado a su padre y a uno de sus hermanos. Catherine también había padecido la enfermedad, pero sin sucumbir a ella. La gente usaba ajo y otras hierbas para tratar de rechazar la plaga. Ella se había sentido muy inquieta porque no se embalsamaba debidamente a los muertos. Pero ahora nos enfrentábamos a esa vida desde un ángulo diferente.

—¿Tiene algo que ver con el agua?
—Eso creen. Son muchos los que mueren.
Yo conocía ya el final.
—Pero tú no mueres por eso.
—No, no muero.
—Pero enfermas mucho. Te sientes mal.
—Sí, tengo mucho frío... mucho frío. Necesito agua... agua. Creen que viene del agua... y algo negro... Alguien muere.
—¿Quién muere?
—Muere mi padre, y también un hermano. Mi madre está bien; se recobra. Está muy débil. Tienen que enterrar a la gente. Los entierran, y la gente se preocupa porque eso va contra las prácticas religiosas.
—¿Cuáles son esas prácticas?

Me maravillaba la concordancia de sus recuerdos, hecho por hecho, exactamente como había relatado esa vida varios meses antes. Una vez más, esa desviación de las costumbres funerarias normales la inquietaba mucho.

—Se ponía a la gente en cuevas. Los cadáveres eran conservados en cuevas. Pero antes debían ser preparados por los sacerdotes... Debían ser envueltos y untados con ungüento. Se los mantenía en cuevas, pero el país está inundado... dicen que el agua es mala. No bebáis el agua.

—¿Hay algún tratamiento? ¿Dio resultado algo?

—Se nos dieron hierbas, hierbas diferentes. Los olores... las hierbas y... percibo el olor. ¡Lo huelo!

—¿Reconoces el olor?

—Es blanco. Lo cuelgan del techo.

—¿Es como ajo?

—Está colgado alrededor... Las propiedades son similares, sí. Sus propiedades... se pone en la boca, en las orejas, en la nariz... El olor es fuerte. Se creía que impedía la entrada a los malos espíritus en el cuerpo. Fruta morada, o algo redondo con superficie morada, corteza morada...

—¿Reconoces la cultura en que estás? ¿Te parece familiar?

—No sé.

—Esa cosa purpúrea, ¿es una especie de fruta?

—Tanis.

—¿Te ayudará eso? ¿Es para la enfermedad?

—En ese tiempo, sí.

—Tanis —repetí, tratando, una vez más, de ver si se refería a lo que llamamos tanino o ácido tánico—. ¿Así se llama? ¿Tanis?

—Oigo... sigo oyendo «tanis».

—De esta vida, ¿qué ha quedado sepultado en tu vida actual? ¿Por qué vuelves una y otra vez aquí? ¿Qué te molesta tanto?

—La religión —susurró Catherine, de inmediato—, la religión de esa época. Era una religión de miedo... miedo. Había tantas cosas que temer... y tantos dioses...

—¿Recuerdas los nombres de algunos dioses? —dije.

—Veo ojos. Veo una cosa negra... una especie de... parece un chacal. Está en una estatua. Es una especie de guardián... Veo una mujer, una diosa, con una especie de toca.

—¿Sabes el nombre de la diosa?

—Osiris... Sirus... algo así. Veo un ojo... un ojo, sólo un ojo con una cadena. Es de oro.

—¿Un ojo?

—Sí... ¿Quién es Hathor?

—¿Qué?

—¡Hathor! ¡Quién es!

Nunca había oído hablar de Hathor, aunque sabía que Osiris, si la pronunciación era correcta, era el hermano-esposo de Isis, la principal deidad egipcia. Hathor, según supe después, era la diosa egipcia del amor, el regocijo y la alegría.

—¿Es uno de los dioses? —pregunté.

—¡Hathor, Hathor! —Hubo una larga pausa—. Pájaro... es plano... plano, un fénix...

Guardó silencio otra vez.

—Avanza ahora en el tiempo, hasta el último día de esa vida. Ve hasta tu último día, pero antes de morir. Dime qué ves.

Respondió con un susurro muy suave.

—Veo edificios y gentes. Veo sandalias, sandalias. Hay un paño rústico, una especie de paño rústico.

—¿Qué ocurre? Ve ahora al momento de tu muerte. ¿Qué te ocurre? Tú puedes verlo.

—No veo... no me veo más.

—¿Dónde estás? ¿Qué ves?

—Nada... sólo oscuridad... veo una luz, una luz cálida. —Ya había muerto, había pasado al estado espiritual. Al parecer, no necesitaba experimentar otra vez su muerte real.

—¿Puedes acercarte a la luz? —pregunté.

—Allá voy.

Descansaba apaciblemente, esperando otra vez.

—¿Puedes mirar ahora hacia atrás, hacia las lecciones de esa vida? ¿Tienes ya conciencia de ellas?

—No —susurró.

Continuaba esperando. De pronto se mostró alerta, aunque sus ojos permanecían cerrados, como ocurría siempre que estaba en trances hipnóticos. Movía la cabeza de un lado a otro.

—¿Qué ves ahora? ¿Qué está pasando?

Su voz era más potente.

—Siento... ¡alguien me habla!

—¿Qué te dicen?

—Hablan de la paciencia. Uno debe tener paciencia...

—Sí, continúa. —La respuesta provino inmediatamente del Maestro poeta.

—Paciencia y tiempo... todo llega a su debido tiempo. No se puede apresurar una vida, no se puede resolver según un plan, como tanta gente quiere. Debemos aceptar lo que nos sobreviene en un momento dado y no pedir más. Pero la vida es infinita;

jamás morimos; jamás nacimos, en realidad. Sólo pasamos por diferentes fases. No hay final. Los humanos tienen muchas dimensiones. Pero el tiempo no es como lo vemos, sino lecciones que hay que aprender.

Hubo una larga pausa. El Maestro poeta continuó.

—Todo te será aclarado a su debido tiempo. Pero necesitas una oportunidad para digerir el conocimiento que ya te hemos dado.

Catherine guardó silencio.

—¿Hay algo más que yo deba saber?

—Se han ido —me susurró—. Ya no oigo a nadie.

9

Semana a semana, nuevas capas de temores y ansiedades neuróticas se desprendían de Catherine. Semana a semana se la veía un poco más serena, un poco más suave y paciente. Tenía más confianza en sí misma y atraía a la gente. Daba más amor y los demás se lo devolvían. El diamante interior que era su verdadera personalidad brillaba, luminoso, a la vista de todos.

Las regresiones de Catherine abarcaban milenios. Cada vez que entraba en un trance hipnótico, yo no tenía idea alguna de dónde emergerían los hijos de sus vidas. Desde las cuevas prehistóricas hasta los tiempos modernos, pasando por el antiguo Egipto, ella había estado en todas partes. Y todas sus existencias habían sido amorosamente custodiadas por los Maestros, desde más allá del tiempo. En la sesión de ese día apareció; en el siglo XX, pero no como Catherine.

—Veo un fuselaje y una pista aérea, una especie de pista de aterrizaje —susurró suavemente.

—¿Sabes dónde estás?

—No veo... ¿alsaciana? —Luego, con más decisión—: Alsaciana.

—¿En Francia?

—No sé, sólo alsaciana... Veo el nombre Von Marks, Von Marks (ortografía fonética). Una especie de casco marrón o un gorro... un gorro con gafas. La tropa ha sido destruida. Parece ser una zona muy remota. No creo que haya una ciudad cercana.

—¿Qué ves?

—Veo edificios destruidos. Veo edificios... La tierra está destrozada por... los bombardeos. Es una zona muy bien oculta.

—¿Qué haces tú?

—Ayudo con los heridos. Se los están llevando.

—Obsérvate. Descríbete. Mira hacia abajo y dime qué ropa vistes.

—Llevo una especie de chaqueta. Pelo rubio. Ojos azules. Mi chaqueta está muy sucia. Hay mucha gente herida.

—¿Te han formado para que ayudes a los heridos?

—No.

—¿Vives ahí o te han llevado a ese sitio? ¿Dónde vives?

—No sé.

—¿Qué edad tienes?

—Treinta y cinco años.

Catherine tenía veintinueve; sus ojos no eran azules, sino color avellana. Continué con el interrogatorio.

—¿No tienes nombre? ¿No está en la chaqueta?

—En la chaqueta hay unas alas. Soy piloto... algún tipo de piloto.
—¿Pilotas aviones?
—Sí, tengo que hacerlo.
—¿Quién te obliga a volar?
—Estoy de servicio y debo volar. Es mi trabajo.
—¿También dejas caer las bombas?
—En el avión tenemos un artillero. Hay un navegante.
—¿Qué tipo de aviones pilotas?
—Una especie de helicóptero. Tiene cuatro hélices. Es un ala fija.

Eso me llamó la atención, pues Catherine no sabía nada de aviones. Me pregunté qué entendería por «ala fija». Pero en la hipnosis poseía amplios conocimientos, como la técnica para hacer mantequilla o para embalsamar cadáveres. Sin embargo, sólo una fracción de esos conocimientos le era accesible a su mente consciente y cotidiana. Insistí.

—¿Tienes familia?
—No está conmigo.
—Pero ¿ellos están a salvo?
—No sé. Tengo miedo... miedo de que vuelvan. ¡Mis amigos están muriendo!
—Tienes miedo de que vuelvan, ¿quiénes?
—Los enemigos.
—¿Quiénes son?
—Los ingleses... las Fuerzas Armadas americanas... los ingleses.
—Sí. ¿Recuerdas a tu familia?
—¿Si la recuerdo? Hay demasiada confusión.

—Retrocedamos en la misma vida a un momento feliz, antes de la guerra, por la época en que estabas en tu hogar, con tu familia. Puedes verlo. Sé que es difícil, pero quiero que te relajes. Trata de recordar.

Catherine hizo una pausa. Luego susurró:

—Oigo el nombre de Eric... Eric. Veo una criatura rubia, una niña.

—¿Es hija tuya?

—Sí, ha de serlo... Margot.

—¿Está cerca?

—Está conmigo. Estamos de picnic. El día es hermoso.

—¿Hay alguien más ahí? ¿Además de Margot?

—Veo una mujer de pelo castaño, sentada en la hierba.

—¿Es tu esposa?

—Sí..., no la conozco —agregó, refiriéndose a las personas que conocía en su vida actual.

—¿Conoces a Margot? Observa mejor a Margot. ¿La conoces?

—Sí, pero no estoy segura... La conocí en alguna parte...

—Ya lo recordarás. Mírala a los ojos.

—Es Judy —respondió.

En la actualidad, Judy era su mejor amiga. Se habían entendido desde el primer momento, entablando una sincera amistad; cada una confiaba sin reservas en la otra; se adivinaban los pensamientos y las necesidades antes de expresarlos verbalmente.

—¿Judy? —repetí.

—Judy, sí. Se parece a ella... sonríe como ella.

—Sí, qué bien. ¿Eres feliz en tu hogar o hay problemas?

—No hay problemas. (Larga pausa.) Sí. Sí, es una época de disturbios. Hay un profundo problema en el gobierno alemán, la estructura política. Hay demasiada gente que quiere avanzar en demasiadas direcciones. Eso, con el tiempo, nos hará pedazos... Pero debo combatir por mi país.

—¿Amas mucho a tu país?

—No me gusta la guerra. Creo que matar está mal, pero debo cumplir con mi deber.

—Ahora vuelve, vuelve a donde estabas antes, al avión en tierra, los bombardeos, la guerra. Es más adelante; la guerra ya ha empezado. Ingleses y americanos están tirando bombas cerca de ti. Regresa. ¿Ves otra vez el avión?

—Sí.

—¿Aún sientes lo mismo sobre el deber, la guerra y matar?

—Sí. Moriremos por nada.

—¿Qué?

—Que moriremos por nada —repitió, con un susurro más alto.

—¿Por nada? ¿Por qué por nada? ¿No hay gloria en eso? ¿No es por defender a tu patria ni a tus seres amados?

—Moriremos por defender las ideas de unas cuantas personas.

—¿Aunque sean los líderes de tu país? Pueden equivocarse...

Me interrumpió con prontitud:

—No son los líderes. Si fueran líderes, no habría tanto forcejeo interno... en el gobierno.

—Algunos dicen que están locos. ¿Te parece cierto eso? ¿Están locos por el poder?

—Todos debemos de estar locos para dejarnos manejar por ellos, para permitir que nos impulsen... a matar. Y a matarnos.

—¿Te queda algún amigo?

—Sí, aún quedan algunos con vida.

—¿Hay alguien con quien tengas una amistad especial? ¿Entre los tripulantes de tu avión? Tu artillero y tu navegante, ¿viven aún?

—No los veo, pero mi avión no lo han destruido.

—¿Vuelves a pilotar el avión?

—Sí. Tenemos que darnos prisa para despegar con lo que queda del avión... antes de que regresen.

—Sube a tu avión.

—No quiero ir. —Parecía querer negociar conmigo.

—Pero tienes que despegar.

—Es tan inútil...

—¿Qué tipo de profesión tenías antes de la guerra? ¿Lo recuerdas? ¿Qué hacía Eric?

—Era segundo piloto... de un pequeño avión, un avión de carga.

—¿También eras piloto entonces?

—Sí.

—¿Y pasabas mucho tiempo fuera de casa?

Respondió con mucha suavidad, con melancolía:

—Sí.

—Adelántate en el tiempo —le indiqué—, hasta el próximo vuelo. ¿Puedes hacerlo?

—No hay próximo vuelo.
—¿Te ocurre algo?
—Sí.

Su respiración era acelerada; empezaba a agitarse. Se había adelantado hasta el día de su muerte.

—¿Qué ocurre?
—Huyo del fuego. El fuego está destrozando a mi grupo.
—¿Sobrevives a eso?
—Nadie sobrevive... nadie sobrevive a una guerra. ¡Me estoy muriendo! —Su respiración era trabajosa—. ¡Sangre! ¡Hay sangre por todas partes! Me duele el pecho. Me han herido en el pecho... y la pierna... y el cuello. Me duele mucho.

Estaba en agonía, pero pronto su respiración se hizo más lenta y más regular; sus músculos faciales se relajaron y adquirió un aspecto de paz. Reconocí la calma del estado de transición.

—Se te ve más cómoda. ¿Ha pasado?

Hizo una pausa, antes de responder con mucha suavidad:

—Estoy flotando... apartándome de mi cuerpo. No tengo cuerpo. Estoy nuevamente en espíritu.
—Bien. Descansa. Has llevado una vida difícil. Has pasado por una muerte difícil. Necesitas descansar. Reponerte. ¿Qué aprendiste en esa vida?
—Aprendí cosas sobre el odio... las matanzas insensatas... el odio mal dirigido... la gente que odia sin saber por qué. Se nos impulsa a eso... nos impulsa el mal, cuando nos encontramos en estado físico...
—¿Hay una obligación más elevada que la obli-

gación para con el país? ¿Algo que hubiera podido impedir que tú mataras? ¿Pese a las órdenes? ¿Alguna obligación para contigo misma?

—Sí...

Pero no dio detalles.

—¿Ahora esperas algo?

—Sí... Espero ir a un estado de renovación. Tengo que esperar. Vendrán por mí... vendrán...

—Bien. Cuando vengan, me gustaría hablar con ellos.

Aguardamos varios minutos más. Luego, de forma abrupta, su voz sonó potente y grave. Hablaba el primero de los Espíritus Maestros, no el poeta.

—Tenías razón al suponer que éste era el tratamiento correcto para quienes están en un plano físico. Debes erradicar los miedos de sus mentes. El miedo es un derroche de energía; impide a las personas cumplir con aquello para lo cual fueron enviados. Guíate por lo que te rodea. Primero es preciso llevarlos a un nivel muy profundo... donde ya no puedan sentir el cuerpo. Allí podrás llegar a ellos. Es únicamente en la superficie... donde yacen los problemas. Muy dentro del alma, donde se crean las ideas, allí es donde hay que ir a buscarlos.

»Energía... todo es energía. Se malgasta tanta... Las montañas... Dentro de la montaña hay quietud; el centro es sereno. Pero es afuera donde está el problema. Los humanos sólo pueden ver el exterior, pero se puede ir mucho más adentro. Hay que ver el volcán. Para eso es preciso ir muy adentro.

»Estar en el estado físico es algo anormal. Cuando se está en el plano espiritual, eso nos resulta natural. Cuando se nos envía de regreso es como ser enviados otra vez a algo que no conocemos. Nos llevará más tiempo. En el mundo espiritual es preciso esperar; luego somos renovados. Hay un estado de renovación. Es una dimensión, como las otras, y tú has logrado casi llegar a ese estado...

Eso me pilló por sorpresa. ¿Cómo era posible que yo estuviera acercándome al estado de renovación?

—¿Que casi he llegado? —repetí, incrédulo.

—Sí. Sabes mucho más que los otros. Comprendes mucho más. Ten paciencia con ellos. No tienen el conocimiento que tú posees. Serán enviados espíritus en su ayuda. Pero lo que tú estás haciendo es correcto... continúa. Esta energía no debe ser malgastada. Debe liberarse del temor. Será la mayor de tus armas.

El Espíritu Maestro guardó silencio. Reflexioné sobre el significado de ese increíble mensaje. Sabía que yo estaba teniendo éxito en liberar a Catherine de sus miedos, pero ese mensaje tenía un significado más global. No se trataba de una mera confirmación de que la hipnosis era efectiva como instrumento terapéutico. Implicaba aún más que las regresiones a vidas pasadas, cosa que resultaría difícil de aplicar a la población en general, de uno en uno. No: me pareció que se refería al miedo a la muerte, el miedo muy oculto dentro del volcán. El miedo a la muerte, ese temor escondido y constante que ni el dinero o el poder pueden neutralizar: ése es el centro.

Pero si la gente supiera que «la vida es infinita; que jamás morimos; que nunca nacimos, en realidad», entonces ese miedo desaparecería. Si todos supieran que han vivido antes incontables veces y que volverán a vivir otras tantas, ¡cuánto más reconfortados se sentirían! Si supieran que hay espíritus a su alrededor, cuando se encuentran en estado físico; que después de la muerte, en estado espiritual, se reunirán con esos espíritus, incluidos los de sus muertos amados, ¡cuánto sería el consuelo! Si supieran que los «ángeles de la guarda» existen, en realidad, ¡cuánto más seguros se sentirían! Si supieran que los actos de violencia y de injusticia no pasan desapercibidos, sino que deben ser pagados con la misma moneda en otras vidas, ¡cuánto menor sería el deseo de venganza! Y si de verdad «por el conocimiento nos aproximamos a Dios», ¿de qué sirven las posesiones materiales y el poder, cuando son un fin en sí y no un medio para ese acercamiento? La codicia y el ansia de poder no tienen ningún valor.

Pero ¿cómo llegar a la gente con ese conocimiento? Casi todos recitan plegarias en sus iglesias, en las sinagogas, mezquitas o templos, plegarias que proclaman la inmortalidad del alma. Sin embargo, terminados los ritos del culto vuelven a sus caminos competitivos, a practicar la codicia, la manipulación y el egocentrismo. Estos rasgos retrasan el progreso del alma. Por lo tanto, si la fe no basta, quizá la ciencia ayude. Tal vez experiencias como la de Catherine conmigo deban ser estudiadas, analizadas y descritas de manera objetiva y científica por personas preparadas en ciencias físicas y conductistas. Sin embargo, por entonces nada estaba tan lejos de mi mente como la idea de redactar un artículo científico o un libro, posibilidad remota y muy improbable. Pensé en los espíritus que serían enviados para ayudarme. ¿Ayudarme a qué?

Catherine se movió y empezó a susurrar.

—Alguien llamado Gideon, alguien llamado Gideon... Gideon. Trata de hablar conmigo.

—¿Qué dice?

—Está por todo por todas partes. No se detiene. Es una especie de ángel custodio... algo así. Pero ahora está jugando conmigo.

—¿Es uno de tus ángeles de la guarda?

—Sí, pero está jugando... se limita a saltar a mi alrededor. Creo que quiere darme a entender que está a mi alrededor... por todas partes.

—¿Gideon? —repetí.

—Aquí está.

—¿Y te hace sentir más segura?

—Sí. Volverá cuando yo lo necesite.

—Bien. ¿Hay espíritus alrededor de nosotros?

Respondió con un susurro, desde la perspectiva de su mente supraconsciente.

—Oh, sí... muchos espíritus. Sólo vienen cuando así lo desean. Vienen... cuando lo desean. Todos somos espíritus. Pero otros... algunos se encuentran en estado físico; otros, en un período de renovación. Y otros son guardianes. Pero todos vamos allá. Nosotros también hemos sido guardianes.

—¿Por qué volvemos para aprender? ¿Por qué no aprendemos como espíritus?

—Son diferentes niveles de aprendizaje; algunos

tienen que aprenderse en la carne. Tenemos que sentir el dolor. Cuando se es espíritu no se experimenta dolor. Es un período de renovación. El alma se renueva. Cuando se está en la carne se puede sentir el dolor, se sufre. En forma espiritual no se siente. Sólo hay felicidad, una sensación de bienestar. Pero es un período de renovación para... nosotros. La interacción entre las personas, en forma espiritual, es diferente. Cuando se está en el estado físico... se pueden experimentar las relaciones.

—Comprendo. Todo saldrá bien.

Ella había vuelto a quedar en silencio. Pasaron algunos minutos.

—Veo un coche —comenzó—, un coche azul.

—¿Un cochecito de bebé?

—No, un carruaje... ¡Algo azul! Una orla azul arriba, azul por fuera...

—¿Es un carruaje tirado por caballos?

—Tiene ruedas grandes. No veo a nadie en él; sólo dos caballos enganchados... uno gris y otro castaño. El caballo se llama Manzana, el gris, porque le gustan las manzanas. El otro es Duque. Son muy buenos. No muerden. Tienen patas grandes... patas grandes.

—¿Hay también un caballo malo? ¿Un caballo distinto?

—No, son muy buenos.

—¿Tú estás ahí?

—Sí. Le veo el hocico. Es mucho más grande que yo.

—¿Estás en el carruaje? —Por la naturaleza de sus respuestas yo había comprendido que ella era una criatura.

—Hay caballos. También hay un niño.

—¿Qué edad tienes?

—Soy muy pequeña. No sé. Creo que no sé contar.

—¿Conoces al niño? ¿Es tu amigo, tu hermano?

—Es un vecino. Ha venido a... una fiesta. Hay... una boda o algo así.

—¿Sabes quién se casa?

—No. Nos dijeron que no nos ensuciáramos. Tengo pelo castaño... y zapatos que se abotonan por un lado, hasta arriba.

—¿Son tus ropas de fiesta? ¿Ropas finas?

—Es blanco... una especie de vestido blanco con un... con algo lleno de volantes y se ata por atrás.

—Tu casa ¿está cerca?

—Es una casa grande —respondió la niña.

—¿Es ahí donde vives?

—Sí.

—Bien. Ahora puedes mirar dentro de la casa; es correcto. Se trata de un día importante. Habrá gente bien vestida, con ropa especial.

—Están preparando comida, muchísima comida.

—¿La hueles?

—Sí. Están haciendo una especie de pan. Pan... carne... Nos dicen que volvamos a salir.

Eso me divirtió. Yo le había dicho que podía entrar sin problemas y alguien le ordenaba que volviera a salir.

—¿Te llaman por tu nombre?

—Mandy... Mandy y Edward.

—¿Edward es el niño?

—Sí.

—¿Y no os dejan entrar en la casa?

—No. Están muy ocupados.

—¿Y qué pensáis al respecto?

—No nos importa. Pero lo difícil es no ensuciarse. No podemos hacer nada.

—¿Vas a la boda? ¿Más tarde?

—Sí... veo a mucha gente. El salón está atestado. Hace calor, mucho calor. Allí hay un párroco; ha venido el párroco... con un sombrero raro... grande... negro. Le sobresale mucho sobre la cara... mucho.

—¿Es un momento feliz para tu familia?

—Sí.

—¿Sabes quién se casa?

—Mi hermana.

—¿Es mucho mayor que tú?

—Sí.

—¿La ves ahora? ¿Tiene puesto el vestido de novia?

—Sí.

—¿Y es bonita?

—Sí, muy bonita. Lleva muchas flores alrededor del pelo.

—Mírala bien. ¿La conoces de algún otro lugar? Mírale los ojos, la boca...

—Sí. Creo que es Becky... pero más pequeña, mucho más pequeña...

Becky era amiga y compañera de trabajo de Catherine. Aunque íntimas, a Catherine le molestaba la actitud crítica de Becky y el hecho de que se entrometiera en su vida y en sus decisiones. Después de todo, eran amigas y no parientes. Pero tal vez la diferencia ya no estuviera tan clara.

—Me... me tiene cariño... y por eso puedo estar bastante cerca de ella en la ceremonia.

—Bien. Mira a tu alrededor. ¿Están ahí tus padres?

—Sí.

—¿Ellos también te tienen cariño?

—Sí.

—Qué bien. Míralos bien. Primero, a tu madre. Tal vez la recuerdes. Mírale la cara.

Catherine inspiró muy profundamente varias veces.

—No la conozco.

—Mira a tu padre. Obsérvalo bien. Su expresión, sus ojos... también la boca. ¿Lo conoces?

—Es Stuart —respondió de inmediato.

Conque Stuart acababa de aparecer, una vez más. Eso valía la pena examinarlo mejor.

—¿Qué relaciones tienes con él?

—Lo quiero mucho... me trata muy bien. Pero opina que soy un fastidio. Piensa que los niños son un fastidio.

—¿Es demasiado serio?

—No; le gusta jugar con nosotros. Pero hacemos demasiadas preguntas. Pero es muy bueno con nosotros, salvo cuando hacemos demasiadas preguntas.

—¿Eso lo enfada algunas veces?

—Sí. Debemos aprender del maestro, no de él. Para eso vamos a la escuela: para aprender.

—Esas palabras parecen de él. ¿Te dice él eso?

—Sí, tiene cosas más importantes que hacer. Tiene que administrar la finca.

—¿Es una finca grande?
—Sí.
—¿Sabes dónde está?
—No.
—¿Nunca mencionan la ciudad o el estado? ¿El nombre de la ciudad?

Ella hizo una pausa para escuchar con atención.
—No oigo eso.

Y volvió a guardar silencio.
—Bien, ¿quieres explorar más en esta vida? ¿Adelantarte en el tiempo? ¿O con esto...?

Me interrumpió:
—Basta.

Durante todo este proceso con Catherine, yo me había mostrado reacio a analizar sus revelaciones con otros profesionales. En realidad, exceptuando a Carole y a otros pocos con quienes me sentía «a salvo», no había compartido esta notable información con nadie. Sabía que el conocimiento proveniente de nuestras sesiones era verdadero y muy importante, pero me preocupaban las posibles reacciones de mis colegas profesionales y científicos; por eso guardaba silencio.

Aún me preocupaba por mi reputación, mi carrera y la opinión ajena.

Mi escepticismo personal se había ido mermando con las pruebas que recibía de labios de Catherine, semana tras semana. Con frecuencia volvía a escuchar las grabaciones y a experimentar nuevamente las sesiones, con todo su dramatismo y su fuerza directa. Pero los otros tendrían que confiar en mis experiencias; aunque intensas no serían con todo las suyas. Me sentía obligado a reunir aún más datos.

A medida que gradualmente aceptaba y daba crédito a los mensajes, mi vida se iba volviendo más simple y satisfactoria. Ya no había necesidad de fingir, desempeñar papeles ni ser otra cosa que yo mismo. Las relaciones se tornaron más francas y directas. La vida familiar era menos confusa, más descansada. La renuencia a compartir la sabiduría que me había sido dada a través de Catherine iba disminuyendo. Me sorprendió descubrir que casi todo el mundo se mostraba muy interesado y quería saber más. Muchos me hablaron de sus privadísimas experiencias de hechos parapsíquicos, ya fueran percepciones extrasensoriales, cosas vividas anteriormente, abandonos del cuerpo, sueños de vidas anteriores u otras cosas. Muchos no se habían atrevido a revelar esas experiencias ni a sus mismos cónyuges. Imperaba un miedo casi uniforme a que, al compartir sus experiencias, los otros los consideraran extraños, aun sus propios familiares.

Sin embargo, esos sucesos parapsíquicos son bastante comunes, más frecuentes de lo que la gente cree. Es sólo la renuencia a revelar los fenómenos psíquicos a otros lo que les hace parecer raros. Y los más instruidos son los más renuentes a compartirlos.

El respetado presidente de un gran departamento clínico de mi hospital cuenta con la admiración internacional por su experiencia; él habla con su padre fallecido, que varias veces lo ha protegido de peligros graves. Otro profesor tiene sueños que le proporcionan los pasos que faltan o las soluciones para sus complejos experimentos de investigación; los sueños nunca se equivocan. Otro doctor, muy conocido, suele saber quién lo llama por teléfono antes de levantar el auricular. La esposa del presidente de psiquiatría de una universidad del Medio Oeste es doctora en psicología; sus proyectos de investigación están siempre cuidadosamente planeados y ejecutados; nunca ha revelado a nadie que, cuando visitó Roma por primera vez, caminaba por la ciudad como si tuviera un mapa impreso en la memoria. Sabía, sin un fallo, lo que había a la vuelta de cada esquina. Aunque nunca había estado en Italia ni conocía el idioma, los italianos se dirigían a ella invariablemente en el idioma del país, confundiéndola con una compatriota. Su mente luchaba por asimilar esas experiencias vividas en Roma.

Comprendí por qué esos profesionales, tan bien preparados, mantenían sus experiencias en secreto. Yo era uno de ellos. No podíamos rechazar nuestras propias experiencias, los datos de nuestros sentidos. Sin embargo, nuestros estudios se oponían diametralmente, en muchos aspectos, a la información, las experiencias y las creencias que habíamos acumulado. Por eso guardábamos silencio.

10

Las semanas pasaron rápidamente. Yo había escuchado una y otra vez la grabación de la última entrevista. ¿De qué modo me aproximaba al estado de renovación? No me sentía especialmente iluminado. Y ahora vendrían espíritus a ayudarme. Pero ¿qué debía hacer yo?, ¿cuándo lo sabría?, ¿estaría en condiciones de ejecutar la tarea? Sabía que era preciso esperar con paciencia. Recordaba las palabras del Maestro poeta.

«Paciencia y tiempo... todo llega a su debido tiempo. Todo te será claro a su debido tiempo. Pero necesitas una oportunidad para digerir el conocimiento que ya te hemos dado.» Por lo tanto, esperaría.

Al comenzar esa sesión, Catherine relató un fragmento de cierto sueño que había tenido varias noches antes. En el sueño vivía en la casa de sus padres; durante la noche se había declarado un incendio. Ella dominaba la situación y ayudaba a evacuar la casa, pero su padre perdía el tiempo, al parecer indiferente a la urgencia de la situación. Ella lo hizo salir de prisa. Entonces el padre recordó que había dejado algo en la casa e hizo que Catherine volviera al atroz incendio para recuperar ese objeto. Ella no recordaba qué era. Decidí no interpretar aún el sueño; esperaríamos para ver si surgía la oportunidad mientras ella estuviera hipnotizada.

Entró rápidamente en un profundo trance hipnótico.

—Veo una mujer, con una capucha sobre la cabeza; no le cubre la cara, sólo el pelo.

Luego guardó silencio.

—¿Sigues viendo eso? ¿La capucha?

—La he perdido. Veo una tela negra, una especie de brocado, con dibujos dorados... Veo un edificio con algún tipo de puntos estructurales... blancos.

—¿Reconoces el edificio?

—No.

—¿Es grande?

—No. En el fondo hay una montaña, con un poco de nieve en la cima. Pero en el valle la hierba es verde... allí donde estamos.

—¿Puedes entrar en el edificio?

—Sí. Está hecho de cierta clase de mármol... muy frío al tacto.

—¿Es un templo, un edificio religioso?

—No sé. Me ha parecido que podía ser una prisión.

—¿Una prisión? —repetí—. ¿Hay personas en el edificio? ¿A su alrededor?

—Sí, algunos soldados. Llevan uniformes negros, negros con charreteras doradas... y borlas doradas que cuelgan. Cascos negros, con algo dorado... algo puntiagudo y dorado arriba... del casco. Y un fajín rojo, un fajín rojo alrededor de la cintura.

—¿Hay soldados a tu alrededor?

—Dos o tres, quizá.

—¿Estás tú ahí?

—Estoy en alguna parte, pero no en el edificio. Pero estoy cerca.

—Mira a tu alrededor. Trata de hallarte. Ahí están las montañas, la hierba... y el edificio blanco. ¿Hay además algún otro edificio?

—Si hay otros edificios, no están cerca de éste. Veo uno... aislado, con una especie de muralla construida detrás... una muralla.

—¿Crees que se trata de una fortaleza, una prisión o algo parecido?

—Podría ser, pero... está muy aislado.

—¿Por qué te parece importante? (Larga pausa.) ¿Conoces el nombre de la ciudad o del país donde estás? ¿Donde están los soldados?

—Veo constantemente «Ucrania».

—¿Ucrania? —repetí, fascinado por la diversidad de sus vidas—. ¿No ves el año? ¿No te viene eso a la mente? ¿O la época?

—Mil setecientos diecisiete —respondió ella vacilante. Luego se corrigió—: 1758... 58. Hay muchos soldados. No sé qué propósito llevan. Con largas espadas que se curvan.

—¿Qué más puedes ver u oír? —pregunté.

—Veo una fuente, una fuente en donde abrevan los caballos.

—Los soldados ¿van a caballo?

—Sí.

—¿Se los conoce por algún otro nombre? ¿Se dan a sí mismos algún título especial?

Ella escuchó.

—No oigo nada de eso.

—¿Estás tú entre ellos?

—No. —Sus respuestas eran otra vez las de una criatura: breves, con frecuencia monosilábicas. Eso me exigía interrogarla de modo activo.

—Pero ¿los ves a poca distancia?

—Sí.

—¿Estás en la ciudad?

—Sí.

—¿Vives allí?

—Eso creo.

—Bien. Trata de hallarte, de descubrir dónde vives.

—Veo ropas muy andrajosas. Veo sólo una criatura, un niño. Sus ropas están harapientas. Tiene frío...

—¿Su hogar está en la ciudad?

Hubo una larga pausa.

—No veo eso —continuó Catherine. Parecía tener cierta dificultad para conectar con esa vida. Se mostraba algo vaga en sus respuestas, algo insegura.

—Bien. ¿Sabes el nombre del niño?

—No.

—¿Qué le ocurre al niño? Ve con él y observa qué ocurre.

—Un conocido suyo está prisionero.

—¿Un amigo, un pariente?

—Creo que es su padre.

Las respuestas seguían siendo breves.

—¿Eres tú el niño?

—No estoy segura.

—¿Sabes qué siente él por el hecho de que su padre esté en prisión?

—Sí... tiene mucho miedo, miedo de que lo maten.

—¿Qué ha hecho su padre?

—Ha robado algo a los soldados, algunos papeles, algo así.

—¿El niño no comprende del todo?

—No. Tal vez nunca vuelva a ver a su padre.

—¿Puede ver a su padre, siquiera?

—No.

—¿Se sabe cuánto tiempo estará el padre en la cárcel? ¿O si sobrevivirá?

—¡No! —respondió Catherine.

Le temblaba la voz. Estaba muy alterada, muy triste. No estaba proporcionando muchos detalles, pero la agitaban visiblemente los hechos que presenciaba y experimentaba.

—Tú puedes sentir lo que siente el niño —proseguí—, ese miedo, esa ansiedad. ¿Los sientes?

—Sí.

Una vez más guardó silencio.

—¿Qué ocurre? Ahora adelántate en el tiempo. Sé que es difícil, pero adelántate. Algo ocurre.

—Su padre es ejecutado.

—¿Qué siente el niño ahora?

—Fue por algo que él nunca hizo. Pero se ejecuta a la gente sin motivo alguno.

—El niño ha de estar muy afligido por esto.
—No creo que comprenda del todo... lo que ha pasado.
—¿Tiene otras personas a quienes recurrir?
—Sí, pero su vida será muy dura.
—¿Qué es del niño?
—No sé. Probablemente muera.

Se la oía muy triste. Quedó en silencio otra vez; luego pareció mirar a su alrededor.

—¿Qué ves, Catherine?
—Veo una mano... una mano que se cierra en torno de algo... blanco. No sé qué es...

Guardó silencio otra vez. Pasaron algunos minutos.

—¿Qué más ves? —pregunté.
—Nada... oscuridad.

Había muerto o, de algún modo, se había desconectado del niño triste que vivió en Ucrania, más de doscientos años antes.

—¿Has abandonado al niño?
—Sí —susurró ella. Estaba descansando.
—¿Qué aprendiste en esa vida? ¿Por qué fue importante?
—No se puede juzgar apresuradamente a nadie. Es preciso ser justo. Muchas vidas se han arruinado por juzgar apresuradamente.
—La vida del niño fue breve y dura por ese juicio... contra su padre.
—Sí. —Calló otra vez.
—¿Ves algo ahora? ¿Oyes algo?
—No.

— 148 —

Una vez más se hizo el silencio tras esa breve respuesta. Por alguna razón, esa corta vida había sido especialmente horrible. Le di indicaciones de descansar.

—Descansa. Siéntete en paz. Tu cuerpo se está curando; tu alma ahora descansa. ¿Te sientes mejor? ¿Descansada? Fue difícil para el niño, muy difícil. Pero ahora descansas otra vez. La mente puede llevarte a muchos otros sitios, a otros tiempos... a otros recuerdos. ¿Estás descansando?

—Sí.

Decidí analizar el fragmento de sueño con respecto a la casa incendiada, la despreocupada actitud de su padre y el hecho de que la enviara nuevamente a la conflagración en busca de alguna pertenencia suya.

—Ahora quiero hacerte una pregunta sobre el sueño que has tenido... con respecto a tu padre. Ya puedes recordarlo; no hay peligro. Estás en trance profundo. ¿Lo recuerdas?

—Sí.

—Tú entraste en la casa en busca de algo. ¿Recuerdas eso?

—Sí..., era una caja de metal.

—¿Qué contenía que él deseara tanto como para hacerte volver a una casa en llamas?

—Sus sellos y las monedas... que colecciona —respondió.

Su detallada rememoración del sueño bajo hipnosis contrastaba significativamente con la somera descripción en estado consciente. La hipnosis es un instrumento poderoso, no sólo para proporcionar acceso a las zonas más remotas y ocultas de la mente, sino también para permitir una memoria mucho más detallada.

—Esos sellos y esas monedas ¿eran muy importantes para él?

—Sí.

—Pero hacer que tú arriesgaras la vida volviendo a una casa incendiada sólo por unos sellos y monedas...

Ella me interrumpió.

—Él no creía que hubiera riesgo.

—¿Le parecía que no corrías peligro?

—Sí.

—En ese caso, ¿por qué no volvió él en vez de enviarte a ti?

—Porque pensó que yo podía ir más deprisa.

—Comprendo. Pero ¿para ti había riesgo?

—Sí, pero él no se dio cuenta.

—¿Había algún otro significado para ti en ese sueño? ¿Con respecto a tu relación con tu padre?

—No sé.

—Él no parecía darse mucha prisa por salir de la casa en llamas.

—No.

—¿Por qué se tomaba tanto tiempo? Tú actuaste con rapidez; comprendiste el peligro.

—Porque él trata de esconderse de las cosas.

Aproveché ese momento para interpretar parte del sueño.

—Sí, es un viejo patrón de conducta en él, y tú haces cosas que corresponderían a tu padre, como ir en busca de la caja. Espero que él sepa aprender de ti.

Tengo la sensación de que ese incendio representa el tiempo que se acaba; tú comprendes el peligro, pero él no. Mientras él holgazanea y te envía a ti en busca de objetos materiales, tú sabes mucho más... y tienes mucho que enseñarle, pero tu padre no parece dispuesto a aprender.

—No —asintió ella—, en efecto.

—Así entiendo yo el sueño. Pero tú no puedes obligarlo. Sólo él puede comprender eso.

—Sí —asintió otra vez. Su voz se hizo grave y ronca—. No importa que nuestro cuerpo arda en el fuego si no lo necesitamos...

Un Espíritu Maestro acababa de presentar un enfoque del sueño completamente distinto. Me sorprendió esa entrada brusca; no pude hacer otra cosa que repetir el pensamiento como un loro:

—¿No necesitamos el cuerpo?

—No. Mientras estamos aquí pasamos por muchas etapas. Nos deshacemos de un cuerpo de bebé para adoptar el de un niño; descartamos el de niño para ser adultos, y el de adultos por el de ancianos. ¿Por qué no dar un paso más y descartar el cuerpo adulto para ir a un plano espiritual? Eso es lo que hacemos. No dejamos de crecer: continuamos creciendo. Cuando llegamos al plano espiritual, continuamos creciendo también allí. Pasamos por diferentes etapas de desarrollo. Cuando llegamos, estamos consumidos. Es preciso pasar por una etapa de renovación, una etapa de aprendizaje y una etapa de decisión. Nosotros decidimos cuándo queremos regresar, adónde y por qué motivos. Algunos prefieren no volver. Prefieren pasar a otra etapa de desarrollo. Y mantienen la forma espiritual... algunos por más tiempo que otros, antes de volver. Todo es crecimiento y aprendizaje... crecimiento continuo. Nuestro cuerpo es sólo un vehículo para que utilicemos mientras estamos aquí. Son nuestra alma y nuestro espíritu los que perduran por siempre.

No reconocí la voz ni el estilo. Quien hablaba era un Maestro «nuevo», y hablaba de conocimientos importantes. Quise saber más de esos reinos espirituales.

—En el estado físico ¿se aprende con más rapidez? ¿Hay motivos por los que no todos permanecen en el estado espiritual?

—No. El aprendizaje es mucho más veloz en el estado espiritual, sobradamente más rápido que el del estado físico. Pero elegimos lo que necesitamos aprender. Si necesitamos regresar para elaborar una relación, regresamos. Si hemos terminado con eso, proseguimos. En la forma espiritual uno siempre puede ponerse en contacto con quienes están en la carne, si así lo desea. Pero sólo si hay allí algo de importancia... si debe decirles algo que necesitan saber.

—¿Cómo se establece el contacto? ¿Cómo se transmite el mensaje?

Para sorpresa mía, fue Catherine quien respondió. Su susurro fue más rápido y firme.

—A veces uno puede presentarse ante esa persona... con el mismo aspecto que cuando estaba aquí. Otras veces se hace sólo un contacto mental. A veces los mensajes son crípticos, pero con mayor frecuencia la persona sabe a qué se refieren. Comprende. Es un contacto de mente a mente.

Me dirigí a Catherine.

—El conocimiento que tienes ahora, esta información, esta sabiduría, que es tan importante, ¿por qué no te es accesible cuando estás en el plano físico y consciente?

—Creo que yo no lo comprendería. No soy capaz de comprenderlo.

—Tal vez yo pueda enseñarte a comprenderlo, para que no te asuste, para que aprendas.

—Sí.

—Cuando oyes las voces de los Maestros, ellos dicen cosas similares a las que tú me estás diciendo ahora. Has de compartir una gran cantidad de informaciones.

Me intrigaba la sabiduría que Catherine poseía cuando se encontraba en ese estado.

—Sí —respondió, simplemente.

—¿Y proviene de tu propia mente?

—Pero ellos lo han puesto ahí. —De ese modo hacía que el mérito recayera en los Maestros.

—Sí —reconocí—. ¿Cómo puedo comunicártelo mejor a mi vez, para que tú crezcas y pierdas tus miedos?

—Ya lo has hecho —respondió, suave.

Tenía razón; sus miedos habían desaparecido, prácticamente. Una vez iniciadas las regresiones hipnóticas, el progreso clínico había sido increíblemente rápido.

—¿Qué lecciones necesitas aprender ahora? ¿Qué

es lo más importante que puedes aprender durante esta vida, para que puedas seguir creciendo y madurando?

—A confiar —respondió con prontitud. Sabía cuál era su principal tarea.

—¿A confiar? —repetí, sorprendido por la rapidez de la réplica.

—Sí. Debo aprender a tener fe, pero también a confiar en la gente. No lo hago. Creo que todo el mundo trata de hacerme daño. Eso me induce a mantenerme apartada de personas y situaciones con las que, probablemente, no debería mantener distancia. Me lleva a seguir tratando con otras personas de las que debería separarme.

Cuando estaba en ese plano supraconsciente, su penetración psicológica era tremenda. Conocía sus puntos débiles y sus puntos fuertes. Sabía qué aspectos necesitaban de atención y trabajo, qué hacer para mejorar las situaciones. El único problema consistía en que esas nociones tenían que llegar a su mente consciente, para que las aplicara cuando estuviera despierta. La penetración supraconsciente era fascinante, pero en sí no bastaba para transformar su vida.

—¿Quiénes son esas personas de las que deberías separarte? —pregunté.

Ella hizo una pausa.

—Becky me da miedo. Stuart me da miedo... Temo que algún daño me llegue... de ellos.

—¿Puedes romper con eso?

—No del todo, pero sí con algunas de sus ideas. Stuart trata de mantenerme en una prisión y lo está logrando. Sabe que tengo miedo. Sabe que me asusta estar lejos de él y utiliza ese conocimiento para mantenerme a su lado.

—¿Y Becky?

—Se pasa el tiempo tratando de socavar mi fe en las personas en quienes confío. Donde yo veo el bien, ella ve el mal. Y trata de sembrar esas semillas en mi mente. Estoy aprendiendo a confiar... en personas en las que debo confiar, pero Becky me llena de dudas con respecto a ellas. Y ése es su problema. No puedo permitir que me haga pensar como ella.

En su estado supraconsciente, Catherine podía señalar grandes fallos de carácter, tanto en Becky como en Stuart. Catherine, hipnotizada, habría sido una excelente psiquiatra, empática e infaliblemente intuitiva. Despierta no poseía esos atributos. Mi misión consistía en franquear el abismo. Su mejoría clínica, tan espectacular, significaba que algo de todo eso se estaba filtrando. Intenté construir más puentes.

—¿En quién puedes confiar? —pregunté—. Piénsalo. ¿Quiénes son las personas que merecen tu confianza, de las que puedes aprender, a las que puedes acercarte? ¿Quiénes son?

—Puedo confiar en ti —susurró.

Yo lo sabía, pero comprendí que necesitaba más aún confiar en personas que formaran parte de su vida cotidiana.

—Puedes, sí. Tienes una buena relación conmigo, pero tienes que acercarte a otras personas de tu vida, a otros que puedan dedicarte más tiempo que yo.

Yo quería que fuera independiente, una persona cabal, en vez de depender de mí.

—Puedo confiar en mi hermana. A los otros no los conozco. En Stuart puedo confiar, pero sólo hasta cierto punto. Me quiere, pero está confundido. Y en su confusión me hace daño sin darse cuenta.

—Sí, es cierto. ¿Hay algún otro hombre en el que puedas confiar?

—Puedo confiar en Robert —respondió. Era otro médico del hospital con el que mantenía una buena amistad.

—Sí. Tal vez conozcas a otros... en el futuro.

—Sí —reconoció.

La idea de un conocimiento futuro resultaba intrigante y me distrajo. Catherine hablaba con mucha precisión sobre el pasado. Por medio de los Maestros, conocía hechos específicos y secretos. ¿Podría acaso conocer hechos del futuro? En ese caso, ¿podríamos compartir esa precognición? En la mente me estallaban mil preguntas.

—Cuando estableces contacto con tu mente supraconsciente, como ahora, y posees esa sabiduría, ¿adquieres también poderes en el reino psíquico? ¿Te es posible mirar hacia el futuro? En el pasado has logrado mucho.

—Es posible —reconoció—, pero ahora no veo nada.

—¿Es posible? —repetí.

—Eso creo.

—¿Puedes hacerlo sin asustarte? ¿Puedes ir hacia el futuro y obtener información de tipo neutro, que no te asuste? ¿Puedes ver el futuro?

Su respuesta fue pronta.

—No veo eso. Ellos no lo permiten.

Comprendí que se refería a los Maestros.

—¿Están ahora a tu alrededor?

—Sí.

—¿Te hablan?

—No. Lo controlan todo.

Puesto que la controlaban, no le permitían mirar el futuro. Tal vez no teníamos nada que ganar, en lo personal, con un vistazo semejante. Tal vez la aventura hubiera puesto muy ansiosa a Catherine. Tal vez no estábamos aún preparados para soportar esa información. No insistí.

—Gideon, el espíritu que estuvo antes a tu alrededor...

—Sí.

—¿Qué necesita él? ¿Por qué está cerca? ¿Lo conoces?

—No, no creo.

—Pero ¿te protege del peligro?

—Sí.

—Los Maestros...

—No los veo.

—A veces tienen mensajes que darme, mensajes que nos ayudan a los dos. Esos mensajes, ¿son accesibles para ti aun cuando ellos no hablen? ¿Ponen ellos ideas en tu mente, Catherine?

—Sí.

—¿Controlan hasta dónde puedes llegar y qué puedes recordar?

—Sí.

—Por lo tanto, hay una finalidad en esta explicación de vidas pasadas...
—Sí.
—Para ti y para mí... para enseñarnos. Para conseguir que en nosotros desaparezca el miedo.
—Hay muchas maneras de comunicación. Ellos eligen muchas... para demostrar que existen.

Si Catherine estaba escuchando sus voces, visualizando imágenes y escenas del pasado, experimentando fenómenos físicos o recibiendo en la mente ideas y pensamientos, la finalidad era la misma: demostrarnos que ellos existen y, todavía más allá, ayudarnos, apoyarnos en nuestro sendero al proporcionar esclarecimiento y sabiduría, ayudarnos a ser como dioses.

—¿Sabes por qué te han elegido?
—No.
—¿Para que actúes como canal?

La pregunta era delicada, puesto que Catherine, despierta, no podía siquiera escuchar las grabaciones.

—No —susurró, suave.
—¿Te asusta eso?
—A veces.
—¿Y otras veces no?
—Así es.
—Esto puede ser reconfortante —agregué—. Ahora sabemos que somos eternos; por lo tanto, perdemos el miedo a la muerte.
—Sí —reconoció ella. Hizo una pausa—. Debo aprender a confiar. —Había vuelto a la gran lección de su vida—. Cuando se me dice algo, debo aprender

a confiar en lo que se me dice... cuando esa persona sabe.

—Hay, es cierto, gente en la que no se debe confiar —añadí.

—Sí, pero estoy confundida. Y cuando sé que debería confiar en una persona, lucho contra esa sensación. Y no quiero confiar en nadie.

Guardó silencio; una vez más, yo admiraba su penetración psicológica.

—La última vez hablamos de ti cuando niña, en un jardín donde había caballos. ¿Recuerdas? ¿La boda de tu hermana?

—Un poquito.

—¿Había algo más que aprender de ese tiempo? ¿Lo sabes?

—Sí.

—¿Valdría la pena que volviéramos allá para explorar?

—Ahora no volverá. Hay muchas cosas en una vida... hay mucho conocimiento que alcanzar... de cada vida. Sí, debemos explorar, pero ahora no volverá.

Por lo tanto, la llevé otra vez a su problemática relación con el padre.

—Tu relación con tu padre es otro aspecto que te ha afectado profundamente en esta vida.

—Sí —respondió con simplicidad.

—Es otra área que aún nos queda por explorar. Tienes mucho que aprender de esa relación. Compárala con el niño de Ucrania que perdió a su padre a edad temprana. En esta vida no has sufrido esa pérdida. Sin embargo, tener a tu padre aquí, aunque ciertos padecimientos han sido menores...

—Ha sido una carga mayor —concluyó ella—. Pensamientos —añadió luego—, pensamientos...

—¿Qué pensamientos? —Percibí que estaba en otro terreno.

—Sobre la anestesia. Cuando nos anestesian ¿podemos oír? ¡*Todavía* se puede oír!

Había respondido a su propia pregunta. Comenzó a susurrar con rapidez, excitada.

—La mente está muy consciente de lo que pasa. Hablaban de mi asfixia, de la posibilidad de que yo me asfixiara cuando me operaran de la garganta.

Recordé la operación quirúrgica de cuerdas vocales de Catherine, pocos meses antes de su primera sesión conmigo. Si antes de la operación ya estaba ansiosa, al despertar en la sala de recuperación se encontraba absolutamente aterrorizada. El personal tardó horas en lograr calmarla. Al parecer, lo que los cirujanos habían dicho durante la operación, mientras ella estaba profundamente anestesiada, era lo que la había aterrorizado. Mi mente volvió a la escuela de medicina y a mis prácticas de cirugía. Recordé las conversaciones desenvueltas que uno sostenía durante las operaciones, ante el paciente anestesiado. Recordé los chistes, las maldiciones, las discusiones y los berrinches temperamentales de los cirujanos. ¿Qué oían los pacientes, en el plano subconsciente? ¿Cuánto registraban que pudiera afectar a sus ideas y emociones, temores y ansiedades al despertar? El curso posoperatorio, la misma recuperación del paciente después de la intervención, ¿podía sufrir la influencia positiva o negativa de los comentarios hechos durante la anestesia? ¿Habría muerto alguien por las expectativas pesimistas oídas durante la operación? ¿Acaso algún paciente se entregaba, considerando que no tenía salvación?

—¿Recuerdas lo que decían?

—Que tenían que poner un tubo hacia abajo. Que se me podía hinchar la garganta cuando sacaran el tubo. No se imaginaban que yo los estaba oyendo.

—Pero oías.

—Sí. Por eso tuve tantos problemas.

Después de esa sesión, Catherine perdió el miedo a tragar y a asfixiarse. Así de simple resultó.

—Toda la ansiedad... —prosiguió—. Yo temía ahogarme.

—¿Te sientes liberada?

—Sí. Tú puedes neutralizar lo que ellos hicieron.

—¿Puedo?

—Sí. Lo estás haciendo... Deberían tener mucho cuidado con lo que dicen. Ahora recuerdo. Me pusieron un tubo en la garganta. Y después no pude hablar para decirles nada.

—Pero ahora estás libre... Los oíste.

—Sí, los oí hablar...

Calló uno o dos minutos; luego comenzó a girar la cabeza de un lado a otro. Parecía escuchar algo.

—Pareces estar oyendo mensajes. ¿Sabes de dónde provienen? —Yo esperaba que los Maestros aparecieran.

—Alguien me lo dijo —fue la críptica respuesta.

—¿Alguien estaba hablando contigo?

—Pero se ha ido.

Traté de hacer que volviera.

—Prueba a traer a los espíritus que tengan mensajes... para ayudarnos.

—Sólo vienen cuando así lo desean, no cuando yo decido —respondió con firmeza.

—¿Tú no tienes ningún poder sobre eso?

—No.

—Bueno —concedí—, pero el mensaje sobre la anestesia era muy importante. Ésa era la fuente de tus asfixias.

—Era importante para ti, no para mí —contestó.

La respuesta me retumbó en la mente. Ella quedaría curada de su miedo a ahogarse, pero esta revelación era, aun así, más importante para mí que para ella. Yo era quien curaba. Esa simple respuesta tenía varios planos de significado. Tuve la sensación de que, si yo llegaba a comprenderlos del todo, a comprender esas resonantes octavas de significados, avanzaría un enorme paso en la comprensión de las relaciones humanas. Tal vez la ayuda era más importante que la cura.

—¿Para que yo te ayude? —pregunté.

—Sí. Tú puedes anular lo que ellos hicieron. Has estado ya anulando lo que ellos hicieron...

Descansaba. Ambos habíamos aprendido una gran lección.

Poco después de su tercer cumpleaños, mi hija, Amy, corrió hacia mí para abrazarme las piernas. Levantó la vista, diciendo:

—Papaíto, hace cuarenta mil años que te quiero.

Miré aquella carita y me sentí muy, muy feliz.

11

Varias noches después, desperté bruscamente de un sueño profundo. Despabilado de inmediato, tuve una visión de la cara de Catherine, varias veces más grande que su tamaño normal. Parecía afligida, como si necesitara de mi ayuda. Miré el reloj: eran las 3.36 de la madrugada. No se habían producido ruidos exteriores que me despertaran. Carole dormía pacíficamente a mi lado. Descarté el incidente y volví a dormirme.

Esa misma madrugada, alrededor de las 3.30, Catherine había despertado de una pesadilla, presa del pánico. Sudaba y tenía el corazón muy acelerado. Decidió meditar para relajarse, visualizándose hipnotizada por mí en el consultorio. Imaginó mi cara, oyó mi voz y se durmió poco a poco.

Catherine se estaba volviendo cada vez más psíquica; al parecer, yo también. Oía las voces de mis antiguos profesores de psiquiatría, que hablaban de las reacciones de transferencia y contratransferencia en las relaciones terapéuticas. Transferencia es la proyección de sentimientos, ideas y deseos que el paciente hace sobre el terapeuta, quien representa a alguien de su pasado. La contratransferencia es lo inverso: las reacciones emocionales inconscientes del terapeuta ante el paciente. Pero esa comunicación de madrugada no era una cosa ni otra. Era un vínculo telepático, en una longitud de onda que superaba los canales normales. De algún modo, la hipnosis estaba abriendo ese canal. ¿O acaso los responsables de esa nueva longitud de onda eran el auditorio, un grupo diverso de espíritus, Maestros, ángeles custodios y otros?

Ya nada podía sorprenderme.

En la sesión siguiente, Catherine llegó prontamente a un profundo nivel hipnótico. Se alarmó de inmediato.

—Veo una nube grande... me ha asustado. Estaba ahí.

Respiraba aceleradamente.

—¿Aún está ahí?

—No sé. Vino y se fue enseguida... algo arriba, en una montaña.

Seguía alarmada y respirando con agitación. Temí que estuviera viendo una bomba. ¿Podría mirar hacia el futuro?

—¿Puedes ver la montaña? ¿Es una bomba?

—No lo sé.

—¿Por qué te ha asustado?

—Fue muy súbito. Estaba ahí mismo. Hay mucho humo... mucho humo. Es grande. Está a cierta distancia. Oh...

—No corres peligro, Catherine. ¿Puedes acercarte?

—¡No quiero acercarme! —respondió ásperamente.

Era muy raro que ofreciera tanta resistencia. Volví a preguntar:

—¿Por qué le tienes tanto miedo?

—Creo que es de productos químicos o algo así. Cuesta respirar cuando se está cerca.

En verdad respiraba con mucha dificultad.

—¿Es como un gas? ¿Proviene de la misma montaña... como si fuera un volcán?

—Eso creo. Es como un hongo grande. Eso parece: un hongo blanco.

—Pero ¿no es una bomba? ¿No es una bomba atómica ni nada parecido?

Hizo una pausa. Luego prosiguió.

—Es un vol... una especie de volcán o algo así, creo. Me asusta mucho. Me cuesta respirar. En el aire hay polvo. No quiero estar ahí.

Poco a poco, su respiración volvió al ritmo profundo y regular del estado hipnótico. Había abandonado esa atemorizante escena.

—¿Respiras ahora con más facilidad?

—Sí.

—Bien. ¿Qué ves ahora?

—Nada... Veo un collar, un collar en el cuello de alguien. Es azul... es de plata y tiene una piedra azul colgada, con varias más pequeñas abajo.

—¿Hay algo en la piedra azul?

—No, es translúcida. Se puede ver a través de ella.

La señora tiene el pelo negro y lleva un sombrero azul... con una pluma grande. Y el vestido es de terciopelo.

—¿Conoces a esa señora?
—No.
—¿Estás tú ahí o eres acaso la señora?
—No lo sé.
—¿Qué edad tiene?
—Algo más de cuarenta. Pero parece mayor.
—¿Está haciendo algo?
—No. Sólo está de pie junto a la mesa. En la mesa hay un frasco de perfume. Es blanco, con flores verdes. También hay un cepillo y un peine con mangos de plata.

Me impresionó su vista para los detalles.

—¿Ésa es su habitación o una tienda?
—Es su habitación. Hay una cama... con cuatro columnas. Una cama marrón. En la mesa hay una jarra.
—¿Una jarra?
—Sí. En la habitación no hay cuadros. Las cortinas son oscuras, extrañas.
—¿Hay alguien más ahí?
—No.
—¿Qué relación mantiene esta señora contigo?
—Le sirvo. —Una vez más, era criada.
—¿Hace mucho tiempo que estás con ella?
—No... sólo unos pocos meses.
—¿Te gusta a ti ese collar?
—Sí. Ella es muy elegante.
—¿Alguna vez te has puesto tú el collar?

—No.

Sus breves respuestas requerían una guía activa de mi parte para obtener información básica. Me recordaba a mi hijo preadolescente.

—¿Qué edad tienes ahora?

—Trece o catorce...

Más o menos la misma edad.

—¿Por qué te has separado de tu familia? —inquirí.

—No me he separado —me corrigió—. Pero trabajo aquí.

—Comprendo. ¿Y después de trabajar vuelves a casa de tu familia?

—Sí.

Sus respuestas dejaban poco sitio a la exploración.

—¿Vive cerca?

—Bastante cerca... Somos muy pobres. Tenemos que trabajar... como sirvientes.

—¿Cómo se llama la señora?

—Belinda.

—¿Te trata bien?

—Sí.

—Bien. ¿Trabajas mucho?

—No es muy cansado.

Entrevistar a adolescentes nunca ha sido fácil, ni siquiera en vidas pasadas. Por suerte, yo tenía bastante práctica.

—Bien. ¿Aún ves a la señora?

—No.

—¿Dónde estás tú ahora?

—En otro cuarto. Hay una mesa con algo negro

que la cubre... tiene una orla en los bordes. Huele a muchas hierbas... perfume denso.

—¿Todo eso pertenece a tu señora? ¿Usa ella mucho perfume?

—No, ese cuarto es otro. Estoy en otro cuarto.

—¿A quién pertenece?

—A una señora oscura.

—¿Oscura en qué sentido? ¿Puedes verla?

—Tiene muchas cosas que le cubren la cabeza —susurró confusamente Catherine—, muchos chales. Es vieja y arrugada.

—¿Qué relación hay entre vosotras?

—Sólo he ido a verla.

—¿Para qué?

—Por las cartas.

Supe, por intuición, que había ido a consultar con una adivina, que probablemente leía las cartas del tarot. Era un giro irónico: Catherine y yo estábamos inmersos en una increíble aventura psíquica, que abarcaba vidas y dimensiones desconocidas; sin embargo, tal vez doscientos años antes ella había visitado a una parapsicóloga para averiguar algo sobre su futuro. Yo sabía que, en su vida actual, Catherine nunca había visitado a una adivina y no tenía ningún conocimiento sobre las cartas del tarot ni la predicción del futuro: esas cosas la asustaban.

—¿Lee la suerte? —pregunté.

—Ve cosas.

—¿Tienes algo que preguntarle? ¿Qué quieres ver? ¿Qué quieres saber?

—Sobre cierto hombre... con el que podría casarme.

—¿Qué dice ella al tirarte las cartas?

—La carta con... una especie de palos. Palos y flores... pero palos, lanzas o algún tipo de línea. Hay otra carta con un cáliz, una copa... Veo una carta con un hombre o un muchacho que lleva un escudo. Ella dice que me casaré, pero no con ese hombre. No veo nada más.

—¿Ves a la señora?

—Veo algunas monedas.

—¿Aún estás con ella o se trata de otro sitio?

—Estoy con ella.

—¿Cómo son las monedas?

—Son de oro. No tienen bordes lisos, sino cuadrados. Hay una corona en una cara.

—Fíjate si las monedas tienen un año impreso. Algo que puedas leer... en letras.

—Unos números extranjeros —respondió ella—. Equis e íes.

—¿Sabes qué año es ése?

—Mil setecientos... algo. No sé.

Calló otra vez.

—¿Por qué te importa tanto esa adivina?

—No sé.

—¿Se cumple la predicción?

—... Pero ella se ha ido —susurró Catherine—. Se ha ido. No sé.

—¿Ves algo ahora?

—No.

—¿No? —Eso me sorprendió. ¿Dónde estaba?—. ¿Sabes cómo te llamas en esta vida? —pregunté, con la esperanza de recuperar el hilo de esa vida, distante un par de siglos.

—He salido de ahí.

Había abandonado la vida y descansaba. Ahora podía hacerlo por propia cuenta, sin necesidad de experimentar la muerte. Aguardamos varios minutos. Esa vida no había sido espectacular. Sólo recordaba algunos detalles descriptivos y la interesante visita a la adivina.

—¿Ves algo ahora? —pregunté otra vez.

—No —susurró ella.

—¿Estás descansando?

—Sí... joyas de diferentes colores...

—¿Joyas?

—Sí. En realidad son luces, pero parecen joyas...

—¿Qué más? —pregunté.

—Sólo... —Hizo una pausa. Luego su murmullo fue potente y firme—. Hay muchas palabras y pensamientos que vuelan por todas partes... Sobre la convivencia y la armonía... el equilibrio de las cosas.

Comprendí que los Maestros estaban cerca.

—Sí —la animé a continuar—. Quiero saber de esas cosas. ¿Puedes decirme algo?

—Por el momento son sólo palabras.

—Convivencia y armonía —le recordé.

Cuando ella respondió, fue con la voz del Maestro poeta. Me emocionó volver a tener noticias suyas.

—Sí —dijo—. Todo debe estar equilibrado. La naturaleza está equilibrada. Los animales viven en armonía. Los humanos no han aprendido a hacerlo. Continúan destruyéndose a sí mismos. No hay armonía ni concierto en lo que hacen. Es tan diferente en la naturaleza... La naturaleza está equilibrada. La naturaleza es energía y vida... y restauración. Y los humanos sólo destruyen. Destruyen la naturaleza. Destruyen a otros seres humanos. Con el correr del tiempo se destruirán a sí mismos.

La predicción resultaba amenazadora. Puesto que el mundo estaba constantemente en caos y torbellino, yo deseé que eso no ocurriera pronto.

—¿Cuándo ocurrirá? —pregunté.

—Ocurrirá antes de lo que todos piensan. La naturaleza sobrevivirá. Las plantas sobrevivirán. Pero nosotros no.

—¿Podemos hacer algo para evitar esa destrucción?

—No. Todo ha de estar equilibrado.

—¿Ocurrirá esa destrucción estando nosotros con vida? ¿Podemos evitarla?

—No ocurrirá en nuestra vida. Cuando ocurra, nosotros estaremos en otro plano, en otra dimensión, pero la veremos.

—¿No hay manera de enseñar a la humanidad? —Yo insistía en buscar una salida, alguna posibilidad de mitigar aquello.

—Se hará en otro nivel. Nosotros aprenderemos de eso.

Me volví hacia el lado positivo.

—Bien, entonces nuestras almas progresarán en diferentes lugares.

—Sí. Ya no estaremos... aquí, tal como conocemos esto. Lo veremos.

—Sí —concedí—. Siento la necesidad de enseñar a la gente, pero no sé cómo llegar a ella. ¿Hay una vía o tendrán que aprender por sí mismos?

—No se puede llegar a todo el mundo. Para evitar la destrucción es preciso llegar a todos, y no se puede. Esto no se puede detener. Aprenderán. Cuando avancen, aprenderán. Habrá paz, pero aquí no; en esta dimensión, no.

—¿Habrá paz a su debido tiempo?

—Sí, en otro nivel.

—Pero parece tan lejano... —me quejé—. La gente parece ahora tan mezquina... Codiciosa, sedienta de poder, ambiciosa. Olvida el amor, la comprensión y el conocimiento. Hay mucho que aprender.

—Sí.

—¿Puedo escribir algo que ayude a la gente? ¿Hay algún modo?

—Tú sabes cómo. No tenemos que decírtelo. No servirá de nada, pues todos llegaremos al nivel y ellos verán. Todos somos iguales. No hay nadie más grande que su prójimo. Y todo esto son sólo lecciones... y castigos.

—Sí —asentí.

La lección era profunda y necesitaba tiempo para digerirla. Catherine guardaba silencio. Esperamos: ella, descansando; yo, absorto en las dramáticas declaraciones de la hora anterior. Por fin, ella quebró el hechizo.

—Las joyas han desaparecido —susurró—. Las joyas... han desaparecido. Las luces... se han ido.

—¿También las voces? ¿Las palabras?

—Sí. No veo nada. —Hizo una pausa. Empezó a mover la cabeza de un lado a otro—. Un espíritu... está mirando.

—¿Te mira a ti?
—Sí.
—¿Reconoces a ese espíritu?
—No estoy segura... Creo que podría ser Edward.

Edward había muerto el año anterior. Era realmente ubicuo; parecía estar siempre rondándola.

—¿Cómo es ese espíritu?
—Es sólo un... sólo blanco, como luces. No tiene cara, lo que nosotros entendemos por cara, pero sé que es él.
—¿Se estaba comunicando contigo de algún otro modo?
—No. Sólo miraba.
—¿Y escuchaba lo que yo decía?
—Sí —susurró ella—. Pero ya se ha ido. Sólo quería asegurarse de que yo estuviera bien.

Pensé en la mitología popular del ángel de la guarda. Desde luego, ese espíritu amoroso que la rondaba, observándola para asegurarse de que estuviera bien, se acercaba mucho a ese angélico papel. Y Catherine ya había hablado de espíritus custodios. Me pregunté cuántos de nuestros «mitos» infantiles tenían verdaderas raíces en un pasado apenas recordado.

También me pregunté cuál era la jerarquía de los espíritus: quiénes se convertían en guardianes, quiénes en Maestros, quiénes no eran una cosa ni otra, sino que se limitaban a aprender. Debían de existir grados basados en la sabiduría y el conocimiento, con la meta suprema de ser como Dios y acercarse a él, tal vez fundiéndose con él de algún modo. Ésa era la meta que los teólogos místicos describían en términos tan extáticos desde hacía siglos. Ellos habían tenido breves visiones de tan divina unión. Aparte de experiencias personales como ésas, intermediarios tales como Catherine, con su extraordinario talento, proporcionaban la mejor visión.

Edward había desaparecido y Catherine callaba. Su rostro estaba apacible; se le veía envuelta en serenidad. ¡Qué maravilloso talento el suyo, la posibilidad de ver más allá de la vida y de la muerte, de hablar con los «dioses» y compartir su sabiduría! Estábamos comiendo del Árbol de la Ciencia, ya no prohibido. Me pregunté cuántas manzanas quedarían.

Minette, la madre de Carole, estaba muriéndose a consecuencia de un cáncer que se le había extendido desde el pecho hasta los huesos y el hígado. El proceso se prolongaba desde hacía cuatro años; ya no era posible aminorarlo mediante la quimioterapia. Minette era una mujer valiente, que soportaba estoicamente el dolor y la debilidad. Pero la enfermedad se aceleraba. Yo sabía que la muerte estaba próxima.

Simultáneamente se sucedían las sesiones con Catherine, y yo compartía con mi suegra la experiencia y sus revelaciones. Me sorprendió un poco descubrir que ella, práctica mujer de negocios, aceptara de buen grado ese conocimiento y quisiera aprender más. Le di libros para que leyera; lo hizo con avidez. Juntos, ella, Carole y yo seguimos un curso sobre la Cábala, los centenarios escritos místicos judíos. La reencarnación y los planos intermedios son principios básicos de la literatura cabalística; sin embargo, la mayor parte de los judíos modernos lo ignoran.

El espíritu de Minette se fortalecía a medida que su cuerpo empeoraba. Su miedo a la muerte era cada vez menor. Comenzaba a esperar con ansia el momento de reunirse con Ben, su amado esposo.

Creía en la inmortalidad de su alma, y eso la ayudaba a soportar el dolor. Se aferraba a la vida para esperar el nacimiento de otro nieto: el primer niño de su hija Donna. Durante uno de sus tratamientos conoció a Catherine en el hospital; sus miradas y sus palabras se unieron pacífica y ansiosamente. La sinceridad de Catherine, su franqueza, ayudaron a convencer a Minette de que la existencia de la vida más allá de la muerte era verdad.

Una semana antes de morir, Minette fue internada en la planta de oncología del hospital. Carole y yo podíamos pasar nuestro tiempo con ella, conversando sobre la vida y la muerte, sobre lo que nos esperaba más allá. Ella, dama muy digna, decidió morir en el hospital, donde las enfermeras pudieran atenderla. Donna, su esposo y su hija de seis semanas fueron a visitarla y a despedirse. Nosotros estábamos con ella casi constantemente.

La noche en que Minette moriría, a eso de las seis de la tarde, Carole y yo, que acabábamos de llegar a casa desde el hospital, experimentamos la fuerte necesidad de regresar. Las seis o siete horas siguientes estuvieron colmadas de serenidad y energía espiritual trascendente. Minette ya no sufría, aunque su respiración era trabajosa. Conversamos sobre su transición al estado intermedio, la luz intensa y la presencia espiritual. Ella repasó su vida, casi siempre en silencio, esforzándose por aceptar las partes negativas. Parecía saber que no podía entregarse mientras no hubiera completado ese proceso. Esperaba un momento muy concreto para morir, en las primeras horas de la mañana, y aguardaba ese momento con impaciencia. Minette fue la primera persona que guié de ese modo hacia la muerte y a través de ella. Se sintió fortalecida, y la experiencia alivió nuestro dolor.

Descubrí que mi capacidad de curar a mis pacientes se había acrecentado notablemente, no sólo con respecto a las fobias y ansiedades, sino sobre todo cuando se requería asesoramiento sobre la muerte y el morir o sobre el dolor de los allegados. Sabía por intuición qué estaba mal y en qué direcciones encaminar la terapia. Lograba transmitir sensaciones de paz, serenidad y esperanza. Tras la muerte de Minette buscaron mi ayuda muchos otros que estaban próximos a la muerte o que habían sobrevivido a un ser querido. Muchos de ellos no estaban preparados para saber lo de Catherine ni para leer bibliografías sobre la vida después de la muerte. Sin embargo, aun sin impartir conocimientos tan específicos, yo me sentía capaz de transmitir el mensaje. Un tono de voz, una comprensión empática del proceso, de sus miedos y sensaciones, una mirada, un contacto, una palabra: todo eso podía llegar a cierto nivel y tocar un acorde de esperanza, de espiritualidad olvidada, de humanidad compartida y aún más. En cuanto a los que estaban listos para recibir más, sugerirles lecturas y compartir con ellos las experiencias vividas junto a Catherine y otros fue como abrir una ventana a la brisa fresca. Los que estaban preparados revivían. Ganaban en esclarecimiento todavía con más rapidez.

Estoy firmemente convencido de que los terapeutas deben tener la mente abierta. Así como es necesario un trabajo más científico para documentar las experiencias de muerte y morir, como las de Catherine, también hace falta más trabajo experimental en ese aspecto. Los terapeutas deben tener en cuenta la posibilidad de una vida después de la muerte e incorporarla a su asesoramiento. No es preciso que utilicen las regresiones hipnóticas, pero sí que se mantengan abiertos, que compartan sus conocimientos con los pacientes y que no descarten las experiencias de estos últimos.

La gente está ahora abrumada por las amenazas a su mortalidad. El sida, el holocausto nuclear, el terrorismo, la enfermedad y muchas otras catástrofes penden sobre nosotros, torturándonos diariamente. Muchos adolescentes están convencidos de que no llegarán a los treinta años. Esto es increíble; refleja las tremendas tensiones de nuestra sociedad.

En el plano individual, la reacción de Minette ante los mensajes de Catherine resulta alentadora. Su espíritu se había fortalecido; tenía esperanza, pese a los intensos dolores físicos y a la decadencia de su cuerpo. Pero los mensajes están ahí para todos nosotros, no sólo para los moribundos. También hay esperanzas para nosotros. Necesitamos que otros médicos y otros científicos nos informen sobre casos como el de Catherine, que confirmen y amplíen sus mensajes. Las respuestas están ahí. Somos inmortales. Siempre estaremos juntos.

12

Habían pasado tres meses y medio desde nuestra primera sesión de hipnosis. En ese tiempo, no sólo los síntomas de Catherine habían casi desaparecido, sino que sus progresos superaban la mera curación. Estaba radiante, llena de apacible energía. Atraía a la gente. Cuando desayunaba en la cafetería del hospital, tanto hombres como mujeres corrían a reunirse con ella.

—¡Qué guapa estás! Sólo quería decirte eso —comentaban.

Ella, como un pescador, los enganchaba con un invisible sedal psíquico. Y durante años enteros había comido en la misma cafetería sin llamar la atención.

Como de costumbre, se hundió pronto en el profundo trance hipnótico, en mi consultorio en penumbra; mechones de su pelo caían sobre la familiar almohada beige.

—Veo un edificio... está hecho de piedra. Y en lo más alto hay algo puntiagudo. Es una zona muy montañosa. Hay mucha humedad... afuera hay mucha humedad. Veo una carreta. Veo una carreta que pasa por... delante del edificio. La carreta está llena de heno, paja o heno, algo para que coman los animales. Ahí hay algunos hombres. Llevan una especie de estandarte, algo que flamea en la punta de un asta. Los colores son muy intensos. Les oigo hablar de moros... moros. Y de una guerra que se está librando. Les cubre la cabeza algo que parece de metal, algo metálico... una especie de protección para la cabeza, hecha de metal. El año es 1483. Algo sobre los daneses. ¿Estamos en guerra contra los daneses? Hay alguna guerra, sí.

—¿Estás tú ahí? —pregunté.

—Eso no lo veo —me respondió con suavidad—. Veo las carretas. Tienen dos ruedas, dos ruedas y la parte trasera abierta. Son abiertas; los costados son abiertos, con una especie de tablillas de madera unidas entre sí. Veo... algo metálico que llevan alrededor del cuello... algo muy pesado, en forma de cruz. Pero las puntas se curvan, las puntas de la cruz... son redondas. Es la festividad de algún santo... veo espadas. Tienen una especie de puñal o de espada... muy pesada, con el extremo muy romo. Se están preparando para una batalla.

—Trata de encontrarte —le indiqué—. Mira a tu alrededor. Tal vez seas un soldado. Los estás viendo desde algún sitio.

—No soy un soldado. —Lo dijo con toda seguridad.

—Mira alrededor.

—He traído algunas provisiones. Es una aldea, alguna aldea.

Guardó silencio.

—¿Qué ves ahora?

—Veo un estandarte, una especie de estandarte. Es rojo y blanco... blanco, con una cruz roja.

—¿Es la enseña de tu pueblo? —le pregunté.

—Es la enseña de los soldados del rey —respondió.

—¿Y ése es tu rey?

—Sí.

—¿Conoces el nombre del rey?

—No lo oigo. No está aquí.

—¿Puedes ver qué ropa llevas puesta? Mira hacia abajo y dime qué vistes.

—Algo de cuero... una chaqueta de cuero sobre... sobre una camisa muy tosca. Una chaqueta de cuero... corta. Un calzado de piel de animal... no son zapatos; más bien, botas o mocasines. Nadie me dirige la palabra.

—Comprendo. ¿De qué color es tu pelo?

—Es claro, pero tengo muchos años y hay canas en él.

—¿Qué opinas de esta guerra?

—Se ha convertido en un modo de vivir para mí. He perdido un hijo en una escaramuza anterior.

—¿Un hijo varón?

—Sí. —Estaba triste.

—¿Quién te queda? ¿Quién sobrevive de tu familia?

—Mi esposa... y mi hija.

—¿Cómo se llamaba tu hijo?

—No veo su nombre. A él lo recuerdo. Veo a mi esposa.

Catherine había sido hombre o mujer muchas veces. En su vida actual no tenía hijos, pero en otras había procreado numerosos vástagos.

—¿Cómo es tu esposa?

—Está muy cansada, muy cansada. Es vieja. Tenemos algunas cabras.

—Tu hija ¿aún vive contigo?

—No, se casó y se fue hace algún tiempo.

—Luego tu esposa y tú estáis solos.

—Sí.

—¿Qué vida lleváis?

—Estamos cansados. Somos muy pobres. No ha sido fácil.

—No. Has perdido a tu hijo. ¿Lo echas de menos?

—Sí —respondió simplemente. Pero el dolor era palpable.

—¿Has sido agricultor? —le pregunté, cambiando de tema.

—Sí. Hay trigo... trigo o algo así.

—¿Has conocido muchas guerras en tu tierra, con muchas tragedias?

—Sí.

—Pero has llegado a viejo.

—Es que luchan lejos de la aldea, no en ella —explicó—. Tienen que viajar hacia donde se combate, cruzando muchas montañas.

—¿Conoces el nombre del país en donde vives? ¿O el de la ciudad?

—No lo veo, pero ha de tener un nombre. No lo veo.

—¿Es éste un tiempo muy religioso para ti? Ves cruces en los soldados.

—Para otros, sí. Para mí, no.

—¿Sobrevive alguien del resto de tu familia, además de tu esposa y tu hija?

—No.

—¿Tus padres han muerto?

—Sí.

—¿Tus hermanos?

—Tengo una hermana. Vive aún. Pero no la conozco —agregó, refiriéndose a su vida bajo el nombre de Catherine.

—Bien. Trata de reconocer a alguien de la aldea o de tu familia.

Si verdaderamente las personas se reencarnaban en grupos, era probable que encontrara a alguien que también tuviera importancia en su vida actual.

—Veo una mesa de piedra... Veo cuencos.

—¿Es ésa tu casa?

—Sí. Algo hecho de... algo amarillo, hecho de maíz... o algo... amarillo. Eso comemos.

—Bien —añadí, tratando de acelerar el paso—. Esta vida ha sido muy dura para ti, muy difícil. ¿En qué piensas?

—En caballos —susurró.

—¿Posees caballos? ¿O son de otra persona?

—No, de los soldados... de algunos. En general, van a pie. Pero no son caballos; son asnos, algún animal más pequeño que el caballo. Son salvajes en su mayoría.

—Ahora adelántate en el tiempo —le indiqué—.

Eres muy anciano. Trata de ir al último día de tu vida como anciano.

—Pero no soy muy viejo —objetó.

En esas vidas pasadas no se mostraba muy sensible a la sugestión. Lo que pasaba, pasaba. Yo no podía sugerirle que descartara los recuerdos en sí. No podía hacerle cambiar los detalles de lo que había ocurrido y ella estaba recordando.

—¿Hay algo más en esa vida? —pregunté, cambiando de enfoque—. Es importante que lo sepamos.

—Nada importante —respondió, sin emoción.

—Adelántate, en ese caso; adelántate en el tiempo. Averigüemos lo que necesitabas aprender. ¿Lo sabes?

—No, todavía estoy aquí.

—Sí, lo sé. ¿Ves algo?

Pasaron uno o dos minutos antes de que respondiera.

—Estoy flotando —susurró, con suavidad.

—¿Ya has dejado al anciano?

—Sí, estoy flotando.

Había entrado otra vez en el estado espiritual.

—¿Sabes ahora lo que necesitabas aprender? Ha sido otra vida difícil para ti.

—No lo sé. Estoy flotando, nada más.

—Bien. Descansa, descansa.

Pasaron otros minutos en silencio. De pronto ella pareció prestar oídos a algo. Habló abruptamente, con voz alta y grave.

Ésa no era Catherine.

—Hay siete planos en total, siete planos, cada uno

de los cuales consta de muchos niveles; uno de ellos es el plano de la rememoración. Se nos permite ver la vida que acaba de pasar. A los de niveles superiores se les permite ver la historia. Pueden volver y enseñarnos la historia. Pero nosotros, los de los niveles inferiores, sólo podemos ver nuestra propia vida... la que acaba de pasar.

»Tenemos deudas que deben saldarse. Si no hemos pagado esas deudas, las tendremos que llevar con nosotros a otra vida... a fin de que puedan ser elaboradas. Se progresa pagando las deudas. Algunas almas progresan más deprisa que otras. Cuando se está en la forma física y se elabora... se elabora una vida... si algo interrumpe nuestra capacidad de... de pagar esa deuda, debemos regresar al plano de la rememoración, y allí esperar a que el alma con quien estamos endeudados venga a vernos. Y cuando ambas podamos volver al estado físico al mismo tiempo, entonces se nos permitirá volver. Pero cada uno determina cuándo debe volver. Cada uno determina qué debe hacer para pagar esa deuda. No recordará sus otras vidas... sólo aquella de la que acaba de salir. Sólo las almas del nivel superior, los sabios, pueden recurrir a la historia y los sucesos pasados... para ayudarnos, para enseñarnos qué debemos hacer.

»Hay siete planos... siete, a través de los cuales debemos pasar antes de que regresemos. Uno de ellos es el plano de la transición. Allí esperamos. En ese plano se determina qué llevará cada uno a su próxima vida. Todos tendremos... un rasgo dominante. Puede ser la codicia, la lujuria... pero sea lo que fuere lo determinado, necesitamos saldar nuestras deudas con esas personas. Después se debe superar ese rasgo en esa vida. Debemos aprender a superar la codicia. De lo contrario, al retornar tendremos que llevar ese rasgo, además de otro, a la vida siguiente. Las cargas se harán mayores. Con cada vida por la que pasamos sin pagar las deudas, cada una de las siguientes será más dura. Si las saldamos, se nos dará una vida fácil. Así elegimos qué vida vamos a tener. En la fase siguiente somos responsables de la vida que tenemos. La elegimos.

Catherine calló.

Al parecer, eso no provenía de un Maestro. Se identificaba como «nosotros, los de los niveles inferiores», en comparación con las almas del nivel superior, «los sabios». Pero el conocimiento transmitido era tan claro como práctico.

Me quedé pensando en los otros cinco planos y en sus cualidades. ¿Sería uno de ellos la etapa de renovación? ¿Y la etapa de aprendizaje, la de decisión? Toda la sabiduría revelada por esos mensajes recibidos de almas en diversas dimensiones del estado espiritual era consecuente. Aunque difirieran el estilo de expresión, la fraseología y la gramática, el refinamiento del verso y el vocabulario, el contenido se mantenía coherente. Yo iba adquiriendo un conocimiento espiritual sistemático. Y ese conocimiento hablaba de amor y esperanza, fe y caridad. Examinaba virtudes y vicios, deudas para con otros y para con uno mismo. Incluía vidas pasadas y planos espirituales entre una y otra vidas. Y hablaba del progreso del alma por medio de la armonía y el equilibrio, el amor y la sabiduría, el progreso hacia una unión mística y extática con Dios.

En el trayecto se me brindaban muchos consejos prácticos: sobre el valor de la paciencia y de la espera, la sabiduría del equilibrio natural, la erradicación de los miedos, sobre todo del miedo a la muerte; la necesidad de aprender la confianza y el perdón; la importancia de no juzgar a otros, de no interrumpir la vida de nadie; la acumulación y el uso de los poderes intuitivos. Y también, quizá lo más importante de todo, la inconmovible certeza de que somos inmortales. Estamos más allá de la vida y de la muerte, más allá del espacio y del tiempo. Somos los dioses, y ellos son nosotros.

—Estoy flotando.

Catherine volvía a susurrar.

—¿En qué estado te encuentras? —pregunté.

—Nada... estoy flotando... Edward me debe algo... me debe algo...

—¿Sabes cuál es esa deuda?

—No... Algún conocimiento... que me debe. Tenía algo que decirme, tal vez sobre la hija de mi hermana.

—¿La hija de tu hermana? —repetí.

—Sí... es una niña. Se llama Stephanie.

—¿Stephanie? ¿Qué necesitas saber sobre ella?

—Necesito saber cómo ponerme en contacto con ella —respondió.

Catherine nunca me había mencionado la existencia de esa sobrina.

—¿Mantiene una relación muy estrecha contigo? —pregunté.

—No, pero querrá encontrarlos.

—¿A quiénes? —interrogué, confundido.

—A mi hermana y a su esposo. Y la única manera en que podrá reunirse con ellos es a través de mí. Yo soy el lazo. Él tiene información. El padre de la niña es médico; ejerce en Vermont, en la parte sur de Vermont. La información vendrá a mí cuando haga falta.

Más tarde supe que la hermana de Catherine y su futuro esposo habían dado en adopción a una hija recién nacida. Por entonces eran adolescentes y no estaban casados. La adopción fue tramitada por la Iglesia. A partir de entonces no hubo información disponible.

—Sí —asentí—. Cuando llegue el momento.

—Sí. Entonces él me lo dirá. Él me lo dirá.

—¿Qué otra información tiene para ti?

—No lo sé, pero tiene cosas que decirme. Y me debe algo... algo, no sé qué. Me debe algo.

Guardó silencio.

—¿Estás cansada? —le pregunté.

—Veo una brida —fue la respuesta, en susurros—. Unos arreos en la pared. Una brida... veo una manta extendida ante un pesebre.

—¿Es un establo?

—Ahí hay caballos. Muchos caballos.

—¿Qué más ves?

—Veo muchos árboles, con flores amarillas. Ahí está mi padre. Él cuida de los caballos.

Comprendí que me hallaba ante una criatura.

—¿Cómo es él?

—Es muy alto, de pelo gris.

—¿Te ves a ti misma?

—Soy una criatura..., una niña.

—¿Tu padre es el dueño de los caballos o sólo los cuida?

—Sólo los cuida. Vivimos cerca.

—¿Te gustan los caballos?

—Sí.

—¿Tienes un favorito?

—Sí. Mi caballo se llama Manzana.

Recordé la vida de Mandy; allí también había aparecido un caballo llamado Manzana. ¿Estaría repitiendo una vida que ya habíamos experimentado? Tal vez la enfocaba desde otra perspectiva.

—Manzana... sí. Tu padre ¿te deja montar a Manzana?

—No, pero puedo darle cosas para comer. Lo usan para tirar de la carreta del señor, para tirar de su carruaje. Es muy grande. Tiene patas grandes. Si no tienes cuidado, te pisa.

—¿Quién más está contigo?

—Mi madre. Veo a una hermana... es más grande que yo. No veo a nadie más.

—¿Qué ves ahora?

—Sólo los caballos.

—¿Es una época feliz para ti?

—Sí. Me gusta el olor del establo.

Era muy concreta en referencia a ese momento en el establo.

—¿Hueles los caballos?

—Sí.

—¿Y el heno?

—Sí..., tienen la cara tan suave... también hay perros... negros, algunos negros, y algunos gatos... muchos animales. Los perros se usan para cazar. Cuando cazan aves dejan que los perros los acompañen.

—¿Te ocurre algo?

—No. —Mi pregunta era demasiado vaga.

—¿Creces en esa finca?

—Sí. El hombre que cuida de los caballos. —Hizo una pausa—. En realidad no es mi padre.

Eso me confundió.

—¿No es tu verdadero padre?

—No sé, es... no es mi verdadero padre, no. Pero es como un padre para mí. Es un segundo padre. Es muy bueno. Tiene ojos verdes.

—Míralo a los ojos, ojos verdes, y trata de reconocerlo. Es bueno contigo, te quiere.

—Es mi abuelo... mi abuelo. Nos quería mucho. Mi abuelo nos quería mucho. Solía llevarnos a pasear siempre. Nosotros lo acompañábamos a un lugar donde él bebía. Y podíamos tomar gaseosas. Le gustábamos.

Mi pregunta la había sacado de esa vida para llevarla a su estado supraconsciente, observador. Ahora contemplaba la vida de Catherine y sus relaciones con su abuelo.

—¿Aún lo echas de menos? —pregunté.

—Sí —respondió con suavidad.

—Pero ya ves que ha estado antes contigo —expliqué, tratando de reducir su dolor al mínimo.

—Era muy bueno con nosotros. Nos amaba. Nunca nos gritó. Solía darnos dinero y nos llevaba siempre a pasear con él. Eso le gustaba. Pero murió.

—Sí, pero tú volverás a estar con él. Ya lo sabes.

—Sí. He estado antes con él. No era como mi padre. Son muy diferentes.

—¿Por qué uno te quiere tanto y te trata tan bien, mientras que el otro es tan diferente?

—Porque uno ha aprendido. Ha pagado la deuda que tenía. Mi padre no ha pagado su deuda. Ha regresado... sin comprender. Tendrá que hacerlo otra vez.

—Sí —asentí—. Tiene que aprender a amar, a educar.

—Sí —respondió.

—Si no comprenden esto —añadí—, tratan a los hijos como a objetos de su propiedad, no como a personas que merecen amor.

—Sí.

—Tu padre aún debe aprender eso.

—Sí.

—Tu abuelo ya lo sabe...

—Lo sé —interrumpió—. Tenemos muchas etapas que pasar cuando estamos en estado físico, igual que las otras etapas de evolución. Tenemos que atravesar la etapa infantil, la de la niñez, la de la adolescencia... Tenemos que avanzar cierta distancia antes de alcanzar... antes de alcanzar nuestra meta. Las etapas en la forma física son difíciles. En el plano astral son sencillas. Allí sólo descansamos y esperamos. Las otras son las difíciles.

—¿Cuántos planos hay en el estado astral?

—Hay siete —respondió.

—¿Cuáles son? —interrogué, tratando de confirmar los otros, aparte de los dos mencionados un rato antes.

—Sólo me han dicho dos: la etapa de transición y la de rememoración —repuso.

—Ésas son las dos que yo también conozco.

—Más adelante conoceremos las otras.

—Tú has aprendido al mismo tiempo que yo —observé—. Hoy hemos aprendido lo de las deudas. Es muy importante.

—Recordaré lo que deba recordar —añadió, enigmática.

—¿Recordarás estos planos? —inquirí.

—No. Para mí no son importantes. Para ti sí.

No era la primera vez que yo escuchaba algo así. Eso era para mí. Para que la ayudara, pero también más que eso. Para ayudarme, pero también más que esto. Sin embargo, no llegaba a descubrir cuál sería la finalidad más importante.

—Pareces estar mejorando muchísimo —continué—. Aprendes mucho.

—Sí.

—¿Por qué atraes ahora a la gente?

—Porque me he liberado de muchos miedos y puedo ayudar. La gente siente una atracción psíquica hacia mí.

—¿Podrás entendértelas con eso?

—Sí —no cabía duda—. No tengo miedo —agregó.

—Bien. Yo te ayudaré.

—Lo sé —replicó—. Tú eres mi maestro.

13

Catherine se había liberado de sus perturbadores síntomas. Estaba sana incluso más de lo que se puede considerar normal. Sus vidas empezaban a repetirse. Yo sabía que nos acercábamos al final. Lo que ignoraba en aquel día de otoño, mientras Catherine volvía a caer en su trance hipnótico, era que pasarían cinco meses entre esa sesión y la siguiente, que sería la última.

—Veo tallas —comenzó—. Algunas están hechas en oro. Veo arcilla. Hay gente haciendo vasijas. Son rojas... por el material rojo que usan. Veo un edificio marrón, una especie de estructura marrón. Ahí es donde estamos.

—¿Estás en el edificio marrón o cerca de él?

—Estoy dentro de él. Trabajamos en cosas diferentes.

—¿Puedes verte mientras trabajas? —pregunté—. ¿Puedes describirte, describir tu ropa? Mira hacia abajo. ¿Qué ves?

—Tengo una especie de... una tela roja, larga. Y zapatos extraños, como sandalias. Tengo el pelo castaño. Estoy trabajando en una especie de figura. Es la figura de un hombre... un hombre. Tiene algo así como un palo, una... una vara en la mano. Los otros están haciendo cosas con... algunos, con metales.

—¿Esto se hace en una fábrica?

—Es sólo un edificio. Un edificio de piedra.

—La estatua en la que trabajas, el hombre de la vara, ¿sabes quién es?

—No, es sólo un hombre. Se encarga del ganado... de las vacas. Hay muchas allí (estatuas). Nosotros sabemos cómo son. Es un material muy raro. Cuesta trabajarlo. Se desmigaja.

—¿Conoces el nombre del material?

—No veo eso. Sólo rojo, algo rojo.

—¿Qué pasará con la estatua después que la hayas terminado?

—La venderán. Algunas las venderán en el mercado. Otras se las darán a los diferentes nobles. Sólo la mejor artesanía irá a las casas de los nobles. El resto será vendido.

—¿Tratas tú alguna vez con esos nobles?

—No.

—¿Éste es tu trabajo?

—Sí.

—¿Te gusta?

—Sí.

—¿Hace mucho tiempo que haces esto?

—No.

—¿Lo haces bien?

—No muy bien.

—¿Necesitas más experiencia?

—Sí, apenas estoy aprendiendo.

—Comprendo. ¿Vives aún con tu familia?

—No sé, pero veo cajas marrones.

—¿Cajas marrones? —repetí.

—Tienen pequeñas aberturas. Hay una puerta y algunas estatuas dentro. Están hechas de madera, madera de alguna clase. Tenemos que hacer las estatuas para ellas.

—¿Cuál es la función de las estatuas?

—Son religiosas —respondió.

—¿Qué religión hay ahí... la estatua?

—Hay muchos dioses, muchos protectores... muchos dioses. La gente tiene mucho miedo. Aquí se hacen muchas cosas. También hacemos juegos... tableros con agujeros. En los agujeros van cabezas de animales.

—¿Ves algo más ahí?

—Hace mucho calor, y hay polvo... arena.

—¿Hay agua en la zona?

—Sí, baja de las montañas.

Esa vida también empezaba a parecerme familiar.

—¿La gente tiene miedo? —sondeé—. ¿Son supersticiosos?

—Sí. Hay mucho miedo. Todos están asustados. Yo también. Tenemos que protegernos. Hay enfermedad. Tenemos que protegernos.

—¿Qué clase de enfermedad?

—Algo los está matando a todos. Muere mucha gente.

—¿Por el agua? —pregunté.

—Sí. Todo está muy seco... muy caluroso, porque los dioses están enojados y nos castigan.

Estaba reviviendo la vida en que había sido curada con tanis. Reconocí la religión del miedo, la religión de Osiris y Hathor.

—¿Por qué se han enojado los dioses? —pregunté, aunque ya sabía la respuesta.

—Porque hemos desobedecido las leyes. Están enojados.

—¿Qué leyes habéis desobedecido?

—Las establecidas por los nobles.

—¿Cómo se puede apaciguar a los dioses?

—Es preciso usar ciertas cosas. Algunas personas usan cosas colgadas del cuello. Ayudan contra el mal.

—¿Existe algún dios en especial que asuste más a la gente?

—Todos nos asustan.

—¿Sabes los nombres de algunos?

—No sé sus nombres. Sólo los veo. Hay uno que tiene cuerpo humano y cabeza de animal. Otro parece un sol. Hay uno que se parece a un pájaro; es negro. Llevan una cuerda rodeándoles el cuello.

—¿Sobrevives a todo esto?

—Sí. No muero.

—Pero otros miembros de tu familia, sí.

—Sí... mi padre. Mi madre está bien.

—¿Y tu hermano?

—Mi hermano... ha muerto —recordó.

—¿Por qué sobrevives tú? ¿Hay algo especial, algo que tú hayas hecho?

—No —respondió. Luego cambió el centro de atención—. Veo algo con aceite dentro.

—¿Qué ves?

—Algo blanco. Casi parece mármol. Es... alabastro. Una especie de cuenco... con aceite. Se usa para untar la cabeza...

—¿... de los sacerdotes? —completé.

—Sí.

—¿Cuál es ahora tu función? ¿Ayudar con el aceite?

—No. Hago las estatuas.

—¿En ese mismo edificio marrón?

—No... es más tarde... un templo.

Algo la inquietaba.

—¿Tienes algún problema ahí?

—Alguien ha hecho algo en el templo que ha enfurecido a los dioses. No sé...

—¿Has sido tú?

—No, no... sólo veo a los sacerdotes. Están preparando un sacrificio... un animal... Es un cordero. Tienen la cabeza afeitada. No tienen pelo en ningún lado, ni en la cara...

Calló. Los minutos pasaban lentamente. De pronto se puso alerta, como si escuchara algo. Cuando habló, lo hizo con voz grave. Un Maestro se había hecho presente.

—Es en este plano donde a algunas almas se les permite manifestarse a las personas que aún están en la forma física. Se les permite retornar... sólo si han dejado algún acuerdo sin cumplir. En este plano se permite la intercomunicación. Pero los otros planos... Aquí es donde se nos permite utilizar los poderes psíquicos y comunicarnos con las personas que tienen forma física. Hay muchas maneras de hacerlo.

A algunos se les otorga el poder de la vista, para que puedan mostrarse a quienes aún están en la forma física. Otros tienen el poder del movimiento; se les permite mover objetos telepáticamente. Sólo se va a este plano si a uno le es útil ir ahí. Si ha dejado un acuerdo sin cumplir, puede decidir ir ahí para comunicarse de algún modo. Pero eso es todo... para que el acuerdo quede cumplido. Si nuestra vida ha terminado abruptamente, sería un motivo para entrar en este plano. Muchos prefieren ir ahí porque se les permite ver a quienes aún están en la forma física y muy unidos a ellos. Pero no todos quieren tener contacto con ellos. Para algunos puede ser muy aterrador.

Catherine guardó silencio y pareció estar en descanso. De pronto susurró, con suavidad:

—Veo la luz.

—¿Esa luz te da energía?

—Es como empezar... es un renacimiento.

—¿Cómo puede quien está en la forma física sentir esa energía? ¿Cómo recurrir a ella para recargarse?

—Por la mente —respondió suavemente.

—Pero ¿cómo se llega a ese estado?

—Es preciso estar muy relajado. Uno puede renovarse por la luz, por medio de la luz. Es preciso estar muy relajado, de modo que ya no se gasten energías, sino que se renueven. En el sueño uno se renueva. —Estaba en el plano supraconsciente. Decidí ampliar el interrogatorio.

—¿Cuántas veces has renacido? —pregunté—. ¿Han sido todas en este mundo, la Tierra, o también en otros sitios?

—No —respondió—, no todas aquí.

—¿Qué otros planos, a qué otros lugares se va?

—Aún no he terminado lo que debo hacer aquí. No puedo seguir mientras no haya experimentado toda la vida, y no es así. Habrá muchas vidas más... para cumplir con todos los acuerdos y todas las deudas contraídas.

—Pero tú estás avanzando —observé.

—Siempre avanzamos.

—¿Cuántas veces has vivido en la Tierra?

—Ochenta y seis.

—¿Ochenta y seis?

—Sí.

—¿Las recuerdas todas?

—Las recordaré cuando sea importante para mí recordarlas. —Habíamos recorrido fragmentos o grandes partes de diez o doce vidas, y en los últimos tiempos se estaban repitiendo. Al parecer, no tenía necesidad de recordar las setenta y cinco restantes. En verdad había hecho progresos notables, al menos a mi modo de ver. Los progresos que lograra a partir de ese punto podían no depender del recuerdo de otras vidas. Su progreso futuro podía no depender siquiera de mí ni de mi ayuda.

»Algunas personas —susurró suavemente otra vez— tocan el plano astral utilizando drogas, pero no comprenden lo que han experimentado. Pero se les ha permitido cruzar.

La había interrogado sobre las drogas. Ella estaba enseñándome, compartiendo conocimientos, aunque no le hiciera preguntas específicas.

—¿No puedes utilizar tus poderes psíquicos para ayudarte a avanzar aquí? —pregunté—. Pareces estar desarrollándolos cada vez más.

—Sí —asintió—. Es importante, pero no tanto aquí como en otros planos. Es parte de la evolución y el crecimiento.

—¿Importante para mí y para ti?

—Importante para todos nosotros.

—¿Cómo desarrollamos estas facultades?

—Las desarrollamos mediante las relaciones. Hay algunos dotados de altos poderes, que han regresado con más conocimientos. Ellos buscarán a quienes necesiten desarrollo, para ayudarlos. —Cayó en un largo silencio. Luego, dejando su estado supraconsciente, entró en otra vida.

»Veo el océano. Veo una casa cerca del océano. Es blanca. Los barcos van y vienen en el puerto. Huelo el agua marina.

—¿Estás ahí?

—Sí.

—¿Cómo es la casa?

—Es pequeña. Tiene una especie de torre arriba... una ventana desde donde se puede mirar hacia el mar. Hay una especie de telescopio. Es de bronce, madera y bronce.

—¿Usas tú ese telescopio?

—Sí, para buscar barcos.

—¿A qué te dedicas?

—Informamos cuándo entra a puerto un buque mercante.

Recordé lo que había hecho en la vida de Christian, el marinero que se había herido una mano durante una batalla naval.

—¿Eres marinero? —pregunté, buscando la confirmación.

—No sé... Puede ser.

—¿Puedes ver la ropa que llevas?

—Sí. Una especie de camisa blanca y pantalones cortos, pardos, y zapatos con hebillas grandes... Más adelante soy marinero, pero ahora no. —Veía su futuro, pero el acto de hacerlo la hizo saltar hacia allí.

»Estoy herido —gimió, retorciéndose de dolor—. Tengo la mano herida. —Era Christian, en efecto, y volvía a revivir la batalla en el mar.

—¿Ha habido alguna explosión?

—Sí... ¡huelo a pólvora!

—Ya pasará todo —la tranquilicé, puesto que conocía el resultado.

—¡Están muriendo muchos! —aún estaba agitada—, las velas están desgarradas... parte de babor ha desaparecido. —Estaba escudriñando el buque en busca de daños—. Tenemos que reparar las velas. Es preciso repararlas.

—¿Te recobras? —pregunté.

—Sí. Es difícil remendar la tela de las velas.

—¿Puedes trabajar con la mano?

—No, pero estoy observando a otros... velas. Están hechas de lona, una especie de lona, muy difícil de remendar. Han muerto muchos. Sufren mucho. —Hizo una mueca de dolor.

—¿Qué pasa?

—Me duele... la mano.

—Tu mano curada. Adelántate en el tiempo. ¿Vuelves a navegar?

—Sí. —Hizo una pausa—. Estamos en el sur de Gales. Tenemos que defender la costa.

—¿Quiénes os atacan?

—Creo que son los españoles... tienen una flota muy grande.

—¿Qué pasa después?

—Sólo veo la nave. Veo el puerto. Hay tiendas. En algunas de esas tiendas se hacen cirios. Hay tiendas donde se compran libros.

—Sí. ¿Vas a las tiendas de libros?

—Sí. Me gustan mucho. Los libros son estupendos. Veo muchos libros. El rojo es de historia. Hablan de ciudades... de la Tierra. Hay mapas. Me gusta este libro... Hay una tienda donde venden sombreros.

—¿Hay algún lugar para beber? —pregunté, recordando la descripción de la cerveza hecha por Christian.

—Sí, muchos —respondió ella—. Sirven cerveza... cerveza muy oscura... y cierta carne... cordero y pan, pan muy grande. La cerveza es muy amarga, muy amarga. Siento el sabor. También hay vino, y largas mesas de madera...

Decidí llamarla por su nombre de esa vida, para apreciar sus reacciones.

—¡Christian! —grité enérgicamente.

Ella respondió en voz alta, sin vacilar.

—¡Sí! ¿Qué desea usted?

—¿Dónde está tu familia, Christian?

—Está en una ciudad cercana. Zarpamos desde este puerto.
—¿Quiénes componen tu familia?
—Tengo una hermana... Mary, una hermana.
—¿Dónde está tu novia?
—No tengo novia. Sólo las mujeres de la ciudad.
—¿Ninguna en especial?
—No, sólo mujeres... Vuelvo a navegar. Combato en muchas batallas pero estoy ileso.
—Envejeces.
—Sí.
—¿Llegas a casarte?
—Creo que sí. Veo un anillo.
—¿Tienes hijos?
—Sí. Mi hijo también será marino. Hay un anillo con una mano. La mano sostiene algo. No veo qué. El anillo es una mano. Es una mano que sujeta algo.
—Comenzó a dar arcadas.
—¿Qué pasa?
—La gente de a bordo está enferma... es por la comida en mal estado. Es cerdo salado.

Las arcadas continuaban. La adelanté en el tiempo y la náusea pasó. Decidí no hacerla pasar nuevamente por el ataque cardíaco de Christian. Como ya estaba exhausta, la saqué del trance.

14

Pasaron tres semanas antes de que volviéramos a vernos. Una breve enfermedad mía y las vacaciones de Catherine provocaron esa demora. Durante ese período, ella continuó madurando. Sin embargo, cuando se inició la sesión parecía ansiosa. Anunció que estaba muy bien y que se sentía mucho mejor; por lo tanto, no creía que la hipnosis pudiera servir más.

Tenía razón, desde luego. En circunstancias ordinarias, podríamos haber terminado con la terapia semanas antes. Yo la había prolongado por mi interés en los mensajes de los Maestros, en parte, y también porque aún persistían algunos pequeños problemas en la vida presente de Catherine. Estaba casi curada y sus vidas se iban repitiendo. Pero ¿y si los Maestros tenían algo más que decirme? ¿Cómo se comunicarían sin Catherine? No ignoraba que, si yo insistía, ella aceptaría continuar con las sesiones. Pero no me sentía con el derecho de insistir. Con cierta tristeza, me mostré de acuerdo. Conversamos sobre lo sucedido en las tres últimas semanas, pero yo no podía poner mucho interés.

Pasaron cinco meses. Catherine conservaba su mejoría clínica. Sus miedos y ansiedades eran mínimos. La calidad de su vida y de sus relaciones se había incrementado espectacularmente. Ahora salía con otros hombres, aunque Stuart aún estaba en escena. Por primera vez desde su infancia, experimentaba goce y verdadera felicidad. De vez en cuando nos cruzábamos en el vestíbulo o en la cafetería, pero no había entre nosotros una relación formal de médico y paciente.

Pasó el invierno y comenzó la primavera. Catherine pidió una entrevista en mi consultorio. Tenía un sueño recurrente sobre cierto sacrificio religioso que se refería a un foso de serpientes. Obligaban a la gente (ella incluida) a bajar al foso. Ella estaba allí, tratando de salir, clavando las manos en las paredes arenosas, con las serpientes abajo. A esta altura del sueño despertaba, con el corazón palpitante.

Pese a la larga separación, cayó muy pronto en un profundo estado hipnótico. No me sorprendió que regresara instantáneamente a una vida antigua.

—Hace mucho calor en donde estoy —comenzó—. Veo a dos hombres negros, de pie junto a unos muros de piedra, fríos y húmedos. Tienen sombreros puestos. Una cuerda les rodea el tobillo derecho. La cuerda está trenzada con cuentas y borlas de adorno. Están construyendo un depósito con piedra y arcilla; ponen trigo allí, una especie de cereal molido. El cereal se trae en un carro con ruedas de hierro. En una parte de la carreta hay esterillas tejidas. Veo agua, muy azul. Alguien da órdenes a los otros. Hay tres peldaños que bajan al granero. Fuera, la estatua de un dios. Tiene cabeza de animal, de ave, y cuerpo de hombre. Es un dios de las estaciones. Los muros están impermeabilizados con una especie de brea, para evitar que entre el aire y para mantener fresco el cereal. Me pica la cara... Veo cuentas azules en mi pelo. Hay bichos ahí, moscas, que me producen escozor en la cara y en las manos. Me pongo algo pegajoso en la cara para espantarlas... tiene un olor horrible; es savia de algún árbol.

»Tengo trenzas en el pelo y cuentas en las trenzas, con hebras de oro. Mi pelo es negro oscuro. Formo parte de la casa real. Estoy allí por alguna festividad. He venido a ver cómo se ungen los sacerdotes... una fiesta a los dioses por la próxima cosecha. Sólo hay sacrificios de animales; de humanos, no. La sangre de los animales sacrificados corre desde una plataforma blanca hasta un cuenco... corre por la boca de una serpiente. Los hombres usan pequeños sombreros dorados. Todo el mundo es de tez oscura. Tenemos esclavos de otras tierras, de allende el mar...

Calló. Nos quedamos esperando, como si los meses no hubieran transcurrido. Ella pareció ponerse alerta, escuchando algo.

—Todo es tan rápido, tan complicado... lo que me dicen... sobre el cambio, el crecimiento y los diferentes planos. Hay un plano de conciencia y un plano de transición. Venimos de una vida y, si las lecciones se han completado, pasamos a otra dimensión, a otra vida. Debemos comprender plenamente. De lo contrario, no se nos permite pasar... tenemos que repetir, porque no aprendemos. Debemos experimentarlo desde todos los aspectos. Debemos conocer el lado de las carencias, pero también el de la entrega. Hay muchísimo que saber, muchísimos espíritus dedicados a eso. Por eso estamos aquí... Los Maestros... son sólo uno en este plano.

Catherine hizo una pausa. Luego habló con la voz del Maestro poeta. Se dirigía a mí.

—Lo que ahora decimos es para ti. Debes aprender ahora por medio de tu propia intuición.

Al cabo de algunos minutos, Catherine volvió a su suave murmullo.

—Hay una cerca negra... dentro, lápidas. Ahí está la tuya.

—¿La mía? —pregunté, sorprendido por la visión.

—Sí.

—¿Puedes leer la inscripción?

—El nombre es «Noble»: 1668-1724. Sobre ella hay una flor... Es en Francia o en Rusia. Usabas un uniforme rojo... te caíste de un caballo... Hay un anillo de oro... con una cabeza de león... usado como insignia.

No hubo más. Según interpreté, la declaración del Maestro poeta significaba que no habría más revelaciones por medio de la hipnosis de Catherine.

En efecto, así fue. No hubo más sesiones. Su curación era completa y yo había aprendido todo lo que podía aprender mediante las regresiones. El resto, lo que estaba en el futuro, tendría que aprenderlo mediante mi propia intuición.

15

Dos meses después de nuestra última sesión, Catherine llamó para pedir una entrevista, diciendo que tenía algo muy interesante que contarme.

Cuando entró en el consultorio me sorprendió por un instante la presencia de la nueva Catherine, feliz, sonriente, irradiando una paz interior que la hacía refulgir. Por un momento pensé en la Catherine de un principio, en lo mucho que había progresado en tan corto tiempo.

Catherine había ido a visitar a Iris Saltzman, una conocida astróloga psíquica que se especializaba en lectura de vidas pasadas. Eso me sorprendió un poco, pero comprendí la curiosidad de Catherine y su necesidad de buscar alguna confirmación de lo que había experimentado. Me alegró que sintiera la suficiente confianza como para hacer eso.

En tiempos recientes, una amiga le había hablado de Iris. Llamó para pedirle una entrevista, sin decir nada a Iris de lo que había ocurrido en mi consultorio.

Iris le pidió sólo la fecha, la hora y el lugar de su

nacimiento. Según le explicó, con eso construiría una carta astral que, en conjunción con sus propios dones intuitivos, le permitiría discernir detalles de las vidas pasadas de Catherine.

Era la primera experiencia de mi paciente con una parapsicóloga y no sabía qué esperar. Para asombro suyo, Iris corroboró la mayor parte de lo que ella había descubierto bajo hipnosis.

La psíquica fue pasando gradualmente de un estado alterado de conciencia; lo conseguía hablando y tomando anotaciones en el gráfico astrológico, apresuradamente construido. Minutos después de haber entrado en ese estado, Iris se llevó la mano al cuello y anunció que, en una vida anterior, Catherine había sido estrangulada y degollada. El degüello se había producido en tiempos de guerra; Iris veía llamas y destrucción en la aldea, muchos siglos antes; dijo que, por entonces, Catherine era un hombre joven.

Con ojos vidriosos, la describió acto seguido como un hombre joven vestido de uniforme naval, con pantalones negros, cortos, y zapatos de hebillas extrañas. De pronto se apretó la mano izquierda y experimentó un dolor palpitante, exclamando que algo agudo le había atravesado la mano, y que le dejaría una cicatriz permanente. Había grandes batallas marítimas frente a la costa inglesa. Pasó a describir una vida de navegación.

Describió otros fragmentos de vida. Hubo una breve existencia en París, como niño, que murió joven y en la pobreza. En otra ocasión fue una india americana en la costa sudoeste de Florida; por entonces era curandera y caminaba descalza; su piel era oscura y tenía ojos extraños. Aplicaba ungüentos a las heridas y daba medicamentos preparados con hierbas; era muy psíquica. Le encantaba llevar una joya con piedras azules, mucho lapislázuli, y una piedra roja entre ellas.

En otra vida Catherine fue española y vivió de la prostitución; su nombre comenzaba con la letra L. Vivía con un hombre mayor.

En otra fue la hija ilegítima de un caballero adinerado, que tenía muchos títulos. Iris vio el escudo de la familia en las jarras de la casa grande. Dijo que Catherine era muy rubia y que tenía dedos largos, finos. Tocaba el arpa. Su matrimonio fue convenido. Amaba a los animales, especialmente a los caballos, y los trataba mejor que a las personas que la rodeaban.

En una breve vida fue un niño marroquí que murió en la juventud, a consecuencia de una enfermedad. Una vez vivió en Haití, dedicada a prácticas mágicas.

En una vida antigua fue egipcia y estuvo relacionada con los ritos fúnebres de esa cultura. Era mujer, de pelo trenzado.

Había vivido varias veces en Francia y en Italia. Pasó una de esas existencias en Florencia, dedicada a la religión. Más tarde se trasladó a Suiza, donde tuvo algo que ver con un monasterio; era mujer y tenía dos hijos varones; le gustaban el oro y las esculturas de ese material; llevaba una cruz de oro. En Francia había estado encarcelada en un lugar frío y oscuro.

En otra vida, Iris vio a Catherine como hombre de uniforme rojo, trabajando con caballos y soldados. El uniforme, rojo y dorado, parecía ruso. Pasó otra existencia como esclava nubia en el antiguo Egipto. En algún momento la capturaron y la arrojaron a la cárcel. También fue un japonés, dedicado a libros y a la enseñanza, muy erudito. Trabajaba en varias escuelas y vivió hasta edad muy avanzada.

Por fin había una vida más reciente: como soldado alemán muerto en combate.

Me fascinó la detallada exactitud de esos acontecimientos pasados descritos por Iris. Era asombroso el modo en que se correspondían con los recuerdos de la propia Catherine bajo regresión hipnótica: la herida en la mano sufrida por Christian en la batalla naval y la descripción de sus ropas; Luisa, la prostituta española; Aronda y los entierros egipcios; Johan, el joven invasor degollado por una antigua encarnación de Stuart mientras ardía la aldea de éste; Eric, el malhadado piloto alemán, etcétera.

También había coincidencias con la vida actual de Catherine. Por ejemplo: a ella le encantaban las joyas de piedras azules, sobre todo el lapislázuli. Sin embargo, no se había puesto ninguna para asistir a la entrevista con Iris. Siempre le habían gustado los animales, sobre todo los caballos y los gatos; se sentía más a salvo con ellos que con la gente. Y si hubiera podido elegir una ciudad en el mundo entero, habría elegido Florencia.

Bajo ningún concepto diría yo que esta experiencia es un experimento científico válido. No habría modo de controlar las variables. Pero ocurrió y creo que es importante relatarlo aquí.

No tengo certeza de lo que pueda haber ocurrido ese día. Tal vez Iris utilizó inconscientemente la telepatía para «leer» la mente de Catherine, puesto que las vidas pasadas ya estaban en su subconsciente. O tal vez era, verdaderamente, capaz de percibir información de vidas pasadas mediante el uso de sus poderes psíquicos. De un modo u otro, las dos obtuvieron la misma información por medios diferentes. Lo que Catherine supo por regresión hipnótica, Iris lo alcanzó por medio de canales psíquicos.

Muy pocas personas pueden hacer lo que hizo Iris. Muchos de los que se jactan de psíquicos no hacen sino aprovecharse de los miedos del prójimo, así como de su curiosidad por lo desconocido. Hoy en día, los falsos parapsicólogos parecen brotar como hongos. La popularidad de libros tales como *Out on a Limb*, de Shirley MacLaine, ha provocado un torrente de nuevos «médiums en trance». Muchos vagan por ahí, anunciando su presencia, y se ponen en «trance» para decirle al público, embobado y sobrecogido, lugares comunes tales como: «Si no estás en armonía con la naturaleza, la naturaleza no estará en armonía contigo.» Estas declaraciones suelen hacerse con una voz muy diferente de la habitual en un médium; con frecuencia están teñidas de algún acento extranjero. Los mensajes son vagos y aplicables a una amplia variedad de personas. Muchas veces se refieren, sobre todo, a las dimensiones espirituales, que resultan difíciles de valorar.

Es importante separar lo falso de lo cierto, para que ese campo no caiga en el descrédito. Hacen falta científicos conductistas serios para que se encarguen de este importante trabajo; psiquiatras, para que efectúen diagnósticos y descarten las enfermedades mentales, las falsedades y las tendencias sociopáticas; también los estadísticos, los psicólogos y los médicos son vitales para estas evaluaciones y las pruebas posteriores.

Los pasos importantes que se den en este campo tendrán que utilizar una metodología científica. La ciencia postula una hipótesis (supuesto preliminar hecho sobre la base de una serie de observaciones) para explicar un fenómeno. A partir de ahí es preciso poner a prueba esa hipótesis bajo condiciones controladas. Es preciso demostrar y reproducir los resultados de esas pruebas antes de formar una teoría. Una vez que los científicos obtienen una teoría aparentemente sólida, ésta debe ser puesta a prueba una y otra vez por otros investigadores, con resultados iguales.

Los estudios detallados, científicamente satisfactorios, de los doctores Joseph B. Rhine, de la Universidad de Duke; Ian Stevenson, de la Universidad de Virginia, departamento de psiquiatría; Gertrude Schmeidler, del Colegio de la Ciudad de Nueva York, y muchos otros investigadores serios, demuestran que esto es posible.

16

Han pasado casi cuatro años desde que Catherine y yo compartimos esta increíble experiencia. Nos ha cambiado profundamente a ambos.

De vez en cuando ella pasa por mi consultorio para saludarme o para analizar algún problema que pueda tener. Nunca ha sentido la necesidad ni el deseo de someterse a otra regresión, ya sea para resolver un síntoma o para averiguar qué relación pueda haber tenido en el pasado con las personas a quienes acaba de conocer. La obra está terminada. Catherine está ahora en libertad para disfrutar plenamente de su vida, sin verse paralizada por sus síntomas incapacitantes. Ha hallado una felicidad y un contento que nunca había creído posibles.

Ya no teme a la enfermedad ni a la muerte. Para ella la vida tiene un significado y un objetivo, puesto que está equilibrada y en armonía consigo misma. Irradia una paz interior que muchos desean, pero pocos obtienen. Se siente más espiritual. Para Catherine, lo que ha ocurrido es muy real. No duda de la verdad de ningún fragmento, lo acepta todo como parte integrante de su persona, tal como es. No tiene interés alguno en estudiar los fenómenos psíquicos, pues considera que «sabe» como nunca podría saber mediante libros o conferencias. Muchas veces la buscan personas que van a morir o que van a perder a un miembro de su familia. Ella parece atraerlos. Se sienta a conversar con ellos y logra que se sientan mejor.

Mi vida ha cambiado casi tan drásticamente como la de Catherine. Me he vuelto más intuitivo; capto mejor las partes ocultas de mis pacientes, colegas y amigos. Al parecer, sé muchas cosas sobre ellos aun antes de lo debido. Mi sistema de valores, las metas de mi vida han adquirido un enfoque más humanista, menos acumulativo. Psíquicos, médiums, curanderos y otros aparecen en mi vida con una frecuencia cada vez mayor, y he comenzado a evaluar sistemáticamente sus habilidades. Carole se ha desarrollado junto conmigo. Es especialmente capaz cuando se trata de ayudar en los casos de fallecimiento; ahora dirige grupos de apoyo para pacientes que agonizan por el sida.

He comenzado a meditar, cosa que, hasta hace poco, creía factible sólo para hindúes y californianos. Las lecciones transmitidas por medio de Catherine se han convertido en parte consciente de mi vida cotidiana. Al recordar el significado más profundo de la vida, al pensar en la muerte como parte natural de la existencia, me he vuelto más paciente, más empático, más afectuoso. También me siento más responsable de mis acciones, tanto las negativas como las elevadas. Sé que habrá que pagar un precio. Lo que va, efectivamente, vuelve.

Aún escribo artículos científicos, doy conferencias en congresos de profesionales y dirijo el departamento de Psiquiatría. Pero ahora vivo entre dos mundos: el mundo fenoménico de los cinco sentidos, representado por el cuerpo y las necesidades físicas, y el mundo mayor de los planos no físicos, representados por el alma y el espíritu. Sé que los mundos están vinculados, que todo es energía. Sin embargo, muchas veces parecen guardar gran distancia entre sí. Mi trabajo consiste en conectar esos mundos, en documentar cuidadosa y científicamente esa unidad.

Mi familia ha mejorado. Tanto Carole como Amy han descubierto en sí capacidades psíquicas que superan el promedio normal, y alentamos alegremente el desarrollo de esos poderes. Jordan se ha convertido en un potente y carismático adolescente, líder por naturaleza. Por mi parte, por fin me estoy volviendo menos serio. Y a veces tengo sueños que se salen de lo común.

En los meses que siguieron a la última sesión de Catherine, en mis sueños comenzó a aparecer una tendencia peculiar. A veces tenía un sueño vívido, en el cual me encontraba escuchando una conferencia o formulando preguntas al conferenciante. El nombre de ese maestro era Filón. Al despertar, a veces recordaba parte del material analizado y lo anotaba. Aquí incluyo algunos ejemplos. El primero era una conferencia, en la cual reconocí la influencia de los mensajes de los Maestros.

«... La sabiduría se alcanza con mucha lentitud. Esto se debe a que el conocimiento intelectual, fácilmente adquirido, debe convertirse en conocimiento "emocional" o subconsciente. Una vez transformado, la huella es permanente. La práctica conductista es el catalizador necesario para esta reacción. Sin acción, el concepto se marchita y desvanece. El conocimiento teórico sin aplicación práctica no es suficiente.

»Hoy en día se descuidan el equilibrio y la armonía; sin embargo, son las bases de la sabiduría. Todo se hace en exceso. La gente se excede en el peso porque come demasiado. Los deportistas descuidan aspectos de sí mismos y de los demás por correr en exceso. La gente parece excesivamente mezquina. Se bebe demasiado, se fuma demasiado, se está demasiado de juerga (o demasiado poco), se conversa demasiado sin satisfacción, se tienen demasiadas preocupaciones. Hay demasiadas ideas en blanco o negro. Todo o nada. La naturaleza no es así.

»En la naturaleza hay equilibrio. Los animales destruyen en pequeñas cantidades. Los sistemas ecológicos nunca son eliminados en masa. Las plantas consumidas vuelven a crecer. Las fuentes de sustento proveen y vuelven a reponerse. Se disfruta de la flor, se come la fruta, se preserva la raíz.

»La humanidad no ha aprendido el equilibrio; mucho menos lo ha practicado. Se guía por la codicia y la ambición; se conduce por el miedo. De este modo acabará por aniquilarse. Pero la naturaleza sobrevivirá, al menos las plantas.

»En verdad, la felicidad arraiga en la sencillez. La tendencia al exceso en el pensamiento y en la acción disminuye la felicidad. El exceso nubla los valores básicos. Los religiosos nos dicen que la felicidad se logra llenando el corazón de amor, fe y esperanza, practicando la caridad y brindando bondad. En verdad tienen razón. Dadas estas actitudes, habitualmente vienen el equilibrio y la armonía. Son, colectivamente, un estado del ser. En estos tiempos son un estado alterado de conciencia. Es como si la humanidad no permaneciera en su estado natural mientras vive en la Tierra. Tiene que llegar a un estado alterado a fin de llenarse de amor, caridad y sencillez, para sentir pureza, para deshacerse de sus temores crónicos.

»¿Cómo se llega a ese estado alterado, a ese otro sistema de valores? Y una vez que se llega a él ¿cómo sustentarlo? La respuesta parece simple. Es el denominador común de todas las religiones. La humanidad es inmortal; lo que hacemos ahora es aprender nuestras lecciones. Todos estamos en la escuela. Todo es muy simple, si se puede creer en la inmortalidad.

»Si una parte del ser humano es eterna (y en la historia hay sobradas evidencias para pensarlo así), ¿por qué nos tratamos tan mal? ¿Por qué pasamos por encima del prójimo en "provecho" personal, si en realidad estamos desechando la lección? Al parecer, todos vamos hacia el mismo sitio, aunque a diferente velocidad. Nadie es más grande que los demás.

»Analicemos las lecciones. Intelectualmente, las respuestas siempre han estado ahí, pero esta necesidad de actualizarlas por experiencia, de hacer permanente la huella subconsciente al "emocionalizar" y practicar el concepto, es la clave de todo. No basta memorizar en la escuela dominical. Parlotear sin practicar de nada sirve. Resulta fácil leer sobre el amor, la caridad y la fe, o conversar sobre ello. Pero practicarlos, sentirlos, requiere casi un estado alterado de conciencia. No se trata del estado transitorio inducido por las drogas, el alcohol o una emoción inesperada. El estado permanente se alcanza mediante el conocimiento y la comprensión. Se mantiene mediante la actividad física, mediante la acción y la práctica. Consiste en tomar algo casi místico y transformarlo en cosa de todos los días mediante la práctica, haciendo de eso un hábito.

»Comprendamos que nadie es mejor que otro. Sintámoslo. Practiquemos la ayuda al prójimo. Todos remamos en el mismo bote. Si no lo hacemos juntos, nuestros equipos se encontrarán muy solos.»

Otra noche, en un sueño diferente, hice una pregunta: «¿Por qué dice usted que todos somos iguales, cuando las contradicciones obvias son tan evidentes? ¿Diferencia en las virtudes, en el temperamento, el dinero, los derechos, la capacidad y el talento, la inteligencia, la aptitud para las matemáticas, y así hasta el infinito?»

La respuesta fue una metáfora: «Es como si dentro de cada persona se pudiera encontrar un gran diamante. Imaginemos un diamante de un palmo de longitud. Ese diamante tiene mil facetas, pero todas están cubiertas de polvo y brea. La misión de cada alma es limpiar cada una de esas facetas hasta que la superficie esté brillante y pueda reflejar un arco iris de colores.

»Ahora bien, algunos han limpiado muchas facetas y relucen con intensidad. Otros sólo han logrado limpiar unas pocas, que no brillan tanto. Sin embargo, por debajo del polvo, cada persona posee en su pecho un luminoso diamante, con mil facetas refulgentes. El diamante es perfecto, sin un defecto. La única diferencia entre las diferentes personas es el número de facetas que han limpiado. Pero cada diamante es el mismo y cada uno es perfecto.

»Cuando todas las facetas estén limpias y brillen en el espectro de la luz, el diamante volverá a la energía pura que fue en su origen. La luz permanecerá. Es como si el proceso requerido para hacer el diamante se invirtiera, liberada ya por toda la presión. La energía pura existe en el arco iris de luces, y las luces poseen conciencia y conocimiento.

»Y todos los diamantes son perfectos.»

A veces, las preguntas son complicadas y las respuestas, simples.

—¿Qué debo hacer? —preguntaba yo en un sueño—. Sé que puedo tratar y curar a la gente que sufre. Vienen a mí en mayor número de los que puedo atender. Estoy muy cansado. Pero ¿puedo negarme cuando me necesitan tanto? ¿Es correcto decir «Ya basta»?

—Tu papel no es el ser un salvavidas —fue la respuesta.

El último ejemplo que voy a citar fue un mensaje a otros psiquiatras. Desperté a eso de las seis de la mañana; en mi sueño había estado dando una conferencia a una vasta congregación de psiquiatras.

«En la carrera hacia la cada vez mayor incorporación de la medicación en psiquiatría, es importante que no abandonemos las enseñanzas tradicionales de nuestra profesión, aunque a veces parezcan vagas. Somos nosotros quienes aún conversamos con nuestros pacientes, con paciencia y compasión. Aún nos tomamos tiempo para hacerlo. Facilitamos el entendimiento conceptual de la enfermedad, curando con comprensión y mediante el descubrimiento inducido del conocimiento de sí mismo, no sólo con rayos láser. Aún utilizamos la esperanza para curar.

»En esta época actual, otras ramas de la medicina consideran que estos enfoques tradicionales de la curación son demasiado ineficaces, que consumen tiempo y no tienen base. Prefieren la tecnología al diálogo, la química de sangre analizada por computadora a la química personal entre el paciente y el médico, que cura al paciente y proporciona satisfacción al médico. Los enfoques idealistas, éticos, personalmente gratificantes de la medicina, pierden terreno ante los económicos, eficientes, aislantes y destructores de la satisfacción. Como resultado, nuestros colegas se sienten cada vez más aislados y deprimidos. Los pacientes, masificados y vacíos, como si nadie se ocupara de ellos.

»Debemos evitar la seducción de la alta tecnología. Antes bien, deberíamos ser modelos para nuestros colegas. Deberíamos demostrar que la paciencia, la comprensión y la compasión ayudan tanto al paciente como al médico. Reservar más tiempo para dialogar, para enseñar, para despertar la esperanza y la expectativa de curación: estas cualidades del médico-curandero, medio olvidadas, son las que debemos emplear siempre, como ejemplo para nuestros médicos colegas.

»La alta tecnología es maravillosa para la investigación y para facilitar la comprensión de la enfermedad humana. Puede ser un valioso instrumento clínico, pero jamás reemplazará las características y los métodos inherentemente personales de los verdaderos médicos. La psiquiatría puede ser la más digna de las especialidades médicas. Somos los maestros. No deberíamos abandonar este papel en aras de la asimilación: ahora, menos que nunca.»

Aún tengo ese tipo de sueños, aunque sólo ocasionalmente. Con frecuencia, mientras medito, mientras conduzco por la autopista o incluso en las ensoñaciones, me surgen en la mente frases, ideas, visualizaciones. Muchas veces se parecen muy poco a mi modo consciente y habitual de pensar o conceptualizar. Suelen ser muy oportunos para resolver cuestiones o preguntas del momento. Los uso en la terapia y en mi vida cotidiana. Considero que estos fenómenos son una expansión de mis capacidades intuitivas y me siento alentado por ellos. Para mí, son la señal de que me encamino en la dirección correcta, aunque aún me reste mucho camino por recorrer.

Presto atención a mis sueños y a mis intuiciones. Cuando lo hago, todo parece marchar bien. En caso contrario, invariablemente algo falla.

Aún siento a los Maestros a mi alrededor. No estoy seguro de que ellos influyan en mis sueños y mis intuiciones, pero sospecho que sí.

Epílogo

Este libro está ya completo, pero la historia continúa. Catherine sigue curada, sin que se hayan repetido sus síntomas originarios. Al inducir a regresión a otros pacientes he puesto mucho cuidado. Me guío por la constelación particular de síntomas de cada uno y por lo refractario que se muestre a otros tratamientos, por la disposición a dejarse hipnotizar con facilidad, por su aceptación de este enfoque y por la certeza intuitiva de que es el camino a seguir. Desde el caso de Catherine he llevado en regresiones detalladas a múltiples vidas pasadas a doce pacientes más. Ninguno de ellos era psicópata, tenía alucinaciones ni padecía de personalidad múltiple. Todos mejoraron espectacularmente.

Esos doce pacientes tienen personalidades y antecedentes muy dispares. Un ama de casa judía, de Miami, recuerda vívidamente haber sido violada por un grupo de soldados romanos en Palestina, poco después de la muerte de Jesús. Administró un burdel en Nueva Orleans, en el siglo XIX; en la Edad Media vivió en un monasterio francés y tuvo una vida dolorosa en Japón. Aparte de Catherine, es la única de mis pacientes que ha podido transmitirme mensajes del estado intermedio. Esos mensajes son sumamente psíquicos. También ella apuntó hechos y datos de mi pasado. Tiene una facilidad aún mayor para predecir acertadamente acontecimientos futuros. Sus mensajes provienen de un espíritu en especial, y actualmente estoy catalogando con cuidado sus sesiones. Aún soy científico. Todo ese material debe ser analizado, evaluado y verificado.

Los otros no pudieron recordar mucho, aparte de morir, el abandono del cuerpo y flotar hasta la luz brillante. Ninguno pudo transmitirme mensajes o pensamientos. Pero todos tenían vívidos recuerdos de sus vidas anteriores. Un brillante corredor de bolsa llevó una existencia agradable, aunque aburrida, en la Inglaterra victoriana. Un artista fue torturado durante la Inquisición española. El propietario de un restaurante, que no podía cruzar en automóvil puentes ni túneles, recordó haber sido sepultado vivo en una antigua cultura del Próximo Oriente. Un joven médico recordó su trauma en el mar, cuando era vikingo. Un ejecutivo de televisión fue atormentado en Florencia, hace seiscientos años. La lista continúa.

Todas estas personas recordaron también otras vidas. Los síntomas se resolvían al desplegarse las vidas.

En la actualidad, todos están firmemente convencidos de que han vivido anteriormente y de que volverán a vivir. El miedo a la muerte ha disminuido.

No es necesario que todo el mundo se someta a la

terapia de regresión, que visite a parapsicólogos, ni siquiera que medite. Quienes padezcan síntomas molestos o incapacitantes pueden hacerlo.

En cuanto al resto, la tarea más importante consiste en mantener la mente abierta. Comprendamos que la vida no es sólo lo que tenemos a la vista. La vida va más allá de nuestros cinco sentidos. Seamos receptivos a los conocimientos y experiencias novedosos. «Nuestra misión es aprender, llegar a ser como Dios mediante el conocimiento.»

Ya no me preocupa el efecto que pueda tener este libro en mi carrera. La información que he compartido es mucho más importante; si se le presta atención, será más benéfica para el mundo que cuanto yo pueda hacer en mi consultorio, en el plano individual.

Confío en que te haya ayudado lo que has leído aquí; que tu propio miedo a la muerte haya disminuido; que los mensajes ofrecidos con respecto al verdadero sentido de la vida te den libertad para continuar viviendo la tuya en plenitud, buscando la armonía y la paz interior, ofreciendo amor a tu prójimo.

Nuevo Epílogo del autor

Hoy estamos en 2018. Han transcurrido treinta años desde que *Muchas vidas, muchos maetros* fue publicado por primera vez. Traducido a casi cuarenta lenguas, este libro ha recorrido el globo y encontrado millones de hogares. ¿A qué se debe?

Nuestro mundo aún está hambriento de respuestas y comprensión espiritual. Necesitamos saber por qué estamos aquí y qué se supone que debemos hacer. Estamos en un nuevo siglo y, sin embargo, las viejas preguntas permanecen: ¿Qué ocurre cuando morimos? ¿Nos reunimos con nuestros seres queridos? ¿Existe un propósito, un destino en nuestras vidas, un sentido de nuestra existencia?

Desde que trabajo con Catherine he explorado las vidas pasadas de más de cuatro mil pacientes en mi consulta y de muchos miles más en talleres colectivos. He presenciado curaciones increíbles a medida que los pacientes se liberaban de síntomas tanto emocionales como físicos, después de recordar las raíces de la vida anterior causantes de sus dolencias. Fobias y temores, pena, dolor y enfermedades psicosomáticas: todos son especialmente susceptibles de mejoría mediante la terapia de la vida anterior.

Durante las regresiones he visto pacientes hablando idiomas extranjeros que jamás habían aprendido. Ello se denomina xenoglosis. Por ejemplo, mientras trabajaba en mi consulta con una cirujana china que nunca antes había salido de su país y no sabía hablar inglés, surgió un ejemplo extraordinario de esta habilidad para las lenguas. Trabajábamos con la ayuda de un intérprete y la cirujana estaba recordando una vida anterior en el norte de California, alrededor de 1850. Recordaba una discusión con su marido en aquella vida y empezó a hablar en un inglés fluido y pintoresco. Al principio, el intérprete no se dio cuenta de lo que estaba ocurriendo y empezó a traducirme sus palabras como si fueran del chino. Tuve que decirle que dejara de traducir porque yo entendía lo que ella decía en inglés. Entonces reparó en que aquella mujer, que veinte minutos atrás ni siquiera sabía decir «hola» en inglés, estaba hablando en un inglés fluido y casi se desmayó.

Tengo muchos pacientes capaces de actualizar sus vidas pasadas de un modo u otro. Algunos fueron suficientemente hábiles para encontrar a sus hijos de una vida anterior reciente y estos —aún con su aspecto físico pero mucho más viejos que sus padres reencarnados de la vida anterior— lograron confirmar los recuerdos regresivos de sus progenitores.

Para mí, actualizar el recuerdo de la vida anterior es importante, pero la curación que ocurre durante el proceso lo es todavía más.

Por ejemplo, en un caso dramático de alivio del dolor, una mujer de unos sesenta años fue capaz de eliminar por completo sus agudos dolores de espalda. Hacía diecisiete años que sufría un dolor irresoluble a causa de un cáncer y los tratamientos de esa dolencia, y tomaba una medicación diaria para el dolor. Pero tras recordar una vida transcurrida en la antigua Jerusalén, donde unos legionarios romanos le habían lesionado la espalda, el dolor desapareció y jamás regresó. Pudo dejar de tomar medicamentos y su vida cambió radicalmente.

A veces los pacientes que sufren fobias crónicas, y de vez en cuando severas, logran eliminar sus síntomas tras solo una o dos sesiones.

Hace poco trabajé con un paciente que sufría una fobia aguda a los objetos afilados desde los dieciocho meses de edad. También sentía un profundo temor de que alguien le tocara el cuello o la garganta. Había padecido dichos temores durante treinta y ocho años. En una única sesión recordó dos vidas anteriores. Había muerto siendo un hombre en el Lejano Oeste americano: un indio le había clavado una lanza en un lado de la cabeza y murió al caer sobre una roca afilada. En la otra vida anterior, había sido una prostituta que resultó asesinada por un cliente enloquecido que la estranguló. Antes de abandonar mi consulta ambas fobias habían desaparecido.

He compilado muchas otras pruebas de vidas anteriores. He visto como muchos pacientes obesos perdían peso, incluso cuando las diversas dietas que habían intentado fracasaron. Durante su regresión, recordaron vidas anteriores en las que o habían muerto de inanición o sufrido abusos sexuales. Esencialmente, en sus vidas actuales se habían jurado que «nunca más», así que cargaban con ese peso extra: evitar morir de hambre o evitar ser atractivos. Al reconocer que el trauma pertenecía al pasado y no al presente, fueron capaces de deshacerse de ese lastre protector. Los kilos nunca volvieron a acumularse.

Catherine sigue prosperando. Y yo sigo estándole muy agradecido, porque las experiencias que compartió conmigo supusieron el inicio de este viaje que ha transformado mi vida. Muchos de los casos de regresión más importantes de las últimas décadas están descritos detalladamente en mis diversos libros posteriores a *Muchas vidas, muchos maestros*. No los repetiré aquí, pero me gustaría resumir algunas de las lecciones que aprendí a lo largo de los años, desde mi vínculo con Catherine. Para mí, dichas lecciones conducen a una comprensión del universo espiritual.

Como afirmaba el místico Teilhard de Chardin, «No somos seres humanos que tienen una experiencia espiritual. Somos seres espirituales que tienen una experiencia humana». Nuestros cuerpos son temporales. Somos almas. Somos inmortales, eternos. Nunca morimos, solo nos transformamos y alcanzamos un estado de conciencia más elevado donde ya no necesitamos un cuerpo físico. Siempre somos amados. Nunca estamos solos y nunca pueden hacernos daño, no en ese nivel.

Todos tenemos lecciones que aprender en esta escuela llamada Tierra. Es necesario que comprendamos plenamente los conceptos de compasión, amor y no-violencia, que no juzguemos ni prejuzguemos, y también que asimilemos el significado de la paciencia, la generosidad, la caridad y la esperanza. Debemos reconocer los engaños y las trampas del ego y cómo trascenderlas. Debemos tomar conciencia de la interconexión entre todos los seres vivos, de que la energía nos conecta a todos y que la muerte no existe, solo la vida.

También existen otras lecciones. No es necesario que las aprendamos en una única vida. Podemos reencarnarnos en cuerpos físicos con la frecuencia necesaria, a fin de aprender y dominar esas lecciones.

Durante nuestras encarnaciones cambiamos de raza, de sexo, de religión, de salud física y también de nacionalidad, porque hemos de aprender de todo. Somos ricos y somos pobres, poderosos y débiles, privilegiados y necesitados. Aprendemos experimentándolo todo.

Todos tenemos almas gemelas, almas que también se han reencarnado muchas veces. Las relaciones con un alma gemela pueden ser románticas, pero a menudo no lo son, tales como las existentes entre padre e hijo, entre hermanos, amigos, abuelos y nietos, etcétera. Nuestros cuerpos y relaciones cambian, pero las almas son las mismas. Vuestra abuela, por ejemplo, tal vez se reencarne como vuestro hijo. La misma alma en un cuerpo diferente. Tenemos muchas almas gemelas y siempre volvemos a reunirnos con ellas, ya sea al otro lado o aquí, en estado físico. El amor tiene muchas facetas.

Hay tanto más que contaros... Gran parte aparece en los libros posteriores a *Muchas vidas, muchos maestros*. Pero por el momento me gustaría acabar citando el último párrafo de mi epílogo original de la primera edición de ese libro.

«Confío en que te haya ayudado lo que has leído aquí; que tu propio miedo a la muerte haya disminuido; que los mensajes ofrecidos con respecto al verdadero sentido de la vida te den libertad para continuar viviendo la tuya en plenitud, buscando la armonía y la paz interior, ofreciendo amor a tu prójimo.»

Dr. Brian Weiss
Miami (Florida)